Estilos de carácter

Estilos de carácter

Stephen M. Johnson

EL LIBRO MUERE CUANDO LO FOTOCOPIAN

Amigo lector: La obra que usted tiene en sus manos es muy valiosa, pues el autor vertió en ella conocimientos, experiencia y años de trabajo. El editor ha procurado dar una presentación digna de su contenido y pone su empeño y recursos para difundirla ampliamente, por medio de su red de comercialización.

Cuando usted fotocopia este libro, o adquiere una copia "pirata", el autor y el editor dejan de percibir lo que les permite recuperar la inversión que han realizado, y ello fomenta el desaliento de la creación de nuevas obras.

La reproducción no autorizada de obras protegidas por el derecho de autor, además de ser un delito, daña la creatividad y limita la difusión de la cultura. Si usted necesita un ejemplar del libro y no le es posible conseguirlo, le rogamos hacérnoslo saber. No dude en comunicarse con nosotros.

EDITORIAL PAX MÉXICO

Título original: Character Styles
Publicada por W.W. Norton & Company, Inc.,
Nueva York, Estados Unidos.

COORDINACIÓN EDITORIAL: Matilde Schoenfeld
TRADUCCIÓN: Janette Kosberg Psyswa
REVISIÓN TÉCNICA: Fernando Ortiz Lachica
PORTADA: Víctor M. Santos Gally

© 1994 Stephen M. Johnson
© 2015 Editorial Pax México,
    Librería Carlos Césarman, S.A.
    Av. Cuauhtémoc 1430
    Col. Santa Cruz Atoyac
    México DF 03310
    Tel. (5255) 5605 7677
    Fax (5255) 5605 7600
    www.editorialpax.com

Primera edición
ISBN: 978-607-9346-12-6
Reservados todos los derechos
Impreso en México / *Printed in Mexico*

Índice

Prólogo

Clasificar es una forma de conocer. En las primeras etapas de cada ciencia, ha sido necesario agrupar por ejemplo, a los seres vivos agrupándolos en géneros, familias, órdenes y clases y a los elementos en una tabla periódica. La psicología no podía ser la excepción y tanto a nivel de sentido común como de teorías de la personalidad, clasificamos a los otros en diferentes tipos. La etapa clasificatoria de las ciencias se repite en los estudios de muchos estudiantes de psicoterapia. Al principio de nuestra formación, tratamos de clasificar a los demás a partir de cierto esquema que nos permita prever el comportamiento futuro y deducir el pasado a partir del presente, inferir rasgos invisibles a partir de lo evidente y descubrir "lo profundo" al observar cuidadosamente lo aparente. Ante la profusión de las formas individuales, buscamos semejanzas y eso nos ayuda a entender, a encontrar regularidades, a diagnosticar y a tratar.

Al mismo tiempo, en el caso de la psicología, clasificar en encasillar y limitar. Es cierto que cuando uno aprende alguna tipología es fácil identificar a personas que uno conoce con alguno de los caracteres descritos, pero también es verdad que una misma persona puede ser ubicada en diferentes categorías por expertos que no acaban de ponerse de acuerdo o que suelen fijarse en ciertos rasgos definitorios y omitir otros. Aún más: una misma persona puede presentar características propias de un tipo en cierta época de su vida, o en determinado contexto y no en otro. Los seres humanos somos un proceso que cambia a la vez que algo en nosotros permanece. De todas formas, una teoría del carácter sirve para ubicarnos, como un mapa sirve para señalar un territorio, particularmente en el caso de terapeutas que empiezan su práctica profesional.

En el caso de las psicoterapias corporales, la tipología más conocida es la que propuso Lowen en su Bioenergetics,(1975). Ahí clasifica las diferentes estructuras de carácter en cinco tipos básicos: esquizoide, oral, psicopático, masoquista y rígido. Aunque su caracterología sólo ocupa 22 de las 352 páginas de la edición de Penguin, ha tenido un lugar central no sólo en los entrenamientos de Bioenergética y Core-energética sino en muchos otros. Durante muchos años, la Bioenergética de Lowen fue sinónimo de psicoterapia corporal. En México y en otros lugares del mundo la mayoría de los terapeutas conoció ese enfoque antes que cualquier otro. Bioenergetics es un libro dirigido al público general, por lo que la caracterología, como todo el texto tiene la virtud de la sencillez, pero a la vez dista mucho de ser una descripción completa de los diferentes tipos. No es ese su propósito. Sin embargo, muchos terapeutas siguen basando el diagnóstico y, en buena medida, el tratamiento, en este esquema simple.

Quienes quieren profundizar en las características de los diferentes tipos suelen leer el primer libro de Lowen, The Language of the Body, que apareció en 1958, o mejor aún, Análisis del Carácter, de Wilhelm Reich, quien fuera maestro y terapeuta de Lowen quien explícitamente pretendió que su libro fuera una continuación de la obra de su mentor.

Análisis del carácter es una obra imprescindible para cualquier psicoterapeuta corporal, de la orientación que sea. Las diferentes modalidades de psicoterapia corporal a la obra de Reich y cualquier psicoterapeuta puede aprender mucho de esta obra, pero no se trata de un texto fácil. Reich presentó algunos de los trabajos que luego se incorporaron al libro en la década de 1920 y la tercera y definitiva edición apareció en 1949. Está basada, al menos en sus dos primeras secciones, en el psicoanálisis de las primeras décadas del siglo XX y muchos terapeutas corporales, de orientación humanista y muchas veces sin formación en teoría psicoanalítica lo encuentran muy difícil de leer.

Las raíces más profundas de los tipos que propuso Lowen en 1975 están en el psicoanálisis de las primeras décadas del siglo XX, particularmente en El carácter y el erotismo anal de Freud (1908), en donde sostiene que los rasgos de carácter son resultado de la manera en la que aprendimos, de modo no totalmente conciente, a manejar nuestros impulsos en los primeros años de la vida. Después de Freud, sus discípulos Abraham, Jones y sobre todo Reich, desarrollaron esta propuesta y describieron diferentes tipos y rasgos de carácter, que correspondían a las etapas de desarrollo.

Pero han pasado muchos años desde que Reich publicó su Análisis del carácter y Lowen su Language of the Body y, al leerlos uno se puede preguntar que podrían aportar los desarrollos del psicoanálisis de la segunda mitad del siglo XX y las observaciones sistemáticas de las primeras etapas de desarrollo. Esta es la tarea que emprendió, muy exitosamente, Stephen Johnson con su serie de libros sobre diversos tipos de carácter, de las cuales Estilos de Carácter es la culminación. El libro es ya un clásico, traducido a varios idiomas y utilizado en la formación de terapeutas. Los tipos de carácter son vistos como la respuesta a un asunto vital (life issue) que las personas encuentran en diferentes etapas de la vida, y el autor presenta, para cada uno, secciones dedicadas a la etiología, la descripción de las particularidades del afecto, cognición y relaciones con los demás y los objetivos terapéuticos. Se pueden hace todo tipo de críticas a las teorías del carácter, pero si alguien considera que necesita aprender una para fundamentar su práctica terapéutica, más vale que lo haga bien, y el texto de Johnson cumple con esa función mejor que ningún otro que yo conozca.

FERNANDO ORTIZ LACHICA
Profesor de la Universidad Autónoma Metropolitana-Iztapalapa
Miembro del Comité Científico de Psicoterapia Corporal

Reconocimientos

Ha sido un viaje de diez años escribiendo la serie de libros que culmina con la publicación de éste. Los guías, los compañeros y los seguidores en este viaje me han honrado con su conocimiento y su confianza.

Fue el Dr. Edward Muller de Phoenix Arizona, quien tuvo el conocimiento que yo necesitaba para que todo lo que había aprendido tuviera sentido y para orientarme hacia un descubrimiento ulterior. Con la fecundidad de un verdadero profesor, me dio el conocimiento sin ataduras, sin demandas ortodoxas, sin límites en el cambio, sin expectativas de privilegios. Gracias, Ed, por libre acceso a lo impensable de todos aquellos pensamientos. Está en este espíritu que yo pase a través del conocimiento.

Mi familia me ha proporcionado la base segura que necesitaba para hacer mi profesión a mi manera, para salir sobre esos representantes, a renunciar a aquellos profesorados posesivos. Mi madre, mi padre y mi esposa Ellen me permitieron arriesgarme, sabiendo que en algún lugar siempre sería amado y apoyado. Mis viejos amigos leales, Peter Alevizos, Larry King y Ron Wagner, me dieron el mismo apoyo, a menudo preparándome, tranquilizándome o llamándome la atención de acuerdo a la situación.

Muchos otros han contribuido en este trabajo: los estudiantes de veintidós años de vida académica, los miembros de todo el entrenamiento progresivo y grupos de consulta, ya sea que yo guié, algunos colegas maravillosos de la facultad, a quienes nunca voy a olvidar, a todos los pacientes de la psicoterapia, quienes compartieron su dolor y su crecimiento conmigo, mis propios psicoterapeutas. En lugar de tratar de enlistarlos a todos y dejar a alguien fuera, decidí nombrar individualmente sólo a uno. Ese es Robert Morgan, el único administrador académico quien realmente triunfó al promover la generación de creatividad, el ambiente seguro al que la educación superior aspira, pero que a menudo destruye activamente. Gracias, Bob, por todo lo que hiciste y por todo lo que compartiste para realizar nuestro sueño, aunque parcialmente.

Finalmente, quiero reconocer a mi editor en Norton Professional Books, Susan Barrows Munro, quien pastoreo todos los cuatro volúmenes a través de la edición y la producción con un profundo entendimiento del trabajo y una comprensión muy humana del operario. Y gracias, Susan, por Margaret Farley, quien hizo muy bien la edición también de este libro en particular.

Introducción

Este es el libro que me hubiera gustado tener cuando empecé a estudiar seriamente psicología, hace más de treinta años.

Como muchas personas jóvenes, entré a este campo de la ciencia con preguntas amplias, directas y significativas. ¿Por qué las ideas y los sentimientos hacen que las personas actúen de la manera en que lo hacen? ¿Por qué estamos tan locos? ¿Qué es lo que se puede hacer al respecto? Ocho años después, con un doctorado en la mano, sabía mucho más acerca de diseño experimental, de estadística y de aprendizaje de sílabas sin sentido que cuando inicié mi investigación. No fue sino hasta seis años después, con un puesto en un respetable departamento de psicología y la libertad de un año sabático, que, finalmente, retorné a estas preguntas fundamentales. Fue necesario que abandonara la estrechez restrictiva de la corriente principal de la psicología académica acerca de qué formas de conocimiento son válidas.

Empíricamente, gracias al conocimiento adquirido, asociado a las reglas que se justifican en un tiempo particular, que no es suficiente para contestar tales preguntas, averigüé que las respuestas tenían que involucrar un sinnúmero de formas del saber y la integración de muchas contribuciones, a menudo independientes.

Al terminar este libro cerré un círculo, aún cuando no contestó del todo las preguntas que me trajeron a esta disciplina, por lo menos me acercó a mi objetivo. Si no completó ese círculo al contestar las preguntas, por lo menos me acercó a mi objetivo. Los elementos de las respuestas vienen de dentro de la corriente principal, pero mucho viene del exterior.

Lo que usted va a encontrar aquí es el producto de la intuición, la teoría, la experiencia, las deducciones y, además, de una gran cantidad de investigación empírica.

La pregunta "¿Qué es lo que hace que las personas funcionen?" Es similar a otra pregunta amplia igualmente importante: "¿Cuál es la naturaleza humana?" Me parece que la investigación del desarrollo del ser humano y la teoría en su esencia intentan contestar tal pregunta. La observación prolongada de infantes –bebés y niños– nos lleva a especular acerca de la naturaleza esencial de estos seres, los cuales están inicialmente tan desprotegidos y son potencialmente perfectos. Algunas veces, la observación planeada es necesaria para descubrir cuán perfectos son en realidad estos pequeños. Las teorías son particularmente útiles en este intento por plantear las preguntas correctas.

La teoría relativa al desarrollo humano y su investigación nos han dado una descripción cada vez más amplia y precisa de la naturaleza humana. Particularmente, esto incluye los tipos de necesidades con las que los humanos han de enfrentarse, y las clases de ambiente que se les debe proporcionar para desarrollar su potencial humano.

Además, las observaciones del desarrollo infantil nos dicen qué pasa cuando estas necesidades están crónicamente frustradas, o cuando se le suministra el ambiente que se necesita.

Una vez más, las teorías sugieren buscar y establecer las relaciones más centralizadas entre el medio ambiente temprano y el desarrollo humano resultante.

Siempre he encontrado más fascinante la aplicación de este conocimiento básico para poder contestar la segunda pregunta: "¿Porqué estamos tan locos?" Es obvio que si no fuera por nuestra locura, habría mucho menos sufrimiento y destrucción en el mundo. Los humanos resuelven los problemas mucho mejor que cualquier otra forma de vida, pero nuestra locura interfiere profundamente con este proceso en cada nivel. En la familia, en el lugar de trabajo y en la política de la humanidad vemos el colosal desperdicio y dolor de nuestra proclive disfuncionalidad destructiva.

Al contestar la segunda pregunta, la he encontrado particularmente útil para estudiar los patrones o síndromes más comunes en los cuales se expresa nuestra locura. Estas pautas están mejor descritas por aquellos clínicos que han intentado tratar la patología. Entre ellos están los que han descrito las estructuras del carácter, estilos o desórdenes, y a menudo han sido los más astutos. Los síndromes de carácter resultantes han pasado bien las pruebas del tiempo y la práctica clínica, y lo han hecho relativamente bien bajo el escrutinio de la investigación más sistemática. En sus formas más extremas, estos trastornos de carácter o de personalidad son usados extensivamente para propósitos de diagnóstico en todo el mundo.

Ahora, aquí está la integración de dos formas del conocimiento que nos ayuda a contestar estas preguntas. Los estudios del desarrollo humano, o de la naturaleza humana, encajan muy bien con la descripción de los patrones de la locura. Más aún, estos patrones no sólo ocurren en las más severas formas de enfermedad mental; sino que están claramente documentados en poblaciones normales y en grupos patológicos menos graves. Yo creo que hay diversas constantes útiles sobre la disfunción humana, que va de la más severa a la menos rigorista, lo cual refleja los más esenciales bloques con los que se construye la naturaleza humana. Yo creo haber encontrado siete de estos bloques alrededor de los cuales la personalidad y la psicopatología están organizadas. Puede que existan más.

La interacción es el eslabón crítico hacia un ajuste individual de cualquiera de estas constantes. Esa influencia recíproca se encuentra entre el individuo, con sus necesidades básicas pero cambiantes, y la habilidad, también cambiante, del ambiente para compaginarse con él. Tal relación forma la personalidad y produce la psicopatología. En una era en que nuestra ciencia más básica, la física de partículas, afirma que la materia por sí misma está hecha de interacción, estamos más maduros para entender y experimentar nuestra personalidad y nuestra patología personal como producto de esa relación.

En psiquiatría, la perspectiva interactiva está lejos de ser nueva. Fairbairn (1974, originalmente publicado en 1952) y Guntrip (1968, 1971) están entre sus más antiguos, más claros e influyentes contribuyentes. Estos autores representan parte de lo que ha sido conocida como la Escuela Británica de la Teoría de las Relaciones Objetales, la cual enfatiza la función que desempeña la relación padre-hijo en el desarrollo de la personalidad y la psicopatología. La suya es una variación de la teoría psicoanalítica que subraya las dimensiones teóricamente inferidas del desarrollo infantil y la psicopatología basada en las relaciones tempranas.

El carácter no es usualmente el punto central para estos teóricos, aunque lo mencionen, y sus teorías no están formadas o modificadas en lo fundamental por la investigación del desarrollo infantil. Entonces, lo que es necesario para un entendimiento más profundo de las preguntas esenciales es la integración del proceso de desarrollo, las determinantes interactivas y los síndromes caracterológicos.

Mientras todos estos bloques constructivos han estado disponibles para ello por algún tiempo, están siendo unidos aquí y allá. He tratado de hacer esto en mis libros anteriores, escritos para terapeutas practicantes y en entrenamiento (Johnson, 1985, 1987, 1991). En cada uno de estos libros expongo uno o dos patrones caracterológicos, enfatizando el tratamiento. He tratado de escribir cada uno de esos libros en un lenguaje no técnico, para que cualquier persona educada, sin ser profesional de la salud mental, lo pueda leer. Empero, el meollo de cada libro no está dirigido a personas que no sean terapeutas, y cualquier estudiante serio tendría que unir mis libros con los de otros autores para tener una visión completa. Este libro recopila todo. Primero, para describir el modelo teórico-empírico general, el cual incorpora el desarrollo, el carácter y su integración. Después, describe con todo detalle cada una de las estructuras del carácter las cuales reflejan los siete aspectos básicos existenciales de la vida. Mi esperanza es que este libro sea accesible a cualquier universitario maduro, y que le ayude a contestar sus propias preguntas acerca de la naturaleza humana y la locura. Espero que esto ayude a establecer el escenario para el descubrimiento de lo que se puede hacer acerca de la locura, no sólo dentro de la psicoterapia, sino en la vida real y en sus relaciones. También espero que usted, como yo, se relacione con esto como con un trabajo en proceso. Estas preguntas son muy importantes y los problemas son muy intrincados como para otorgarle a este trabajo la última palabra o la solución final. Otras formas del conocimiento, además del teórico, empírico, intuitivo, deductivo, experimental y otras, continuarán informándonos y corrigiendo nuestro trabajo.

Las respuestas a la tercera pregunta, sobre lo que podemos hacer acerca de la locura humana, es donde yo experimento la conclusión más limitada. Ciertamente, estas respuestas van a continuar evolucionando y van a llegar de campos tan variados como la psicofarmacología, la ecología y otros, con los que ni siquiera habríamos soñado. Sin embargo, yo me he aferrado a la estrategia de mis primeros libros: conservar la parte de los objetivos psicoterapéuticos para cada tipo de carácter. Aquí intento dirigirme a los terapeutas, aunque las consideraciones encontradas pueden ser aplicadas para nuestro propio desarrollo personal o el de alguna otra persona.

Los primeros cuatro capítulos de este libro presentan el modelo teórico-empírico general. Estos fueron originalmente publicados en *The Symbiotic Character* (Johnson 1991). Del capítulo 2 al 4 reviso el modelo referente a cada uno de los siete aspectos existenciales básicos y sus manifestaciones caracterológicas. El lector novato puede saltarse los capítulos del 2 al 4, por lo menos al principio, porque están más orientados hacia la investigación que los capítulos que le siguen.

Cada uno de los capítulos subsecuentes describe un problema de la vida existencial y la etiología, la expresión y los objetivos del tratamiento para el carácter manejado erróneamente. Con un mínimo de actualización y de edición he usado los capítulos descriptivos de mis libros anteriores. Los capítulos 5 y 6 vienen de *Characterological Transformation* (Johnson 1985).

El capítulo 7 viene de *The Symbiotic Character* (Johnson 1991), y el 8 viene de *Humanizing the Narcissistic Style* (Johnson 1987). Los capítulos 9 al 11 fueron escritos específicamente para este libro, para completar la descripción de los siete tipos de carácter.

En su parte medular, cada capítulo lleva su propio curso, por lo que pueden leerse en cualquier orden. El primer capítulo presenta la teoría general; sin embargo, también puede ser útil para una mayor comprensión de los otros. Para aquellos lectores familiarizados con los trastornos de la personalidad, este capítulo también muestra cómo mi tratamiento se relaciona con las categorías utilizadas actualmente en el trastorno de la personalidad.

En ocasiones, lectores pretendidamente refinados me han preguntado qué es lo nuevo o qué hay diferente en mi propuesta. Mi respuesta es que aquí no hay mucho que sea nuevo. Lo que es diferente es esto: no es psicoanalítica, ni de relaciones objetales no es psicología individual, tampoco es conductista o cognitiva o afectiva. No es caracterológica, experimental, interactiva o fenomenológica. No es teórica, empírica, intuitiva o deductiva. Es todo esto y más, en una mezcla. Intenta contestar preguntas importantes con la información disponible. Para cada uno de nosotros que somos curiosos acerca de tales preguntas, esto es lo que tenemos que hacer. Aquí está mi respuesta. Espero que ayude.

Parte I

Una teoría
de la formación
del carácter

Capítulo I

Una teoría caracterológica del desarrollo

En los primeros capítulos intento integrar lo que actualmente conocemos acerca del desarrollo humano con lo que sabemos acerca de las constelaciones comunes del carácter. Aunque nuestro conocimiento del carácter y el desarrollo está evolucionando y está determinado por nuestra perspectiva cultural, creo que esta visión integrada nos proporciona el mapa más útil del territorio de la personalidad y la psicopatología. Un acercamiento a la comprensión y la ayuda a las personas, lo cual está fundamentado en los aspectos significativos de su desarrollo, provee un esquema generalizado que abarca el territorio básico —es un mapa lo suficientemente general—, aunque llega a su objetivo apropiadamente para ajustarse a la tarea inminente que tenemos a la mano. En particular, cuando una perspectiva caracterológica del desarrollo del ser humano puede permanecer abierta a la evolución del conocimiento y de la cultura, proporciona una visión que integra los efectos del potencial del desarrollo con los de las condiciones ambientales, y documenta cómo los resultados potenciales afectan el aprendizaje, y también cómo pueden salirse del curso óptimo.

La psicología psicoanalítica del desarrollo —la cual es una especie de paraguas para las relaciones objetales, del Yo y de la psicología del self— ha sido de gran uso clínico para muchos de nosotros, porque de manera consistente nos hemos venido preguntando algunas de las cuestiones más útiles: ¿Cuáles son las necesidades y los impulsos más básicos del niño? ¿Qué es lo que el niño necesita para adquirir el desarrollo humano óptimo? ¿Cómo es que la persona formula un sentido fuerte y cohesivo del self? ¿Cómo es que el desarrollo cognitivo se desdobla, y cómo se relaciona con el carácter y la psicopatología? ¿Cómo es que la complacencia, el trauma o la frustración crónica afectan el desarrollo del ser humano? ¿Existen periodos críticos para el desarrollo de ciertas cualidades humanas? Si es así, ¿cuáles son? ¿El ser humano internaliza aspectos del ambiente? Si la respuesta es afirmativa, ¿cómo lo hace?

Un mapa cognitivo –que sirve como apoyo para este intento– también incluye las constelaciones de personalidad y la psicopatología más usuales. El manual actual de diagnóstico y estadística de la American Psychiatric Association [Asociación Psiquiátrica Americana] (1994) ciertamente provee un punto de partida favorable para esto, no obstante inferido empírica y democráticamente. En trabajos anteriores (Johnson 1985, 1987) discutí un punto de vista contemporáneo del carácter analítico que proporciona una visión similar, aunque inferida más teóricamente, acerca de las constelaciones de la personalidad y la psicopatología. Más aún, cuando esta propuesta está definida por perspectivas interpersonales más desarrolladas, uno puede deducir un modelo clínico útil que da cabida a una amplia variedad de técnicas terapéuticas y sugiere su aplicación correcta.

En este panorama del desarrollo caracterológico, cada estructura del carácter es el resultado de un aspecto básico existencial humano. Cada problema es fundamental para la experiencia individual de las personas y requiere una resolución constante de por vida. Empero, hay periodos predecibles en la vida durante los cuales cada problema es de particular trascendencia, y la primera vez que éste se aborda puede ser de suma importancia, en especial cuando la experiencia individual es severamente traumática. En ese caso, las formas tempranas de solución del problema tienden a quedar fijadas rígidamente. En otras palabras, al afirmar que los problemas cruciales se solucionan en una fase de la vida, el modelo actual no es una traba en el desarrollo humano para que el niño pueda seguir adelante y resuelva otros conflictos en etapas subsecuentes. Estos aspectos son muy importantes para eso. Más bien, lo que se propone es que estos problemas humanos extremadamente importantes sean enfrentados en las primeras etapas de la vida, y que algunos intentos tempranos para resolverlos están basados ambos en el limitado conjunto de conocimientos con que cuenta la persona y su escasa experiencia del mundo. Más aún, cuando los conflictos se enfrentan en situaciones traumáticas, sus primeras soluciones tienden a volverse rígidas y resistentes al cambio. Bajo esta perspectiva, esas resoluciones tempranas fueron a menudo bastante adaptables bajo las limitaciones del ambiente y las reducidas capacidades del individuo, aunque muchas veces lograron un escape imperfecto del trauma.

En su trabajo, Solomon y Wynne (1954) han documentado, en un paradigma análogo de escape condicionado, la resistencia extrema a la extinción de una respuesta aprendida. En los experimentos que llevaron a cabo, los perros aprendieron a evitar una descarga eléctrica cuando había una señal. Una vez establecido esto, la respuesta anulada nunca se extinguió, a menos que los animales fueran confinados en la caja original, y sólo se suprimía entonces con mucha "resistencia" y emotividad. La rigidez de soluciones similares establecidas puede explicar el carácter y la psicopatología de los individuos que acuden a terapia. A menudo, las personas necesitan aprender que la descarga eléctrica ha sido apagada y que sus soluciones originales para escaparse ya no son necesarias.

Además, el modelo caracterológico del desarrollo es atrayente como un mapa cognitivo, porque sugiere la resolución de uno de los conflictos centrales en la teoría psicoanalítica. Esto ha sido mejor aclarado por Greenberg y Mitchell (1983), quienes mantuvieron una discusión acerca de la intransigencia esencial irreconciliable de la teoría clásica del impulso en el psicoanálisis, la cual clasifica el conflicto inconsciente resultante de los impulsos instintivos y las inhibiciones sociales y el modelo interpersonal, que ordena los contenidos de la psique como deducidos de las relaciones personales entre los individuos. En este modelo, el conflicto dinámico entre dos o más aspectos internalizados de la persona procede de otros componentes presentes en la matriz interpersonal.

El modelo contemporáneo de análisis del carácter contemporáneo incluye el reconocimiento de los impulsos instintivos primarios, tales como la sexualidad y la agresión, pero le da igual importancia a la respuesta del ambiente y a las necesidades y los impulsos del individuo. Más importante aún: la teoría afirma que lo que define el carácter y la psicopatología resultante viene también de la forma que cada persona tiene de manejar la respuesta orgánica natural a la frustración de las necesidades instintivas. Así, mucho de lo que es el carácter y de lo que conforma la psicopatología está comprendido en términos de la reacción compleja del individuo a la frustración del ambiente. El conflicto viene del ámbito interpersonal, pero se basa en lo que en lo que es inherente al ser humano.

Cada vez más teóricos contemporáneos están dispuestos a reconocer la íntima necesidad humana de relacionarse (Fairbairn, 1974; Mitchell, 1988; Stern, 1985), así como la necesidad de competir algunas veces por la individuación (Mahler, Pine y Bergman, 1975; Masterson, 1976, 1981). Con estos últimos "instintos" firmemente consolidados, las constelaciones de la personalidad y la psicopatología pueden ser conceptualizadas de modo productivo, pensándolas en términos de aquellos aspectos existenciales vitalicios: hasta qué punto están permitidos, frustrados o resueltos, y las reacciones individuales a su persistente frustración. El conocimiento del desarrollo no sólo de los bebés, sino de los adultos a lo largo de su vida, nos informa de las variadas expresiones de cada aspecto, al igual que el desarrollo de la naturaleza del bagaje humano en diferentes edades y de las clases de errores cognitivos y de otro tipo, así como de las distorsiones hechas a través de la vida (ver Kegan, 1982).

Dentro de la psicoterapia existen ventajas prácticas adicionales para esta propuesta caracterológica del desarrollo. Primeramente, entre ellas está el efecto benéfico que la reestructuración terapéutica esencial puede tener tanto en el paciente como en el terapeuta. Respecto al paciente, este marco encuentra aceptación, porque el comportamiento problemático, las actitudes y los sentimientos, a menudo parecen ser muy inmaduros. Presentado de manera adecuada, este modelo puede tener un efecto benéfico en el proceso de autoclasificación, impulsando la compasión y el entendimiento de uno mismo, en lugar de la autodenigración. Como en cualquier intervención interpretativa, uno logra la satisfacción de la comprensión y, por lo tanto, la obtención de cierto control sobre el problema. Pero la reestructuración terapéutica del desarrollo puede hacer mucho más. Con el propósito de ordenar un nuevo aprendizaje y la mediación requerida para alcanzarlo, esta reestructuración puede especificar lo que no ha sido aprendido o resuelto, y puede aclarar el contexto necesario y los procesos de aprendizaje indispensables para el crecimiento o su resolución.

Las mismas ventajas de compasión, comprensión y control resultan también para el terapeuta. Es de vital importancia el efecto de reestructuración terapéutica para ayudar a éste a distanciarse de sus propias reacciones negativas. Por ejemplo, el paciente narcisista, quien sólo puede relacionarse a través de la idealización y la ulterior devaluación o, alternativamente, a través de usar a alguien como auditorio para su grandeza, finalmente va a estimular en la mayoría de las personas algunas reacciones no muy terapéuticas. Sin embargo, un terapeuta que pueda ver al niño en el adulto y entender que esta forma de relación es todo lo que hasta ese momento puede atenuar sus reacciones y responder más fácilmente con lo que es útil. A menudo, para el terapeuta va a ser importante recordar que este modelo de desarrollo es sólo eso, un modelo o una analogía de la realidad, y que ambos pueden generar y justificar una abundancia de respuestas terapéuticas.

Finalmente, el modelo no sólo dirige la atención del terapeuta a los aspectos más importantes, sino también ofrece un esquema de cómo estos problemas pueden ser resueltos.

En la medida que estamos en lo correcto acerca de los procesos básicos de resolución en el infante —niño o adolescente— podemos ayudar al paciente a atravesar ese proceso. La investigación del desarrollo en tales aspectos, como la captura de la percepción y la constancia objetal, por ejemplo, han mostrado que la habilidad para adquirir la percepción de otra persona o, simultáneamente, para mantener sentimientos conflictivos acerca de un objeto, se desarrolla a través de un número de repeticiones mientras uno se desarrolla cognitiva y emocionalmente. El adulto joven puede adquirir la percepción de otra persona en un nivel mucho más elevado de lo que puede hacer un niño, quien, a su vez, puede tener empatía por alguien en un nivel más complejo que un infante de dieciocho meses de edad que ha demostrado tales habilidades. Asimismo, cuando un paciente adulto necesita aprender esta destreza, ese aprendizaje no va a ser el mismo que el de un infante, un niño en edad lactante, o un adolescente, pero algunos de estos procesos esenciales serán iguales. En el encuentro terapéutico, los procesos de aprendizaje y el nivel de conceptuación, serán apropiadas la edad y la situación para el buen desarrollo de la psicoterapia, pero el conocimiento del proceso en cada repetición documentada no puede más que resultar de utilidad.

La formulación de transferencias arcaicas de fusión, gemelar, reflejo e idealización (Kohut, 1971) nos ofrece otro ejemplo útil de este proceso de maduración reiterativo. Mientras, por una parte, estos comportamientos de transferencia definen el desorden de la personalidad narcisista, para Kohut también los bloques constructivos son básicos para su sistematización en el desarrollo del self. Ese autor afirma que la necesidad de estas relaciones del objeto del sí mismo continúa a través de toda la vida, pero a medida que el individuo madura psicológicamente, el objeto del sí mismo necesita también madurar, por lo que la persona requiere relacionarse con otras similares a él y que lo admiren, así como unos ideales que respetar. Vistos de esta manera, los resultados terapéuticos de esta perspectiva de desarrollo son reparadores pero no regresivos por cuanto que acepta la naturaleza análoga del modelo y reconoce las fortalezas actuales del paciente.

De acuerdo con la teoría que presento aquí, la personalidad y la psicopatología se desarrollan en constelaciones particulares, como consecuencia de la interacción de una amplia pero finita gama de necesidades instintivas de la persona, y la habilidad o la incompetencia del ambiente para responder adecuadamente a esas necesidades. Éstas son más apropiadas que las presiones internas, como la oral, la anal y la fálica, mencionadas por Freud, y que incluyen la necesidad bien documentada del infante de vincularse y establecer lazos con un satisfactor primario (Bowlby, 1969); la necesidad del niño de individualizarse a través de la exploración, la actividad autodeterminada y la construcción de lazos psíquicos (Mahler, 1968); la necesidad de autoexpresión (Kohut, 1971, 1977; Lowen, 1958, 1983); y la necesidad de una relación armónica de la propia persona hacia los demás (Kohut, 1971; Stern, 1985) En esta construcción teórica, la naturaleza de la personalidad y la psicopatología están extensamente determinadas por formas de frustración interpersonales, con las que se enfrenta el individuo en desarrollo al intentar encontrarse con muchas de estas necesidades. La personalidad y la psicopatología están más ampliamente definidas por su respuesta instintiva natural a la frustración en cuestión, y los métodos que elige para manejar, ajustar o suprimir estas respuestas naturales. Su elección para maniobras de ajuste está más ampliamente determinada por las capacidades estructurales en su nivel de desarrollo en el momento de la frustración así como por las posibles maniobras que son modeladas o aceptadas por el ambiente interpersonal. Lo que hace de ésta una verdadera teoría integral es la acción recíproca de las necesidades instintivas con el impacto del ambiente interpersonal.

Los teóricos del análisis del carácter (Levy y Bleecker, 1975) definieron el desarrollo del carácter en cinco etapas: *1) La Autoafirmación* es la expresión inicial de la necesidad instintiva. *2) La Respuesta negativa del ambiente* es el bloqueo social o la frustración de esta necesidad. *3) La Reacción orgánica* es la respuesta natural a la frustración unida del *ambiente*; generalmente, consistente en experiencia y la expresión del intenso efecto negativo, en particular la rabia, el terror y el dolor ante una pérdida.

Estas tres primeras etapas son relativamente directas. En las etapas finales es cuando el carácter se forma. *4)* La cuarta etapa está catalogada como *Negación del uno mismo*. Esta es la forma más completa de ponerse en contra del uno mismo, e implica la imitación por parte del individuo del ambiente social, bloqueando la expresión del impulso instintivo original, además de inmovilizar la respuesta instintiva. Esta identificación con el ambiente coloca a la persona en contra de sí misma, forma un bloqueo a la autoexpresión interna y crea una psicopatología. Este es el comienzo de un conflicto interno entre la necesidad instintiva incontrolable y su reacción, por un lado, y el bloqueo internalizado de esas necesidades y las reacciones, por el otro, que puede persistir a través de toda la vida.

Wilhem Reich, Alexander Lowen y otros terapeutas orientados energéticamente han enfatizado cómo los bloqueos de la autoexpresión están literalmente presentes en el cuerpo, representados por una tensión muscular crónica que puede resultar en una distorsión postural. Este bloqueo o autonegación tuvo el propósito original de evitar el dolor y la frustración de experimentar el bloqueo ambiental. Continúa sirviendo a este propósito y, por consiguiente, es muy resistente al cambio. El bloqueo a nivel corporal es simplemente la forma para que el organismo no experimente la necesidad original y la reacción desagradable a su frustración. Más aún, el bloqueo del cuerpo evita la ansiedad inevitable de ser nuevamente vulnerable y arriesgarse a un nuevo daño anticipado.

La posición de Fairbairn (1974) aparece consistente con lo dicho antes. El punto de vista de Fairbairn fue que estas autoexpresiones orgánicas –por ejemplo, instintos, impulsos libidinales, etcétera– fueron buscadores del objeto. Cuando los objetos (los otros) son frustrantes u obstructivos, el individuo los internaliza y se somete inconscientemente a ellos. Los impulsos originales, al igual que los que Fairbairn caracterizó como respuestas "agresivas" del individuo a la frustración, se volvieron inconscientes. Lo que este autor agrega será analizado con mayor detalle en el capítulo 9, y es el énfasis en relaciones objetales inmutables e inconscientes, las cuales explican la psicopatología estática resultante y la resistencia a nuevas relaciones, al aprendizaje y al cambio. Este último se resiste no sólo porque puede causar el resurgimiento de "objetos malos" internalizados y los impulsos reprimidos hacia éstos –un estado psíquico intolerable que motivó la represión, en primer lugar–, sino también por la adhesión del individuo a estos objetos como internalizados. "Sobre todo, es la necesidad del niño por los padres, por muy malos que éstos le puedan parecer, que lo impulsan a internalizar objetos malos; y es porque esta necesidad permanece unida a ellos en el inconsciente, que no puede resignarse a deshacerse de éstos" (Fairbairn, 1974, p. 68).

En otras palabras, el proceso de autonegación es relacional y personalizado en cada caso. Por ejemplo, son clínicamente útiles los modelos teóricos que enfatizan las fisuras en el yo y explican la patología y la resistencia en términos de un objeto internalizado, suprimiendo la expresión "libidinal". Mucha de la terapia Gestalt está basada en procesos que se hacen conscientes y actualizan las fracturas del yo, y externalizan sus interrelaciones.

5) El quinto y último paso en la secuencia es el *Proceso de ajuste*. Esencialmente, consiste en lograr lo mejor de este desarrollo. Esto involucra la construcción de numerosos compromisos en un intento por resolver el conflicto irresoluble. Este rubro es análogo al concepto de "operación seguridad" de Sullivan, o al falso self de Winnicott. Por ejemplo, en esta conceptuación, por su propia expresión natural, el narcisista incipiente no puede recompensarse armónicamente con las figuras afectivas. Se identifica con la imagen de self que estas figuras requieren para sus propios propósitos, y hace todo lo que esté a su alcance para vivir de acuerdo con es-

to, con lo que el sujeto puede lograr alguna semejanza con la armonía reflejada que necesita. Al mismo tiempo, la persona puede evitar la recurrencia del daño narcisista doloroso que resulta de su verdadera autoexpresión. El compromiso parece funcionar, lo que explica, en parte, por qué el narcisista exitoso es tan difícil de cambiar, al grado de que puede vivir con altas y bajas de acuerdo con las expectativas del ambiente.

El proceso de autonegación define lo que el individuo debe negar o suprimir, mientras que el proceso de ajuste determina lo que habrá de exagerar. De acuerdo con lo aquí expuesto, lo que define brevemente su carácter es qué partes del sí mismo real suprimirá el individuo y cuáles resaltará. La psicopatología es vista en la supresión, en la exageración o, más frecuentemente, en la reacción natural del individuo a esta clase de acomodo habitual y ficticio para quitar el dolor mientras mantenga el contacto.

La teoría del desarrollo psicoanalítico y la investigación del desarrollo, ambas observables según Mahler, y experimentales según Stern, continuamente enriquece y actualiza este modelo del desarrollo del carácter. Estas fuentes proveen datos sobre la naturaleza exacta de las expresiones del organismo –instintos- y documentan cuando aparecen observados naturalmente o requeridos en experimentos por primera vez. Además, estas fuentes catalogan directamente las frustraciones sociales del ambiente, así como las respuestas del infante o del niño. Por último, estas fuentes sugieren las clases de aptitudes estructurales y las incapacidades que ocurren durante la vida, y proporcionan el equipo básico para la autonegación y los procesos de ajuste. Aunque todas estas fuentes contienen una mezcla de hechos provistos de manera empírica y de teoría inductiva y deductiva, hay un notable grado de convergencia respecto a los procesos esenciales, a pesar de todo el desacuerdo en cuanto a su oportunidad, o los debates acerca de lo que es inherente contra lo que es aprendido. Más que nada, hay hechos empíricos originados de datos que, sin mucha interpretación, proporcionan bloques constructivos sólidos a la teoría caracterológica del desarrollo.

La perspectiva de la psicología del Yo puede ser útil aquí, por lo menos en el nivel descriptivo, ayudándonos a que el continuum de la psicopatología tenga sentido. Junto con otros autores en este campo (Masterson, 1976, 1981; Meissner, 1988), he sugerido que vemos diversas formas básicas de psicopatología dentro de un espectro. Creo que la dimensión medular de tal espectro abarca al funcionamiento estructural –a menudo llamado Yo– del individuo. Este modelo afirma que el mismo aspecto caracterológico básico puede ser expresado a través de este espectro.

Al igual que otros autores han discutido acerca del funcionamiento incierto o narcisista alto, medio o bajo, he sugerido un deslinde similar a través de otras dimensiones caracterológicas. Ya que veo estas dimensiones reflejan aspectos existenciales, la categorización va a mostrar el alcance de la desorganización psíquica y del comportamiento en relación con el tema en cuestión. Estoy afirmando que a las personas se les puede entender mejor en relación con estos aspectos existenciales, reconociendo que ellas pueden funcionar en diferentes niveles de integración estructural, dependiendo del aspecto que se esté tratando. Por ejemplo, un individuo que funciona en un alto grado de integración puede más o menos desintegrarse, o tener un retroceso, cuando se enfrenta a amenazas contra su seguridad, su autoestima o de abandono, etc. Este modelo es similar al de Gedo y Goldberg (1973), quienes afirmaron que diferentes modelos psicoanalíticos eran apropiados para entender los diversos tipos de funcionamiento psicopatológico.

El Cuadro 1 proporciona un mapa completo de todo lo dicho, que puedo integrar dentro de un cuadro sinóptico. Cada aspecto caracterológico está incluido en uno de los tres periodos de desarrollo sugerido por las teorías y la investigación: apego/vínculo, el desarrollo del self y los otros, y el desarrollo del self en un sistema. Ahí se exponen brevemente los seis aspectos caracterológicos básicos y sus respectivas expresiones en el comportamiento y las actitudes. En el lado derecho del Cuadro, el continuum del desarrollo estructural está presentado con tres puntos: trastorno de la personalidad, carácter neurótico y estilo del carácter. El continuum refleja una fractura descendiente en la estructura o funcionamiento del Yo, en especial cuando se relaciona a un problema caracterológico particular.

Por ejemplo, considerando el problema esquizoide –seguridad–, el trastorno de personalidad total está caracterizado por un nivel muy bajo de desarrollo estructural y una alta desorganización en el funcionamiento, particularmente alrededor de aspectos que implican involucrarse socialmente, seguridad y regulación afectiva, con una tendencia hacia el uso extremo de disociación y de retirada ante una amenaza. El trastorno de personalidad esquizoide y la psicosis funcional también están enlistados en la columna de trastornos del carácter, y evidencia una desorganización en el funcionamiento del Yo, en particular alrededor de esta clase de problemas.

Todos los trastornos de la personalidad están caracterizados por una tolerancia muy baja y una dificultad para contener cualquier aumento en estados afectivos: ansiedad, frustración, agresión, duelo o pérdida, amor o intimidad, etc. En respuesta a estas dificultades para contener las emociones,

Cuadro 1

Problemas caracterológicos y desarrollo estructural

Período de desarrollo	Carácter	Problema	Expresión caracterológica	Trastorno de personalidad	Neurosis de carácter	Estilo de carácter
Apego/ Vínculo	Esquizoide (seguridad)	Los otros son fuente de dolor y no de bienestar	Disociación, retirada. Polaridad: presencia-ausencia	Esquizoide Esquizotípico Psicosis funcionales	Evasivo	
	Oral (necesidad)	Las necesidades son demasiado grandes para ser satisfechas	Dependencia de o gratificación de los otros a costa del self Polaridad: buscar la gratificación de la dependencia –proveer gratificación de la dependencia	Dependiente	Dependiente compensado*	
Desarrollo del self y los otros	Simbiótico (límites del self)	La identidad se encuentra en los otros, no en la propia persona	La fusión define una auto-expresión ajena Polaridad: autonomía-entrampamiento	Fronterizo dependiente		
	Narcisista (autoestima)	La identidad se encuentra en un "falso self" no en el empobrecido self real	Trata de mantener el self grandioso dioso Polaridad: devaluación-grandiosidad	Narcisista		

☞ continúa

☞ continuación

Masoquista (libertad)	Control de la iniciativa cedido a otro opresivo	Servilismo, inductor de culpa, pasivo-agresivo Rencoroso. Polaridad: controlado controlador	Auto-derrotado*
Desarrollo del self en un sistema Edípico (amor-sexo)	Interrupción y frecuentemente escisión de los impulsos sexuales y amorosos	Negación o exageración de la sexualidad, competencia y amor Polaridad: sexual-asexuall	Obsesivo-compulsivo Histriónico Mixto

Nota Psicología psicoanalítica del desarrollo = psicología del yo (Hartmann, A. Freud), relaciones objetales (Mahler, Masterson. Kernberg, Stern, Winnicott, Fairbairn) psicología del self (Kohut, Gedo, Goldberg), y análisis del carácter (Reich, Lowen, Horowitz, Shapiro).
*diagnósticos no reconocidos en el DSM-IV

las personas con trastornos de personalidad tienden a defenderse por el mecanismo de la disociación. En el caso del esquizoide, tal mecanismo puede ser un nivel primitivo con la división disociativa de una experiencia presente hacia un estado totalmente diferente. O, como en el trastorno de personalidad narcisista o simbiótica, donde puede haber una alta disociación específica del otro o del sí mismo. Esta división incluye tener una sola visión extrema de los otros, del self o de la vida misma. Esta experiencia de cosas disociadas, o con extremos disociados, son una protección contra el estrés que implica desarrollar una visión mixta más adulta, o una comprensión integrada y una experiencia de cosas tal como son. Así, alguien con un trastorno de personalidad puede idealizar o devaluar a otra persona, o verse a sí mismo tanto como omnipotente o despreciable. Más aún, estas visiones extremas pueden cambiar de un extremo a otro.

La proyección es otro mecanismo de defensa asociado a un trastorno de personalidad. Aquí la emoción difícil de contener es proyectada en otros para que no sea necesario experimentarla internamente. Otra defensa común es la fusión o la incorporación con otros para que se pueda vivir el confort dentro de la ilusión de unidad, siempre que esta ilusión esté asegurada, y mientras que la fusión y la proyección no coexistan al mismo tiempo. En el último caso, los sentimientos proyectados se vuelven más amenazantes y requieren de una defensa adicional en la que todavía se identifiquen con éstos, hasta el punto de experimentar su legitimidad dirigiéndolos hacia el uno mismo. Esto se denomina identificación proyectiva. Cuando esto ocurre, el individuo se compromete con comportamientos que lo defiendan contra alguna amenaza percibida, llegando a menudo a ser dicha amenaza controladora y provocando la reacción que el sujeto ha proyectado.

Mientras que todos los trastornos de la personalidad comparten esta estructura primitiva o inmadura, la cual Kernberg (1967) ha etiquetado como organización limítrofe de la personalidad, los diferentes estilos de carácter predicen los aspectos particulares que son más probables de ser el tema de la disociación, proyección, unión, identificación proyectiva, etc., al igual que la forma en que se van a expresar éstos.

Junto con esta estructura defensiva, el trastorno de personalidad está a menudo asociado con el daño en la internalización de valores o del desarrollo de la conciencia. Entre estas dificultades puede haber una ausencia -o por lo menos una incapacidad– de culpa, por una parte, o la presencia de un autocastigo exagerado y sádico debido a ofensas imaginarias o reales, por la otra.

Finalmente, el trastorno de personalidad está a menudo asociado con las historias interpersonales más conflictivas desde la niñez hasta la vejez. Las relaciones –en particular las íntimas– pueden estar ausentes, limitadas con severidad o crónicamente disfuncionales. Desde el punto de vista de las relaciones objetales, todas las relaciones se convierten en segundas representaciones de las originales que crearon inicialmente el problema. Hasta que sean reparadas las representaciones interiorizadas de otros y la propia persona y se logre la maduración de las defensas, el futuro será siempre una repetición del pasado.

Por consiguiente, la finalidad de la terapia, o cualquier programa de crecimiento de alguien con un trastorno de personalidad, debe ser la madurez y la integración. La comprensión, la catarsis, la liberación de una emoción o de un complejo reprimido, la reestructuración cognitiva o del comportamiento –cualquier cosa que nombremos– será inadecuada, a menos que esta estructura básica interna madure y las polaridades que determinan el estilo del carácter estén integradas.

En niveles medios del desarrollo estructural, el problema esquizoide se puede encontrar con más frecuencia en el comportamiento más característico del trastorno de personalidad evasiva en términos del DSM-IV. Aquí existe un sobre uso del alejamiento social como defensa con cierta disociación cognitiva y afectiva, especialmente bajo estrés social, pero se encuentra ausente una ruptura estructural seria, en particular fuera de esta área de incumbencia. Lo que define el punto central de la neurosis es el conflicto interno de mucho tiempo atrás y la desorganización en la vida, lo cual revela el comportamiento que es "neurótico". En palabras de Shapiro, "la personalidad neurótica o el carácter… es el que reacciona en contra de sí mismo; reacciona reflexivamente, en contra de sus propias tendencias. Es una personalidad en conflicto" (Shapiro, 1989). Aunque en DSM-IV lo que distingue al esquizoide de un desorden de personalidad evasiva es que el sujeto huidizo quiere estar con otros, pero siente ansiedad al hacerlo. La tendencia de acercamiento reflexivo conlleva ansiedad, pero la tendencia a ausentarse produce insatisfacción. Entonces, esta personalidad –"casa dividida en contra de sí misma"– puede producir soluciones de compromiso elaboradas para acomodar simultáneamente las tendencias competitivas que conduzcan a esa inconfundible calidad neurótica.

Siempre que el ajuste caracterológico sea neurótico, se ve el predominio de defensas basadas en la represión de cualquier cosa que cree un conflicto. La terapia con un carácter neurótico gira más alrededor de lo manifiesto, así como la solución de conflictos inconscientes y el abandono de estas soluciones de compromiso. Tales "soluciones" a menudo son obviamente neuróticas o contraproducentes, pero en un examen más profundo sirven para apaciguar ambos lados del conflicto, mientras que dañan al individuo que las ha escogido. Con el carácter neurótico, con frecuencia existe un papel mayor de culpa, en especial culpa inconsciente, en la cual su estructura de valor se internaliza con más solidez y determina consistentemente su comportamiento por más tiempo. Los que sufren de trastorno de la personalidad tienen dificultad para tolerar o contener afecto; el carácter neurótico puede emplear defensas más maduras para soportar sentimientos conflictivos por largos periodos. Pero a menudo ese tipo de persona está desbordada y fuera del alcance de las fuerzas incontenibles que determinan su comportamiento. Estas emociones guardadas pueden envenenar al individuo guiándolo hacia los síntomas neuróticos clásicos, los cuales producen sufrimiento en lo somático, en el comportamiento, en lo cognitivo, o en lo afectivo. Por ejemplo, la enfermedad psicosomática, las compulsiones, las obsesiones o la depresión.

Lo que estoy proponiendo aquí es que los conflictos que pueden estar vivos y ser obvios en el trastorno de la personalidad también están presentes en el carácter neurótico, pero se han vuelto inconscientes y se mantienen así gracias a unas defensas más maduras. Más que maduración e integración, la meta del crecimiento es el descubrimiento y la solución de ese conflicto inconsciente. Un resultado natural es el abandono de las soluciones de compromiso neuróticas.

En el estilo del carácter existe mayor conciencia acerca de lo que le da inquietud o conflicto al individuo, una relativa ausencia de síntomas y una confianza más sana en su adaptación. Es irracional esperar que la vida humana esté libre de conflictos o de aflicción; pero es posible defender sin destruir, estar conscientes y luchar con niveles más elevados de sabiduría. Teóricamente, el extremo funcional del continuum estructural puede no ser realizable, pero sí lo es el movimiento consistente en esa dirección.

En el estilo de personalidad esquizoide, por ejemplo, aún el clínico más entrenado puede tener problemas para clasificar a la persona, porque la copia, la adaptación y las defensas funcionan muy bien. Pero en un análisis más profundo de todos los niveles de funcionamiento, se pueden detectar problemas residuales alrededor de la seguridad, la exposición a la sociedad y un contacto óptimo con otras personas. No obstante, las relaciones íntimas del individuo, el trabajo, la vida social, las defensas, etc., van a operar en forma relativamente efectiva para limitar la patología y realzar su crecimiento.

Es crítico recordar aquí que este es un modelo dimensional, más que uno basado en categorías fijas. Cualquier persona puede ser mejor entendida con la mezcla de estos aspectos caracterológicos, así como puede ser mejor comprendida por un modelo mixto de su funcionamiento estructural. Por ejemplo, el individuo puede funcionar a nivel de trastorno de la personalidad cuando trata con sus problemas clave, se encuentra bajo estrés extremo o cuando se le da un apoyo mínimo. Empero, bajo circunstancias más benignas puede ser mejor entendido como alguien que necesita resolver su conflicto inconsciente o lograr altos niveles de imitación o adaptación.

En el desarrollo estructural del continuum, en el Cuadro 1, he intentado hacer una traducción libre y generalizada en la terminología del trastorno de la personalidad DSM-IV. A excepción de la personalidad evasiva clasificada bajo el aspecto esquizoide, realmente no existen posiciones medias o finales, porque, en general, este Cuadro está dedicado a la descripción de los trastornos severos de la personalidad. Las flechas en la sección del desarrollo estructural, tienen el propósito de comunicar que los aspectos básicos representados en estas alteraciones de personalidad pueden ampliarse, para comprender el carácter de las neurosis y los estilos de carácter, los cuales pueden llevar los mismos nombres. Aunque el Cuadro 1 traza los problemas caracterológicos por nivel de desarrollo estructural, también puede ser usado en una forma general para evaluar al paciente en más de una dimensión, muy parecido al perfil MMPI. Cualquier individuo puede mostrar el desarrollo estructural en rangos de bajo a medio en problemas de narcisismo, aunque en los problemas esquizoides y edípicos existe un nivel de funcionamiento más alto pero disociado, etc. He encontrado que la orientación de todo esto, lo cual enfatiza el aspecto de la vida existencial, se opone a la tipología del carácter, profundiza y amplía el entendimiento de nosotros y de otras personas, y humaniza nuestro enfoque de los problemas psicológicos.

Es crítico considerar las similitudes entre este sistema caracterológico y el sistema de diagnóstico DSM-IV para reconocer su diferencia esencial. El DSM-IV comienza con el comportamiento; aquél sistema empieza con la etiología. Estoy resaltando historias comunes del desarrollo, las cuales, al operar de acuerdo con ciertos principios psicológicos, resultan en adaptaciones caracterológicas comunes. El DSM-IV resalta las constelaciones comúnmente vistas en los trastornos de la personalidad. Así, mientras existe una superposición nunca habrá una correspondencia uno a uno entre los dos sistemas.

No estoy diciendo que cada caso de narcisismo o trastorno de la personalidad histriónica tiene su origen en un arquetipo, del cual estaré hablando aquí, aunque en los dos casos esta historia parece ser por mucho el camino etiológico común. La superposición de los dos sistemas es, probablemente, el más bajo en el caso del trastorno de la personalidad limítrofe y dependiente. Lo primero es considerado clínicamente útil, pero de diagnóstico muy heterogéneo, lo cual refleja muchas etiologías, incluyendo una implicación orgánica. En mi experiencia, los individuos diagnosticados como limítrofes por el lineamiento DSM-IV generalmente tienen dificultad por lo menos con dos problemas -y a menudo más- en la vida, alrededor de los cuales el presente sistema está organizado. De igual modo, como se muestra en el Cuadro 1, los individuos con un diagnóstico de personalidad dependiente podrían tener una etiología oral, una etiología simbiótica, o una historia de idiosincrasia que los condujo a manifestar tal comportamiento altamente dependiente.

Este sistema pretende describir los problemas primarios de la vida con los que todos los humanos deben luchar, y entender cualquier personalidad dada en base a esos aspectos. Comportamientos o actitudes similares pueden proceder de diferentes aspectos o historias que actúan en las variedades originales, contribuyendo a una clase de principio incierto dentro de los problemas del ser humano; sin embargo, los aspectos básicos permanecen constantes.

El modelo del carácter y la psicopatología presentada aquí es "funcional", lo que significa que cubre lo que puede ser atribuido al ambiente, en oposición a causas orgánicas o genéticas. Aunque esos trastornos severos que están documentados como relacionados orgánica y genéticamente, no se encuentran en la lista. Aquí yo incluiría la psicosis, los trastornos bipolares, los antisociales -socio y psicopáticos- y el autismo. Algunos teóricos de las relaciones objetales pudieran argumentar que el funcionamiento sociopático es un desarrollo interrumpido en el periodo más temprano –por ejemplo, esquizoide–, pero he llegado a percibir que mucho de esto puede estar orgánicamente relacionado.

El Cuadro 2, asociada al Cuadro 1, aclara más ampliamente el continuum del desarrollo estructural. Ahí simplemente enlisté las características del desarrollo estructural más alto contra el más bajo, el cual puede ser evaluado para un individuo en su totalidad o, aún más interesante, respecto a cada aspecto caracterológico. Una persona puede tener en general una percepción muy buena de la realidad, pero debido a su problema narcisista, puede percibir erróneamente las señales sociales que son vistas como que

Cuadro 2
El continuum del desarrollo estructural

Alto	Bajo
Estabilidad afectiva	Afectos altamente lábiles
Alta tolerancia a la ansiedad	Baja tolerancia a la ansiedad
La ansiedad sirve como señal	Ansiedad traumática y desorganizante
Buenas habilidades de calmarse a si mismo	Deficiente capacidad de calmarse a si mismo
Buena diferenciación de sentimientos	Diferenciación pobre de sentimientos
Modulación fluida de sentimientos	Modulación insuficiente de sentimientos
Alta tolerancia a la frustración	Baja tolerancia a la frustración
Experiencia de auto-cohesión	Auto-fragmentación
No susceptible a estados regresivos	Susceptible a estados regresivos
Cognitivo	*Cognitivo*
Auto-percepción (buen yo observador)	Auto-percepción no basada en la realidad
Constancia de la auto-percepción	Escisión de la auto-percepción o escisión de la percepción de sí mismo
Predominancia de las defensas maduras	Predominancia de defensas inmaduras
Desarrollo maduro del sentido moral	Moralidad cimentada sobre bases inmaduras
Percepción de la realidad de alta calidad	Percepción pobre de la realidad
Alta calidad de juicio Juicio deteriorado	
Alta calidad de habilidades de síntesis	Habilidades sintéticas deterioradas
Formulación y ejecución de intenciones claras	Interacciones y planteamientos deteriorados
Regresiones creativas al servicio del Yo	Regresiones al servicio del Yo que no están al ser vicio del ego no conciliado
Proyecciones o regresiones "propias"	Proyecciones y regresiones no "propias"
Interpersonal	*Interpersonal*
Constancia objetal	Escisión de los objetos
Buena diferenciación de yo/otros	Límites confusos
Distancia y acercamiento bien modulados	Relaciones caracterizadas por, el aferramiento a indiferencia o la ambivalencia
Intimar con otros generalmente asumiendo	Relaciones caracterizadas por miedos al mostrar la constancia objetal abandono de los demás, rechazo o destructividad
La percepción de los demás está basada en en la realidad la vinculación gemelar,	Relaciones caracterizadas por la fusión el reflejo o el comportamiento de transferencia idealizadora

afectan su autoestima de alguna forma, o la modulación afectiva de uno puede ser bastante buena, excepto cuando el miedo al abandono se activa, etc. En mi experiencia, entender esta intersección de aspectos caracterológicos y desarrollo estructural para un individuo, proporciona la información diagnóstica más útil y predice acertadamente los temas de psicoterapia, su probable paso y, hasta cierto punto, las intervenciones que serán útiles, ineficaces o dañinas.

Este enfoque, el cual enfatiza la observación de todos los aspectos de la personalidad en un patrón, también es consistente con los datos disponibles sobre trastornos de la personalidad. Por ejemplo, el análisis de la investigación del trastorno de personalidad narcisista (Gunderson, Ronningstam y Smith, 1991), el de la personalidad histriónica (Pfohl, 1991), y el de la personalidad de autoderrota (Fiester, 1991), todos muestran niveles significativos de superposición entre éstos y otros diagnósticos de trastornos de personalidad. En otras palabras, los individuos que reciben estos diagnósticos probablemente van a ser evaluados con ciertas alteraciones de personalidad. Aquellos que juzgan la validez de un diagnóstico por su función discriminativa tienen problemas con estos resultados, pero son totalmente consistentes con la teoría presentada aquí y con mi experiencia. Mientras más bajo sea el nivel de funcionamiento estructural, es más probable que la persona se enfrente a alteraciones en algunas de estas áreas esenciales. En estos casos, es necesario el conocimiento del clínico acerca de la etiología, la dinámica y el funcionamiento estructural, asociado con cada expresión caracterológica.

Ahora, voy a exponer los seis aspectos caracterológicos básicos y los factores de desarrollo que influyen en su curso.

Capítulo 2

Problemas caracterológicos
de afecto y vínculo

Una vez revisada la teoría básica, en los capítulos siguientes de la Primera Sección voy a seguir las dimensiones centrales del Cuadro 1, presentando un resumen de los problemas caracterológicos. En este capítulo expongo los problemas caracterológicos que proceden del periodo más temprano: el apego y el vínculo. Estos problemas esquizoides y orales son discutidos con ilustraciones de sus expresiones a lo largo del continuum estructural –trastornos de la personalidad–, carácter neurótico y estilo del carácter. Igualmente, en el capítulo 3 presento aquellos problemas del desarrollo del self –simbiótico, narcisista y masoquista– a lo largo del mismo continuum. Finalmente, el capítulo 4 está dedicado a los problemas del periodo edípico, donde la negociación del self, más allá de la díada, se vuelve más crucial.

El problema esquizoide

La mayor parte de la investigación reciente del desarrollo señala que cuando el niño nace está fuertemente predispuesto para la interacción social. Los datos indican, por ejemplo, que el recién nacido puede discriminar la voz de su madre de la de otra mujer que esté leyendo el mismo material (DeCasper y Fifer, 1980). Estos mismos autores han demostrado que los bebés pueden reconocer, en el lapso de una semana, la diferencia entre un párrafo leído para ellos en voz alta en el útero y uno de control nunca antes leído. Esto muestra una forma de interacción social aún antes del nacimiento. Stern (1977, p. 36) nota que aún en las primeras semanas de vida, los ojos de los recién nacidos convergen aproximadamente a unos veinte centímetros de la cara, lo cual es la distancia típica entre la cara de la madre y la del bebé durante el amamantamiento. Al final de la primera semana, la evidencia del comportamiento sugiere que, sin duda, el neonato está suficientemente familiarizado con la cara de su madre, llegándose a molestar de manera visible si ella se tapa con una máscara, o si otra voz suplanta la de su madre (Tronick y Adamson, 1980, p. 141).

Al mes de nacido, el infante comienza a mostrar la apreciación de aspectos más en conjunto, es decir, sin facciones, de la cara humana, tales como animación, complejidad y configuración (Sherrod, 1981). Aún en los dos primeros días de vida, los bebés pueden discriminar y aún imitar expresiones alegres, tristes y de sorpresa (Field, *et al*, 1982). A las tres semanas de edad, los neonatos pueden ejecutar una actividad audiovisual bastante compleja de igualar en forma entrecruzada el nivel absoluto de la intensidad del estímulo (Lewcowitz y Turkewitz, 1980), indicando que ellos son, aún en este punto, capaces de armonizarse con otra persona, lo que Stern (1985) caracteriza como la esencia de las primeras relaciones humanas. Los bebés están tan predeterminados a ser sociales que reaccionan emocionalmente a las señales de angustia de otra persona (Sagi y Hoffman, 1976; Simner, 1971). Otros estudios han puesto de manifiesto que los infantes se esfuerzan por recibir el contacto humano o la oportunidad de observar a otros. Lichtenberg (1983, p. 6) concluye que "estudio tras estudio documenta que el neonato tiene una preadaptación potencial para la interacción directa".

Todo esto indica que el bebé está preprogramado y armonizado con la clase de respuestas sociales que recibe, así que desde temprano un infante no sólo puede intuir si está siendo tratado bruscamente o sometido a estimulación dolorosa, sino que va a ser capaz de detectar el tono afectivo con el cual es tratado, la armonización o la falta de ella para sus necesidades, los estados emocionales, etc. Tronick, *et al.* (1978) documentaron que los infantes de tres meses de edad reaccionan con un leve malestar y un alejamiento social si los padres simplemente están con "caras largas" en medio de una interacción con ellos. El trabajo de Stern (1985) también muestra que desde el nacimiento el niño puede hacer cosas para evitar la sobre-estimulación. Esta concepción desafía el punto de vista de Mahler acerca de una "barrera de estímulos". Estos hallazgos ulteriores evidencian la habilidad del bebé para discernir y responder a la estimulación aversiva de carácter social.

El problema esquizoide (ver Cuadro 3) es el de la seguridad en el mundo social. Está claro que el infante cuenta con más conocimiento que el necesario para diferenciar la naturaleza de la alimentación o la privación del medio social. Los bebés pueden discriminar rápidamente si sus cuidadores son fríos, distantes o indirectamente hostiles. Básicamente, los problemas esquizoides y orales se desarrollan primero, porque la frustración y las necesidades instintivas implicadas están presentes al nacer y pueden ser diferenciadas en ese mismo instante, o poco tiempo después.

Cuadro 3
Caracter esquizoide

1. *Constelación etiológica*: Padres abusivos, severos, fríos, distantes y desconectados. El niño se ve a self como odiado, no deseado o insignificante. Con los recursos de un infante, el individuo solamente puede alejarse, disociarse o migrar internamente. El bloqueo de las expresiones básicas de la existencia y el retiro de la energía de la realidad externa, y la vida misma producen perdida de la vitalidad y desconexión

2. *Constelación de síntomas*: ansiedad crónica, comportamiento evasivo, el conflicto en torno al contacto social, la confianza y el compromiso son criterios para definir a este carácter. Generalmente existe evidencia de comportamiento auto-destructivo o auto-punitivo, odio o desaprobación hacia self, poco cuidado de self y poca capacidad de auto-consuelo. La persona muestra a menudo inhabilidad para conocer sus propios sentimientos y hacer contacto social sustentable o contacto íntimo. En gran parte, este individuo puede ser definido como alguien que está fuera de contacto con él y con los demás.

3. *Estilo cognitivo*: Aislamiento entre el pensamiento y los sentimientos, con pensamiento abstracto a menudo bien desarrollado. Las operaciones concretas relacionadas con el mundo físico tienen a menudo un desarrollo pobre. La inteligencia "social" se encuentra a menudo deteriorada.

4. *Defensas*: proyección, negación, intelectualización, "espiritualización", alejamiento, aislamiento del afecto, disociación, estados de amnesia temporal. La persona puede tener memoria pobre especialmente para eventos interpersonales, conflictos y niñez.

5. *Decisiones de guión o creencias patógenas*: "no tengo derecho a existir, el mundo es peligroso. Hay algo malo en mí, si lo libero puedo matar a alguien. Lo voy a tratar de resolver. Las verdaderas respuestas de la vida son espirituales y de otro mundo."

6. *Representación del self*: El self se ve a sí mismo dañado, tal vez defectuoso o malvado. La persona se cuestiona su derecho a existir e invierte en la búsqueda intelectual o espiritual identificada con su intelecto y espíritu.

7. *Representaciones y relaciones objetales*: Las otras personas son vistas como faltas de aceptación, amenazantes y más poderosas que él mismo. El individuo es particularmente sensible al rigor en el desarrollo social, a menudo proyecta hostilidad hacia otros y la provoca a través de la identificación proyectiva.

8. *Características afectivas*: la persona experimenta miedo crónico y a menudo terror. El afecto está aislado o suprimido. El individuo no sabe cómo siente y puede parecer frío, muerto y alejado del self. La rabia primitiva, suprimida, es la base del miedo y del terror.

Así, mientras la habilidad del infante en aspectos discriminativos es impresionante, existen limitaciones obvias en su repertorio de adaptación a frustraciones serias. Alejarse y retirarse son aspectos esenciales del limitado conjunto de respuestas del bebé a la estimulación aversiva. Ciertamente, mientras estos mecanismos pueden ser usados con amplitud para tratar traumas posteriores, también pueden ser utilizados al inicio de la vida. Esta teoría caracterológica del desarrollo estipula, en lo fundamental, que en la medida en que estos mecanismos son usados en el periodo de la vida temprana para evitar y escapar de frustraciones no óptimas ocurridas durante ese lapso, éstas tienden a persistir toda la vida en respuesta a situaciones que son percibidas como similares, por ejemplo: confusión, amenaza, frío, etc. Más aún, a medida que el ambiente temprano es en verdad áspero, la teoría simplemente afirma que la persona se va a inclinar por generalizar su experiencia temprana y anticipar su confusión en situaciones sociales subsecuentes. Esa aspereza anterior y presente, puede contener cualquier comportamiento, desde el abuso y la inadvertencia, hasta una armonía pobre. La teoría predice que los individuos con problemas esquizoides van a estar particularmente vigilantes a ambientes sociales ásperos, en especial los que se asemejan a los entornos que experimentaron con anterioridad. Más adelante, la teoría señala una tendencia hacia el aislamiento social, el alejamiento y las formas de evasión mental que van a ayudar a evitar o a escapar de cualquier estrés, en particular el de índole social.

Hasta ahora, este proceso es muy simple y directo. Sin embargo, lo que muchos clínicos han notado acerca de las personas esquizoides es que: *a)* Tienden a ser severos o rudos con ellos mismos; *b)* A menudo, tienden a gravitar hacia relaciones y ambientes que son ásperos *per se*. Estos fenómenos se explican por la hipótesis de la auto negación en la teoría caracterológica, que es consistente con la hipótesis de algunos teóricos de las relaciones interpersonales (Fairbairn, 1974; Mitchell, 1988; Weis y Sampson. 1986; Winnicott, 1958, 1965).Se piensa que la persona imita a quienes la cuidaron y de manera circunstancial internaliza hacia sí misma las actitudes de éstos. Fairbairn (1974) sugiere que esta internalización es importante, en particular cuando los objetos del niño son traumáticamente frustrantes o "malos", porque él, para escapar del dolor, va a convertir en inconscientes el objeto internalizado y su propia identificación. De este modo, el self internalizado y el modelo de relación entre la propia persona y los otros se hace inconsciente, con lo cual permea la experiencia de self y sus relaciones con los otros. También las necesidades relacionales del individuo se afrontan en el contexto de una forma negativa de relación self/otros y las soluciones de compromiso y auto-negación, a las que se llegó tempranamente, están diseñadas justamente para este tipo de enredos interpersonales. Así, los patrones persisten tanto intra como interpersonalmente.

Yo uso ejemplos de películas para enseñarlas cada vez que puedo, porque una experiencia común de expresiones del carácter es muy valiosa en su comunicación. En el caso esquizoide, el papel que hace Timothy Hutton como Conrad en la película *Ordinary People* es instructivo del rango en el carácter neurótico. Por su parte, la interpretación que hace William Hurt de Macon Leary en el film *The Accidental Tourist*, proporciona información sobre el alejamiento social extremo del desorden de personalidad esquizoide bien adaptada, si uno descarta su rápida recuperación al enamorarse de Muriel, actuada por Geena Davis. La personalidad múltiple retratada por Sally Field en *Sybil* señala la disociación que puede ser usada para escapar del dolor.

La psicoterapia de una persona con problema esquizoide gira alrededor de la proyección, así como la realidad del rigor tanto del ambiente social como de persona hacia sí misma. Las personas con este problema tienden a ver actitudes de intransigencia donde no las hay, a ser persistentemente severos con ellos mismos, y también a gravitar de forma innecesaria en ambientes rígidos, sus necesidades relacionales han sido satisfechas, aunque de modo muy imperfecto, y las defensas con las que afrontan la situación son apropiadas. En los niveles bajos del desarrollo estructural siempre hay una historia típica de traumas más severos y prolongados. Uno encuentra una incapacidad extrema de vincularse con los otros y la capacidad de disociación y alejamiento muy desarrollada. En los niveles más altos de desarrollo tiende a haber mayor habilidad social y capacidad de involucrarse con tendencias concomitantes hacia la intelectualización y espiritualización de la vida. La ansiedad en situaciones sociales puede estar bien compensada, pero aún así estar presente.

En esta correlación clínicamente relacionada entre personalidad, constelaciones de síntomas e historia reconstruida, los terapeutas han enfatizado con frecuencia el papel del terror, para explicar y mantener los niveles extremos de disociación y alejamiento de esos individuos. Esto se ejemplifica con mayor dramatismo en aquellas personas que han experimentado alguna clase de violencia física, abuso sexual y tortura sádica que conduce a los casos disociativos extremos de la personalidad múltiple. Pero a menudo encontramos tal terror presente donde somos capaces de descubrir historias más benignas, aunque angustiantes. En muchos de estos casos no queda claro qué sucedió exactamente con la persona, aunque es bastante imaginable que la causa pudo haber sido un incidente muy traumático, el cual ha estado reprimido, o un medio social crónicamente frío y estéril.

En cualquier caso, los sujetos esquizoides en todos los niveles de desarrollo estructural mostrarán una tendencia casi automática a disociar, a no darse cuenta de sus sentimientos y a no relacionarse con pensamientos o recuerdos visuales que puedan inquietarlos. Hasta cierto grado significativo, estas personas están verdaderamente fuera de contacto con ellas mismas y con aspectos muy conocidos de su experiencia. En particular, ellas tienden a aislar sus sentimientos de los pensamientos. Se cree que esta tendencia a separarse de su propia experiencia las mantiene a salvo de los niveles de intenso terror que puedan surgir, aunque sea olvidada esta estrategia defensiva. Cuando esto ocurre, esos individuos acceden a una gran rabia vengativa, la cual ha sido mantenida en control por su habilidad para separarse de su propia experiencia. El tratamiento de la persona esquizoide implica no sólo el descubrimiento y la expresión de estos sentimientos difíciles, sino también el aprendizaje de un mejor modo de controlarlos. Cuando todo esto ocurre, ella se vuelve más vulnerable con respecto a los demás y accede a conectarse a sentimientos verdaderamente afectivos acerca de otras personas.

La terapia exitosa con un individuo esquizoide conlleva una desensibilización hacia las personas con la intimidad, incluso a la experiencia de dependencia respecto de otros para la comprensión, la armonía, la compasión y el amor. También implica atenuar "la compañía evocada" hostil (Stern, 1985) o la internalización del "otro" cruel y el self hostil y revanchista. Finalmente, un buen resultado terapéutico con un individuo esquizoide entraña el desarrollo de necesidades reales en un contexto relacional más alto, y no en uno de enojo hacia otros.

Los errores terapéuticos con estos sujetos giran típicamente alrededor del tiempo del proceso de desensibilización hacia sentimientos y pensamientos disociados, al igual que hacia otras personas. En un extremo, un terapeuta distante puede chocar con el esquizoide en una reconstrucción muy intelectualizada, o en una terapia conductual mecánica para un aspecto de este problema. En el otro extremo del espectro, el terapeuta orientado hacia los sentimientos puede apresurar al paciente a tener experiencias sociales y afectivas prematuras, las cuales pueden volver a traumatizarlo y, por consiguiente, a profundizar su defensa disociativa. Muy a menudo, estos pacientes sacan de quicio a los terapeutas, quienes no alcanzan a apreciar el nivel profundo de terror que motiva su comportamiento terco y alejado. La venganza de estos individuos por su progreso tan lento y desigual, al no ser sanados rápidamente, puede darle un golpe mortal a su terapia. Es posible que con el problema esquizoide, más que con cualquier otro, el terapeuta necesite proporcionar por lo menos un ambiente potencialmente estable y, al mismo tiempo, cuidar de no empujar al paciente a más cercanía, intimidad o comprensión de lo que pueda manejar su estructura inestable. La "experiencia emocional correctiva" ofrecida en la terapia y dirigida fuera de ésta, es la esencia de la psicoterapia requerida.

Por cada estructura o problema del carácter, he descrito una CUADRO resumiendo algunas de las características principales. En cada resumen, he usado las siguientes categorías: *1.-* Constelación etiológica; *2.-* Constelación sintomática; *3.-* Estilo cognitivo; *4.-* Defensas; *5.-* Decisiones de guión o creencias patógenas; *6.-* Representación del self; *7.-* Representaciones y relaciones objetales, y *8.-* Características afectivas. Aunque estos resúmenes están sobre simplificados y, en general, no discriminan a lo largo del desarrollo estructural, los he encontrado heurísticamente muy útiles. Son repetitivos en ciertos lugares. Esta repetición es deliberada, en parte, porque a menudo la he encontrado necesaria para el aprendizaje real de este material y, también, porque la interpretación ligeramente diferente, o la elección particular de las palabras, puede ser útil en la clínica para clasificar más adecuadamente a un paciente específico.

El problema "oral"

En la práctica clínica, los problemas que giran alrededor de temas como la necesidad, la dependencia y la gratificación de la dependencia, que son bastante comunes, y surge la clasificación de carácter "oral", trastorno de la personalidad dependiente y co-dependiente (ver Cuadro 4). Al igual que con todos los otros patrones caracterológicos resumidos aquí, éste se deduce de la experiencia clínica con adultos. La teorización del desarrollo ha sido obtenida de una combinación de experiencia clínica con estas personas, reconstruyendo su historia y los datos disponibles en torno al desarrollo, tanto naturalistas como experimentales. Al formular esta teoría, ha sido siempre obvio que los bebés piden ser alimentados casi inmediatamente después de nacer, y que, en general, su relación a "alimentarse" puede muy bien llegar a convertirse en isomórfica por su necesidad de gratificación. En la teorización psicoanalítica reciente, enfatizamos más las necesidades interpersonales de relacionarse y la armonización madre-infante. Toda la investigación del desarrollo es consistente al enfatizar esos temas, haciendo de la etiqueta "oral" algo pasado de moda, así como la especificación regional que esto implica; pero aún así, es una etiqueta apropiada, si es entendida metafóricamente.

En cualquier caso, lo que frecuentemente los clínicos han encontrado en esos pacientes con problemas en la "constelación de necesidad" es una historia marcada, ya sea de privación o de inseguridad en su capacidad para llenar las necesidades de sus padres. El paciente "oral" severo da la impresión de que nunca ha estado completamente satisfecho con esos suministros nutricionales y emocionales que requieren todos los seres humanos. El lenguaje corporal, al igual que las quejas presentadas y los datos históricos, tiende a confirmar esta impresión de privación. Al tratar de reconstruir el cuadro etiológico de estos individuos desde el punto de vista psicodinámico, notamos que sus defensas son más bien primitivas en su naturaleza, y sus relaciones tienen un carácter claramente con altas y bajas, girando alrededor de la satisfacción de las necesidades.

Al buscar los orígenes del desarrollo de estos patrones, siempre hemos sabido que los niños pequeños necesitan desde un principio mucha atención y armonía; ahora la investigación observacional documenta estos factores como nunca antes (Mahler, Pine y Bergman, 1975; Stern, 1985). Clínicamente, también notamos que las personas con estos problemas a menudo tienen padres que, aún en los primeros meses de vida, no fueron capaces hacer su parte en la relación. Podemos ver una historia de depresión, alcoholismo o de circunstancias extremas, que hicieron difícil la relación con los padres, por ejemplo, familias con un solo padre, estrés de guerra o circunstancias extremas de pobreza. Este bloque ambiental, o frustración de la dependencia natural, es, sin lugar a dudas, repetido por la persona que guarda problemas de dependencia sin resolver. Aún en individuos con esta etiología que parecen ser los más dependientes, se puede observar la desaprobación de esa necesidad, la cual es distinta de la dependencia egosintónica del carácter simbiótico.

En los individuos que han logrado un mayor nivel de ajuste, el proceso de autonegación se ve, en general, con claridad. Las necesidades de la persona son típicamente negadas o minimizadas. En definitiva, esas personas a menudo experimentan sus necesidades como extrañas a ellos o equivocadas, y requieren privarse de sus propias necesidades antes de que puedan verse como legítimas. El proceso de ajuste en estas personas con alto funcionamiento, a menudo implica un gran cuidado por parte de otros individuos, como muchas veces se observa en adultos hijos de alcohólicos. Frecuentemente, estas mismas personas tienden a hacerse cargo de cuidar más de lo que realmente pueden soportar, para finalmente "tronar" y no poder dar el nivel de gratificación que prometieron. En estos momentos de desintegración, sus necesidades se vuelven mayúsculas y deben ser reconocidas hasta cierto grado para hacerlas conscientes. Pero una vez que esta indulgencia, ganada con mucho dolor, es permitida -a menudo con culpa-, la persona va a regresar rápidamente al patrón de negación de sus propias necesidades e intentará satisfacer las de los demás. En este proceso de ajuste, yo creo que existe el intento de: *1.-* Mantener contacto con el ambiente, el cual es esencialmente no gratificante; *2.-* Experimentar la necesidad de satisfacción directamente y, *3.-* "Preparar" a otros para que puedan al fin retribuir al yo.

Los datos de desarrollo, tanto de observación como experimentales, al igual que la teoría psicoanalítica, pueden tenerse en cuenta para este autobloqueo de necesidades y de intentos de nutrir a los cuidadores incapaces desde un principio. La investigación del desarrollo muestra que los niños pequeños responden en forma enfática a la angustia de otros (Sagi y Hoffman, 1976; Simner, 1971), que los infantes se condicionan temprana y rápidamente a experiencias de alimentación frustrantes (Gunther, 1961), y que a las diez semanas los neonatos muestran respuestas diferenciales a la alegría, el enojo y la tristeza, cuando éstas son mostradas por la madre (Haviland y Lelwica, 1987). A los tres meses de edad, los bebés responden diferencialmente a la depresión de otra persona manifestada a través de su expresión facial y tono de voz (Tronick, *et al.,* 1982); a los nueve meses, los niños pueden notar una congruencia entre sus propios estados afectivos y los de otra persona (MacKain, *et al.,* 1985) y demostrar armonía a través de igualarse al estado de la madre (Stern, 1985), y a los diez meses, tienen la habilidad de copiar respuestas alegres y de enojo (Haviland y Lelwica, 1987). Además, Stern (1985) reporta datos que documentan que la calidad del apego al año de edad es un "excelente pronóstico en las diversas formas de relación hasta los cinco años" (ver pp. 99-100, para una revisión más extensa de esta investigación). <<Esta paginación corresponde a aquí

La teoría psicoanalítica postula un número de vicisitudes instintivas y estrategias defensivas que toman en cuenta, en cierto modo, la autonegación y la gratificación de necesidades dirigidas, exhibidas por las personas "orales". Estas estrategias son: identificación, desplazamiento, inversión y ponerse en contra del self. Blanck y Blanck (1974), al resumir la psicología psicoanalítica del Yo, indican que todos estos manejos cognitivos se desarrollan temprano, justo después de las defensas más primitivas, como son la negación y la proyección. Además los niños empiezan a mostrar respuestas afectivas primitivas tempranas.

La posición del desarrollo caracterológico es que una vez que hay un bloqueo del "impulso" de la necesidad y de los compromisos consecuentes y las internalizaciones han tenido lugar, éstas serán firmes y resistentes al cambio, a pesar de las experiencias que pudieran modificarlas potencialmente. Esto se debe al hecho de que, entre otras cosas, las necesidades de relaciones se han enfrentado con estos bloqueos y ajustes, y que estas ma-

Cuadro 4
Carácter oral

1.- *Constelación etiológica*: Los padres son poco confiables o insuficientes en respuesta a las necesidades del niño, y con frecuencia están excesivamente necesitados. El niño renuncia a la postura dependiente antes de que pueda ser satisfecha, con lo cual permanece crónicamente necesitado y dependiente. El individuo intenta consistentemente negar la dependencia que puede ser aparente o compensada, pero que siempre va a ser desaprobada por el yo.

2.- *Constelaciones de síntomas*: El individuo no puede conseguir que sus necesidades se unan. Los fracasos incluyen la inhabilidad para identificar necesidades y poder expresarlas, desaprobación de la necesidad propia, inhabilidad para acercarse a otras personas, pedir ayuda o auto-complacerse. Las habilidades auto-calmantes y auto-nutricionales están deterioradas. El individuo tiende a hacerse cargo de las necesidades de otros a expensas del self, para extenderse e identificarse con otras personas dependientes mientras niega las similitudes. Las enfermedades frecuentes, la depresión u otras formas de colapso, las cuales obligan o justificar el recibir apoyo al tiempo que permiten la autocomplacencia, son comunes. Continúan intentándose compensaciones de la dependencia, independientemente de qué tan bien funciones.

3.- *Estilo cognitivo*: Propenso a oscilar entre la sobreactivación, la euforia y algunas veces, el pensamiento creativo a una activación baja, depresión y cognición carente de inspiración. Puede mostrar juicio pobre y una prueba de la realidad deficiente en períodos de exaltación.

4.- *Defensas*: Negación, proyección, identificación, inversión, desplazamiento y estar en contra del self. La compensación por preocuparse de los demás y exaltación, al igual que la desintegración en la enfermedad y la depresión son defensivos, y conllevan una división de la representación entre el self y el objeto. La grandiosidad se muestra en la responsabilidad oral exagerada e intenta confrontarse con las necesidades de otros.

5.- *Decisiones de guión y creencias patógenas*: "no necesito, puedo hacerlo solo, me encuentro a mí mismo al dar y amar. Mi necesidad es muy grande y va a abrumar a los demás. Si expreso mis necesidades, me voy a decepcionar, me van a abandonar y a rechazar."

6.- *Representación del self*: El self escindido, enfatizando dar todo, amar, sanar, nutrir y autorizado en el estado compensatorio y el self dañado, agotado, débil, imperfecto e ineficaz en el estado de colapso.

7.- *Representaciones y relaciones objetales*: Dividido, con otros individuos vistos como figuras con más recursos que podrían dar las provisiones que son requeridas o, tan débiles e incapaces de cuidar de si-mismos y necesitados de gratificación. Estos individuos tienden a relacionarse siendo dependientes o co-dependientes. Cuando la dependencia del individuo es aparente, otros sienten que nunca pueden hacer lo suficiente, que la persona realmente nunca es capaz de ser satisfecha.

8.- *Características afectivas*: Estos individuos son proclives a un patrón ciclotímico o de euforia y manía, alternando con una desintegración física y depresión. Están fuera de contacto, con impulsos agresivos y hostilidad y tienden a estar irritables. A menudo muestran miedo o soledad, miedo al abandono y celos.

niobras fueron fabricadas en el crisol de la privación dolorosa. La "creencia patógena" (Weiss y Sampson, 1986) o "decisión de guión" (Berne, 1964) fundamentan todo esto, e incluyen la idea de que al liberar el bloqueo y experimentar la necesidad se llegará a una repetición del desengaño doloroso y la privación. Más aún, a menudo se cree, aunque inconscientemente, que fallar cuando se enfrenta a las necesidades de los otros también puede conducir al abandono. Otras creencias comunes sostienen que: "yo no tengo necesidades. Yo puedo hacerlo todo solo. Me encuentro a mí mismo al dar y amar. Mi necesidad es muy grande y va a abrumar a otros".

Como resultado de vivir su vida en esta forma inhumana e insostenible, el carácter oral está propenso a caer en estados muy desintegrados. A menudo esto implica enfermedad física y depresión. La enfermedad física es común, porque la persona está crónicamente subalimentada en muchos aspectos y, por lo tanto, es más susceptible a muchas clases de enfermedades. Más aún, enfermarse es una forma de castigo cultural para procurar nutrirse por parte de otros individuos y del self, y pudo ser la única circunstancia en la cual la persona oral compensada fue capaz de obtener afectos de sus padres. La enfermedad seria es, en particular, una forma honorable de exonerar las responsabilidades de la vida adulta, que a menudo son agobiantes e inconscientemente apabullantes.

La "enfermedad emocional" de la depresión puede ocurrir por las mismas razones y debe ser sostenida por los mismos beneficios secundarios o retribuciones. Desde luego, la depresión también sirve para la función de suprimir defensivamente la agresión oral, la hostilidad y el duelo por la privación, que es muy intenso pero real con la consecuente pérdida del yo. En cualquier carácter oral con una compensación marginal efectiva, hay un estado compensatorio yuxtapuesto con el de colapso, el cual es a menudo más positivo, pero puede tornarse en júbilo, euforia y, en casos extremos, en episodios maniacos. En tales estados, el carácter oral compensado tiende a exhibir la sobrealimentación emocional de los demás, para adquirir más responsabilidad y acción independiente de las que pueda soportar, y hacer planes que van de lo optimista a lo grandioso.

El carácter oral es típicamente grandioso en su omnipotente creencia subyacente de que puede hacerse cargo de las necesidades de otros, y esta grandiosidad oral sirve a la función defensiva. Es en estos momentos de compensación que el individuo se cuida muy poco a su self, estableciendo inevitablemente el colapso que se presentará en un futuro. Todas las estructuras del carácter pueden mostrar una yuxtaposición de lo que alternativamente he calificado como el *sí mismo desintegrado* o sintomático y el *sí mismo falso* o compensado". Ambas expresiones caracterológicas son defensivas de la estructura subyacente del self real, que incluye las demandas arcaicas, vulnerables, reales del niño. Este modelo alternativo es, probablemente, más obvio en muchas personalidades orales, que tratan de mostrar este patrón ciclotímico.

El carácter oral también está típicamente alejado con su agresión natural y su hostilidad considerable. Aún en donde puede identificar sus necesidades, no es capaz de movilizar la agresión de tal forma que consiga lo que quiere u organizar su vida para que en realidad tenga provecho. En función del desarrollo de su carácter, su naturaleza es pasiva y, usualmente, llega a ser aún más inactiva cuando hay ansiedad. En otras palabras, la ansiedad no sirve como señal para movilizar la agresión, pero es de naturaleza más traumática, e incrementa la pasividad. Después de todo, el niño dependiente cree realmente que el trabajo de la otra persona es cuidarlo. Mientras que este individuo puede cuidar en forma defensiva a otros o colapsarse, no puede cuidarse a sí mismo. La agresión y la hostilidad a menudo aparecen de manera residual en forma de irritabilidad crónica, la cual es típicamente distónica; sin embargo, es incapaz de un control completo. Esta irritabilidad es la filtración de la ira provocada por la decepción crónica y un profundo resentimiento al tener que elevar prematuramente su autosuficiencia y el cuidado de los demás.

La autorrepresentación oral sigue esta polaridad compensada-desintegrada. Este individuo se ve a sí mismo alternativamente como dador, nutricio y poderoso en sus habilidades para cuidar al mundo en el estado compensado, y como imperfecto, débil, dañado y agotado, en el estado colapsado. La misma polaridad es útil al observar y entender las relaciones del carácter oral que se caracteriza por la dependencia. La descripción del carácter oral compensado y el co-dependiente son circunstancialmente indistinguibles, aunque este comportamiento puede proceder de otras soluciones caracterológicas. Sin embargo, en casi todas las personalidades orales bien compensadas, los demás entienden a menudo que este individuo en realidad va hacia la gratificación de su dependencia. Este mensaje puede realizarse a través de la mirada ansiosa, el sentimiento manipulador del fracaso oral o en la transparencia del sustento oral que demanda aún más nutrimentos recíprocos.

De una u otra forma, tarde o temprano, a menudo sentimos que tratándose de la personalidad oral nada va a ser suficiente y que esta persona es un pozo sin fondo. Y hay una verdad en ello. Las legítimas necesidades reales del infante, del niño y del adolescente nunca se unieron. En un sentido verdadero, lo que la persona no puede regresar, lo que nunca se perdió antes, estará perdido para siempre. Para resolver esto, es tanto una parte de la recuperación oral como su realización cuando las necesidades humanas son legítimas y pueden unirse dentro de los verdaderos límites de las relaciones adultas.

La teoría del desarrollo caracterológico da por hecho que liberando el bloqueo y renunciando al ajuste también va a quitar el bloqueo a la reacción natural de rabia del organismo y a la privación. Es verdad que alguien dominado por una necesidad y enojo abrumador puede apartar a otros y evocar abandono y represalias.

El éxito de la terapia en el carácter oral señala todo esto y remedia esencialmente la relación del sujeto con su propia insuficiencia, reclamando su derecho a necesitar, a aprender a discriminar sus propias exigencias y expresarlas, desensibilizando el miedo a la censura, al abandono o al rechazo de tal expresión, legitimando el enojo natural de sentirse frustrado por ser un ente normal que tiene carencias. Donde las necesidades son, en efecto, infantiles y, en cierto sentido, significativamente interrumpidas, no pueden enfrentarse en el presente, y es inevitable una comprensión y un dolor hacia este hecho. Sin embargo, al mismo tiempo, el individuo puede tener, más que nunca antes, sus necesidades enfrentadas. A menudo, les he dicho a los pacientes con este problema: "No puedes obtener todo lo que realmente quieres, pero puedes obtener mucho más de lo que has tenido". Aun aquellos de nosotros que estamos verdaderamente necesitados, si actuamos correctamente podemos satisfacer muchas de las insuficiencias que encaramos. Negar las necesidades propias, haciéndoles frente indirectamente, o por el contrario, cuando fracasan, sólo expresándolas en forma demandante y autoritaria. Estas son estrategias que no funcionan bien.

El carácter oral compensado o no, debe aprender que sus necesidades son correctas. Si éstas son exageradas, puede aceptarlo honestamente y debe darse cuenta que no puede enfrentarse indirectamente; que las relaciones íntimas pueden existir por fuera de su experiencia histórica; que las necesidades pueden ser recíprocamente satisfechas, más aún, el individuo debe experimentar, entender y trabajar, acerca de la privación y el afecto incierto a través de sus reacciones naturales. Acepta su "rabia oral" honestamente, y lo mismo ocurre con el dolor que experimenta alrededor de su insuficiencia y el miedo que es una consecuencia natural de los cuidadores, con quienes no pudo contar cuando literalmente su vida dependió de ello. El tratamiento extendido de los caracteres esquizoide y oral fue el tema de mi primer libro en esta serie *Characterological Tranformation: the hard work miracle* (Jonhson, 1985).

Capítulo 3

Aspectos caracterológicos del autodesarrollo

Este capítulo está dedicado a aquellos aspectos caracterológicos que sustentan el desarrollo de un sentimiento firme acerca de un yo separado. Aunque muy diferentes en expresión, "los trastornos del sí mismo" tienen en común la enajenación de la persona de su self[1] real. Para que ese self real se desarrolle debe haber un ambiente que estimule una gama completa de autoexpresión, que refleje con precisión y complacencia dicha expresión, y proporcione una frustración óptima a esa expresión cuando se necesita. Todos los aspectos caracterológicos revisados en este capítulo muestran la etiología común del fracaso ambiental del precepto anterior.

Las estructuras del carácter simbiótico, narcisista y masoquista provienen de una historia en la cual los niños solían cumplir con las agendas de los cuidadores. Entonces, hay una confusión resultante, donde la agenda de identidad impuesta externamente se acepta de manera consciente, quedando algo de desajuste inauténtico o incompleto. Al mismo tiempo, las formas más naturales de autoexpresión que no son aprobadas, se mantienen ocultas en el origen del conflicto interno. Finalmente, la contracción traumática de la autoexpresión real produce una interrupción del desarrollo, la cual necesita reconocimiento y maduración.

El problema simbiótico

Este aspecto caracterológico gira alrededor de la separación de la matriz de la vida interpersonal, la cual rodea al niño desde los primeros días. Stern (1985), cuyo trabajo es probablemente mejor conocido por retar al concepto de Mahler sobre la simbiosis temprana, como una ilusión universal en los primeros meses de vida, dice: "La mayoría de las cosas que el infante hace, siente y percibe, ocurren en diferentes clases de relaciones… El ni-

---

[1] En esta obra *Self* se traducirá como self.

ño se involucra con compañeros externos parte del tiempo, y con compañeros imaginarios casi siempre. El desarrollo requiere de un diálogo constante, usualmente silencioso entre los dos... Este sentido subjetivo de ser (intrafísica y extrafísicamente) es siempre un acto de construcción mental y no un miedo pasivo de diferenciación" (Stern, 1985, pp. 118-119).

Toda la investigación del desarrollo ya revisada atestigua el exquisito sentido social, la armonía y la respuesta hacia las contingencias sociales del niño pequeño. El infante comienza a desarrollar la habilidad para pararse y caminar cerca del año de edad. Esta capacidad le permite iniciar la separación e involucrarse en la actividad autónoma en un nivel mucho más elevado que antes. El desarrollo del lenguaje ocurre en esta etapa, e introduce otra poderosa función individual, la cual permite la diferenciación en un nivel simbólico.

Mahler ha llamado a este periodo entre los diez y los quince meses la subfase de práctica en la individualización; lo caracteriza como el periodo en el cual el niño tiene una aventura amorosa con el mundo y con sus propias aptitudes emergentes. Durante este periodo, el niño es observado alejarse de los padres con menos temor que antes, y es relativamente indiferente a caídas y otras frustraciones. Es llamado de *práctica,* porque el niño practica estas nuevas y emocionantes habilidades que le abren nuevas oportunidades para experimentar el mundo. La teoría caracterológica del desarrollo que yo expongo y explico aquí sostiene que éste es un periodo especialmente importante para la maduración de la autonomía, en particular al vincularse a una aventura independiente en la que toma la iniciativa y el desarrollo de un sentido de acción y de autoeficacia.

La investigación experimental del desarrollo indica que al año de edad el niño verá a sus padres para que le señalen si sus movimientos aventureros son peligrosos o no (Ende y Sorce, 1983). Yo creo que los incidentes tempranos y críticos que desalientan la separación, la iniciativa y la aventura ocurren cuando estas señales parentales equivocan dónde está el peligro, dónde el cuidador se ve amenazado por esta "práctica" de funciones autónomas y este ejercicio temprano del self, o dónde estos movimientos son castigados activamente porque se experimentan como contenciosos o inapropiados. Tales incidentes pueden ser aún más poderosos durante el siguiente periodo de "reconciliación", de los 15 a los 24 meses de edad, cuando la investigación observacional muestra que el niño aprecia las implicaciones de la separación: la vulnerabilidad y la dependencia de sus padres. Respecto a este lapso, otros investigadores han atestiguado un aumento en la imitación de comportamientos sociales convencionales (Kuczynski, Zahn-Waxler y Radke-Yarrow, 1987).

Ya sea que un niño en estas circunstancias tenga o no la ilusión de una simbiosis o fusión, tanto a través de una tendencia natural para cometer ese error, al modo Mahler, o en base a su habilidad para construir la realidad, al modo Stern; la experiencia del niño es de de involucrarse intensamente, de realmente entramparse con otro. Pero cerca del año de edad existe una habilidad realzada y un impulso para salirse, a veces, de esa órbita simbiótica, y convertirse en self al caminar, hablar, explorar, etc. Cuando ese impulso se bloquea, el niño aprende que tiene que frenarse en estos aspectos y desarrollar un self falso, comprometido, que se mantiene en contacto con los padres a través de una dependencia continua y enredada. Esto conduce hacia una clase del self falso donde, como en otros ajustes, la identidad se encuentra en la relación con los demás, a expensas de la identidad establecida a través del ejercicio de las funciones autónomas.

Levy y Bleeker (1975) subrayan los cinco pasos del desarrollo del carácter por cada uno de los cinco caracteres clásicos descritos por Alexander Lowen. Yo reproduje estos caracteres en *Characterological Transformation* (1985) con leves modificaciones y agregando un perfil similar, el cual deduje para el carácter simbiótico. Reproduzco este enfoque del proceso en general y esta estructura en particular. Esta reseña (ver Cuadro 5) presenta un resumen rápido de lo que después voy a exponer con mayor detalle en este libro.

Cuadro 5
La etiología simbiótica

Auto afirmación: tengo el derecho de separarme y ser yo mismo
Respuesta ambiental negativa: Retirada, pánico
Reacción Orgánica: Pánico
La frustración crónica ambiental impide una supresión de la reacción organísmica
Proceso de auto-negación:

- Actitud de repliegue: No me quiero separar
- Patrón de soporte muscular: mantenerse inmóvil, retener la respiración, mantener un cuerpo subdesarrollado y descargado

Proceso de ajuste:

- Compromiso del Yo: Voy a vivir a través de otro
- Comportamiento característico: Dependiente, adherido, quejumbroso, temeroso a la separación
- *Ideal del Yo*: Voy a ser leal
- *Ilusión de contracción*: Voy a estar seguro mientras me sujeto a ti
- *Ilusión de liberación*: Voy a ser abandonado e indefenso

Esta descripción y el esquema etiológico del carácter se aplica a estructuras desde el nivel bajo del paciente limítrofe, el cual experimenta estados extremos de fusión, pánico, o *acting-out*[2] ante el abandono o el control excesivo que absorbe y asfixia a los neuróticos con carácter simbiótico, quienes están extraordinariamente atormentados y en conflicto acerca de su responsabilidad exagerada y su obligación hacia los demás; y para aquellos cuyo estilo de carácter está menos sujeto al conflicto neurótico, pero tienen alguna dificultad en encontrar o poseer su identidad autónoma, y se definen a sí mismos en razón a con quien estén, en lugar de por quién realmente son. Aún en aquellos de este último tipo de carácter, que funcionan aceptablemente bien en el mundo, existe a menudo un sentido limitado de sí mismas y de la propia acción, que puede expresarse ante la falta de verdaderas preferencias, gustos y habilidades iniciados por los *selves*. Aunque puede haber un alto nivel de competencia y de autoexpresión aparente, a menudo no está completamente integrado en un concepto unificado propio. En un lenguaje más técnico, el self puede formarse a través de la incorporación de los otros, o mediante la idealización o la identificación con los otros, más que pasando por un amplio proceso desarrollado de internalización. La culpa de la separación y la culpa de sobrevivir (Modell, 1965, 1971; Niederland, 1961; Weiss y Sampson, 1986) son, a menudo, conceptos muy útiles en el proceso de liberar el carácter simbiótico.

Entre los temas más comunes en la psicoterapia del carácter simbiótico está el permiso para la expresión de la agresión natural, la cual es parte central del proceso de separación, al igual que la hostilidad natural que estos individuos albergan como resultado de estar bloqueadas muchas formas de autoexpresión. En consecuencia, generalmente la terapia tiene que tratar con el miedo natural, que va aparecer cuando el individuo comience a separarse de la relación fusionada y la identidad. Un tema común interpretativo con esta estructura conlleva formas intrincadas, con las cuales la persona preserva la relación original subyacente con todas sus limitaciones. Los afectos, compartimientos, conocimientos y síntomas de estos individuos pueden, a menudo, entenderse mejor por su función de preservación. Los compromisos neuróticos permiten cierta expresión de autonomía, pero, simultáneamente, es común la negación de ésta.

El éxito en la terapia con el carácter simbiótico implica romper los lazos restrictivos que fusionan al individuo y su identidad con los otros. Esto

---

[2] La expresión *acting-out* se refiere a actos impulsivos. En la literatura especializada se suele dejar tal cual o, algunas veces, traducir como exo actuación. (N. de R.)

Cuadro 6
Carácter simbiótico

1. *Constelación etiológica*: Los padres bloquean la acción propia, la aventura y el auto-control con respuestas de retirada, amenazantes o castigando esas conductas, las cuales sirven para producir una distancia, establecer una diferencia, demostrar agresión o establecer una identidad auto-determinada. Concomitantemente, la fusión, la empatía y la identificación y la dependencia hacia los padres están sobrevaluadas. Esto produce un self, adoptado, amoldado y determinado por los otros, basado en el sobreuso de la introyección incorporativa y la identificación incondicional. La formación de la identidad dependiente de los procesos transformativos de asimilación y de adaptación más maduros está subutilizada.

2. *Constelación de síntomas*. Deficiente en un sentido sólido de identidad, auto-concepto y comportamientos que definen un self único. La identidad se encuentra en las relaciones con otros íntimos con los que el individuo se funde. Esta falta de límites estables puede llevar hacia una confusión acerca de la responsabilidad, la susceptibilidad a la invasión por los afectos o los pensamientos de la pareja, y en el funcionamiento limítrofe, a estados de fusión reales. Esta propensión a que los demás se hagan cargo del sujeto puede acarrear al miedo de la pérdida de la autonomía y ser absorbido totalmente, la cual impulsa un distanciamiento rígido. Estas maniobras en turno llevan a temores de abandono y de aislamiento sin identidad. Muchos otros síntomas sirven para preservar la relación original fusionada, rebelarse en su contra, o más comúnmente ambas, la preservación actual del dolor familiar de generaciones anteriores es común, la culpa de la separación, la culpa del sobreviviente y la agresión debilitada son también comunes.

3. *Estilo cognitivo*. La confusión de límites resulta en una prueba pobre de la realidad en relación a quién es culpable de qué. En los individuos con funcionamiento bajo, por ejemplo, limítrofes, esto lleva a una sobre externalización de responsabilidad y culpar a los otros. En individuos con funcionamiento alto, esto resulta en una responsabilidad excesiva hacia los demás que lleva a los errores cognoscitivos de culpabilidad de separación y del sobreviviente. Estos individuos a menudo tienen dificultad para discriminar sus propios gustos y aversiones, creencias, opiniones, etc. Excepto en niveles muy bajos del desarrollo estructural, la agresión es negada y proyectada y, por consiguiente, inaccesible a usarse.

4. *Defensas*. La fusión, la negación, la proyección, la identificación, la coerción, la manipulación, la externalización, la responsabilidad omnipotente (una expresión de grandiosidad), poniéndose en contra del self, la identificación proyectiva y la separación.

5. *Decisiones de guión y creencias patogénicas*. "Yo no soy nada sin ti. Tú te estás apoderando de mí o me estás deglutiendo. Te debo mi ser. Soy responsable por ti, y tú eres responsable de mí. No puedo ser feliz si tú no lo eres. No puedo tolerar diferencias entre nosotros. No puedo tolerar estar demasiado cerca. Mi felicidad, éxito, sobrevivencia, te van a herir o están a tus expensas. Tu separación, si tu éxito o felicidad no me incluyen, me hieres y te la has ganado a mi costa. No puedo sobrevivir sin ti".

6. *Auto-representación*. Depende de la conexión con otra persona, pero por otra parte no es clara con grados variables de rasgos ilimitados. Basado de forma excesiva en la introyección incorporativa y la identificación. Un self confiado e independiente es negado o escindido.

☞ continúa

☞ continuación

7.- *Representaciones y relaciones objetales*. Los otros fueron experimentados como extremadamente importantes, borrándose la diferenciación entre el self y los otros. Los otros a menudo se experimentan ya sea absorbentes o abandonadotes. Particularmente en niveles bajos del desarrollo estructural, estos individuos son experimentados por los demás como manipuladores y coercitivos.

8.- *Características afectivas*. En niveles estructurales bajos, la inestabilidad afectiva se caracteriza por el pánico y la rabia por el abandono o la absorción. En niveles altos, la culpa es común y se asocia a una excesiva responsabilidad para con los demás. La ansiedad puede ser estimulada por cualquier cosa que la lleve a una separación; por ejemplo: diferencias de opinión, éxito, liberación de los síntomas, etcétera.

---

muy bien puede involucrar la agresión resistente y la hostilidad en la transferencia, y en los casos de funcionamiento alto implica típicamente sacar esa agresión y hostilidad, penetrando a través de su negación. La terapia exitosa conlleva también el desgaste de la negación de cualquier cosa real que haya sido desarrollada dentro del sentido autónomo de la propia persona. Finalmente, en la medida en que el self real deba encontrar la verdadera expresión y recibir apoyo armónico, esta construcción del yo debe ocurrir y, en la medida en que la internalización real de las habilidades relevantes –tales como autoconsoladoras, establecimiento responsable de límites, etcétera– no hayan sido adquiridas, este proceso de internalización debe también comenzar y ser apoyado. En general, en niveles bajos del desarrollo del yo, habrá un proceso más largo de terapia dedicado a ese proceso. En niveles altos de desarrollo, la persona tendrá un mayor self real disponible, y una mayor proporción de la misión terapéutica va a centrarse en adquirir esa propiedad, disipando las creencias inconscientes patógenas que tienen que ver con la excesiva obligación y responsabilidad, así como desgastar las concesiones neuróticas que expresan, pero niegan, el self verdadero.

El problema narcisista

El narcisismo es el problema de la autoestima (ver Cuadro 7). La teoría del desarrollo caracterológico expuesta aquí afirma que esta estructura del carácter surge de la frustración no óptima de la autoexpresión, tal como lo hacen los simbióticos. Sin embargo, aquí la frustración es de alguna forma más compleja y variable. No es la separación *per se* la que produce la res-

Cuadro 7
El carácter narcisista

1. *Constelación etiológica*: Los padres infunden en el niño un ímpetu libidinoso y rechazan la legítima catexis narcisista de éste. El infante es utilizado para reflejar, engrandecer o llenar las ambiciones y los ideales de los padres. La magnificencia y la vulnerabilidad real del crío no se apoyan simultáneamente. Más bien, los progenitores necesitan que el niño sea más de lo que es para su auto-realización e idealizarlo, o hacerlo menos y humillarlo, o ambos. Esto tiene como resultado una profunda herida en la experiencia de su self real y un déficit consecuente en la regulación de la autoestima en el individuo. El sistema natural de retroalimentación y corrección que afecta su balance de ambiciones, ideales y habilidades; fallas en madurar, por lo que las ambiciones y los ideales se mantienen grandiosos mientras que la retroalimentación negativa correctiva en sus habilidades debe mantenerse rígidamente repudiada.

2. *Constelación de síntomas*: El individuo alberga un self falso grandioso caracterizado por la omnipotencia, el orgullo, auto-involucrarse, sentirse con derechos especiales, el perfeccionismo y la excesiva confianza en sus logros para mantener la autoestima, con la manipulación, la cosificación y la devaluación de los demás. Cuando este self falso compensatorio se quiebra, el individuo muestra gran vulnerabilidad a la vergüenza o a la humillación, sentimientos de inutilidad, dificultad en la autoactivación e inhibición del trabajo.

   Esta depresión, dominada por la baja autoestima, puede acompañarse de preocupaciones hipocondríacas, enfermedades psicosomáticas, ansiedad y soledad. Una crisis mucho más profunda del self real incluye un sentimiento profundo de extrema debilidad y la fragmentación del self; vacío, carencia y pánico frente a las realidades de un desarrollo interrumpido y afectos reales largamente suprimidos en relación a las heridas narcisistas originales.

3-4. *Estilo cognitivo y defensas*: En el estado del self falso grandioso, el narcisista demuestra errores cognitivos que mantendrán la grandeza; por ejemplo, externalización de la responsabilidad (culpar a otros), negación del *input* negativo, repudio de sus propios atributos negativos, devaluación de las contribuciones positivas de los demás, identificación no realista con los otros idealizados, etc. En el estado sintomático o colapsado existe una preocupación con los síntomas, cavilaciones defensivas acerca de su propio valor, síntomas físicos, dilación u otras preocupaciones que mantienen a raya las demandas y los afectos del self real. La división mantiene a estos dos estados separados y desintegrados. Al sentir su self real, el narcisista siempre experimenta alguna desorganización, vulnerabilidad y afectos desconocidos pero vitales. Aquí el individuo puede sentir que está volviéndose loco, pero si se maneja adecuadamente es aquí donde comienza a encontrarse a sí mismo.

5.- *Decisiones de guión y creencias patogénicas*: "Debo ser omnipotente, perfecto, especial. Debo saber sin aprender, lograr sin trabajar, ser todopoderoso y universalmente admirado. No debo cometer errores o no valgo, soy nada y repugnante. Debo ser un dios o no soy nada. Si soy vulnerable, seré usado, humillado o avergonzado. No debo permitir que las personas me importen. Todo lo que poseo, incluyendo a mi familia y amigos, tienen que reflejar y confirmar mi perfección y mi

☞ continúa

superioridad. Nunca volverán a humillarme otra vez. Unos son superiores a mí, otros son inferiores."

6. *Auto-representación*: Escisión grandiosa o sin valor, como se subrayó arriba.

7. *Representaciones y relaciones objetales*: Las representaciones objetales se comprenden mejor usando las cuatro transferencias narcisistas básicas sugeridas por Kohut: (i) Fusión. Donde el individuo adquiere un sentimiento de seguridad y un valor a través de la fusión. Aquí el individuo puede utilizar libremente a los demás sin reconocer el límite entre él y los otros; (ii) Aparejamiento.[4] Donde el individuo logra un sentimiento de identidad y auto-valoración acrecentada al asumir una similitud exagerada entre sí mismo y los otros; (iii) Reflejo. Donde el individuo se relaciona con el otro solamente cuando intensifica la autoestima, sirviéndole como un objeto parcial que lo valora, comprende y reconoce y (iv) Idealización. Donde el otro intensifica la auto-cohesión y estima siendo perfecto en uno o más detalles. Sirviendo como fuente y sirviendo como fuente para imitarlo. La idealización también puede servir para crear la percepción de un objeto perfecto con el cual fusionarse, volverse idéntico a él o reflejarlo. Los otros típicamente se sienten utilizados por el narcisista, pero si él es afectivo en su self falso, estos son atraídos por su carisma y su talento. Utilizar a otros para descubrir su self real, más que engrandecer al self falso, es factor fundamental en la maduración deseada en las relaciones del narcisista.

8. *Características afectivas*: Los narcisistas son, con frecuencia, célebres por el "como si" o en calidad artificial de sentimientos, la incapacidad de sentir para otros y su orgullo herido fácilmente. En niveles inferiores del desarrollo del yo, son comunes el *acting-out* y los trastornos de control de los impulsos. En niveles superiores, existe una gran intolerancia en la mayoría de los sentimientos, aunque un nivel alto de sensibilidad afectiva se mantiene en control. La vergüenza y humillación asumidas en silencio, son comunes.

---

puesta inarmónica o negativa de parte del cuidador.[3] Más bien, es la forma de autoexpresión del niño que "no es suficiente" o "demasiado" para el otro. La reconstrucción de los casos narcisistas a menudo producen el hecho de que el individuo fue reprimido o "herido de forma narcisista" en repetidas ocasiones en su autoexpresión ambiciosa, o fue idealizado y, por lo tanto, se espera que proporcione mucha más gratificación, emoción o significado para sus padres de la que era posible, o ambas. No es raro en la reconstrucción de estos casos que uno de los padres fue más idealizado, y la herida narcisista iniciada por éste resultó de la incapacidad del niño para

---

3 En el original, *caretaker* se refiere a la persona que se hace cargo o cuida al pequeño(a). Habitualmente se trata del padre o la madre, no de alguien contratado para tal efecto. *Caretaker* se usa para ser polítcamente correcto y no poner la madre o el padre.

4 En el original *twinship* se refiere al sentir que los otros son almas gemelas, muy similares a uno. (N. de la T.)

cumplir con las expectativas infladas. Simultáneamente, el otro padre puede estar amenazado por la magnificencia real del niño y la excesiva atención hacia éste por parte del cónyuge. El otro padre, incapaz para manejar todo esto, puede humillar y apenar al niño, hiriéndolo de forma narcisista de manera más directa.

Todos los individuos narcisistas viven con la polaridad no resuelta entre grandiosidad y devaluación. La verdadera expresión de su magnificencia real y sus limitaciones no encontró el reconocimiento correcto, armónico, y el elogio al igual que la frustración óptima. Más bien ocasionó desilusión, humillación o, en el mejor de los casos, fue ignorada. El individuo reforzó, como siempre, el bloqueo ambiental, restringiendo aquellas partes de self que no fueron reforzadas e infló aquellas que eran muy valoradas. Este proceso de ajuste reciente constituye el "self falso" de Winnicott, el cual es experimentado como más falso, o no auténtico, por el narcisista, tanto en el yo y en los otros, como en cualquier otra estructura del carácter. Pero el self falso es la única fuente de autoestima del individuo, por lo tanto está protegido bajo estrecha vigilancia. Duda de si mismo, porque su self real ha sido devaluado, si no es que humillado, y fácilmente proyecta o encuentra desaprobación en el ambiente, donde es sumamente sensible al mínimo fracaso o a la desaprobación. Cuando el individuo narcisista se encuentra bien defendido, se engrandece y se adorna a sí mismo, actúa ante el público para obtener una aprobación superlativa, manipula, cosifica y devalúa a los demás para mantener la grandeza de su self falso, y parece creer en su propia grandiosidad. Todos forman parte de un público que es manipulado para conseguir el efecto deseado, pero las frustraciones inevitables de la vida van a traer a flote el polo opuesto de la falta de valor, la autodevaluación y la autoinhibición de actividades. Esto va a sacar nuevamente la defensa de un grandioso self falso que es típicamente una versión más desperada y en ocasiones poco realista de la compensación que existía antes de la amenaza.

Una vez más, existe una controversia entre los teóricos del desarrollo respecto a cuando surge este asunto, y, por lo tanto, en qué momento en el que se puede alterar más tempranamente. Esta cuestión tiene poca importancia clínica. Es más importante el proceso que el punto donde sucede. Aún así, mucha evidencia sugiere que este problema pudo haberse iniciado bastante temprano. Es alrededor de las actividades del periodo de práctica –10 a 15 meses de edad– cuando se puede ver una gran cantidad de autoexpresión, y el niño tiene obviamente poder para discriminar y participar en una interacción armónica en este momento. Se ha observado consistentemente que los niños están muy atentos con ellos mismos y sus nuevas habilidades en este periodo. Las investigaciones más recientes sobre los niños indican que ellos se convierten en autorreflexivos alrededor de los 18 meses de edad, señalando que en ese punto, por lo menos, pueden empezar a tener cierta capacidad para un autoconcepto (Stern, 1985). Entre el año y los dos años de edad es cuando los niños demuestran que pueden reaccionar a actividades en términos de estándares de ejecución que pudieran afectar la autoestima (Gopnik y Meltzoff, 1984; Kagan, 1981). Aún en este "periodo tardío", los niños presumiblemente basarán esa construcción tanto en la experiencia previa como en la concurrente, y en tanto que estos eventos lastimaron narcisistamente, surgirán problemas de autoestima.

Quizá Kohut (1971, 1977, 1978), más que ningún otro teórico, ha sido definitivo al sugerir que la ambición y la idealización son vicisitudes innatas. La ambición necesita de un reflejo preciso y la idealización necesita de otros individuos idealizables para un desarrollo óptimo. De acuerdo con Kohut, el mal manejo de estas necesidades es lo que obstaculiza la frustración óptima, y tiene como resultado la formación del carácter narcisista.

En el extremo bajo del continuum del desarrollo del yo, uno ve a esos flagrantes individuos narcisistas, que la mayoría de los legos podrían diagnosticar después de tener una conversación casual de un par de minutos. Estas personas muestran altos niveles de sentirse con derechos especiales, de grandiosidad, manipulación, devaluación y cosificación de otros, los cuales los define como narcisistas. Algunas de estas personas, a pesar de todo esto, pueden ser relativamente efectivas en la vida, porque son capaces de movilizar una buena cantidad de su autoexpresión agresiva y, particularmente, cuando son brillantes y talentosas, pueden ser exitosas en algunas áreas. Interpersonalmente, ellas son un desastre y si el "self falso" falla, se desintegran en formas serias de vacío y fragmentación, llegando a ser verdaderamente peligrosas para ellas mismas y para los demás.

En la neurosis del carácter narcisista estos rasgos y aspectos son mucho menos obvios, pero esta personalidad está en lucha consigo misma alrededor del problema de la autoestima. Existe una oscilación más rápida entre los polos que he llamado el self sintomático y el self falso en el segundo libro de esta serie, *Humanizing the narcissistic style*. La persona en este nivel de desarrollo estructural es típicamente menos obvia en su expresión de los rasgos del grandioso self falso, tales como: sentirse con derechos especiales, omnipotencia y el uso y devaluación narcisista de los demás. Pero la autoestima es frágil y está típicamente sostenida por el perfeccionismo y la confianza extrema en los logros. Hay cierta conciencia de un self real y el deseo de manifestarlo, gozarlo y que sea bien recibido. El narcisista neurótico va a decir: "¿Por qué no puedo relajarme, por qué no puedo aceptarme, por qué no me permito disfrutar, por qué siempre tengo que ser el número uno, por qué aplazo proyectos importantes hasta el último minuto y luego los llevo a cabo en un frenesí ansioso, etc.?" Desde luego, la lucha con el self produce síntomas neuróticos que usualmente tienen fuertes componentes de ansiedad, depresión y la autoimplicación en la reflexión rumiante acerca del valor de sí mismo, síntomas físicos, aplazamientos y sentimientos de inutilidad.

En el nivel del estilo narcisista hay menos tormento, una historia menos severa de lesión narcisista y defensas más efectivas, en particular si la persona es competente. Sin embargo, existen amenazas de problemas narcisistas de todos los tipos mencionados anteriormente, incluyendo un compromiso exagerado con el self público, el cual a menudo oculta graciosamente cualquier aspecto del self real que pudiera guiar a alguien para ser visto de manera menos positiva. Uno siente, probablemente consciente o no, que si "ellos" supieran todo lo que hay que saber acerca de mí, no me querrían y me admirarían tanto como hasta ahora. Para acabar, hay *algo* acerca de mí que está mal, o no es suficiente o es demasiado, y eso debo ocultarlo. Aunque hay una menor sintomatología en este nivel, frecuentemente hay una cantidad mensurable y, más a menudo aun, la familia o los seres queridos tienen la sensación de perder algo en la relación, que no es real o auténtica. En este nivel, la persona es "demasiado buena para ser verdad", y así, no lo es.

Así como en el carácter simbiótico, el tratamiento del narcisista involucra la resurrección y el desarrollo del self real, incluyendo las heridas, el desarrollo interrumpido, las creencias patógenas y los aspectos desconocidos del "self". Esos elementos repudiados involucran lo menos agradable, los rasgos narcisistas tales como: sentirse con derechos especiales, grandiosidad y objetivación de los otros. El self real dañado y sin desarrollo del narcisista es el que necesita de un defensor en la psicoterapia, y éste es el porqué Kohut está en lo correcto, al enfatizar la gran necesidad de empatía en el tratamiento de esta estructura. Desde luego, por la tierna fragilidad cubierta por la movilización del self falso, la empatía también se necesita aquí. Cuando la persona narcisista es realmente comprendida –vista, escuchada, reconocida– por quien realmente es, experimenta la seguridad de descubrir quién es y de volver a experimentar la herida en esa persona real, a menudo joven y vulnerable. Entonces puede experimentar el cambio terapéutico necesario, donde comienza a usar a otras personas para descubrir y desarrollar su self real, en lugar de reforzar y engrandecer su self falso.

Con lo que he dado en llamar el narcisista "limítrofe", este proceso de tratamiento es más largo, más repetitivo, con más apoyo, más "renuentemente complaciente" (Kohut) tanto en la grandeza del yo como en la idealización del terapeuta o de otros. Y esta terapia debe dedicarse más al desarrollo real de un yo verdadero, más que trabajar sobre su destape y propiedad.

En niveles más altos del desarrollo del yo, donde muchas habilidades del self falso han sido firmemente pulidas, pero realmente no se experimentan como propias, como fuente de placer para uno mismo, o como un auténtico regalo para los demás, el problema terapéutico es más fácil porque representa más un cambio en la orientación y la experiencia, que un "refrito" de los procesos esenciales del desarrollo.

En el nivel neurótico de este problema, hay relativamente mayor énfasis en ayudar a la persona a disfrutar del ejercicio de sus funciones autónomas, las cuales son a veces muy importantes y pueden experimentarse y disfrutarse sin las marañas neuróticas que les causan un dolor típico a estos sujetos. En un sentido, el tratamiento exitoso del narcisista involucra la recuperación del narcisismo normal o sano, que es el derecho de cualquier ser humano de ejercitarlo, disfrutarlo y liberarlo. Sin embargo, ser humano implica ser de alguna forma vulnerable, limitado, necesitado, dependiente, débil o, incluso, estúpido algunas veces. Todos debemos aceptar este lado del aspecto humano en nosotros y en los demás. Necesitamos ser amados y amarnos cuando somos vulnerables de esta manera. Cuando hay sumisión del narcisismo normal, hay una constancia del objeto autodirigido en el cual el self es amado en toda su magnificencia y en toda su humildad.

El problema masoquista

El masoquismo involucra el problema de control (ver Cuadro 8). Como Lowen (1958) ha sugerido, la comprensión de esta estructura puede lograrse con sólo imaginar lo que harían los animales, como un perro o un gato, si fueran forzados en los procesos naturales de ingestión de su alimento y su eliminación. Por muy dócil que sea el animal, la intromisión en estas funciones orgánicas naturales sin duda producirían fuertes respuestas agresivas, y si esta intervención extremadamente intrusiva continúa y las respuestas agresivas fueran eliminadas, uno puede imaginar consecuencias patológicas para el animal. A menudo, tal es el caso con el humano maso-quista, cuya historia está repleta de intromisión, control y dominación hu-millante de la voluntad.

Lowen (1958) reporta estos recuerdos históricos de uno de sus pacien-tes masoquistas:

> "De lo que recuerdo, no es que yo no comiera tanto, sino que no comía suficiente, mi mamá me forzaba a comer enormes cantidades de comida… Recuerdo a la edad de tres o cuatro años corriendo alrededor de la mesa de la cocina, y a mi mamá corrien-do detrás de mí con una cucharada de algo que yo no quería en una mano, y en la otra un cinturón amenazando con pegarme, lo cual hacía con frecuencia… Una de las peores cosas que mi mamá hacía era amenazar con dejarme o subirse al techo y saltar para matarse si yo no me terminaba mi comida. De hecho, solía salirse del departa-mento hacia el corredor, y yo me tiraba al piso llorando histéricamente."

En relación con los "problemas del baño", el mismo paciente recordaba:

> "Mi mamá me forzaba, bajo amenaza de pegarme, a sentarme en el retrete por una o dos horas y tratar de 'hacer algo', pero yo no podía". También recordó que después de los dos años de edad, estaba estreñido y su mamá introdujo su dedo dentro del ano para estimularlo. Le ponía edemas frecuentemente hasta la edad de los siete años, ade-más de llenarlo con laxantes que sabían horrible (Lowen 1958, pp. 196-197).

La disposición o la necesidad innata del individuo para ejercer algún con-trol sobre esas funciones corporales son obvias, tal como lo hace la natura-leza de la respuesta inherente a su frustración excesiva. De acuerdo a Reich, Lowen y los analistas contemporáneos, el carácter masoquista es el resulta-do de esta clase de intromisión y control inflexibles, que se expresa en for-ma natural más profundamente en los intentos de los padres por socializar al niño, pero no exclusivamente ni siempre en los procesos básicos de in-gesta y eliminación de comida. En casos tan severos como el que acabo de describir, podemos asumir que estas tendencias de intromisión por parte de los padres, expresadas desde muy temprano, continúan a lo largo de la niñez, y aún después. Lo que es crítico en la comprensión del masoquismo es el punto en el cual el niño se rinde, la voluntad se quiebra. Es aquí cuan-do se expresa la autonegación como un bloqueo impuesto a sí mismo en contra de las reacciones del organismo, que son impuestas las más de las veces. Esto se debe, creo, al hecho de que muchos análisis del carácter han dejado al descubierto estos recuerdos de intensas batallas padre-hijo antes de la rendición, en las que la formación de esta estructura a menudo es vis-ta como que sucede al segundo año de edad o después.

Cuadro 8
El carácter masoquista

1. *Constelación etiológica.* Los padres controladores y dominantes son entrometidos e invasivos en los límites apropiados. Estas experiencias en el niño de sentirse oprimido, que a menudo ocurren alrededor de la ingesta de comida y su eliminación, finalmente son recapituladas por individuos que se sobreponen a sus impulsos agresivos, hostiles y vengativos. Para mantener contacto y recibir el apoyo necesario, el individuo desarrolla una personalidad sumisa y servil, la cual puede contener características pasivo-agresivas que son inconscientes.

2. *Constelación de síntomas.* El comportamiento de sufrimiento por largo tiempo, autotortura, auto-desprecio y auto-derrota, muchas veces sugiere "una necesidad de sufrir". Una depresión inmóvil crónica que ha sido llamada el pantano o marasmo masoquista. La autoexpresión limitada está acompañada de desesperanza, desconfianza y comportamiento pasivo-agresivo. En terapia, la resistencia de naturaleza pasiva y "la reacción terapéutica negativa" son más comunes y obvias que en muchas otras estructuras. Los residuos de la energía vital considerable parecen existir sólo en su resentimiento, la cual está atada apretadamente. Son comunes las dificultades interpersonales parecidas a las reseñadas en otras secciones de este resumen.

3. *Estilo cognitivo.* Cognición fatigada, sin imaginación, agobiada. La depresión crónica de bajo grado entorpece la función cognitiva. Existe una expectativa de lo peor y una desconfianza hacia lo positivo en la vida.

4. *Defensas.* Negación, proyección y repudio, particularmente de agresión y hostilidad, identificación con el agresor, formación reactiva y una limitación crónica, a menudo en la musculatura, de impulsos inaceptables o en los que no se confía.

5. *Decisiones de guión y creencias patógenas.* "Me doy por vencido. Voy a ser bueno. Nunca voy a ceder. Te lo voy a demostrar. Te puedo castigar al retirarme tanto de ti como de mí. La privación te va a doler más a ti que a mí."

6. *Representación del self.* La persona siente que está obligada a servir y trata de cumplir con esa obligación. El paciente masoquista generalmente está consciente de su falta de espontaneidad, dificultad en movimientos agresivos y su estilo de vida atorado y sin inspiración. A menudo desea más aventuras, liberarse, etc., pero parece que no puede manifestar la energía para lograrlo o va a argumentar que simplemente no sabe cómo. Sin embargo, muchas veces ve su habilidad para soportar el dolor y la privación como una cualidad admirable.

7. *Relaciones y representaciones objetales.* El masoquista busca hacer contacto con otros a través de servir y de quejarse. Pero el servicio está contaminado por su sufrimiento, falta de alegría, inducción a la culpa y la queja que atraen la atención y las sugerencias, las cuales nunca cesan. "Por qué no..., sí pero..." es un típico juego masoquista. A través de estas acciones y de otras maniobras pasivas-agresivas, el masoquista provoca represalias y puede, entonces, obtener cierta liberación del rencor reprimido como respuesta. Particularmente, el masoquista puede ser visto como alguien que se abstiene de satisfacción para castigar a otros, también privándolos de satisfacción. Ya que el masoquista está acostumbrado a esta forma de abstención (por ejemplo, de satisfacciones) tiene mejor tolerancia, por lo que no parece castigarse tanto como castiga a los demás.

☞ continúa

☞ continuación

Intra-psiquiátricamente, los otros son vistos como aquellos quienes deberían ser servidos a expensas propias. Inconscientemente, los otros son el objeto de una gran cantidad de hostilidad reprimida que únicamente puede ser expresada en forma pasiva, excepto con una justificación extrema.

8. *Características afectivas.* Reprimido, callado, con el afecto coloreado depresivamente. Es común la culpa ante fracasos en la obligación. La persona no está en contacto con sus sentimientos agresivos u hostiles, pero otros pueden estar conscientes de estas emociones. El masoquista a menudo siente que es víctima de los demás o de la vida misma.

El cuadro clínico llamado a resumir y explicar este carácter está representado por aquellos individuos que sufren, que se desprecian y se dejan vencer, y a menudo se auto-torturan, y parecen tener una necesidad de sufrir, y en este sufrimiento torturan a los demás. En estas personas desafortunadas existe una fuerte tendencia a quejarse, una ausencia crónica de alegría y una clase de estancamiento crónico en el comportamiento y la actitud, que fue etiquetada por Reich como "empantanamiento o marasmo masoquista". Esta inmovilidad sin esperanza es altamente frustrante para quien trata de ayudar. Otros experimentan ser derrotados por esta persona sin esperanza e indefensa que no puede ser ayudada, y sienten interiormente su agresión pasiva obvia.

Es como si la rabia intensa hacia la intromisión se volteara en contra de la propia persona, conduciéndolo hacia una atadura en la autoexpresión. En estos individuos existe una ausencia notoria de confianza en los demás, y esa ausencia es expresada en desesperanza para sí mismo, para la materia y para el mundo. Relacionado con esta dinámica, a menudo es notada "la reacción terapéutica negativa" con estas personas, tal vez que cualquier mejoría es a menudo rápidamente seguida por una recaída. Este regreso al sufrimiento puede ser visto como una expresión de desconfianza encubierta, como una justificación para ello, y una represalia rencorosa en contra de quien los ayuda, lo cual tiene un papel muy poderoso, ya que se asocia con el padre que lastimó.

La negatividad contenida del masoquista es extremadamente virulenta. Para soltar estas ataduras, para verdaderamente pedir ayuda, aceptar esa ayuda y disfrutarla, amenaza severamente una estructura sostenida por una gran cantidad de energía conflictiva. Para abrirse a la confianza y a la esperanza existe la posibilidad de que otra vez lo engañen, de verse humillado y oprimido de nuevo. La resistencia a todo eso está reforzada por la unión del individuo al self y el "objeto malo" forjado en el crisol de todo este dolor. En consecuencia, el paciente masoquista regresa con frecuencia a la posición exasperante de sufrimiento opresivo, en la cual las quejas y la depreciación de sí mismo se dirigen hacia quien quiera que pudiera ayudar u ofrecer apoyo verdadero en su salida del infierno de este particular "sistema cerrado de la realidad interna" (Fairbairn, 1958, p. 381).

Es en esto que otros, a menudo, sienten el resentimiento o el rencor contenido, el cual no se encuentra muy debajo de la superficie de su naturaleza apocada y dispuesta a agradar. Desde luego, se piensa que este patrón, que en terapia está representado en la reacción terapéutica negativa, sirve para provocar represalias y hostilidad de los otros, lo que justifica la desconfianza y, cuando esa actitud es suficiente, sirve para liberar la expresión de la agresión y la hostilidad retenidas del masoquista. Como una derrota en el contexto sexual, no es que se desee la derrota en sí, sino la intensificación de la carga física lo que provoca la liberación sexual que es, de hecho, satisfactoria. Y es la liberación lo que la persona masoquista desea profundamente, una liberación no sólo de la hostilidad acumulada, sino también de los impulsos de amor y la expresión de la ternura sobre-controlados. Empero, es la liberación la que abre la estructura masoquista y el desánimo y la desesperanza de la posición original. En el tratamiento masoquista, el reciclaje y la comprensión progresiva de este patrón abarcan el tema primario. El placer es un pecado, la confianza es ser suspicaz, la esperanza lleva a la decepción. Si esperas lo peor, no te van a decepcionar o, peor aún, a engañar.

Parece que esta estructura puede ser menos frecuente ahora de lo que fue algún día en el oeste de Estados Unidos. Esta clase de paternidad muy entrometida, dominante y punitiva, fue más típica en generaciones anteriores, donde la pulcritud tenía más valor, donde las mujeres tenían **menos** formas de expresarse, etc. Aquellos que trabajan con mujeres golpeadas y sobrevivientes de incesto reportan ver muchas de estas características actualmente, pero hay razones para creer que esta estructura, en su forma predominante y severa, puede estar disminuida en la población en general.

Cualquiera que sea la validez de esta especulación, yo he visto pocos casos bien definidos de patología masoquista severa. Más bien, he visto un buen número de casos en los que el problema central parece ser simbiótico, pero donde la identidad adoptada repite el mayor ajuste masoquista de los padres, en particular de la madre. Creo que la comprensión del problema masoquista es vital, no sólo para él mismo, sino para el tratamiento de muchos individuos simbióticos, ya que el fenómeno de la separación por culpa y la culpa del sobreviviente pueden ser de suma importancia. Es muy difícil disfrutar de la vida cuando alguien sale de la matriz de unos padres masoquistas. Aunque ese progenitor puede tener la sensación de no transmitir la misma clase de abuso que le fue infringido, la tortura de sí mismo del masoquista es tortura para los demás, particularmente para su descendencia, que es propensa a sentirse responsable por el sufrimiento de sus padres. En vista de esto, es importante distinguir, en el proceso de diagnóstico, entre el proceso de ajuste caracterológico, que es esencialmente de naturaleza simbiótica (más frecuente, creo, en nuestros tiempos), y los verdaderos desórdenes masoquistas, que provienen de una etiología masiva más severa.

Una terapia exitosa con el paciente masoquista debe involucrar a un terapeuta que no se vea atrapado irrevocablemente en la telaraña del fracaso y el desaliento repetitivo que motiva la venganza de cualquiera que trate de ayudar. Un terapeuta que tenga un entendimiento comprensivo del problema masoquista, y que espera que este curso de eventos no sea tomado en forma personal y que reaccione de manera usual. Esta misma comprensión analítica va a ayudar también al paciente. Ambas partes pueden ser auxiliadas revisando muchas de las circunstancias similares, involucrando a los que trataron de ayudar derrotados en el pasado. Estos análisis históricos y contemporáneos van a ser muy útiles al sacar la hostilidad oculta y la desconfianza del ayudante. Como Fairbairn (1974) señaló, es con estos pacientes que se ejemplifica la "reacción negativa terapéutica" y quien guió a Freud a formular la hipótesis del "instinto de muerte", que pueda ajustarse la teoría de los objetos malos internalizados e inconscientes.

En estos casos, el terapeuta necesita tomar parte en la liberación de aquellas fuerzas internas negativas de la represión, mientras se interpretan como consecuencias de intromisión, invasión y supresión de las inclinaciones sanas del individuo. Al mismo tiempo, el terapeuta debe ofrecer una relación real y adecuada para reemplazar la realidad interior cerrada del paciente, la cual contamina todas sus interacciones con los demás. Para citar a Fairbairn (1974, p. 74), "la atracción de un objeto bueno es un factor indispensable en promover una disolución de la catexis de los objetos malos internalizados, y… el significado de la situación de transferencia se deriva de este hecho."

Los exámenes terapéuticos (Weiss y Simpson, 1986) del masoquista pueden ser difíciles porque lo hacen ver como malo, sin esperanzas, inferior y merecedor de venganza. El terapeuta va a encontrar que pasar los exámenes, y pueden haber muchos, se facilita al entender el self interior y las estructuras objetales del masoquista y consistentemente negándose a convertirse en una parte participante de éstos.

Capítulo 4

Problemas caracterológicos del *self* en el sistema

La teoría psicoanalítica clásica atribuye todos los síntomas neuróticos al conflicto edípico, y cuando considera los desórdenes de la personalidad, éstos se ven como pre-edípicos en su origen. La posición que he tomado aquí, la cual es consistente con muchos teóricos psicoanalistas contemporáneos, es la de que esta visión dicotómica no sólo está sobre-simplificada, sino que es incorrecta. Queda claro ahora que la psicopatología "neurótica" puede girar alrededor de un buen número de aspectos básicos existenciales de la vida, los cuales se encuentran a través del transcurso de ella, aunque pueden ser diferencialmente importantes en los primeros años. Más aún, la constelación de síntomas o de situaciones problemáticas de personas que luchan con la etiología edípica puede, en general, ser definida con mayor especificidad. Finalmente, la teoría caracterológica del desarrollo le dará importancia tanto a los impulsos sexuales y de rivalidad, incluyendo las luchas internas que éstos provocan, como a la habilidad del ambiente para la frustración y complacencia óptimas con la expresión del interés sexual temprano del niño.

Así, los impulsos edípicos no son esencialmente diferentes de cualesquiera otras formas básicas innatas de autoexpresión que requieren respuestas apropiadas del ambiente. Las constelaciones sintomáticas que proceden del aspecto edípico pueden ser complejas, porque tanto la sexualidad como la rivalidad están inmiscuidas y porque el problema es trivalente: relacionando un sistema más que un par. Tales interacciones complejas pueden ocurrir también con otros asuntos, pero siempre ocurren con los problemas edípicos.

El problema edípico es el complejo clásico en el que se involucran el amor, la sexualidad y la competencia, y fue originalmente mencionado por Freud. La comprensión de este complejo entramado de problemas se potencia simplemente viéndolo como parecido en la mayoría de los aspectos esenciales, hacia todos los otros retos del desarrollo compartidos por el individuo y su medio. El complejo edípico, al igual que los complejos esquizoide, narcisista o masoquista, aflora por la ineptitud del ambiente para complacer o frustrar estas demandas existenciales del individuo. Específicamente, yo creo que la psicopatología de naturaleza edípica es afín ya sea de la explotación o de la respuesta ansiosa, amenazante y a menudo punitiva del amor relacionado sexualmente, y con la competencia que perciben los niños. Ésta fue si duda la posición original de Freud, y la historia social (Miller, 1984) y un siglo de reportes de casos clínicos nos dan la razón para regresar a esto.

Desde luego, es verdad que los problemas edípicos son más difíciles de manejarlos óptimamente que algunos problemas más simples presentados hasta ahora. Los problemas edípicos involucran a tres o más personas, y tales problemas pueden interactuar fácilmente con otros que los preceden en el desarrollo; de este modo se moldean más cambios y combinaciones de factores etiológicos. Pero lo que en realidad pasa en el caso edípico es que la sexualidad del niño no está amorosamente permitida y apoyada por la frustración óptima en términos precisos. Más bien, esto es explotado o castigado, o ambas cosas. Por ejemplo, podemos encontrar a uno de los padres sacando provecho de la sexualidad y de las acciones competitivas que la acompañan, ya sea por la satisfacción sexual o por la expresión indirecta de hostilidad hacia el otro progenitor. Al mismo tiempo, el otro padre puede sentirse amenazado por ese comportamiento, y ambos actúan directa o indirectamente en forma amenazante y revanchista hacia el niño. El padre también puede fomentar y aprovechar la sexualidad y la competencia, pero cuando esta situación se desborda o cuando amenaza la relación con el cónyuge, se aleja del niño, lo humilla o lo castiga por estos comportamientos que eran alentados anteriormente. Donde sólo existe la explotación, los niños pueden temer el castigo y, en cualquier caso, van a encontrar irresistible dicha situación sobre su sexualidad.

Al aprender que es inseguro amar sexualmente con el corazón abierto y experimentar la rivalidad humana natural, estos niños van a retirar, bloquear y reprimir estos pensamientos y sentimientos con cualquiera de las defensas disponibles. Cuando estos problemas edípicos afloran, los niños tienen acceso a una amplia gama de maniobras defensivas para rechazar estos molestos pensamientos y sentimientos. Esta es otra razón por la que las constelaciones edípicas pueden ser bastante complejas: los individuos pueden, por ejemplo, manifestar afecto como una defensa y desarrollar una habilidad para aniquilar su problemática experiencia interna con una sobre dramatización de cualquier sentimiento, o pueden mantenerse preocupados por comportamientos compulsivos o pensamientos obsesivos. Los niños poseen también un amplio repertorio de habilidades para intensificar el proceso de ajuste para este tipo de lesión narcisista en particular. Para estas personas no es raro buscar aceptación y evitar una nueva herida al tratar de desarrollar una personalidad perfecta y lograr la perfección en cada intento.

Lowen (1958) ha asociado la etiología edípica con un número de expresiones caracterológicas, que incluyen las histéricas o histriónicas, las obsesivo-compulsivas, las pasivas-femeninas y las fálicas-narcisistas. Algunas de estas constelaciones involucran la interacción del problema edípico con otros aspectos pre-edípicos; por ejemplo, el carácter fálico-narcisista es una interacción de los problemas narcisistas y los edípicos, y el carácter pasivo-femenino es la interacción de los problemas edípicos y los masoquistas. Me parece que hay dos adaptaciones caracterológicas edípicas básicas que proporcionan un apuntalamiento esencial para los otros cambios y combinaciones: la *histriónica* –antiguamente llamada histérica– y la *obsesivo-compulsiva.* La histriónica representa el polo etiológico caracterizado más por una estimulación inapropiada y la explotación de la sexualidad y la competencia, mientras que la obsesivo-compulsiva representa una preponderancia de castigo para estas mismas expresiones. Mientras la literatura clínica clasifica con mayor frecuencia a las mujeres como histriónicas, los hombres también pueden tener este diagnóstico. Los hombres son los únicos portadores del diagnóstico fálico-narcisista de Lowen, y mientras los comportamientos de este carácter difieren del histriónico, las dinámicas etiológicas a menudo son similares.

Es crucial anotar aquí que el comportamiento obsesivo-compulsivo, en particular, puede derivarse de otras constelaciones etiológicas. Cada vez es más obvio que el trastorno obsesivo compulsivo, *per se* es distinto a la personalidad obsesivo-compulsiva, y que el primero puede ser un problema neurológico. El comportamiento obsesivo-compulsivo, como estrategia, puede mantener muchos sentimientos inaceptables a raya, y puede proporcionar una estructura artificial en ausencia de una auténtica. Pero también es una compensación neurótica común para impulsos edípicos inaceptables que pueden resultar de esta constelación etiológica. En forma similar, algunas clases de defensa, como la disociación, la negación y el afecto, típicas del carácter histriónico también pueden ser vistas como resultado de otras circunstancias etiológicas, pero esas defensas son comúnmente vistas como una secuela de estas circunstancias.

El problema edípico en el carácter histriónico

Muchas historias de mujeres histriónicas en la literatura están repletas de madres rígidas, frías y rechazadoras, y de padres seductores y emocionalmente infantiles (ver en el Apéndice C el reporte de mi investigación al respecto). El siguiente caso (Horowitz, 1989) es un arquetipo:

> La madre de la señorita Smith era rígida y moralista. Su familia la veía triste y a menudo deprimida. Consagrada a la Iglesia católica, servía a su comité sobre pornografía y estaba preocupada toda su vida con la propiedad social... El señor Smith era raro... Una de sus grandes excentricidades era el nudismo. El insistía en practicarlo en su casa, incluso cuando desayunaba. Asumió la función de despertar a cada hija, y se recostaba desnudo en sus camas sobre las colchas hasta que ellas se levantaban. Esto apenaba y enojaba a la paciente durante la adolescencia temprana, la cual le rogaba a su madre para que le pusiera un alto. Su madre lloraba y afirmaba que estaba indefensa... Mientras, el padre reprendía abiertamente a su hija mayor por su comportamiento sexual, pero en forma disimulada estaba interesado y quería saber los detalles. Después, cuando la señorita Smith estaba en la universidad, él quería visitarla para coquetear con su compañera de cuarto. (Horowitz, 1989, pp. 202-204).

Paul Chodoff (1978) reporta otro caso típico de personalidad histriónica:

> El producto de los antecedentes familiares de riqueza y posición social por ambas partes de la familia, O. después del divorcio de sus padres, cuando ella tenía cinco años, había vivido con su madre, a la cual percibía como fría, distante, egoísta. Su padre, atractivo y "perfecto", se volvió el punto central de sus anhelos y fantasías. Los veranos que pasaba con él eran lo más importante de su vida. Durante esas visitas, ella reportó episodios en los cuales se despertaba porque el papá estaba a un lado de su cama frotando su espalda por debajo de su camisón. Dos veces en su vida estuvo en vías de adquirir algo de autonomía: cuando era estudiante universitaria, a los diecinueve años, y, posteriormente, al tener que ver para sí y para sus hijos, después del fracaso de su primer matrimonio. El primer periodo finalizó por orden del padre para que regresara y concluyera la universidad mientras vivía con él, y el segundo, por la promesa de su esposo actual de rescatarla y cuidar completamente de ella.

En estos casos, muy a menudo, el aislamiento de la madre y la relación especial con carga sexual con el padre, persiste hasta la edad adulta con una continua dependencia de la hija con el padre y los inapropiados alcances sexuales, o una interacción sexualmente matizada entre ellos. Estos padres hacen cosas como compartir sus vidas íntimas con sus hijas, contar chistes seductores subidos de tono o manteniendo símbolos románticos de la relación especial, los cuales son más apropiados en una relación de amantes que de padre-hija.

Tal como en las familias donde el abuso incestuoso del niño va más lejos, la familia del individuo histriónico se caracteriza por la negación y la racionalización. Desde luego, el niño modela estas estrategias que protegen a cada uno en la familia, enfrentándose con realidades incómodas de su existencia juntos. El niño, atrapado en medio de este drama incestuoso, debe ir más allá, para distanciarse de todas las emociones y pensamientos abrumadores. Esto puede llevar a lo que Shapiro (1965) ha etiquetado como el estilo cognitivo-impresionista del histriónico, en el cual existe "una incapacidad de concentración persistente o intelectual intensa", una "distractibilidad o susceptibilidad que se desprende de esto" y un "mundo irreal en el que la persona histérica vive" (Shapiro, 1965 p.113). Esta orientación cognitiva global se acompaña de una sobreactividad emocional, que puede servir como defensa afectiva y a menudo sirve para reprimir el ambiente, al tomar el individuo su responsabilidad, y perpetuando la dependencia.

Las personas histriónicas frecuentemente se ven a sí mismas como niños, y se meten en relaciones donde actúan como "muñeca bebé" hacia "papito". Las mujeres histriónicas, a menudo, gravitan hacia hombres mayores que puedan cuidarlas, con lo cual repiten la relación padre-hija, donde el cuidado se intercambia por una clase de factor sexual. La conversión histérica fue inicialmente identificada por Breuer y Freud por sus reacciones de conversión, las cuales se relacionan típicamente con "la bella *indifference*", al ejemplificar su estilo cognitivo y bloquear el propósito defensivo subyacente del síntoma. Episodios disociativos también pueden ocurrir cuando el estrés es muy grande como para manejarlo con mecanismos más adaptados de defensa.

Las relaciones de los individuos histriónicos, como su pensamiento, son a menudo superficiales y tienen una cualidad "como si", en la cual la persona parece estar actuando. Existe también una fuerte hostilidad inconsciente hacia sexo opuesto; el cual en la superficie, está sobrevaluado.

Sus relaciones están también marcadas por una cualidad lúdica repetitiva, donde la seducción sexual es frecuentemente seguida por una sumisión hacia una fuerza mayor, unas veces, o por rabia, indignación o recha-

zo enérgico, otras veces. Otro síntoma común en las relaciones es una separación entre aquellos que estimulan el despertar sexual y los que estimulan el afecto sincero. Esta separación en la que las necesidades sexuales y
afectivas se pueden encontrar, pero sólo cuando se aíslan una de la otra,
protege al individuo de entrar a la situación vulnerable original en la cual
fue herida.

El tratamiento exitoso de la personalidad histriónica demanda un contacto humano genuino, donde van desapareciendo lentamente todas las
maniobras afectivas, del comportamiento y cognitivas, que solían evitar los
pensamientos y sentimientos prohibidos y la temida intimidad. Los sujetos histriónicos necesitan aprender sobre sus impulsos sexuales y competitivos, su historia de explotación y privación del amor y la hostilidad que
resulta de esto. Necesita reaprender cómo abrir su corazón, ser real y vulnerable, y madurar sexualmente y en sus relaciones. Más aún, necesita renunciar a la irrealidad del self falso histriónico y a invertir en su estilo particular de perfeccionismo, y reinvertir esa energía reclamando su derecho a
que aflore el amor sexual profundamente sentido. Finalmente, necesita
madurar en sus relaciones con otras personas del sexo opuesto para que la
rivalidad no sea dominante ni negada en su experiencia, pero que se convierta simplemente en una propensión humana evolucionada.

Como en cada estructura, la histriónica va a proveer de "pruebas" que
alienten al terapeuta a convertirse en una figura participativa en el "sistema cerrado de la realidad interna". Cuando esta estrategia triunfa, los terapeutas son seducidos ya sea sexualmente, o dentro de cuidados inapropiados o contra-terapéuticos y en el papel de autoridad, los cuales perpetúan
la adaptación existente. El carácter histriónico edípicamente derivado está
resumido en el Cuadro 9.

El obsesivo-compulsivo

La constelación de la personalidad obsesivo-compulsiva fue la primera descrita por Freud, y hasta hace poco fue, a todas luces, el síndrome mejor
descrito. Es, además, el trastorno de la personalidad diagnosticado con más
frecuencia, y se atribuye más a los hombres (Frances, 1986). Indudable-
mente, se ha discutido y demostrado en tantas personas, por lo menos en
un grado mínimo, que tendemos a darle a su estudio un corto respiro, porque pensamos que sabemos lo que significa. En realidad, demanda una
atención más seria que ésta, particularmente para los profesionales, porque

Cuadro 9
El carácter edípico

Constelaciones etiológicas generales: Los padres se aprovechan o reaccionan negativamente a la sexualidad natural y a la rivalidad del niño. Estas respuestas bipolares a menudo ocurren juntas con un padre que es seductor y explotador, mientras el otro es amenazante, frío o punitivo; o esta tendencia ambivalente hacia la sexualidad y la rivalidad puede ser proclamada por el mismo padre. Este condicionamiento resulta de muchas estrategias afectivas, conductuales y cognitivas por suprimir o mantener alejada de la conciencia estas respuestas instintivas. Esta supresión o repudio resulta en la remoción de estos impulsos de la óptima frustración y complacencia para que fallen en su maduración y lleguen a integrarse apropiadamente dentro de la personalidad adulta. Mientras los cambios de esas constelaciones trivalentes son innumerables, existen dos temas básicos aparentes: *1)* Las constelaciones sintomáticas y de personalidad resultante de una explotación de la sexualidad y de competencia (por ejemplo, caracteres histriónicos y fálico-narcisistas), y *2)* Las constelaciones de síntomas y personalidad resultantes de una restricción relativamente mayor o castigo de esos comportamientos (por ejemplo, el carácter obsesivo-compulsivo). Estos van a resumirse por separado, el histriónico en este cuadro, y el obsesivo-compulsivo en el Cuadro 10.

Histriónico

1. *Constelación etiológica:* Al menos uno de los padres explota la sexualidad natural y usa al niño como objeto sexual. El otro padre es a menudo frío, distante o directamente punitivo, en particular con relación a la sexualidad y a la rivalidad o competencia, o es visto como ajeno a la culpa del niño y las proyecciones asociadas.
2. *Constelación de síntomas:* Demasiada reactividad emocional, comportamiento exhibicionista y dramático, relaciones sexuales con negación de la sexualidad, experiencia emocional superficial, procesos globales e imprecisos del pensamiento, atención excesiva hacia el sexo opuesto, reacciones de conversión, episodios disociados, alta propensión a expresar impulsos reprimidos, alto grado de distracción, y dificultad para mantener la concentración, dificultades sexuales, incluyendo la excitación, el síndrome pre-orgásmico, eyaculación retardada o precoz, orgasmos insatisfactorios (superficiales), etcétera.
3. *Estilo cognitivo*: Global, no lineal, impreciso y dominado emocionalmente a través de procesos que sirven para mantener afectos y pensamientos "peligrosos" fuera de la conciencia. Pensar es a menudo dominado visualmente y resultante en juicios rápidos y superficiales acerca del significado de eventos, ideas y sentimientos, y una ausencia de detalles objetivos y discriminación basada en la realidad.
4. *Decisiones de guión y creencias patogénicas:* "El sexo es malo. La competencia y la rivalidad son malas. Mi mérito depende de mi sexualidad y mi atractivo. Toda gratificación proviene del sexo opuesto. No puedo amar, ser sexual, ser competitivo. Necesito ser más atractivo. Si amo totalmente voy a *i)* ser explotado o rechazado, *ii)* herir a mis padres o *iii)* estar apenado".
5. *Defensas*: Negación, represión *acting-out*, conversión, disociación, externalización, pensamiento impresionista y global.
6. *Representación del self*: Impreciso y fluido, con el auto-concepto tendiente a confiar en la apariencia, aceptación social y en experiencias inmediatas más que en los logros u otras situaciones más estables.

☞ continúa

☞ continuación

7 *Representaciones y relaciones objetales:* Relaciones frecuentemente sexuadas, impulsivas y caracterizadas por el comportamiento "de actuación de roles" superficial. Las personas del sexo opuesto son extraordinariamente importantes conscientemente, pero de manera inconsciente son el blanco de una hostilidad considerable, la cual se expresa frecuentemente después de que ha sido creada alguna excusa estereotipada. Hay una competencia típicamente inconsciente hacia miembros del mismo sexo. Los temas acerca de la victimización y de progenitor nutricio–niño indefenso son comunes y a veces repetitivos. Relaciones "de juego".

8 *Características afectivas*: Superficiales, afectos "como si" que son demasiado dramáticos. Un nivel alto de excitación sexual con una ausencia de sentimientos sexuales profundos y maduros. La persona puede estar agobiada por estados afectivos con pensamientos bloqueados o ampliamente controlados por experiencias impresionistas y afectivas. Hay una tendencia a actuar impulsivamente en respuesta a los sentimientos. Los sentimientos hostiles y competitivos no son conscientes, pero son expresados en interacciones repetitivas "de juego".

---

comprender los matices de la historia típica, la fenomenología y los procesos psicológicos involucrados, pueden impactar significativamente nuestra empatía y eficacia hacia las personas que sufren este trastorno.

David Shapiro (1965) me ha ayudado a entender este trastorno enfatizando el papel de la volición o voluntad distorsionadas, dirigidas para regular y determinar lo que no puede ser prescrito o, sobre todo, controlado: impulsos, intereses espontáneos y afectos. En palabras de Shapiro, "la direccionalidad premeditada ha sido distorsionada a partir de su significado subjetivo como una extensión y, por así decirlo, representativa de los propios deseos hacia una posición de prioridad sobre los deseos, pretendiendo incluso dirigirlos. En este orden de ideas, el impulso no es un iniciador del escenario total de direccionalidad y esfuerzo premeditados, sino su enemigo" (p. 37).

Shapiro también señala el grado en el que el obsesivo-compulsivo experimenta "sus propias órdenes impartidas, directrices, instrucciones, recordatorios, advertencias y amonestaciones" (p. 34) como externas a sí mismo. Los valores y las instrucciones del supervisor son aceptados, pero no son el resultado de una elección libre, y, particularmente, cuando las obsesiones o compulsiones aparecen más neuróticas o absurdas, el individuo se encuentra confundido, enojado o preocupado por ellas, y las vive como verdaderamente ajenas a él. Esta cualidad externa o extraña del "supervisor sentado atrás y dando órdenes", tiene todas las características introyectadas, no asimiladas, de otro. Además, lo lleva a una proyección fuera del sí mismo de este introyecto, como Meissner (1988) ha señalado tan convincentemente, lo cual explica por qué el individuo obsesivo-compulsivo a menudo sostiene que se comporta como lo hace para satisfacer una necesidad objetiva o un imperativo social, el cual el resto de nosotros no experimenta en forma absoluta.

Esta fenomenología del supervisor exigente es consistente con la experiencia de los clínicos, quienes encuentran que estos pacientes recuerdan a sus padres –y a menudo los perciben– como estrictos, exigentes, rígidos y sujetos a reglas. A menudo, los padres de estos individuos parecen haberse sentido particularmente amenazados o disgustados por la viva naturaleza animal del niño, y se interesaron en producir a la pequeña dama o al pequeño caballero perfectos. Con frecuencia, la reconstrucción, o aún la experiencia presente de los padres, es que están amenazados por la competencia o el éxito, que los disminuyen por la comparación.

Como en todas las otras constelaciones etiológicas generales, no todas estas descripciones aplican en todos los casos. Aquí y en los cuadros, incluso el Cuadro 10 para este carácter, uso deliberadamente palabras diferentes pero relacionadas, para describir factores etiológicos por su utilidad clínica. En un caso, las palabras "estrictos" y "exigentes" pueden ser meticulosamente descriptivas para el paciente y, por lo tanto, bastante benéficas. En otro caso, las frases "amenazados por el éxito" y "disgustados por la naturaleza animal de uno", pueden ser más escrupulosamente descriptivas y útiles.

Así, la teoría caracterológica del desarrollo para el obsesivo-compulsivo es simplemente esta: El niño introyecta y se identifica con el padre y con sus estándares o valores, y durante todo el curso del desarrollo estructural trata de usar la fuerza de voluntad del padre para hacer frente a esas normas introyectadas y sobrevivir a esos valores inusualmente rígidos de negación de la vida y cuerpos extraños. La voluntad es usada para bloquear las experiencias orgánicas originales, al igual que promulgar al self falso que consiste en la actitud y el comportamiento correctos que es necesario para alguna semblanza de contacto positivo con un padre muy pasivo y, a menudo, no muy positivo. Este es un claro ejemplo de una reproducción caracterológica, por ejemplo: padres obsesivo-compulsivos producirán un niño obsesivo-compulsivo.

Es crítico señalar que una persona con rasgos obsesivo-compulsivos no siempre es bien comprendida a través de esta etiología más "anal" y "edípica" expresada en el lenguaje psicoanalítico tradicional. Aún Lowen (1958), quien muestra el argumento más claro de la etiología edípica para este síndrome, admite que estas cualidades muy a menudo van a ser vistas como características orales y masoquistas primarias (p. 157). Yo agregaría que muy seguido se puede ver una rigidez extrema exhibida en individuos con bajo funcionamiento, los cuales tienen una pobre percepción de sí mismos. En estos casos, el comportamiento obsesivo-compulsivo no es defensivo en el sentido clásico, pero literalmente protege a la persona del vacío y la fragmentación de un self debilitado. En otras palabras, de hecho, el individuo se encuentra a sí mismo en su proceder metódico o en su moral rígida, sus creencias políticas o religiosas, y organiza su vida alrededor de ellos. La rigidez no sirve para defenderse de impulsos inaceptables, sino que es más útil para organizar una estructura desordenada. Lo que yo estoy ofreciendo en esta sección es el desarrollo de la comprensión del comportamiento obsesivo-compulsivo cuando está basado en una etiología relacionada con la etapa edípica o sirve a una función defensiva más clásica.

Cuando este es el caso, las compulsiones en la conducta, las obsesiones cognitivas y las actividades menos sintomáticas compatibles con esta personalidad pueden comprenderse mejor en los intentos del organismo para detener o mantener a raya estos impulsos inaceptables, que tienden a ser sexuales agresivos, competitivos y afectivamente espontáneos. Estas "actividades" incluyen la tendencia del carácter obsesivo-compulsivo a vivir "bajo fuego", en tensión constante, penetrante, y presión para hacer, sentir y pensar lo correcto. Esta presión constante lo mantiene ocupado cognitiva y conductualmente, y lo mantiene en jaque, para que sea inhibida cualquier expresión espontánea que pudiera ser potencialmente errónea o peligrosa. Asimismo, su atención intensa y estrechamente enfocada, en particular en los detalles y el aislamiento característico del pensamiento hacia el sentimiento, lo mantiene ocupado y lejos del verdadero comportamiento iniciado por sí mismo; pensamientos y sentimientos que pueden amenazar, enojar o desagradar a los demás. De igual manera, su bien notada duda, su indecisión y su retraso lo abstienen de comprometerse con una línea de acción, que en el análisis final debe reflejar un compromiso y una elección personal.

Además, el comportamiento social del individuo obsesivo-compulsivo, que a menudo es visto como formal, enfatiza el papel social del comportamiento correcto y se presenta como dueño de sí mismo, pedante y sin afecto, de forma que lo mantiene alejado de sus propios impulsos y sus sentimientos peligrosos respecto a y hacia los otros. Finalmente, la tendencia del sujeto obsesivo-compulsivo a tomar conciencia y ser sensible con otros a lo largo de la dimensión de sumisión-dominación, también puede derivarse de esta organización total de la personalidad. Los otros son vistos como la personificación de imperativos externos, reglas sociales y necesidades objetivas que el individuo debe cumplir, o como subordinados, quienes deben ajustarse a esas reglas. Algunos más pueden también ser vistos como si se sintieran amenazados o heridos por la naturaleza competitiva del individuo o por sus éxitos, como lo fue el padre en la lucha edípica. Una vez más, la preocupación por las reglas correctas, el comportamiento y las actitudes apropiadas, y los posibles efectos adversos de las acciones interpersonales, mantienen a la persona ocupada y mantienen los impulsos peligrosos fuera de la conciencia.

Sintomáticamente, la supresión, la autorregulación y la negación de la vida retenida crean depresión. Cuando el individuo está presionado por eventos estresantes y la presión aumenta por impulsos no resueltos o inexpresados, las obsesiones y las compulsiones pueden posesionarse del individuo a tal grado que es llevado a extremos absurdos en sus preocupaciones obsesivas y comportamientos manejados compulsivamente. Con frecuencia, el fracaso de las defensas para controlar todo esto lleva a pensamientos impertinentes, los cuales a menudo son sexualmente sádicos o de naturaleza hostil. Estos pensamientos son, desde luego, extraordinariamente ego-distónicos, porque se encuentran bien lejos de la persona buena que está tratando de ser este individuo.

Usualmente, el carácter obsesivo-compulsivo también es perfeccionista. Mientras que pueda haber alguna similitud en el perfeccionismo del narcisista, éste es un buen ejemplo de cómo la teoría caracterológica puede ser útil para moldear la más exacta y enfática comprensión de las personas. El perfeccionismo del obsesivo-compulsivo se guía más por una determinación para hacer lo correcto y evitar lo malo. Parecería como si tratara de complacer o conciliar esa autoridad externa y evitar su castigo. El perfeccionismo está motivado para evitar la censura, controlar lo que está mal en el self y mantener a raya lo que va a amenazar o disgustar a los demás.

En el caso de la etiología y la orientación narcisista, el perfeccionismo está mejor conceptualizado como una detención en el desarrollo de la grandeza. Tratar de ser perfecto mantiene la ilusión del self falso grandioso y lo protege de sumergirse en un estado de falta de valor o de vacío. Aquí, una actuación perfecta, el logro o la auto-presentación, resalta la autoestima. Por otra parte, con la persona obsesivo-compulsiva el perfeccionismo está dirigido hacia los intentos del individuo para controlar sus propios sentimientos y motivaciones, para que sea la clase de persona adecuada y no sea ofensiva. Esta última es una posición interpersonal defensiva más pasiva que la del narcisista, quien es mejor conocido por ser capaz de movilizar su agresión e impresionar a los demás con un comportamiento que él mismo experimenta como superficial, hueco o falso.

La teoría caracterológica del desarrollo es importante para el trabajo clínico, entre otras cosas porque ayuda a los clínicos sugiriendo qué buscar en la historia, en la estructura de creencias, en la actitud, en la auto-presentación y en la sintomatología, que ayude a comprender qué es lo que yace debajo de la expresión observada y ayude al paciente para que entienda esto. Una vez que se logra, la teoría del desarrollo tiene algunas indicaciones acerca de cómo pueden resolverse estos problemas. En el caso del perfeccionismo, el individuo necesita aprender que sus impulsos sexuales, agresivos y competitivos, son normales y humanos, que son correctos y no pueden estar sometidos a su voluntad, o necesita aprender que su perfeccionismo es una expresión de grandiosidad no resuelta en el desarrollo temprano, lo cual requiere que él aprenda a tener una autoestima más realista, bien modulada y "constante", basada en la integración de lo que es maravilloso y lo que está limitado en sí mismo.

Regresando ahora al problema del paciente obsesivo-compulsivo, podemos preguntar: ¿cuándo se desarrolla todo esto? No es posible contestar esta pregunta tan completamente como quisiéramos. Sin embargo, sabemos que los niños comienzan a funcionar en base a estándares cerca de los dos años de edad (Gopnick y Meltzoff, 1984). La investigación experimental del desarrollo indica que el número de los factores operativos en esta adaptación no se desarrolla sino hasta un poco después de lo que hemos visto en los aspectos caracterológicos hasta ahora revisados.

Por ejemplo, los niños no pueden distinguir entre eventos mentales y físicos (Wellman y Estes, 1986) sino hasta los tres años de edad, más o menos. Hasta este momento empiezan a ser capaces de distinguir entre consecuencias intencionales y accidentales en sus juicios de historias y lo que pasa con los personajes dentro de ellas (Yuill y Perner, 1988). Esta investigación es relevante porque documenta el largo periodo en la existencia de la niñez, durante la cual subsiste una confusión acerca de las relaciones realistas entre causas y efectos. Más aún, no es sino hasta los seis años de edad que los niños empiezan a usar estrategias meramente mentales para regular sus sentimientos (Bengtsson y Johnson, 1987), y tomar seriamente las reglas morales y convencionales (Tisak y Turiel, 1988). Estos hallazgos indicarán que la estrategia para vivir bajo tales reglas, y la simple estrategia mental al tratar de regular los impulsos a voluntad, se desarrollan relativamente tarde. Además, la observación naturalista tiende a confirmar la posición original de Freud de que el interés sexual, la atracción seductiva y el comportamiento de rivalidad que los niños pueden exhibir, no empieza sino hasta cerca de los tres años de edad. Así, cuando el comportamiento obsesivo-compulsivo es el resultado de estos eventos edípicos, toda la información disponible indicará que esta adaptación se desarrolla relativamente tarde para empezar, y que continúa desarrollándose por un tiempo.

A modo de paréntesis, es probable que estas estrategias al servicio de otras funciones, por ejemplo, reforzar un self debilitado, también se dominan relativamente tarde, aunque pueden estar motivadas por un daño en el desarrollo, el cual ocurre con anterioridad. Este fenómeno de sobre-posición tardía de estrategias más sofisticadas, para manejar un complejo más primitivo, es consistente con la clase de la teoría caracterológica del desarrollo que estoy tratando de integrar aquí

La parte final de la teoría, la cual necesita ser enfatizada, es el grado por el que la solución obsesiva-compulsiva une al individuo con el padre, quien es, en este caso, sumamente contingente en su respuesta hacia el niño, y cuando aquél es muy bueno, el niño puede recibir elogios o, por lo menos, ausencia de crítica. Cuando el padre es muy exigente, no obstante, el niño va a recibir elogios limitados, con comentarios de cómo pudo haberlo hecho un poco mejor. Desde luego, esta última respuesta estimula el perfeccionismo del niño, quien puede alimentar la ilusión de que si pudiera ser un poco mejor podría tener un contacto más positivo con su padre. Siendo esto como posibilidad, el punto más crítico para entender aquí es que el niño adopta, e intenta llegar, a los estándares del padre, que proporcionan la conexión social y la auto-identidad dentro de esa conexión que todos necesitamos. Satisfacer los estándares de la familia, y siendo la clase de niño que se espera que sea, define al self y mantiene el contacto deseado. La rigidez del patrón puede ser explicada por la combinación —en este caso tan obvia— de evitar el castigo, mantener el contacto y, a través de éste y de la emulación, adquirir la identidad propia. Así que es el miedo a la repetición del castigo, al igual que el miedo a la soledad, los cuales provienen del self, tal como se ha definido, y de la familia que mantiene el patrón patológico que, por otra parte, puede parecer tan absurdo, aún para el propio individuo.

En estos casos, los temas terapéuticos son, desde luego, el desafío gradual de estas rígidas defensas, la aceptación gradual y la expresión de los impulsos, afectos y pensamientos repudiados. El entendimiento acerca de las bases para estas rígidas defensas, que requieren tanta seguridad, es generalmente muy útil. "Obtener la historia correcta" acerca de la trama que

Cuadro 10
Carácter edípico obsesivo-compulsivo

1. *Constelaciones etiológicas*: los límites de las reglas parentales exigentes, rígidas, persistentes ocurren especialmente alrededor del entrenamiento de socialización, el control de impulsos, y la "doma" de la expresión sexual competitiva y agresiva. No hay en este control invasión ni intromisión dentro de los procesos naturales del organismo, ni la opresión de la voluntad que ocurre en el masoquismo. Más bien, el niño es alentado a través del castigo, el reforzamiento y el ejemplo para usar su voluntad para domar todos los aspectos de sus impulsos animales, comportamiento espontáneo, naturaleza competitiva, sentimientos tiernos, etc. Cuando el individuo obtiene esta exagerada auto-posesión y la conserva, adquiere las formas rígidas de decisión y de comportamiento forzado que caracteriza esta personalidad. Las obsesiones y compulsiones sirven para mantener esta actitud emocionalmente reprimida, al rechazar efectos e impulsos.

2. *Constelación de síntomas*: Está poseído por una tensión forzada y presionada para hacer las cosas correctas, necesarias o imperativas. Esta imposición de necesidad objetiva o de una alta autoridad es constante y penetrante, resultando en una vida de esfuerzo continuo relacionado con propósitos permitidos. Las expresiones espontáneas, preferencias personales o sentimientos genuinos, son difíciles de acceder. La rigidez en la postura corporal, moral y otros criterios o actividades rutinarias es definitiva. Esta personalidad limitada por reglas se incomoda con la libertad, y la liberación de una preocupación va a conducir a la ansiedad y a reemplazarla rápidamente con otra preocupación apremiante, como tema de reflexión o pensamientos rumiantes. El perfeccionismo y el retraso están a menudo presentes y relacionados con el miedo de hacer las cosas mal. De igual manera, la dificultad en la toma de decisiones refleja los miedos de la expresión auto-iniciada, que puede estar equivocada. El comportamiento social puede ser pedante, sin afecto y formal, enfatizando el papel del comportamiento social correcto. La depresión y los pensamientos intrusos, especialmente de naturaleza hostil o sexualmente sádicos, son a menudo problemáticos, conjuntamente con pensamientos obsesivos incómodos y comportamientos compulsivos, que en este nivel sintomático se experimentan como extraños, y que se apoderan del individuo.

3. *Estilo cognitivo*: Intenso, agudo, la atención enfocada hacia los detalles se asocia con una tendencia a dejar pasar las peculiaridades esenciales de las cosas. Una característica afín es el aislamiento de la comprensión cognitiva del significado emocional de sucesos, ideas o comportamientos. La actividad cognitiva puede persistir en un patrón rígido a pesar de repetidos fracasos o del absurdo de los procesos observados. La duda, la incertidumbre y la indecisión a menudo importunan hasta las actividades más simples.

4. *Defensas*: La reflexión, los rituales, vivir bajo reglas que sirven para eliminar la necesidad de acceder a impulsos o deseos. La duda, la indecisión, el retraso, la atención dispersa y una postura rígida, todo eso sirve para trastornar el acceso a los contenidos cognitivos y afectivos rechazados.

5. *Decisiones de guión y creencias patogénicas*: "Debo haber hecho algo equivocado, debo hacer lo correcto. Nunca cometeré otro error. Tengo que controlarme o perderé totalmente el control".

☞ continúa

☞ continuación

6. *Representación del self*: Conscientemente, el individuo se ve a sí mismo como cuidadoso, responsable y trabajador, moralmente correcto, y haciendo lo imposible para ser la clase de persona idónea. Se siente a selí moralmente obligado a seguir un conjunto de reglas o principios determinados exteriormente y no como un agente libre con respeto por sus propios deseos y juicios. Inconscientemente, como las decisiones de guión y las creencias patogénicas ilustran, el individuo guarda el sentimiento de que ha hecho algo terriblemente equivocado y debe mantenerse a sí mismo bajo un control estrecho para que no vuelva a extralimitarse.

7. *Representación y relaciones objetales*: El individuo tiende a ver a los demás como la personificación de la autoridad, donde él está sometido o como sujeto de su autoridad. Esto se presta a aumentar o a disminuir la cualidad de sus relaciones, las cuales son a menudo formales con mucha atención al cónyuge, jefe, subordinados, etc. Las luchas por el poder a menudo caracterizan las relaciones, particularmente donde las reglas en el papel de relaciones son poco claras o donde puede haber desacuerdos con tales reglas. Otros seguido encuentran a esos individuos frustrantes debido a la falta de conexión significativa o de comunicación real experimentada, la rigidez de valores y de comportamiento, el afecto disminuido y la aparente presión y tensión innecesaria que ellos crean para sí y para otros.

8. *Características afectivas*: El afecto sobre-regulado es guiado hacia una manera reprimida y estrecha con poco acceso a sentir. La persona va a sentir ansiedad, particularmente si las defensas no alcanzan a contenerla efectivamente. La hostilidad encubierta es expresada indirectamente o a través de pensamientos intrusivos, que pueden ser sexualmente sádicos o violentos. El individuo separa las ideas y los sentimientos para que los pensamientos perturbadores y altamente positivos no produzcan el impacto afectivo usual. Los sentimientos tiernos también son bloqueados y expresados indirectamente.

motiva esta necesidad extrema para el control y el funcionamiento apropiados en todos los ámbitos que pueden beneficiar el entendimiento complaciente para el self, que estos individuos necesitan totalmente. El individuo necesita aprender lentamente que estas garantías de seguridad extrema ya no son necesarias, y que los nuevos patrones de pensamiento y de comportamiento, mientras provoquen ansiedad, no lo conducen a ninguna parte cercana al peligro que se anticipa afectivamente. A través de todo esto, el individuo necesita aprender a tolerar la ansiedad que va a provocar el abandono de las defensas y la liberación de los contenidos subyacentes, y una buena alianza terapéutica, la cual no es exclusivamente abstinente, a menudo va a facilitar eso.

En un sentido, el obsesivo-compulsivo necesita estar desensibilizado de sus propios sentimientos y es necesario un proceso gradual de descubrimiento y frustración óptima para que eso ocurra. Casi todos los expertos en este síndrome concuerdan en que es importante mantener al paciente en el aquí y ahora de este proceso, y alentar una mayor atención a los sentimientos más que a los pensamientos. En este aspecto, la relación terapéutica –de transferencia, contra-transferencia y real– es una elección particularmente buena para enfocar la terapia por su proximidad y realidad potencial. El error terapéutico más común en estos casos es una confabulación con la relación intelectualizada distante y sin afecto hacia eventos por un terapeuta quien es, a su vez, obsesivo-compulsivo o cuyo método puede fácilmente equivocarse en esa dirección, por ejemplo, las terapias cognitivas y conductuales y el psicoanálisis pedagógico.

Parte II

Estilos
de carácter

Capítulo 5

El niño odiado:
la experiencia esquizoide

Jeanine: ¿No quieres hablar de esto?
Conrad: No sé, realmente nunca he hablado de esto;
sólo con los doctores, pero con nadie más.
Jeanine: ¿Por qué lo hiciste?
Conrad: No lo sé. Fue como caer en un hoyo.
Fue como caer dentro de un hoyo y se hace más y más grande, y no puedes salir.
Y entonces de repente está adentro y tú eres el hoyo,
y estás atrapado y todo acaba, algo así.
Y no es realmente miedo excepto cuando ves hacia atrás,
porque sabes lo que estabas sintiendo, extraño y nuevo...

ORDINARY PEOPLE

Etiología

Cuando el infante humano despierta al mundo social, puede que no sea recibido con una bienvenida, que no se tenga contacto y sensibilidad para ese ente totalmente dependiente. En efecto, los padres pueden ser fríos y severos, rechazadores y llenos de odio, sentirse agraviados por la existencia del hijo. Desde luego, la reacción parental puede no ser tan extremista, ni tan consistente. Pero sabemos que muchos bebés no son deseados y aquellos que sí lo han sido en un nivel consciente, de manera contradictoria en realidad no siempre son deseados. Más aún, muchos padres que creen querer tener hijos, piensan en forma diferente cuando el impacto máximo de un ser humano totalmente dependiente recae sobre ellos, cuando las circunstancias cambian o cuando los recursos que tienen que ver con la realidad de ese infante son menos que los esperados.

Quizá es aún más común la situación en la cual los padres piensan que quieren un hijo, pero lo que realmente quieren es una reflexión ideal de su propio self idealizado. Quieren un "bebé perfecto", en lugar de un ser humano vivo con elementos de naturaleza humana. Cada infante, tarde o temprano, y repetidamente, va a decepcionar este ideal, y el rechazo y la ira

71

de los padres que eso produce puede provocar una conmoción. En cada caso, es la vida real y espontánea en el niño la que provoca el rechazo y el odio de los padres.

Cuando se acopla la realidad común del niño odiado con la comprensión de que el ser humano recién nacido no tiene una discriminación consciente de la diferencia entre el self y la persona que lo cuida, uno puede empezar a especular en la naturaleza del resultado infortunado.[4] Uno puede imaginar que cuando el cuidador es suficientemente severo, el niño puede simplemente escoger entre regresar por donde vino y la indiferencia que es su única vía de escape.

El trato frío o de odio del padre puede ser total o parcial, continuo o periódico. El retiro defensivo del infante va a ser más profundo como resultado del abuso repetitivo, por ejemplo, que como respuesta a los arranques de ira ocasionales o a la frialdad periódica de parte del padre. Este continuum de falla del ambiente va a estar reflejado en el continuum presentado en el capítulo I,"Desorden de la personalidad, neurosis del carácter y estilo del carácter".

Winnicott (1953) se refiere al concepto de "maternidad suficientemente buena" para describir la habilidad enfática indispensable que va a introducir al recién nacido dentro del estado de simbiosis y mantenerlo ahí hasta que el proceso de diferenciación lo guíe a la individualidad consciente. Cuando la maternidad no es "suficientemente buena" y, por supuesto, donde hay abuso y castigo, distanciamiento e indiferencia, hay, como resultado, un alejamiento del contacto social. Por la naturaleza primitiva en los procesos cognitivos del neonato en este punto del desarrollo, es difícil entender exactamente cómo se interpreta esta cadena de eventos en cualquier nivel mental. Sin embargo, podemos suponer que en un nivel primitivo de conciencia, y después en niveles de entendimiento cada vez más complejos, el niño experimenta un miedo intenso, que algunos han etiquetado como el miedo de aniquilación (Blanck y Blanck, 1974; Lowen, 1967).

La respuesta natural inicial del infante hacia un ambiente frío, hostil y amenazante es el terror y la rabia. Más aún, el terror crónico es una posición insostenible para poder llevar una vida, al igual que la ira crónica. Más allá, tal ira incita a la represalia, la cual es experimentada como amenaza y

---

4 No estoy diciendo aquí que el niño está funcionando con una fantasía simbiótica, sólo que el infante es insuficientemente consciente para conceptuar la distinción entre el yo-tú.

terror a la vida; así, el infante se pone en contra de sí mismo, suprime las respuestas de los sentimientos naturales y utiliza las defensas más primitivas disponibles en este periodo temprano para lidiar con un mundo hostil.

Adicionalmente a –o como parte de- la retirada hacia adentro, el organismo esencialmente deja de vivir para preservar su vida. En este lapso, la habilidad para hacer eso está limitada por el desarrollo del yo del infante. Sin embargo, a través de los meses de simbiosis puede regresar al periodo de desarrollo anterior, el cual Mahler llamó autismo y posteriormente deseó haberlo llamado despertar. Durante esta fase temprana, el niño está más alejado y menos reactivo de lo que estará pronto. El odio del padre encargado del cuidado del niño se va a introyectar y va a empezar a suprimir la fuerza vital del organismo, el movimiento y la respiración están inhibidos, y se desarrolla una compresión involuntaria de la musculatura para restringir la fuerza vital.

La experiencia terapéutica con pacientes que comparten este tipo de historia sugiere que, tarde o temprano, éstos toman dos decisiones esenciales relativas a sentimientos: *1)* "Hay algo equivocado en mí", y *2)* "No tengo derecho a existir". Estas representaciones cognitivas pueden, desde luego, ser conscientes o negadas, pero en un nivel esencial de existencia el individuo ha tomado la respuesta ambiental en forma personal y la ha incorporado en su auto-concepto. Para resaltar este efecto, está el hecho de que en este punto simbiótico del desarrollo no existe una diferenciación consciente entre sí mismo y su cuidador. Esto es, la asimilación preverbal de estas "decisiones de guión" concluyentes las hace tan engañosas y difíciles de cambiar.

Una manera de aumentar la apreciación del dilema inicial de una persona esquizoide es recordar aquellas veces cuando en un supermercado, una lavandería o en cualquier otro lugar público hemos sido testigos de la actitud explosiva de una madre o un padre hacia el niño pequeño. Este ejemplo alarmante de abuso público del niño demuestra que la pérdida de control de los padres es común, en lo cual uno no puede entrometerse, sino sorprenderse acerca de los límites de esta clase de exabruptos. Presumiblemente, el niño tampoco está seguro de esos límites, y en ocasiones al padre pudo haberle ido bien con un grito o un castigo corporal menor. En estas circunstancias públicas, usted pudo haber sido testigo de que el niño adoptó el papel materno, haciendo lo que fuera para esforzarse y terminar con esta situación. En padres con una estabilidad emocional marginal, estas explosiones abusivas a menudo tienen muy poco que ver con lo que el niño hizo o dejó de hacer. Como resultado, el niño más bien va a desarrollar una vigilancia profunda, al igual que la habilidad para actuar como padre de sus padres, cuando la pérdida de control es inminente o ejecutada. El carácter, o estilo de neurosis esquizoide, también puede ser creado por ambientes que son crónicamente fríos a través de necesidades no descuidadas o físicas, pero nunca abiertamente hostiles. La etiqueta del "niño odiado" parece un poco exagerada. Para apreciar la verdad metafórica de esa etiqueta, uno debe ponerse en el lugar de ese niño, quien tiene una necesidad innata de posesión armónica. La ausencia de la necesidad de calor humano y de cuidado da como resultado una clase de existencia incorpórea y las mismas clases de pasos fenomenológicos que estoy subrayando aquí para el niño abusado abiertamente, aunque a menudo a un nivel menor.

Como subrayaré con mayor detalle con la exploración del comportamiento, las actitudes y los sentimientos de esta estructura del carácter, el niño odiado empieza a encontrar un refugio seguro en la separación dentro de esfuerzos cognitivos y espirituales. "Si mamá no me quiere, entonces Dios lo hará", si el mundo que enfrenta parece hostil, es en realidad un acuerdo benéfico en el cual la vida de uno es sólo un fulgor en el crisol eterno y "la vida en este plano físico es irrelevante". En esta forma, la vida es espiritualizada más que vivida. El niño odiado puede ser alguien que ama a la humanidad, pero se aleja casi automáticamente de la cercanía requerida en una relación amorosa actual.

Sin embargo, cuando la persona madura, aumenta a un nivel emocional medular la carencia de naturalidad y la complejidad de las defensas. La estructura defensiva es muy primitiva y refleja esencialmente la negación de lo que en realidad sucedió en relación a la figura materna. Esa negación congela la situación presente en simbiosis: un deseo insatisfecho para una unión íntima, por un lado, y un rechazo automático para fusionarse, por el otro. La condición simbiótica congelada produce una propensión continua para introyectar completamente las ideas características y los sentimientos de los otros, además de una tendencia para proyectar dentro de los demás buenos y malos sentimientos y motivaciones. En esta estructura de carácter no hubo un apego simbiótico completo que lo guiara hacia una individuación posterior, con un funcionamiento autónomo. La experiencia del niño odiado es: "mi vida amenaza mi vida". La aparente independencia y el desinterés de esta persona básicamente asustada y enojada son puramente defensivos, aún antes de que empezara realmente, existe una interrupción del desarrollo en los procesos humanísticos y una suspensión de la vida.

La investigación clásica de Ainsworth (1979) y todo el trabajo que se genera es muy relevante para nuestra comprensión de los patrones de carácter y adaptación formados en este primer año de vida. Como el trabajo de Bowlby y Mahler, la investigación de Ainsworth es relativamente una observación pura en situaciones mínimamente fabricadas, y emplea categorías globales y cuantitativas. En su procedimiento, una madre y su hijo de un año de edad son introducidos en un salón de juegos moderno. Después de un periodo relativamente corto para la adaptación, se le pide a la madre irse y después regresar en un tiempo predeterminado.

Ainsworth y sus colegas encontraron que en esta situación eran capaces de caracterizar de manera confiable el patrón o síndrome del comportamiento del niño. Más aún, los tres patrones o síndromes que ellos delinearon mostraron una predictibilidad notable en los ajustes futuros, hasta los cinco años de edad.

En el primer patrón, llamado "apego ansioso/evasivo", los bebés mostraron poca resonancia afectiva con sus madres, tenían poca preferencia para la interacción y una exagerada preferencia con un examinador extraño. Pudieron explorar el cuarto independientemente, y mostraron poca o ninguna alteración cuando sus madres no se encontraban ahí. Como en todos los casos, el comportamiento más notable ocurría cuando el regreso de la madre. En este punto, estos bebés ignoraron activamente a sus madres, y un gran número de estos niños se alejaron de sus madres que habían vuelto.

En el "apego seguro", el niño pareció utilizar a su madre como base segura para la exploración. El niño se separó con facilidad de la madre para explorar el ambiente, pero también compartió con libertad su experiencia con ella, y los dos se organizaron afectivamente. El niño fue reconfortado por la madre cuando estaba angustiado y después de ser reconfortado pudo regresar a jugar. Cuando se angustian por la partida de las madres, estos niños irán con ellas para reconfortarlos y reconectarse cuando la madre regresa. Si no se estresan por la partida de las madres, lo cual ocurrió con estos bebés apegados en forma segura, ellos se reconocieron, le dieron la bienvenida y se acercaron alegremente a sus madres. Todos estos comportamientos sugieren que un niño está unido a la madre positivamente y sin ambivalencias.

El "apego ansioso/resistente" está caracterizado por aferrarse a un comportamiento dependiente. Al principio, estos bebés tienen problemas al separarse de sus madres para explorar el nuevo ambiente y tienden a ser más aprensivos hacia el examinador, al igual que muestran una preferencia definida por sus madres. Son más propensos a estresarse por la partida de la madre que los otros dos grupos; pero cuando ella regresa, a menudo se perturban mucho más, oscilando del "contacto ansioso" a la "resistencia" obvia. Por ejemplo, ellos pueden rechazar los intentos de la madre para empezar a jugar, patear, serpentear o, por otra parte, mostrar negatividad o ambivalencia. En algunas ocasiones, estos niños exhiben un grado alarmante de pasividad al no mostrar intentos para interactuar con el ambiente ni con la madre que regresa.

Para nuestros propósitos, esta investigación es más importante por varias razones. Estos patrones de apego parecen confiablemente establecidos al año de edad, y predicen bien los mismos tipos de apego observados seis meses después (Main y Weston, 1981; Waters, 1978). Estos tipos de apego también han probado ser excelentes pronosticadores de la relación con profesores y compañeros a los cinco años de edad, siempre con la ventaja dirigida hacia los que estaban apegados en forma segura al año de vida (Easterbrook y Lamb, 1979; Lieberman, 1977; Matas, Arend y Sroufe, 1978; Waters, Wippman y Sroufe, 1979).

Consistente con nuestro modelo de desarrollo, entonces se establecen temprano patrones cruciales de relación con otros. Mientras algo de esto puede estar relacionado con factores genéticos, yo creo que mucho está vinculado con el trato padre-niño. Si esto no es ya obvio, el apego "Ansioso/evitativo" es aparentemente idéntico a lo que describo como esquizoide, mientras el apego "Ansioso/resistente" es potencialmente semejante a lo que defino como oral. En el momento en que alguien llega a la edad adulta, estos patrones pueden estar entremezclados con otros modelos caracterológicos. Más aún, pueden estar cubiertos efectivamente por estilos defensivos o habilidades sociales. Empero, la fenomenología encubierta del apego ansioso/evitativo o ansioso/resistente se mantiene y caracteriza el proceso individual.

Circunstancias externas y dotación genética

Algún elemento de la estructura esquizoide parece aparente en muchos de los pacientes que acuden por sí solos para tratamiento. Al comprender la ventaja de estas fallas en el apego y los resultados asociados, bien puede considerarse los efectos de circunstancias externas particulares durante el periodo simbiótico, que pudieron haber otorgado una fuerza considerable en la figura materna, y por lo tanto haber disminuido la habilidad de ésta para hacer contacto y ser aceptada en un futuro. Por ejemplo, una madre que pudo haber sido "suficientemente buena" bajo circunstancias ordinarias, posiblemente deje de serlo si pierde a su esposo en el divorcio, la muerte o el servicio militar. La experiencia de una enfermedad seria en la niñez temprana y, particularmente, estar hospitalizada, puede alterar severamente el apego. Durante este periodo sensitivo, el niño puede experimentar la alteración de la no permanencia del objeto junto con la agonía y el dolor implacable, asociado con el tratamiento administrado por el cuidador u otras personas. De la misma manera, la guerra, la depresión económica o la catástrofe ambiental pueden estar involucradas con la disminución de la habilidad de los padres para tener contacto y amor en esta fase crucial. Obviamente, hay niveles de odio o ambientes sin contacto, y eventos ambientales que bien pueden intensificar o disminuir la calidad de vida dentro de la simbiosis.

También hay una considerable diversidad individual en la habilidad de los infantes para mantener una relación humana. Puede variar la habilidad innata del niño para proporcionar a la persona maternal señales no verbales en las cuales ella basa sus respuestas. Algunos infantes van a tratar de mantener una proximidad mayor que otros, o ser más sensibles al contacto. Las diferencias individuales que afectan el proceso de unión han sido notadas por aquellos que han observado en forma sistemática estas interacciones niño-cuidador (Bowlby, 1969; Murphy y Moriarty, 1976). Ahora parece claro que una buena parte del autismo infantil serio es resultado de algunos procesos internos en el niño, y no primordialmente la función de la influencia ambiental (Judd y Mandell, 1968). Mientras el presente trabajo se va a enfocar sobre las influencias ambientales, los efectos de circunstancias externas tempranas y la dotación genética que debe ser tomada en consideración para cada caso individual.

Afecto, comportamiento, cognición

Afecto

El concepto psicoanalítico de la interrupción del desarrollo asume que los recursos cognitivos y de comportamiento, al igual que la forma de expresión afectiva, están de alguna manera significativamente *congeladas* al grado de una seria frustración ambiental. Por eso, en el caso clásico del niño odiado, hay una suspensión en el periodo de apego-vinculación, y en algunos casos aún en el periodo anterior, en el cual el infante puede tener un retroceso como defensa. En el área de afecto o sentimiento, el esquizoide clásico puede ser caracterizado más significativamente por los sentimientos de terror y rabia subyacentes, a menudo inconscientes en respuesta a un ambiente que amenaza a la vida. El terror puede ser expresado en una variedad de síntomas, incluyendo ansiedad o ataques de pánico, en respuesta a situaciones que son percibidas como desafiantes. Tales estímulos no necesariamente van a ser experimentados como amenazadores en forma consciente, por lo que el individuo puede no percatarse de la naturaleza provocadora del estímulo. Pero, al menos en un nivel inconsciente, el estímulo libera la respuesta de terror. Éste puede estar circunscrito en las fobias; en individuos más conscientes puede ser percibido como ansiedad generalizada o tensión específica hacia situaciones sociales o de intimidad. Puede haber sido una expresión general de molestia o de falta de pertenencia en el mundo y, más aún, un sentido de irrealidad acerca de la conexión de uno con todo esto.

En aquellos quienes comparten esta condición esquizoide, pero se defienden completamente en contra de ésta, va a ser característica la ausencia de un afecto real espontáneo y una autoexpresión parecida a la de una máquina. Puede haber una hiperracionalidad y una tendencia a ver a aquellos que son emotivos como irracionales, fuera de control o locos. Puede existir una cualidad concomitante "como si…" en la expresión de sentimientos, casi como si la persona estuviera actuando mal en un supuesto papel. En algunos casos, la persona puede expresar pesar acerca de lo que él o ella "debería sentir" bajo ciertas circunstancias.

En la célebre película cuyo título en inglés fue *Ordinary People*, Conrad comienza una psicoterapia esforzándose intensamente para ser capaz de controlar los poderosos estados afectivos negativos de su adolescencia. Al inicio de ese tratamiento, él se exige más control emocional, y en el transcurso de la terapia narra un incidente después del funeral de su hermano, en el cual no sabe qué decir o cómo sentir, y se pregunta cómo se sentiría el personaje de televisión John-boy y lo que diría en esa situación. La representación de Timothy Hutton en el papel de Conrad en esta película es uno de los mejores ejemplos actuales de una persona con esta estructura de carácter. Y Mary Tyler Moore presenta un buen arquetipo de maternidad "esquizogénica".

En suma, el sentimiento encubierto básico del niño odiado es el de terror asociado con la aniquilación o, en un nivel del adulto, con la falla para hacerla en el mundo. Todas las defensas son utilizadas para evitar el rechazo y el fracaso. Mientras más completa sea la defensa en contra del miedo, más extrema será la retirada hacia un comportamiento parecido a una máquina, con la ausencia total de cualquier sentimiento aparente.

En un mayor grado que con el terror, usualmente hay una negación y una evasión en la emoción de enojo o de ira. En la infancia, la rabia destructiva pondría en riesgo la destrucción del cuidador y, por lo tanto, al infante mismo, y podría provocar la venganza destructiva de aquél. Así, la represión de esta emoción preserva la vida. Lo que se ha encontrado entonces en el paciente adulto es una evitación o retirada del conflicto, una incapacidad para enojarse o enfrentar el enojo en otros, y la propensión a la retirada pasiva-agresiva, para expresarlo de alguna manera. El niño odiado ha aprendido a retirarse en lugar de pelear, y siente que el enojo es inútil y no se logra nada. Muy a menudo, el niño odiado niega su enojo completamente e idealiza y espiritualiza su propia naturaleza amorosa.

Cuando estas personas llegan a estar más conscientes de los niveles profundos de rabia dentro de ellos, frecuentemente expresan un miedo considerable de su propia fuerza destructiva. La fantasía es que ellos pueden dejarse ir repentinamente y destruir a todos y todas las cosas que se encuentren en su camino. Las explosiones repentinas que tienen, por ejemplo, esos chicos retraídos, callados y apocados que disparan contra personas inocentes desde lo alto de un edificio, sugieren que esa fantasía se realiza ocasionalmente. Sin embargo, en el transcurso de una terapia bien estructurada, donde la capacidad para tolerar sentimientos se desarrolla de manera sistemática, las defensas existentes se hacen conscientes, se refuerzan, y luego se derriten de forma gradual, y hay poco peligro de algo tan dramático. Es común, empero, que se desborde cierta ira socialmente inapropiada en el transcurso del tratamiento; de hecho, es útil para las personas esquizoides experimentar la pérdida de control, la cual, aunque sea deplorable, se encuentra lejos de la temida fantasía. Asimismo, es útil para estas personas lograr una reconciliación con aquellos a quienes les expresaron su ira y experimentaron que la pérdida de control de esta emoción no resulta en la aniquilación de alguien, ni siquiera en un desamor prolongado.

En particular, yo pienso que el contexto terapéutico es valioso al proporcionar una atmósfera en la cual una buena parte de este afecto iracundo puede ser literalmente vaciado sin consecuencias ambientales negativas. Es importante advertir que esto no debe hacerse de manera prematura, antes de que se desarrolle la capacidad para tolerar esta experiencia afectiva y observar uno mismo su liberación.

Cuando hay una muerte en la familia, existe dolor y aflicción. Cuando hay una muerte del self, como en la experiencia esquizoide, hay igualmente un duelo por el self que pudo haber sido y por la relación amorosa que era esperada instintivamente, pero que no apareció. Como consecuencia, el afecto de dolor, pesar o depresión, es común en personas con este maquillaje caracterológico. Este es, en general, el afecto menos reprimido, aunque su expresión activa de llorar o sollozar pueda estar ausente parcial o totalmente. Como con los otros sentimientos, no se experimenta completa y profundamente por el organismo; en cambio, puede ser padecido como un estado depresivo que ha durado mucho tiempo, o que es periódicamente crónico, caracterizado más por el alejamiento y la incomodidad quejumbrosa que por el sentimiento de una profunda pena. Para poder continuar con la vida, el niño odiado también tuvo que negar este sentimiento y resguardarlo a pesar de una condición depresiva crónica encubierta. Tal depresión -particularmente acompañada por ideas suicidas, el fin de las funciones de auto-cuidado, y la incapacidad, reconocida por la propia persona, de sentir cualquier cosa bien pueden ser las quejas de referencia de aquellos con esta historia general y estructura del carácter.

Precisamente, como existe muy poco afecto negativo en esta estructura, hay una ausencia concomitante de sentimiento positivo. Las posibles excepciones incluyen una euforia no frecuente, desconectada, que se dispara por algunas ideas filosóficas o religiosas, o artificialmente inducida por drogas. En estas situaciones, puede existir una euforia, la cual es efímera y artificial, en conexión con la realización experimentada por poco tiempo de alguna ilusión simbiótica; esto es, cuando la religión, la idea de que un compañero o las drogas responden en una palabra a todas las plegarias. Desde luego, la exaltación siempre termina, y la persona continuamente regresa al estado afectivo esencial que lo caracterizó antes de su exaltación ilusoria.

Comportamiento

El comportamiento del niño no querido o insuficientemente amado va a variar en diferentes dimensiones básicas. Él o ella van a ser capaces de funcionar en el mundo basado en que los aspectos poderosos encubiertos también están controlados o retenidos. Al mismo tiempo que la retención puede tener otros efectos perjudiciales, tales como enfermedades psicosomáticas, que se discutirán después, o la disminución en la capacidad de cualquier clase de relación, permite que la persona funcione. Al punto que de que esto está incompleto, uno está tratando con un individuo que es extremadamente sensible a cualquier crueldad del ambiente, que tiene dificultad en mantener un compromiso sustentado en cualquier actividad de trabajo o relación, y que va a huir, a menudo -en un estado más o menos disociado-, de una cosa a otra. Así, el grado en que los afectos encubiertos están disponibles, uno puede enfrentarse con un individuo que parece bastante frágil y susceptible de tener un colapso emocional, confusión y aún pérdida de contacto con la realidad. Esta tenue relación con la realidad puede ser expresada en formas bastante suaves de desconectarse a estados más profundos de amnesia temporal o periodos de comportamiento psicótico.

Donde las defensas del individuo le permiten ser más eficaz en el mundo externo, uno es más capaz de encontrar a una persona que se retira dentro de esas actividades que ofrecen algún logro mundano, mientras que evita otras áreas complicadas. Por ejemplo, uno puede ser un genio en computación, un bailarín de ballet renombrado o un abogado adicto al trabajo, con una historia de relaciones íntimas conspicuamente ausentes, tardías o dañadas. En las menos dañadas, puede haber una relación sustentada con la pareja o la familia, pero con poco contacto emocional o de intimidad. La persona puede incluso tener la habilidad para actuar en el papel de un individuo confiado o dominante en un cierto contexto aislado –por ejemplo, en el salón de clases o la sala de la Corte-, en un contraste impresionante con la timidez e ineptitud que muestra en otros escenarios sociales.

La clave para comprender la estructura esquizoide es la desconexión del individuo de los procesos de la vida –el cuerpo, los sentimientos, intimar con otros-, de la comunidad y, a menudo, incluso de objetos inanimados, como la comida y la naturaleza, etc. Excepto en aquellas áreas donde el individuo puede haber alcanzado un logro excepcional, hay una tendencia universal para evitar conocer la vida de frente, mirar a otro lado, retirarse para no tener una confrontación o acercamiento, desconectarse o migrar internamente para evitar del contacto. La persona misma puede no estar enterada de esa tendencia, ya que esta es una respuesta automática, inconsciente, frente la amenaza. Aún en áreas de grandes logros, casi siempre hay la existencia de una severa y frecuente ansiedad de una actuación debilitante, en la que la identidad de la persona está tan dedicada a ese logro que cualquier indicio de fracaso equivale a la aniquilación del self. También es común que estas tendencias se expresen en el perfeccionismo y el retraso. Como se mencionó antes, la persona esquizoide muchas veces descubre que ocuparse de los procesos mentales y el logro es un refugio seguro de la vida. Ya que el carácter esquizoide no puede identificarse con la vida en el cuerpo y desarrollar un sentido sólido de esa esencia biológica, necesita encontrarlo en otro lugar. Es común en esta estructura, el intento defensivo para ganar la aprobación externa y la aceptación de sí mismo a través de logros que involucran habilidades mentales. Frecuentemente, esta es la única forma en que contacta al mundo, se expresa a sí mismo, gana aceptación o reconocimiento, y percibe quién es y a dónde pertenece. El fracaso en este intento puede precipitar una depresión seria, y pensamientos y comportamientos suicidas.

Al negar el odio o la frialdad que experimentó, el carácter esquizoide ofrece a otros lo que no recibió él mismo. Esto es, su self ideal acepta y comprende a los otros, es partidario de dejar ser a los demás. Si la hostilidad hacia él o hacia los demás comienza a emerger, ésta se experimenta como muy amenazante y no puede expresarse a menos que haya una disociación o una excusa ego-sintónica para esa expresión.

Paradójicamente, algunas personas esquizoides van a experimentarse como bastante controladoras en las relaciones, en particular las cercanas. Estas personas, a menudo en el rango del trastorno de la personalidad, mantienen a raya los sentimientos de terror y rabia arcaicos, vigilando cualquier circunstancia que pueda disparar sus emociones. De esta forma, pueden evaluar con mucho cuidado cada acción que involucra a otro e insisten en retener el control de ese acto. En psicoterapia, o en otras relaciones cercanas, por ejemplo, pueden regular continuamente la cantidad y la profundidad del contacto para mantenerse seguros. Esto va a dejar sintiéndose controlado. Las batallas que resultan por ese control pueden ser intensas, porque el esquizoide literalmente siente que está peleando por su vida.

Concomitante con todo esto, a menudo existe la necesidad, generalmente consciente, de ser especial. Como una forma de negar la realidad de no sentirse querido, sino hasta odiado, rechazado y ultrajado, hay un ideal compensatorio de ser especial, el cual se realiza de una forma u otra. Esto puede ser a través de un logro real en la ciencia, el arte, o a través de una conquista alucinatoria, del estilo bien retratado en el papel narcisista de Robert de Niro como Robert Pupkin, en la película *King of Comedy*. Cuando el ser especial, real o alucinatorio, se ve amenazado, tiene como resultado un ajuste de la defensa y, ocasionalmente, una falta en la estructura.

Recuerdo a uno de mis pacientes, un exitoso doctor de 40 años, quien expresó con mordacidad: "creo que he trabajado muy duro toda mi vida para olvidar que no tengo el derecho de existir". El problema esquizoide es literalmente la existencia, y aquellos que tienen que lidiar con este problema van a tratar de encontrar algo que justifique su vida. Su derecho a existir siempre está en peligro, y hay una gran ansiedad en caso de que falle la justificación.

Cognición

Cualquiera de las funciones adaptativas o cognitivas que están desarrollándose durante la fase de apego-vinculación pueden debilitarse o retrasarse seriamente por un trauma. El alcance y la duración de la herida, las fuerzas genéticas del organismo, la disponibilidad de recursos alternativos, tales como la familia y la naturaleza de las defensas disponibles o las compensaciones, van a determinar el alcance por la cual las funciones adaptativas o las estructuras están sobre o subdesarrolladas. Por estas razones, probablemente sea más ilustrativo estar consciente de las habilidades cognitivas que uno pueda evaluar, que describir cualquier forma establecida en la cual esas aptitudes puedan estar representadas en personas con esta estructura de carácter.

Sin embargo, es posible subrayar un número de estructuras de creencias internas, ideales del yo y "decisiones de guión", las cuales funcionan en personas con esta clase de historia. En esta última área siempre habrá la sensación encubierta de que "hay algo erróneo en mí", y siempre habrá la creencia de que el mundo es peligroso, duro o frío. En la medida en que la persona ha compensado -o se ha defendido- en contra de esto, estas ideas van a negarse y habrá una estructura cognitiva o sistema de creencias apoyando esa negativa. El individuo puede fracasar bajo estrés, pero este fracaso puede estar acompañado por ideas o comportamientos suicidas, depresión, ataques de pánico, pensamiento paranoide y otros síntomas. Mientras más frecuente y florido sea el fracaso, más se está tratando con una persona cuyas defensas son frágiles y cuyo diagnóstico estará dentro del rango del trastorno de la personalidad. Mientras una persona sea más capaz de intelectualizar o, de lo contrario, de defenderse en contra de estas cogniciones y sus sentimientos asociados, y mientras más intactas estén las otras funciones adaptativas, más se va a tratar con un sujeto que funciona con más confianza, que pueda tolerar más estrés (neurosis o estilo de carácter). La dinámica encubierta, empero, es similar a pesar de estas diferencias tan importantes, y es hacia este problema medular en que tarde o temprano la persona va a ser dirigida para darse cuenta de su potencial.

Ya que el problema de la existencia es crítico en esta estructura, es probable que en la vida diaria de la persona haya alguna expresión de esto. Por ejemplo, el problema de la seguridad puede ser particularmente importante u obviamente negado. Puede ser una preocupación persistente tener suficiente dinero, asegurar su empleo, en pocas palabras "hacerla en la vida". De forma alternativa, en un intento para escapar de la ansiedad, asociado con la supervivencia, la persona puede simplemente "ver hacia otro lado" en relación a las responsabilidades del adulto y olvidar defensivamente los problemas de seguridad. En el polo opuesto, existirá la creencia de que "soy especial". De igual manera, va a existir la convicción asociada de naturaleza filosófica o religiosa, asegurando que el universo es benévolo, significativo y una unidad. En ambos casos, estas creencias no van a estar particularmente bien integradas o digeridas dentro de la persona. El ser especial puede ser grandioso, al menos algunas veces, y ser parte del auto-concepto que las ideas contrarias se experimentan como amenazadoras. Estas ideas pueden ser sustentadas con mucha firmeza porque mantienen la negación de la postura original.

Cualquiera que sea la cualidad del funcionamiento cognitivo del esquizoide, una característica común es la disociación de pensamiento y sentimiento. Con estas personas se puede dar cuenta de las limitaciones del más puro interior intelectual y sin afecto. Probablemente, esta habilidad de disociar es la responsable por el hecho de que muchos pacientes con este problema han podido desarrollar aptitudes cognitivas en un nivel enormemente complejo, aunque a menudo dentro de un rango estrecho. Es como si la disociación de sentimiento y pensamiento protegiese estas funciones intelectuales de la contaminación. Es como si las funciones intelectuales tuvieran una barrera en contra de afectos y pensamientos perturbadores y, por lo tanto, estuvieran protegidas. Como muchos otros movimientos defensivos y compensatorios, éste tiene su costo, pero también su valor de supervivencia para el organismo, no sólo en la niñez sino durante toda la vida.

En términos de una perspectiva de relaciones objetales en la interrupción temprana del apego-vínculo, resulta útil notar que una característica sobresaliente es la experiencia fusionada con el cuidador. Existe la habilidad para imitar y para comprometerse en las funciones defensivas primitivas de negación, introyección y proyección. También está la habilidad de retirarse hacia el estado más aislado en las primeras semanas de vida. El desarrollo aquí es: de *1)* Un estado relativamente aislado, para *2)* Un estado de experiencia fusionada o simbiosis, hacia *3)* Una fase en la cual el self está conscientemente diferenciado de los otros. Mientras que después va a desarrollar otras formas para defenderse contra la realidad del esquizoide en el periodo temprano todo lo que parece estar disponible para la persona es una negación directa de esa realidad y retirarse, así como los mecanismos de proyección e introyección. En otras palabras, todo lo que el individuo puede hacer es bloquear en forma primitiva la realidad de su existencia, mientras introyecta el objeto malo y luego proyecta algunos aspectos hacia el exterior.

Como resultado final de todos los traumas del esquizoide y de estas limitaciones del desarrollo temprano, el individuo se va a congelar dentro de su cuerpo para controlar los poderosos sentimientos negativos. Entonces puede seguir adelante para desarrollar, en relativa soledad, las funciones cognitivas adaptativas que van a comenzar a emerger en función de su crecimiento natural, por las cuales en este periodo temprano puede haber un fracaso continuo de los poderes de discriminación, en particular en contextos sociales y, en el nivel más profundo, problemas con la separación entre sus propios pensamientos y sentimientos y los de los demás.

En oposición a los problemas caracterológicos que serán discutidos en capítulos posteriores, el niño odiado se enfrenta a una elección entre involucrarse y retirarse. Dentro del desarrollo, el infante ya no es capaz de tener más ajustes artificiales. Involucrarse hiere, así que escoge retirarse. El vínculo naturalmente deseado queda en el pasado ante el interés por sobrevivir. Al revisar la investigación de Harlow *et al.* (Harlow y Harlow, 1966) podemos recordar que mientras los monos criados por madres artificiales no estaban contentos, no eran sociables o bien adaptados, empero, en general sobreviven.

En cada personalidad esquizoide que he tratado, ocasionalmente ha sido necesario enfrentar la fuerza demoníaca destructiva. Esto se experimenta típicamente como extraño y a menudo bajo el control total del individuo. Estructuralmente, creo que es útil entender esto como una introyección de la figura materna no asimilada, así como la respuesta natural de rabia ante esta figura no rechazadora o fría. Si ésta fuera destructiva, se experimentará de manera prematura ante un fundamento suficiente, una comprensión, y la construcción de la seguridad en la terapia puede llevar a la desintegración o falta de compensación. Donde la discriminación entre el self y el otro, como en el trastorno de la personalidad, esta desintegración puede resultar en una patología paranoide. Estos signos de descomposición son más obvios en aquellas personas quienes se desintegran en respuesta a las drogas que alteran la mente, a grupos de encuentro intensivos o técnicas psicoterapéuticas que agobian prematuramente las defensas, y no en los enfermos mentales crónicos.

Resumen

La experiencia esquizoide involucra básicamente un fracaso en el proceso de apego, en o cerca del comienzo de este proceso. Este fracaso ocurre cuando los recursos cognitivos y estructurales del organismo son mínimos. Como una consecuencia, los mecanismos de defensa que debe usar el individuo para lidiar con este ataque fundamental, son la negación primitiva, primordialmente introyección y proyección. Estos mecanismos van a ser invocados una y otra vez para tratar con el problema persistente de existencia y supervivencia, al igual que con cualquier situación subsecuente que de alguna forma dispara estos problemas básicos. Así que, mientras las funciones autónomas y otras habilidades cognitivas y del yo puedan desarrollarse muy bien, a menudo hasta un grado extraordinario, existe esta vulnerabilidad estructural del organismo. En suma, es crítico no menospreciar el grado de daño y la consecuente vulnerabilidad en esta estructura del carácter.

A pesar de la fuerza aparente, los individuos con una estructura esencialmente de carácter esquizoide deben tratar de verdad con el problema de sobrevivir, y el terror y la rabia alrededor de la amenaza en la existencia. Es importante que ellos no estén agobiados por una técnica terapéutica poderosa. Es esencial desarrollar su tolerancia para tener vida en el cuerpo, para solidificar su confianza en la relación terapéutica y construir una fuerza fundamentada en el yo antes de que se les pida enfrentar este problema fundamental, que va a emerger cuando derriben sus defensas y lleguen a los sentimientos que existen dentro de ellos.

Expresión energética

Aquellos quienes enfatizan la dinámica física de la estructura del carácter, simplemente afirman que el organismo va a responder a la frustración ambiental no sólo con un cambio de actitud y comportamiento, sino también con respuestas en la musculatura voluntaria e, incluso, involuntaria. Cuando el joven organismo se desarrolla en contra de la continua y aparentemente inamovible negatividad y frustración, va a comenzar a inhibir o contraerse en oposición a los impulsos que parecen producir esa negatividad en un intento por sobrevivir. Esta inhibición está representada en el organismo por la contracción de los músculos que inhiben los impulsos. Las contracciones llegan a ser crónicas y, como resultado, pueden producir cambios posturales dramáticos, y aún en el funcionamiento de los órganos corporales.

La inhibición muscular del impulso es una manifestación concreta y visible de la prohibición parental o ambiental. Es la manifestación física del proceso de introyección. Esta conjetura de la prohibición, o negatividad, inicia la pérdida del movimiento, del sentimiento y del comportamiento espontáneo. Se elige sólo porque es preferible al dolor involucrado que implicaría continuar con las reacciones naturales espontáneas a la frustración crónica. La decisión de inhibir es experimentada como una opción para sobrevivir por encima de la expresión. El niño dependiente no puede existir en un estado habitual de guerra con el ambiente y los estados internos de rabia, terror y desesperanza crónicos, los cuales acompañan el rechazo de la espontaneidad. Así, el organismo se vuelve en contra de sí mismo, restringe sus impulsos, e internaliza esa batalla entre sus necesidades innatas y la prohibición del ambiente.

Si aceptamos la propuesta de que las funciones adaptativas del self promueven la supervivencia del organismo al negociar las demandas del ambiente y el propio organismo, podemos apreciar cómo el self llega a identificarse con el proceso de inhibición como mecanismo de supervivencia. El patrón inhibidor se convierte en un mapa de supervivencia, el cual, a su vez, llega a ser parte del self ideal del individuo. El self ideal es, a partir de ese punto, amenazado por una autoexpresión viva y espontánea y sostenido por el control de esos impulsos. Así, las auto expresiones cognitivas en la forma de decisiones de guión, por ejemplo, "yo soy una persona comprensiva, integrada y pacífica", refuerzan bloqueos musculares.

Existe una ilusión correspondiente de que va a producir una catástrofe al liberar los bloqueos, tanto personales como ambientales. En el caso del carácter esquizoide, la ilusión de la liberación es la aniquilación, muchas veces no sólo la de uno mismo, sino también la de los demás, como rabia incontrolable que se dirige sobre el ambiente. La experiencia esencial esquizoide es "Mi vida amenaza a mi vida", así que lo que finalmente está bloqueado es la fuerza de la vida misma. El organismo se congela, se entiesa o se aprieta con la tensión, y se aleja del amenazante ambiente. Todas las consecuencias corporales que los terapeutas especializados han notado se resumen en que esta estructura del carácter es resultado de este proceso.

Al enumerar las características corporales del esquizoide debe tenerse en cuenta que representan las observaciones de un buen número de terapeutas orientados a lo somático, quienes han tratado a una variedad de pacientes presumiblemente con distintas mezclas esquizoides y otras características. Esa enumeración es más de lo que uno puede buscar, más que una lista exhaustiva o exclusiva de lo que siempre va a estar presente. Más aún, donde estas contracciones musculares crónicas tienen consecuencias posturales características, debe recordarse también que las características de la postura, al igual que otras dimensiones físicas, puede ser el resultado de la dotación genética. Un terapeuta corporal bien entrenado no observa el cuerpo para clasificar la patología; más bien, observa dónde y cómo el flujo natural del organismo ha sido restringido por la contracción crónica.

Probablemente, lo más notorio que se busca en una personalidad esquizoide es la aparente interrupción de la vida en el cuerpo. Los movimientos tienden a ser restringidos mecánicamente, y a una falta de espontaneidad natural y flujo vital. El cese del flujo de vida es particularmente acompañado a través de la restricción de la respiración, y en esta estructura de la personalidad a menudo se hace por una constricción del diafragma y una respiración superficial en el pecho. Ésta puede estar acompañada por hombros alzados y una contracción del pecho. Esta constricción respiratoria y el estrechamiento que la acompaña en la garganta pueden afectar la voz, produciendo un tono alto y, a menudo, un sonido vocal más joven. Correlacionado con esto, si a la persona se le pide que respire profundamente, en seguida uno encuentra que la respuesta de asfixia se produce con facilidad. Se ha pensado que la división del esquizoide entre pensar y sentir está literalmente representada en esta tensión crónica en el cuello, el área que separa la cabeza del tronco. Es como si los impulsos instintivos naturales estuvieran bloqueados y no se les permitiera que se registren en la cabeza.

Junto con esta contracción característica en la parte superior del pecho y la garganta hay una tensión severa en la base del cráneo, correspondiente al bloqueo característico en el segmento ocular de la cabeza. Este bloqueo ocular puede ser observado en el aspecto de los ojos, los cuales pueden aparecer desconectados o sin respuesta, especialmente bajo circunstancias de estrés. Se ha establecido una hipótesis de que este bloqueo ocular resulta de un intento de parte del organismo para no ver la verdad dolorosa del estado de su existencia. Bajo estrés, el esquizoide puede literalmente alejarse de las circunstancias actuales y ese escape puede ser percibido en los ojos, que parecen estar mirando pero no viendo, desconectados de la realidad presente. En ocasiones, la experiencia del terror paralizante puede también ser vista en los ojos del individuo esquizoide. Un terror que no concuerda con el resto de la expresión facial y que no varía sistemáticamente con la situación, está fijo o congelado.

Alejarse pronto del ambiente amenazante puede estar representado habitualmente en una porción del cuerpo, que de manera literal resulta en una escoliosis espinal crónica. De nuevo, hay muchas causas para la escoliosis espinal, pero la experiencia esquizoide es una hipótesis más, una función de la inveterada huída paralizante. Se cree que la inmovilidad o la rigidez tienen como resultado la dificultad en las articulaciones. Para entender esto, uno puede imaginarse la tensión crónica que resultaría en las articulaciones por la rigidez permanente del cuerpo. Para ilustrar esta situación, con frecuencia les pido a mis alumnos que adopten una postura de rigidez total, trabando las rodillas, los codos y la espalda baja, mientras abren los ojos y la boca ampliamente, en una expresión de terror. Luego les pido que se imaginen ellos mismos yendo por la vida en esa posición, frenándose contra la amenaza de la vida.

Muchos terapeutas somáticos también han notado un cierto número de características en pacientes esquizoides que pueden resumirse bajo el título de "Cuerpo desproporcionado". Esto es, el cuerpo no se presenta como una unidad total, sino como que ciertas partes no embonan con el todo. Por ejemplo, la cabeza no parece ajustarse al cuerpo, o los brazos no son proporcionales con el tronco. La asimetría bilateral también ha sido notada, de tal forma que el lado izquierdo es más largo o más corto que el derecho.

Finalmente, una falta de vida generalizada del cuerpo esquizoide ha sido a menudo observada y se refleja en una falta de color en el cuerpo, o incluso frío al tacto en los puntos de constricción crónica: articulaciones, diafragma y puntos donde el cuerpo se estrecha, por ejemplo, tobillos, muñecas y cuello. La falta de vitalidad en el cuerpo también se ve en una psique delgada, estrecha, con un movimiento corporal limitado. En lo personal he visto un buen número de caracteres esquizoides en donde el cuerpo está más desarrollado que en este tipo clásico, aunque algunos de los bloqueos energéticos aún están presentes.

Mientras que algunas veces he encontrado a mis estudiantes burlándose y desechando las implicaciones corpóreas de la teoría caracterológica, he encontrado muy útil los discernimientos enviados por la observación del cuerpo. Cuando los problemas caracterológicos encubiertos están escondidos y bien defendidos, a menudo el individuo puede ser incapaz de reportar la realidad de su historia etiológica. En esta situación, que no es poco común, va a ser el comportamiento característico de la persona, y su lenguaje corporal va a indicar en forma confiable los problemas básicos a los que se enfrenta. Esto es particularmente verdadero en la situación esquizoide, donde la negación es el mecanismo primario de defensa, y los sucesos históricos pudieron haber ocurrido muy temprano y ser tan traumáticos que su recuerdo es menos posible y más debilitante.

Como es obvio, probablemente la combinación de las distorsiones extremas del cuerpo y la falta de conciencia física y emocional hacen del esquizoide un blanco para el desarrollo de la enfermedad psicosomática. La tensión crónica en la parte superior del cuerpo -cuello y segmento ocular- se traduce en la susceptibilidad a dolores de cabeza y dificultad con los ojos. La constricción en la respiración resulta susceptible a las enfermedades respiratorias, al igual que la tensión crónica de las articulaciones produce enfermedad y lesiones en ellas. La ansiedad crónica, generalmente reprimida, resulta en torcedura y retención en el cuerpo, puede presentarse en los procesos orgánicos normales, en particular la digestión, que manifiesta irregularidades. Además, la disminución generalizada de las propiedades energéticas de la vida puede producir infecciones y heridas en los organismos. Desde luego, mi experiencia ha sido que mientras más esté defendido el carácter, hay más probabilidad de que se presenten enfermedades.

Objetivos terapéuticos

En cada caso, los objetivos terapéuticos están para reparar las deficiencias en el funcionamiento estructural, para restaurar el flujo de la autoexpresión instintiva e integrar estas habilidades conductuales y cognitivas dentro de un sistema de apoyo a la vida, la cual es capaz de adaptarse o modificar al ambiente externo. Yo veo a la psicoterapia como el inicio de un proceso, que puede durar toda la vida. Como la vida es una carrera entre la madurez y la senilidad, la psicoterapia efectiva está diseñada para ayudar a la primera y retardar la última. Por supuesto, proveer un ambiente confiable y seguro es necesario en cualquier psicoterapia, pero en el tratamiento del paciente esquizoide, resalta aún más su importancia. Esencialmente, la persona esquizoide se inquietaba afuera de su cuerpo y no puede atemorizarse o confrontarse de nuevo dentro de él. Por lo tanto, es fundamental que el marco terapéutico sea seguro, congruente y humano. Por la historia del paciente esquizoide, su sensibilidad y su extraordinaria capacidad perceptiva, es crucial que el terapeuta se dé cuenta de los tres requisitos que describió Carl Roger para resaltar la relación terapéutica: empatía adecuada, aprecio positivo incondicional y congruencia. En pocas palabras, el objetivo principal con este paciente es restaurar la confianza en el self, en los demás, en la comunidad extensiva y en el propio proceso de la vida. Una vez que se ha logrado este ambiente terapéutico, los otros objetivos son posibles.

Objetivos afectivos

Quizá lo básico en el problema esquizoide es la necesidad de reconectar a la persona con ella misma. Sin esto no puede haber cambio esencial en su relación con el mundo. Esto podría comenzar ayudándola a recuperar una sensibilidad mayor en sí misma. Un aumento en la profundidad, el enfoque y la realidad del sentimiento propios, es un objetivo que puede lograrse por medio de muchas técnicas terapéuticas, incluyendo movimiento, enfocarse en el interior y expresión física. Junto con este sentimiento ampliado y una identificación intensificada con éste, deseamos incrementar la relación física del individuo con objetivos en el mundo. Esto significa que el esquizoide necesita un aumento en la sensación de su relación con la realidad, la comida, el trabajo, la naturaleza, el hogar, etc. Después, esa realidad necesita expandirse al mundo humano, al terapeuta, a los seres amados, a los compañeros de trabajo y a los amigos.

Como parte central, es particularmente crucial aumentar el contacto sensorial del paciente con el ambiente para construir el sentido de estabilidad o arraigo en el mundo. Esto se refiere a que los pies de uno deben estar plantados firmemente en el suelo, y que puede uno estar parado en el suelo en circunstancias donde se vea amenazado. Como una parte y consecuencia de este trabajo, al aumentar la conciencia sensorial, el terapeuta debe trabajar de muchas maneras para reducir todas las formas de tensión crónica o espasticidad en las áreas afectadas del cuerpo. Inicialmente, esta conciencia aumentada y la liberación surgida pueden asociarse al dolor físico, pero ocasionalmente va a reducir el dolor experimentado y afectar a cualquier enfermedad psicosomática, la cual aún no ha producido un daño físico permanente.

Como con todos los pacientes, va a ser beneficioso incrementar la conciencia del esquizoide y la identificación con sus propias defensas. Siempre es útil para uno estar consciente de cómo defenderse de sí mismo, respetar las cualidades de supervivencia de estas defensas y comprender cómo fueron opciones apropiadas bajo las circunstancias del propio desarrollo. En el caso del esquizoide, por ejemplo, va a ser provechoso ayudar a la persona a identificar su tendencia a "alejarse" pidiéndole que lo haga deliberadamente y apoyarlo monitoreando sus efectos.

Cuando se trabaja a nivel emocional con el individuo esquizoide, se va a tener que enfrentar la hostilidad y el terror asentados profundamente. Cuando la persona comienza a confiar en su cuerpo y en sus sentimientos, más y más de estos sentimientos van a surgir para que pertenezcan, se expresen y, ocasionalmente, se integren al self. Aunque es esencial acercarse al terror, donde el individuo experimenta a menudo el camino más seguro para encontrar su self verdadero es en la rabia vengativa. Cuando experimenta el poder y la realidad de esa rabia, comienza a tener el poder fundamental para la autoexpresión. Por fin existe en esa rabia un self que experimenta y se expresa. Alternar la experiencia con el discernimiento alrededor de esa emoción, al igual que alrededor del terror, va a iniciar el surgimiento del self. Particularmente, la persona esquizoide refuerza su derecho a vivir y estar en este mundo con la expresión de la rabia.

Al igual que con la ira, la habilidad del esquizoide de experimentar el terror y tolerarlo es una experiencia de "empoderamiento". Puede descubrir que el terror, como la rabia, se encuentra dentro de él, que puede ser expresado y que no se va a desintegrar con esta expresión. A esto hay que agregar que el individuo puede tener a alguien que lo apoye y que esté en contacto con él durante y después de la experiencia emocional. El aumento de sentir a través del cuerpo y en contacto con el suelo, el ambiente y los otros, le permite experimentar la intensidad de estos sentimientos sin necesidad de alejarse.

El objetivo principal a través de este proceso es aumentar la tolerancia del esquizoide a sentir y expresarse. Puede aprender que ni la rabia ni el terror se aniquilan o se desintegran. Se le puede pedir que se acerque y se mantenga en contacto con el terapeuta, con lo cual refuerza la idea de que puede ser expresivo, que se identifica con su negatividad y que, aún así, no se pierde él mismo o el apoyo de los demás.

En términos simples de afirmación, buscamos que el individuo esquizoide experimente lo siguiente a nivel de sensación física: "soy bienvenido aquí y aquí pertenezco. Puedo confiar en la vida y en mis propios sentimientos. Soy miembro de la comunidad. Soy capaz de amar y de inspirar cariño. Puedo y voy a cuidarme y a quererme. Puedo disfrutar del movimiento de mi cuerpo. Puedo correr, saltar, gritar y expresarme. Estoy a salvo. Me siento amado. Puedo relajarme".

Objetivos de comportamiento social

Ya que en el problema esquizoide la mayor falla está en el apego, el objetivo del terapeuta será restablecerlo. En algunos casos, el terapeuta puede ser el único contacto humano significativo de este paciente y puede ser necesario establecer y luego resolver el apego simbiótico. En otros casos, donde existen problemas en la relación o en el apego, el terapeuta también tendrá que trabajar ayudando en el desarrollo de esos apegos y compromisos. En general, el crecimiento en el carácter esquizoide va a involucrar un aumento de compromisos para amar, de amistad y de relaciones laborales. Con frecuencia puede ser útil la experiencia de establecer o incrementar las relaciones con algunos pequeños grupos no amenazantes. En pocas palabras, el individuo necesita aprender que él es un miembro del grupo, igual a los demás miembros, y que puede tomar lo que necesita y dar lo que sea capaz. Ayuda para que descubra que no se necesita la perfección o la actuación especial, pero a menudo éstas van a ser necesarias para la aceptación. La disminución del perfeccionismo y la necesidad de ser especial generalmente van a tener como resultado un decremento en el retraso y la ansiedad en la acción, si éstos son los problemas.

Para facilitar y acelerar la implicación social aumentada, puede ser necesario dar retroalimentación, enseñar u ordenar el aprendizaje de habilidades sociales simples. Los programas conductuales en el entrenamiento de efectividad asertividad personal pueden ser útiles en este aspecto, ya que estos individuos necesitan aprender las habilidades sociales verbales y no verbales.

Mientras que los impulsos agresivos son casi siempre negados en individuos con esta estructura caracterológica básica, la agresión u hostilidad siempre encuentran salida de una u otra forma. Empero, esto es un objetivo para ayudar al individuo a descubrir las formas en que inconscientemente arremete con los demás. En general, las personas con esta estructura de carácter se enrolan en patrones pasivo-agresivos, tales como alejarse o incitar la agresión en otros, para justificar la revancha o provocar que los demás los rescaten. El objetivo esencial aquí es descubrir los "juegos" que estas personas juegan, lo cual usualmente tiende a operar por la presentación del individuo esquizoide como comprensivo, aceptativo y aún débil, pero que culmina en la retirada, el rechazo, el odio y la humillación de los otros. El patrón caracterológico típico se expresa aquí con el individuo ofreciendo lo que no se le dio pero finalmente dando lo que recibió en el pasado. En otras palabras, ofrecemos lo que no obtuvimos y, por último, damos lo que habíamos recibido.

Cuando los impulsos agresivos se integran, la persona va a empezar a comportarse de forma más agresiva y asertiva en el mundo social. El terapeuta va a servir para suavizar esta transición y para que esas expresiones agresivas en el mundo real sean relativamente apropiadas y efectivas. La expresión directa de agresión y asertividad en formas y contextos apropiados se van a alentar en la terapia. De manera similar, los terapeutas pueden fortalecer y facilitar la suave expresión apropiada de otras experiencias afectivas en el mundo social real: tristeza, ansiedad, risa, alegría, etcétera.

Objetivos cognitivos

Existen dos áreas básicas de reparación que necesitan ser consideradas al dirigir los problemas cognitivos. La primera, involucra las actividades del paciente, así como sus creencias y los procesos de auto-identificación. Estas estructuras están representadas por las "decisiones de guión", "ideales del yo", "self falso" o identificaciones. Aquí estamos hablando acerca de creencias, actividades, puntos de vista, etc. La segunda área tiene que ver con las habilidades cognitivas o, en términos psicoanalíticos, con el funcionamiento estructural. Aquí estamos discutiendo las estrategias cognitivas del individuo en relación con en el mundo externo, los mecanismos de defensa usados internamente y la calidad y la fuerza de las habilidades cognitivas, por ejemplo, asimilación y acomodación. En el primer caso, los objetivos terapéuticos se centran alrededor de la reestructuración de las creencias internas, mientras que en el segundo, involucran la reparación literal de la estructura o las habilidades cognitivas *per se*.

Al igual que es útil ayudar al paciente a identificar cómo sus soluciones de compromiso se han expresado en su cuerpo y su comportamiento, es válido hacer esto en el área de la cognición o de las creencias. El primer paso, por consiguiente, puede ser ayudar a la persona a identificar los preceptos simplistas y exagerados del yo ideal. En este proceso, la persona puede encontrarse demandar absolutamente: "debo ser aceptada completamente, debo ser especial", o creyendo en forma más dogmática: "yo soy mis ideas, yo soy mis logros". Una vez que estas nociones son identificadas y experimentadas con su intensidad real, se vuelve relativamente fácil explicar sus orígenes y atender al paciente a través de la interpretación para desarrollar un discernimiento más amplio de su funcionamiento. La identificación y la comprensión van a iniciar un cambio en las identificaciones, en los ideales del yo y del self falso, y pueden emplearse métodos más directos para favorecer esos cambios.

Cuando las defensas en todos los niveles están sistemáticamente relajadas, el objetivo terapéutico de descubrir las variadas "decisiones de guión" acerca del self, de la vida, y otras va a facilitarse. En esta estructura de carácter, tales decisiones tienden a ser de la siguiente naturaleza: "Algo está mal en mí. El mundo es un lugar amenazador. No tengo el derecho a existir". En general, las "decisiones de guión" en esta estructura van a reflejar el odio hacia sí mismo y la paranoia.

Con la identificación de los ideales del yo y las decisiones de guión, la verdadera base para el self falso va a comenzar a desgastarse y habrá mayores oportunidades para fortalecer una identificación con el self real. El terapeuta puede comenzar esto con estrategias que refuercen la identificación del self con el cuerpo y los procesos de vida. En esta estructura podría significar reemplazar la identificación "yo soy mis ideas y su realización" con "yo soy mi cuerpo y la vida dentro".

En la segunda área de funcionamiento cognitivo o del yo, la tarea terapéutica simplemente establecida es valorar y reparar las áreas de debilidad cognitiva. En relación a su percepción de la realidad externa, por ejemplo, el paciente puede necesitar instrucción directa en los procesos de asimilación, acomodación, discriminación, integración y generalización. El terapeuta puede servir no sólo como el examinador de la realidad, sino también como instructor en las estrategias para percibir adecuadamente y examinarlas. Al igual que el esquizoide puede necesitar que se le enseñen simples habilidades sociales, también puede necesitar que se le expliquen estrategias para una percepción social simple, como saber cuando uno tiene simpatías o antipatías o es correspondido con objetividad neutral. ¿Cómo sabe uno si los comportamientos negativos de otros son el resultado de su preocupación interna o su respuesta específica hacia nosotros personalmente? De manera similar, el individuo esquizoide puede ser ayudado para agudizar sus estrategias cognitivas para discriminar sus estados afectivos internos. Por ejemplo, ¿Cómo alguien puede discriminar la ansiedad de la emoción o del despertar sexual del amor? Todo esto se vuelve cada vez más necesario, cuando la estructura de la persona se encuentra dentro del rango del trastorno de personalidad y está innecesariamente en la parte más alta del continuum.

Por lo general, la persona esquizoide va a necesitar que se le enseñen mejores y más desarrollados mecanismos de defensa, puesto que los que ya posee son primitivos y son pocos y la mayoría de estos individuos son capaces de aprender mecanismos de defensa mucho más eficientes y menos costosos. En particular cuando son usados consciente y deliberadamente, tales métodos de defensa interna son sumamente útiles. Un número de estrategias están disponibles del lado cognitivo de la psicoterapia (por ejemplo, terapia racional emotiva; programación neurolingüística), para enseñar tales defensas. Una parte de este aprendizaje, desde luego, sería la identificación y el reforzamiento de las defensas existentes, aumentando la apreciación de su función de supervivencia y haciéndolas conscientes bajo control voluntario.

La persona esquizoide se puede beneficiar enormemente de la instrucción directa al tratar con los enredos y las partes del mundo real que le provocan ansiedad. Mucho de esto va a involucrar instrucción conductual; empero, en un nivel cognitivo el terapeuta puede atender con mapas cognitivos concernientes en cómo acercarse y pensar acerca de las demandas de la realidad adulta. De esta manera la terapia puede a veces tratar con estrategias para manejar el tiempo de uno, tratar con estrategias simples para vivir la vida, como limpiar la casa, pagar las cuentas, estudiar para un examen, etcétera.

Finalmente, se necesita hacer mucho en el caso del esquizoide en cuanto a la integración de las representaciones del "buen progenitor-mal progenitor" del "self bueno-self malo", dentro del auto-concepto sano experimentado de manera ambivalente, y en la visión de los demás. El "buen progenitor" es, en general, deficiente de la representación de esta estructura y es, particularmente, deficiente en la función de la crianza. Como resultado, el individuo esquizoide es, por lo general, ineficaz para calmarse o nutrirse a sí mismo. Puede ser enseñado de nuevo a fortalecer las habilidades de calmarse a sí mismo que posee y aprender aquellas que no tiene.

En el curso del tratamiento, la identificación debe ser el tema central del introyecto desintegrado: "el mal progenitor". A menudo está tan separado del resto del self que la persona se siente literalmente poseída por una fuerza extraña y destructiva, la cual tiene como propósito primario él mismo. La tarea del terapeuta es atender al individuo para identificar y responsabilizarse por esta fuerza negativa, al comprender sus orígenes y comenzar el proceso de integrarlo al self experimentado de forma ambivalente y a otras representaciones. En cualquier persona tan odiada, existirá el odio. Para desgastar la negación de ese sentimiento, para admitir su existencia, al dirigirla a su objetivo apropiado, aceptarlo como parte de la realidad propia, y liberar su expresión en una forma que reducirá la tensión sin daño indebido, es probablemente la tarea terapéutica central con el carácter esquizoide. Al completarse esto, se va a establecer una representación integrada del self con todos sus componentes reales en un nivel cognitivo. Tal representación puede ser facilitada por una intervención directa en el nivel cognitivo.

Una apreciación de la necesidad de reforzar las habilidades cognitivas reditúa una justificación teórica sólida para métodos de instrucción o influencia directa. Sin embargo, la teoría presentada aquí lo hace sin la sobresimplificación extrema en la suposición característica de aquellos que adoptan un entendimiento exclusivamente cognitivo de la compleja condición humana. Con este conocimiento, uno puede engancharse en una reestructuración muy simple y directa, con una comprensión de cómo eso se ajusta dentro de una perspectiva más amplia de lo que se trata el dilema humano. Uno puede ayudar a alguien más a pensar de forma diferente, sin tener que creer que el pensamiento es todo lo que existe. Para listar todos los objetivos terapéuticos para cada estructura caracterológica, ver el Apéndice B.

En este punto, puede ser útil recordar que no existe tal cosa como el carácter esquizoide. Este es meramente un arquetipo en un modelo, el cual identifica los aspectos humanos básicos. Aquéllos que han estado aterrorizados en la etapa temprana de la vida por la severidad o la frialdad del ambiente que enfrentaron entonces, habitualmente todavía estarán operando con las adaptaciones a esa realidad formadas por un niño débil y asustado. Aunque sea imperfecto e incompleto, vale la pena tener este mapa del territorio invisible. Para aquellos que desean una guía adicional sobre el tratamiento de la personalidad esquizoide, yo recomiendo particularmente lo siguiente: Guntrip, (1968); Johnson, (1985) y Manfield, (1992).

Capítulo 6

El niño abandonado: la separación simbiótica

*No existe experiencia en la cual un niño pequeño puede ser más propenso
a sacar un odio intenso y violento hacia la madre que la separación.*

JOHN BOWLBY (1960, p. 24)

Algunas veces me siento como un niño huérfano de madre… lejos del hogar.

ODELTA, *una niña huérfana*

Etiología

Más allá del derecho a existir, en el infante humano surge la necesidad de
alimentación, sustento y contacto. Donde estas necesidades se satisfacen de
una manera incompleta, otro conjunto de problemas centrales se va a establecer, moldeando un ajuste caracterológico tradicionalmente etiquetado
como "oral".

No todos los niños deseados conscientemente son cuidados de manera
apropiada, y aún aquéllos a los que se les da lo que parecen necesitar, no
siempre están provistos de alguna persona emocionalmente disponible, capaz de generar y mantener un apego firme y sano.

La oralidad se va a desarrollar donde el infante es, en esencia, deseado,
y el apego se forma en un inicio, o es débil; pero cuando el nutrimento se
vuelve errático, produciendo un abandono emocional repetido, o cuando
la figura primaria de apego literalmente se pierde y nunca puede ser remplazada de manera adecuada. La simbiosis comienza pero nunca se completa y, por consiguiente, en realidad no se resuelve nunca. El ancla materna no está disponible de manera confiable y, aunque segura, "la expectativa
confiable" no se establece nunca. Mientras la estructura del carácter esquizoide gira en torno al problema central de la existencia, la vida del carácter oral gira alrededor del aspecto esencial de la necesidad. En su comportamiento va a haber actitudes y sentimientos percibidos como una
polaridad alrededor de este problema. Tendencias hacia aferrarse de mane-

ra desesperada, miedo de estar solo o abandonado, y un deficiente cuidado de sí mismo yuxtapuesto con una renuencia a expresar su necesidad o
pedir ayuda, una cuidado excesivo de otros, y una grandiosidad independiente en periodos de exaltación o maniacos.

Las historias de los casos de individuos con oralidad severa se caracterizan a menudo por el abandono maternal, o por una enfermedad seria en
la persona maternal. Mientras el efecto de la pérdida real de la figura de
una buena madre es más profundo después de los siete meses cuando la
"diferenciación" ha comenzado, los casos más comunes parecen involucrar
una simbiosis débil y errática, ampliándose en una insuficiencia crónica en
la habilidad de la gratificar las necesidades de la persona materna. En oposición al carácter esquizoide, existe una calidad de "paraíso perdido" en el
oral. Éste ha experimentado algún contacto adecuado y al menos comenzó un apego cuando el cuidador se perdió o fue repetidamente incapaz de
sostener su parte del apego. Cuidadores alcohólicos, deprimidos o crónicamente enfermos, quienes tienen relativamente poco apoyo del exterior, están entre los principales creadores del carácter oral. Para comprender esto
imagínese como el padre de uno o varios niños pequeños, mientras está lidiando con la peor enfermedad que haya tenido fuera del hospital. Puede
adorar a sus hijos y podrá darles cualquier ventaja posible. Pero apenas si
tiene la suficiente energía para manejar la enfermedad y, ciertamente, no
puede enfrentarse a las demandas de su prole. Con esta breve depresión
crónica, alcoholismo o enfermedad, los padres del carácter oral son a menudo simplemente orales ellos mismos. Como individuos con baja energía
crónica, fallan en forma repetida para enfrentar adecuadamente las necesidades de sus hijos.

Como en la etiología del problema esquizoide, las circunstancias externas en las cuales el padre debe vivir, pueden contribuir o apartarse de la su-
ficiencia de la nutrición temprana.

Una madre que pueda tener la energía para ser "suficientemente buena"
para un niño con el apoyo del esposo y la familia, puede ser totalmente inadecuada con dos o tres niños, como un padre solo o aislado de la familia.
Desde luego, yo creo que en nuestra cultura altamente industrializada la
vulnerabilidad de la familia nuclear es responsable del predominio de ambos aspectos, el esquizoide y el oral, en los pacientes de psicoterapia.

Desde luego, al niño pequeño se le olvidan estos discernimientos socio-
lógicos. Sólo sabe que hiere física y emocionalmente y que la herida no me-
jora. Bowlby (1973, p. 23) escribe: "Ya sea que el niño o el adulto esté en
un estado de inseguridad, ansiedad o angustia, está determinado en gran

parte por la accesibilidad y la capacidad de respuesta de su principal figura de apego". Al estudiar a los niños separados de sus madres, Bowlby ha observado una reacción en tres etapas del proceso: Primero, el infante protesta agudamente; Segundo, cae dentro de una profunda desesperanza y, Tercero, finalmente se da por vencido y se adapta superficialmente, pero desapegado. En la tercera fase del proceso, el niño va a responder al regreso de su madre, ya sea no reconociéndola o alejándose de ella. Esto será seguido, por algún tiempo después de la reunión, por un periodo de una marcada ambivalencia hacia la madre.

A través de estas observaciones, podemos extrapolar la hipótesis de que el niño abandonado o decepcionado reiteradamente, a la larga va a hacer lo que pueda para adaptarse a la decepción o al abandono.

El malestar, la protesta y la desesperanza crónicos son demasiado dolorosos para vivir con ellos. El infante va a tratar de encontrar una solución de compromiso para enfrentarse al dolor y a la angustia del abandono o a las necesidades crónicamente insatisfechas. Al igual que cada estructura del carácter, la autonegación comienza cuando la respuesta natural a la frustración crónica llega a ser demasiada para poder soportarla. En este punto, el niño busca caminos para interrumpir su autoexpresión organísmica natural para parar el dolor. En el caso oral, lógicamente este paso llega a ser "si no necesito nada, no me puedo frustrar". Esta posición estoica puede ser de alguna forma satisfactoria para aminorar el dolor inmediato, pero no muy realista para un ser totalmente dependiente. Se deben buscar otras maniobras para completar el compromiso.

Los antropólogos de la infancia nos han dado claves concernientes a los tipos de defensas disponibles en varias etapas del desarrollo. Al resumir este trabajo, Blanch y Blanch (1974) han subrayado las preocupaciones defensivas y las funciones disponibles para niños de 6 a 9 meses de edad, periodo cuando la separación maternal parece producir la reacción de la pérdida total ya esbozada. De acuerdo con este resumen, la respuesta de ansiedad primaria del niño se traslada a estas alturas del miedo de aniquilación al miedo de la pérdida del objeto que lo cuida. Adicionalmente a los dos mecanismos tempranos de defensa disponibles, como la proyección, la introyección y la negación se le suman las funciones defensivas de identificación, desplazamiento, inversión y volverse contra el self. Con todas estas habilidades disponibles en un nivel primitivo, el niño oral comienza a desarrollar su defensa contra del dolor que le pueden causar las necesidades no satisfechas.

El primer paso es la negación de la necesidad. Este es un elemento central en el proceso del desarrollo de la autonegación del carácter oral. La persona literalmente se contrae en contra de su propia necesidad. "Si mi necesidad me hace herir, voy a dejar de necesitar". De hecho, al limitar su respiración, actividad y la energía suministrada, el niño oral va a necesitar menos energía. Esta solución escoge a la depresión, en lugar de la expresión, lo cual va resultar en el nivel bajo de depresión crónica, que es a menudo definitoria del carácter oral. Sin embargo, se debe hacer más porque las necesidades todavía existen. Los mecanismos de defensa más desarrollados proveen formas para la gratificación "de contrabando" al tiempo que la niega, o controla la rabia natural creada por la frustración crónica.

Vamos a resumir estas funciones defensivas.

Identificación. Proceso por el cual uno puede borrar o eliminar la distinción entre el self y los demás, extendiendo su identidad dentro de otra. Toma prestada su identidad de otra, o la fusiona con otra.

Desplazamiento. Proceso por el cual la dirección del sentimiento se transfiere de un objeto a otro. La sustitución de un objeto por otro, como el objetivo del sentimiento.

Inversión. En la teoría analítica clásica esta es una vicisitud instintiva por la cual una expresión energética se invierte con su opuesto. A través de este mecanismo, el odio puede convertirse en amor, el sadismo en masoquismo, desear un objeto en rechazarlo, etc. La formación de la reacción es un mecanismo de defensa, basado en este proceso.

Volviéndose en contra del Self. Otra vicisitud instintiva descrita por Freud (1915), la cual se usa para aplicar al fenómeno a menudo observado en las neurosis obsesivas en donde una persona dirige su odio interno hacia sí misma. El deseo de revancha se convierte en predisposición a la auto-tortura.

Usted notará que estas cuatro funciones defensivas se apoyan en la habilidad del individuo para sustituir un objeto con otro (Identificación, Desplazamiento y Volviéndose en contra del Self) o sustituir un sentimiento por otro (Inversión). Esta habilidad para cambiar al objeto o invertir el impulso puede explicar muchas de las maniobras defensivas orales que han sido observadas por los teóricos caracterológicos (Lowen, 1958). A continuación se describe cómo la comprensión de estas maniobras defensivas va a ayudar para comprender al adulto oral.

Sin consideración de las defensas cognitivas escogidas para resolver los conflictos, el niño incapaz de satisfacerse en su apego simbiótico se mueve prematuramente hacia la individuación. Típicamente, el niño oral camina y habla pronto, adopta actividades que le van a dar notoriedad y a proveer independencia de alguien que no puede darle lo que realmente necesita. La segunda subfase de individuación, ejercitación, incluye un periodo de mucha excitación durante el cual se hacen muchos descubrimientos maravillosos. El bebé puede hacer muchas cosas nuevas y explorar el ancho mundo con una mente novata. Este es un periodo maniaco y un periodo de grandiosidad natural y narcisismo. "Y qué, que mamá no está aquí, vean lo que puedo hacer. No la necesito. ¡Que ruede la diversión!" La desesperanza se escapa en la exaltación de la individualidad y en salir al mundo exterior. Tal es el comienzo de la defensa maniaca: grandiosidad y narcisismo que define al carácter oral. Con el uso de canciones, el doctor Alan W. Levy delineó e ilustró el desarrollo secuencial de esta estructura del carácter analítico, que presenté en el capítulo 1: el proceso de autoafirmación, respuesta negativa de desarrollo, proceso de autonegación y proceso de ajuste en el caso oral. Con el permiso de Levy lo reproduzco aquí para aumentar tanto la comprensión como el sentir por el dilema oral. Al ayudar a su entendimiento de las dinámicas del carácter oral, usted puede encontrarlo útil para ver cuantas de las funciones defensivas puede encontrar en estos procesos de ajuste.

La canción de amor del oral*

> *Dónde empiezo… ¿a contar la historia que es más vieja que el mar?…*
> *la verdad simple acerca del amor que ella me trae.*
>
> HISTORIA DE AMOR

Proceso de autoafirmación

La historia empieza inmediatamente al nacer. El contacto con el cuerpo tibio de la madre es todo lo que el recién nacido tiene para remplazar su confluencia. La conexión simbiótica anterior totalmente dependiente. Desde su interior, el neonato parece decir "te necesito" al succionar ocasionalmente todo el nutrimento emocional y físico que puede absorber. Hallazgos en la investigación demuestran ampliamente que la intimidad corporal es esencial para la supervivencia del recién nacido.

---

* Una historia musicalmente ilustrada del desarrollo del carácter oral, presentada al grupo de entrenamiento básico de la Sociedad Bioenergética de California del Sur, por Alan W. Levy, el 15 de septiembre de 1975. Más ilustraciones musicales estaban contenidas en el artículo original.

Voy a lograr pasar, mientras te tenga
aunque haya lluvia y oscuridad también…
voy a sobrepasarlo

Voy a lograr pasar

Sin la vital cercanía materna, el recién nacido moriría. Este contacto es más que vital para la vida. También es placentero y es el prototipo para el desarrollo de la capacidad afectiva y la sexualidad. Existen muchas maneras de expresar la relación entre el placer de mamar y la experiencia de ser amado. He aquí solamente una.

Tibio… el toque tibio. Alcanzándolo,
tocándome, tocándote…

Dulce Carolina

Para el neonato, la madre es el mundo. Cuando realmente está ahí, la experiencia del contacto se encuentra al borde de lo milagroso o, quizá, ¡el suceso más cercano al paraíso en la Tierra!

He visto tantas maravillas…
Pero jamás he visto algo que se asemeje
a la maravilla del amor de una madre.

El amor de una madre

Respuesta ambiental negativa

Pero a menudo se pierde el paraíso. El ambiente privó al bebé del contacto vital. Mamá no está ahí lo suficiente cuando se la necesita. Se encuentra ahí pero lo ignora o no puede responder, o se aleja precipitadamente, y el infante es abandonado, indefenso.

Cerca de mi corazón llegó, sólo para volar lejos
ahora, estoy solo, aun soñando con el paraíso,
aun diciendo que el paraíso alguna vez casi fue mío

Esto casi fue mío

Reacción organísmica

Al recordar el placer y experimentar el dolor de la pérdida, el bebé naturalmente clama por el retorno de su madre.

Cuando recuerdo cada pequeñez que solías hacer.
Estoy tan solo…
… y mientras estoy esperando aquí, este corazón
está cantando; Amor, regresa a mi

Amor regresa a mi

Cuando la madre regresa, el infante tiene cierta dificultad para acostumbrarse y confiar en que ella va a estar ahí cuando la necesite. La ansiedad por la separación aumenta; el bebé se aferra estrechamente, desconfiando y temiendo el próximo posible abandono.

> *Si te vas como sé que debes hacerlo*
> *No quedará en el mundo algo en que pueda confiar*
> *Sólo un cuarto vacío, lleno de un espacio vacío...*
> *... y te digo ahora, cuando estás a punto de irte,*
> *que estaré muriendo lentamente, hasta tu próximo saludo.*
>
> SI TÚ TE VAS

La próxima vez que la madre se aleje, el organismo asustado, hambriento, reacciona con rabia.

> *Maldigo tu piel, ¡escúchame!*
> *¿Debo pelear a la burocracia?*
> *Aquí y ahora, malditos sean todos,*
> *¡Regresa a mi!*
>
> DE UN DÍA CLARO, "REGRESA A MI"

La respuesta ambiental negativa repetida

Si la reacción organísmica de rabia estéril se enfrenta con aceptación y nutrición, la desesperación de la pérdida es sólo temporal y el crecimiento puede continuar. Pero si, como a menudo es el caso, la privación del contacto se mantiene hasta el punto del agotamiento de la energía en el reclamo, se desarrolla una forma crónica de desesperación. Es como si el organismo viviera en un estado perpetuo de luto.

Proceso de autonegación

El bebé está ahora en un dilema. El dolor de la desesperanza es demasiado para vivir con él, y cada vez que se siente la necesidad de contacto, vuelve el pesar. Empero, ¡no existe un reemplazo para el afecto maternal! Ya que el neonato no puede discriminar entre la experiencia interior de su cuerpo y la exterior del ambiente, las sensaciones de hambre son percibidas como el enemigo. Para sobrevivir, el infante debe negar sus propios sentimientos de necesidades, adoptando la posición de repliegue "yo no necesito".

> *Qué tonto he sido... al pensar que eras la tierra y el cielo...*
> *No, tú no eres el principio y el fin... no debo sentirme solo sin ti.*
> *Puedo levantarme sin ti. Puedo pasármela bien sin ti*
>
> SIN TI

Y la persona en desarrollo aprende a retraerse en contra de la necesidad, más que acercarse a ésta. Esto le deja una capacidad limitada para tomar nutrientes del mundo, un estado de hambre crónica, y soledad. Sin embargo, queda atrapado entre la desesperanza del vacío y el miedo a exponerlo y ser abandonado otra vez por "estar muy necesitado". Consumo limitado y potencia de salida de la energía, es parte del intento de solución; la depresión es una consecuencia frecuente.

Ventanas rotas y pasillos vacíos, una luna
Mortecina en un cielo veteado de gris. La bondad humana
Desbordada, creo que va a llover hoy

CREO QUE VA A LLOVER HOY

Proceso de ajuste

El colapso dentro de la depresión debe salir adelante para que de alguna forma se ajuste a las demandas del mundo externo. Es como si el yo le dice al cuerpo colapsado y descargado, "No podemos vivir así". Y una forma popular de maniobra compensatoria es actuar las fantasías de realización oral –la buena vida del sobre-consumo en la comida y la bebida, las drogas, etc.-, un intento infantil para recapturar la dulzura de la experiencia de la crianza.

¿Quién puede tomar el mañana, sumergirlo en un sueño,
separar la tristeza y juntar toda la crema?
El confitero puede... porque lo mezcla con amor
y hace que el mundo sepa bien...

EL CONFITERO

Otra ilusión del yo es la promesa de cumplimiento a través de la seguridad material, la fantasía de la "buena vida" siempre presente.

Todo lo que quiero es un cuarto en algún lado...
con una enorme silla... muchos chocolates para
que me los coma, mucho carbón haciendo mucho calor...
¿No sería maravilloso?

"¿NO SERÍA MARAVILLOSO?, DE MY FAIR LADY

La luz de la realidad se asoma, y resulta que los sueños de cosas buenas orales o seguridad material proveen satisfacción adulta irreal.

Tengo casi todo lo que un ser humano pudiera desear:
coches y casas, tapetes de piel de oso para acostarme

ante mi fuego, pero hay algo que me falta.
Parece que nunca besaré a la persona que pudiera querer.

ALGO POR QUÉ VIVIR

La actitud fundamental es de dependencia. El carácter oral sabe como esperar, anhelar, que alguien lo quiera, y aferrarse al que "los abastece cuando lo encuentran, para no sentir la soledad. El resultado de aferrarse es anunciado como felicidad, pero la dependencia pasiva se lleva a través de estados de ánimo altamente variables, que es una característica de los orales.

Algunas veces estoy contento,
algunas veces estoy triste.
Mi tendencia depende de ti
nunca me importa la lluvia de los cielos
si puedo encontrar el sol en tus ojos

ALGUNAS VECES ESTOY CONTENTO

Otra forma de enfrentarse con este anhelar desesperadamente por "alguien especial" y la desesperanza, si alguna vez vendrá, es resolver de forma valiente el "ir solo" para hacer un ego virtuoso de la negación del yo.

Fácil de ser un hombre solo,
sólo haz a todo el ancho mundo tu único hogar
no hables con extraños, alguien puede ser amable
y confundir tu mente.

UN HOMBRE SOLO

Si alguien parece ser amable y ofrece relacionarse, confunde esa resolución valiente. El yo tiene que lograr un compromiso creativo para negar la necesidad de ser amado y enfrentarlo al mismo tiempo. ¿Cómo? Tomando una actitud interpersonal de "dar y cuidar", una forma de protección indirecta sirviendo a los demás. Y la persona elegida debe responder bien, si no regresarán la pérdida original y la depresión.

Ven a mí, mi bebé melancólico,
acaricia y no estés triste.
Cada nube debe tener un recubrimiento de plata,
espera hasta que el sol brille.
Sonríe, mi dulce querida, mientras beso cada
lágrima. De otra forma estaré melancólico también,

MI BEBÉ MELANCÓLICO

En esta personalidad maternal, la felicidad es percibida como una garantía de nunca estar solo otra vez y evitar otro abandono. Ser preferido significa garantizar el contacto necesitado, y evitar quedarse solo es encontrar a alguien que realmente lo necesite. Pero esa ilusión, tan poderosa como es, ocasionalmente se interrumpe cuando el "bebé melancólico" crece fuera de la dependencia o es menos que agradecido, y el proceso de nutrición indirecta no parece prometer más su realización. El desencanto es real; la tristeza y la añoranza del lamento del niño interno.

Algunas veces me siento como un niño huérfano…
lejos de casa…

UN NIÑO HUÉRFANO

Y para que la historia de amor del carácter oral tenga un final satisfactorio, tiene que cerrar el círculo –un retorno al proceso de duelo–reexperimentar la pérdida del contacto con la madre y el miedo resultante, la añoranza, la rabia y el trabajo arduo para incrementar la capacidad del cuerpo para alcanzar, tomar y descargar la energía requerida por el amor adulto de la persona para que éste surja.

Cuadro 11
Expresiones de oralidad

	Oral colapsado	Oral Compensado
Afecto (sentimiento)	Deprimido o *Solo, desesperanzado, anhelante	Conciente: Bien a exaltado a maníaco eufórico. Inconsciente: Lleno de resentimiento, con rabia, desesperanzado y con miedo a la pérdida.
Conducta	Aislado, absorto en sí mismo, irresponsable, dependiente, quejoso, falto de energía o *buscando ayuda	Demasiado nutriente de los otros. Toma más responsabilidad y acción independiente de la que puede sostener. Hace planes que van de lo optimista a lo grandioso o irreal. Cargado con energía falta de arraigo. Se cuida a sí mismo mal, mala dieta y hábitos de sueño, trabaja demasiado, juega demasiado fuerte, usa drogas en demasía.
Cognición (actitud)	Indefenso y victimado o *Motivado para el cambio	Consciente: De optimista a grandioso. Preconsciente:"Soy dulce, suave, y enteramente dador. Me necesitan." Inconsciente: Auto-despreciativo "Si necesito, me despreciarán o abandonarán."

* Posición a partir de la cual se puede iniciar el cambio más dramático.

Comportamiento, actitud y sentimiento

Esencialmente, el carácter oral se desarrolla cuando el anhelo de la madre es negado antes de que las necesidades orales sean satisfechas. El conflicto inconsciente es, por una parte, la necesidad, y por la otra, el miedo de repetir la terrible decepción. Los comportamientos característicos, las actitudes y los sentimientos que se verán en la persona dependen de la severidad del problema oral y en la efectividad actual de la estructura defensiva.

Aunque la depresión ocurre en otras estructuras del carácter, y no es definitoria de oralidad, siempre ocurren episodios depresivos siempre ocurren cuando existe un componente oral significativo. Una historia de trastorno depresivo mayor o de trastorno distímico es común, y pueden ocurrir el trastorno ciclotímico y aún el trastorno maniaco-depresivo. Las depresiones de los caracteres orales pueden distinguirse de alguna forma de aquellos otros tipos de carácter en que pueden golpear más fuerte y, a menudo, son acompañados por un mayor agotamiento, desesperanza y añoranza. Mientras algunos van a presentar una depresión crónica unipolar, estas personas usualmente presentan una mayor fluctuación que otros tipos de carácter. A menudo, ellos pueden mantener un nivel de actividad normal o más que normal, que puede extenderse a proporciones maniacas. Tarde o temprano, sin embargo, pueden quedarse sin la gasolina sintética que los mueve, y pueden derrumbarse profundamente, algunas veces por un largo periodo. El carácter oral es esencialmente un organismo desnutrido con una fuerza vital disminuida. La manía es un intento de negar esto y evitar confrontarse con una desesperanza y un anhelo implícitos. Como se puede suponer, los niños abandonados tienden a ser enfermizos por varias razones. Primero, no han interiorizado bien las funciones de auto-cuidado; segundo, los periodos subrepticios de exaltación o de hipomanía reducen sus recursos y, tercero, la enfermedad es una llamada de atención ego-sintónica y un nutrimento socialmente aceptable.

El carácter oral también tiene una dificultad real para sostener un ajuste adulto al trabajo, la familia y un control personal. La persona oral simplemente creció muy pronto, y en cada una de estas personalidades existe un resentimiento oculto por tener que crecer y asumir responsabilidades adultas. Inconscientemente, el niño abandonado desea que lo cuiden y siente que el mundo aun le debe la vida. Aunque pueda obstruir su sistema forzándolo para completar un ajuste adulto, secretamente desearía quedarse en cama y ser alimentado. Las demandas por un trabajo, esposa e hijos, un hogar, asuntos personales y financieros son simplemente demasiado. En parte porque trabaja tiempo extra para hacer lo que pueda para enfrentarse a estas demandas, a menudo es renuente para aceptar la responsabilidad por sus errores. A menudo se ve a sí mismo como incomprendido, perseguido y despreciado.

Ya que la persona oral en esencia se ha rendido, tanto la agresividad como la agresión son débiles. No arregla su vida adecuadamente o empieza a hacer que funcione con agresividad. No llega a alcanzar lo que necesita y no fácilmente pide las cosas. Tampoco se puede rehusar a dar lo que se le pide. Puede esperar y anhelar a que la vida le llegue, pero no puede alcanzarla o tomarla. Puede ofenderse si ésta no le llega, pero no puede expresar la rabia que siente. En consecuencia, la persona oral a menudo muestra una irritabilidad exacerbada. Lowen (1958) ha comparado esto a la condición de una fruta que aún no madura. Cortada del árbol muy pronto, es ácida, dura y amarga, le falta la dulzura jugosa que le hubiera proporcionado la maduración.

He visto todas estas características representadas en personas que han venido a mi consulta para una evaluación psicológica después de una lesión, a menudo relacionada con el trabajo, la cual falla al curarse o aminorarse como se espera. En estos casos, el médico tratante sospecha de una "cubierta psicológica" al problema original. Muy seguido encuentro una historia de abandono, pérdida repetida de la figura afectiva original, o falta de nutrimento en la niñez. Aunado a esto hay una historia de exceso de trabajo y de responsabilidad, remontándose a la adolescencia o antes. A menudo, existe un desbordante resentimiento parcialmente justificado de las personas con quien el individuo ha trabajado, así como por los doctores que no han podido curar la lesión. En general, hay una actitud pasiva o retraída con respecto a la herida, a tal grado que la responsabilidad recae totalmente en los doctores y hay poco seguimiento en la auto-curación.

Estas personas realmente sufren el dolor, pero como son difíciles de ayudar y son pasivo-agresivos y quejumbrosos, no son muy bien vistos por sus doctores y no se les da la atención compasiva que requieren. A menudo, me los remite un médico frustrado, lo cual resiente un paciente que sufre. Ser capaz de oír el dolor y la frustración del paciente y reconocer su realidad, ha sido la respuesta más valiosa para negociar este contacto inicial tan difícil.

Todos los caracteres orales se duelen y necesitan ser oídos en su dolor y desesperanza. En esta particular expresión sintomática de oralidad, muchas veces parece que la persona se ha agotado por exceso de trabajo hasta que se quiebra en su parte más débil que, generalmente, es la columna baja. La lesión o el daño le dan una liberación honrosa de las demandas de la vida adulta, que siempre fueron realmente excesivas. Porque está enfermo o con dolor, puede obtener cuidado y cariño sin pedirlo, a través de la compensación de trabajadores y otros programas. Finalmente, puede obtener el modo de vida que inconscientemente cree que se merece. Ha encontrado una solución de compromiso, la cual satisface muchas demandas conflictivas. Todo lo que tiene que hacer para sustentar esa solución es evitar su recuperación. Pero para mantener su dignidad realmente debe sufrir, y en verdad sufre.

El carácter oral tiene muchos problemas dentro de las relaciones amorosas. Cuando no están bien defendidas o cuando sus defensas no están funcionando, la persona oral se perderá en el amor. Cuando la esperanza de encontrar el paraíso perdido se reaviva, la persona se va a desintegrar dentro de la simbiosis. Su pareja se va a quejar de que se siente sofocada y enojada por su comportamiento aferrado. La persona puede quejarse de la pérdida de identidad en las relaciones y va a descontinuar aquellas actividades que no puede compartir con su pareja, aunque el individuo oral puede ofrecer una gran cantidad de cariño superficialmente, su pareja a menudo se va a sentir desgastada o absorbida por las demandas implícitas de atención.

Los problemas sexuales son comunes. El impulso sexual, como la fuerza esencial de la vida, es débil en el carácter oral. Hay una mayor necesidad de tocar, de arrimarse y tener contacto, más que la sexualidad genital. La naturaleza simbiótica de la relación que ansía la persona disminuye la pasión sexual. Cuando las diferencias entre el hombre y la mujer se disuelven en la relación simbiótica, y cuando la agresión y la aseveración están calladas, toda clase de pasiones se suprimen y el sexo acaba desapareciendo. Una relación simbiótica es una relación sin diferencia. La sexualidad implica un conjunto de diferencias amenazadoras para el vínculo simbiótico. Las mujeres orales son frecuentemente preorgásmicas, y los hombres, a menudo muestran un impulso sexual disminuido, o que desaparece una vez que las fases tempranas de seducción en una relación han pasado. En el oral, el compromiso es igual a la simbiosis, y ésta mata al sexo.*

El niño abandonado trae consigo el miedo a un futuro abandono en las relaciones amorosas. Generalmente tiene graves problemas con la soledad y fuera de ésta puede correr prematuramente hacia relaciones inapropiadas.

---

* Me gustaría darle el crédito a Ed Miller por esta reflexión tan valiosa.

Su miedo al abandono puede atizar problemas de celos o frecuentes ataques de pánico ante cualquier signo de un posible abandono. La mirada inofensiva de la pareja hacia alguien, llegar tarde o no telefonear frecuentemente o tanto como se esperaba, puede precipitar el pánico por el cual la pareja es considerada como totalmente responsable. El individuo oral puede proyectar su propensión a dejar la relación cuando se vuelve problemática para su pareja y, por lo tanto, ve la deserción inminente cuando ni siquiera se le ha ocurrido a la otra persona. Como en cualquier otra estructura de carácter, nos inclinamos a hacerles a otros lo que originalmente nos hicieron a nosotros. Congruente con esta fórmula, el carácter oral es proclive a abandonar a aquellos a los que se acerca. Se pierde en la relación porque reprime la agresión y la asertividad, da más de lo que realmente desea dar, y encuentra que las demandas en las relaciones adultas son "demasiado". Erige un resentimiento y se vuelve irritable. Entonces, o renuncia y se aleja o arregla su propia deserción. En las palabras de Jackson Browne:

> *"Cuando ves a través de la ilusión del amor*
> *es ahí donde reside el peligro y tu amante perfecto sólo parece un perfecto tonto.*
> *Así que te vas corriendo en busca de un perfecto desconocido.*
> *Mientras que la soledad parece brotar de tu vida como una fuente en un estanque.*
> *Fuente de sufrimiento, fuente de luz,*
> *has conocido el sonido hueco de tus propios pasos en vuelo".*

JACKSON BROWNE, FUENTE DE SUFRIMIENTO

Cuando no está bien compensada, la persona oral tiene gran dificultad con la soledad, y puede entrar en pánico cuando está sola o separada de su figura primaria de apego Puede ser propensa al comportamiento problemático, en particular al abuso de drogas o al comportamiento dependiente. Las vicisitudes en el desarrollo de la niñez temprana otorgan algunos discernimientos útiles para entender y tratar con estos problemas. En el quinto o sexto mes del desarrollo infantil, el niño ha formado un vínculo personal específico. La "Ansiedad del octavo mes" se refiere a que el infante, alrededor de esta edad, despliega ansiedad o curiosidad y sorpresa cuando otro adulto que no sea su madre o padre lo carga. En esta edad se crea más ansiedad por la separación que anteriormente.

Alrededor de este tiempo, el infante comienza a vincularse con "objetos transicionales" (Winnicott, 1953). Estos objetos, que en nuestra cultura comúnmente pueden ser los ositos de peluche y las cobijas, tienden a mitigar parcialmente la ansiedad de la separación y tomar el lugar de la figura materna durante sus ausencias. Los niños tienden a dejar estos objetos al tornarse más seguros en su representación de la constancia de apego con las figuras primarias en sus vidas. De este modo, cuando "la constancia objetal" se adquiere, se dejan a un lado los objetos transitorios.

Tal constancia objetal no se logra completamente en el carácter oral; así, la naturaleza y el rol de los objetos transicionales en su vida pueden ayudar a comprenderlo y tratarlo. A menudo, los infantes con problemas orales son propensos a desarrollar lazos muy fuertes con los objetos transicionales, particularmente aquellos que los hacen sentir mejor. De tal forma, creo que el gran apego a las drogas de cualquier clase puede ser entendido como apego a objetos transicionales. El hecho de que muchas drogas producen dependencia tanto fisiológica como psicológica va a resaltar este efecto. Esta clase de apego no sólo existe en drogas recreativas, como el alcohol, el tabaco, la marihuana y la cocaína, sino también en drogas menos obvias, las que son culturalmente aceptadas, tales como la cafeína y el azúcar. Una de las características del carácter oral es que es propenso a las adicciones de dependencia que lo ayudan a establecer y después rechazar objetos transicionales más benignos, que pueden ser de gran utilidad terapéutica.

Cuando el carácter oral está bien compensado o defendido se observará a una persona superficialmente efectiva, que no se ha enfrentado a sus necesidades básicas. Su propia necesidad va a ser negada y proyectada en otras personas. Va a tender a identificarse con los otros bebés melancólicos de este mundo, y va a cuidarlos. Probablemente, va a ser percibido como cariñoso, generoso y suave. De forma alternativa, esta persona puede sustituir y compensar la experiencia de pérdida, vacío y desesperanza con un exceso de consumo de comida, bebida o drogas. Esta solución está asociada con el desplazamiento de la necesidad de amor de parte de otras personas a la necesidad de estar rodeado de aquellos objetos materiales que se ofrecen en nuestra cultura para satisfacer las necesidades.

El individuo oral puede desplazar en forma alternativa su necesidad de amor y nutrición hacia la necesidad de atención. Muchos clínicos han observado que las personas orales son comúnmente brillantes al hablar, y utilizan esta habilidad para atraer la atención y el reconocimiento. Pero como cualquier estrella te dirá: la satisfacción, de estar basada en este principio, no es sustentable.

> *"Una leyenda es sólo un muchacho solitario cuando va a casa solo"*
> CARLY SIMON, *Leyenda en tu propio tiempo*

La atención en dosis abundantes que obtienen las celebridades en nuestra cultura llega a ser una carga molesta. Previo a lograr la fama, es tentador mantener la ilusión de que a la larga se va llenar el vacío.

A través de la inversión, la persona oral transmuta su self real esencialmente infantil, egoísta, narcisista, irresponsable y amargo, en un paquete más fácil de vender. A menudo obtiene apoyo por su nutrimento exagerado, el cual es inconscientemente demandante o por su responsabilidad exagerada que se resiente de manera igualmente inconsciente. Donde este falso self está bien establecido y sólidamente apoyado, puede tomar las enfermedades serias para descubrir su self real, el cual ha sido rechazado y suprimido. Al estar en contra de su propia necesidad, también se vuelve en contra de sí mismo. Menosprecia la necesidad natural que es su self real. El enojo, el cual realmente pertenece al progenitor que abandona o que retiene al hijo, ha sido negado y vuelto en contra del self, manteniendo el compromiso con el self falso. De esta forma, la habilidad del carácter oral para invertirse, desplazar o sustituir un objeto por otro o un impulso por otro es la clave para entender su estructura defensiva en sus sentimientos reales. Los problemas de estas personas son cíclicos, y, durante el tratamiento, usualmente van a moverse entre la compensación y el colapso. Cuando parece que la compensación está funcionando de nueva cuenta o cuando está en la fase hipomaniaca de un nuevo amor, o de reavivarlo, se inclina a pensar que la promesa de simbiosis va a conquistarlo todo.

El cuadro adjunto, aunque sobre-simplificado, describe lo que uno puede ver con el carácter oral en su condición tanto compensada como colapsada. Aunque uno puede ver a algunos individuos cuyo colapso es crónico o que sus problemas orales son tan pequeños que pueden mantener compensaciones bastante confiables, el patrón más típico es el de la fluctuación entre las condiciones compensadas y las colapsadas. Esto es desde luego más obvio en pacientes maniaco-depresivos. La enfermedad maniaco-depresiva muchas veces tiene bases orgánicas, pero puede estar afectada por factores de personalidad, o en aquellos que demuestran claramente un trastorno ciclotímico. Como en el resto de nosotros, el carácter oral está ligado a sus defensas y está enamorado de sí mismo en la fase de exaltación en oscilaciones de estado de ánimo. No es fácil ayudarlo en esa fase, pero el análisis de grandeza y el patrón de sus cambios de estados de ánimo pueden ayudar en esta parte de cualquier proceso terapéutico. Tampoco es fácil de ayudar cuando se ha cerrado a todo sentimiento, se torna deprimido, huidizo, absorto en sí mismo, indefenso y victimado, como se ha resumido en la parte superior del cuadro como "colapsado oral". El indivi-

duo puede ser ayudado con mayor seguridad cuando emerge la desesperación y la ansiedad real, motivándolo al fin para buscar ayuda y responsabilizarse para el cambio. Una de las metas centrales del tratamiento es ayudarlo a alcanzar este lugar incómodo pero esperanzador.

Durante el tratamiento, los secretos del individuo oral van a comenzar
a emerger. Cuando sus propias necesidades, flaquezas y su egocentrismo se
descubren, va a experimentar la profundidad de su propio odio. A diferencia del esquizoide, las experiencias orales hacen que el odio a sí mismo sea
menor, como una fuerza extraña la cual lo vence y más como aversión
consciente hacia la persona débil y dependiente que siente ser. El odio no
está tan introyectado de manera desintegrada, como en el caso esquizoide,
más bien es un cambio de dirección del odio por la madre hacia él mismo.
Puede admitir un miedo añejo de "necesitar demasiado" y hacia la decisión
de guión, "si necesito demasiado me van a despreciar y a abandonar". Congelado en su respuesta hacia la separación simbiótica, todavía está enfure-
cido, desesperado y temeroso de una nueva pérdida. Ese "odio intenso y
violento hacia la madre", del cual se refiere Bowlby (1969, p. 24), ha sido
negado y vuelto en contra del self. El carácter oral está en la posición depresiva clásica, donde los sentimientos de amor y odio han sido dirigidos
hacia el mismo objeto: la madre. El odio ha bloqueado al amor y éste ha
sido el instrumento para bloquear al odio. Con el afecto deprimido hay
consecuentemente una depresión. La persona oral, cuyo self ideal invierte
en su amor, su atención y su naturaleza tierna se inquieta por la rabia in-
controlada que encuentra dentro de éstos. Como sucede con el carácter esquizoide, al descubrir estos sentimientos y creencias inconscientes y liberando los bloqueos físicos y cognitivos a la expresión, se constituyen como
el camino a casa.

Existen bastantes similitudes entre los problemas del carácter oral y los
del esquizoide, al igual que aquéllos con problemas orales, éstos muestran
una tendencia a tener problemas esquizoides y viceversa. Desde luego, los
clínicos, quienes usan el enfoque analítico del carácter, en reuniones con
sus compañeros frecuentemente se refieren a sus casos "esquizo-orales". Es
obvio que un niño no deseado o despreciado va a estar pobremente nutri-
do. De igual forma, cuando un niño es demasiado para los padres, como
en el caso oral, la propia existencia del niño puede ser el blanco de la rabia
de los padres, como esa limitación no deseada que es experimentada por
estos. Ambos caracteres, el oral y el esquizoide, tienen su dificultad primaria en el proceso de apego y experimentan dificultades consecuentes en
uniones posteriores. Ambos tienden a ser débiles, más vulnerables y menos

bien nutridos que los tipos de carácter que se crean después en el proceso de desarrollo.

Debido a estas similitudes y traslapos, puede ser útil para propósitos de enseñanza resumir las diferencias en la etiología, el comportamiento, la actitud y el sentimiento. Donde el problema esquizoide involucra la existencia y la sobrevivencia, el oral involucra la necesidad. En otras palabras, el carácter oral tiene relativamente poco interés sobre su derecho a existir y menos preocupación por problemas de subsistencia, pero está más preocupado con su derecho a necesitar y encontrar o perder su figura principal de apego. De acuerdo a la teoría de relaciones objetales, la ansiedad primaria se desplaza desde el miedo a la aniquilación en el periodo inicial del desarrollo hasta el miedo a la pérdida del objeto amado. Ya que el individuo oral ha experimentado un mayor apego, está más contado y abierto, menos distante o indiferente. Mientras la negación de la agresión es el meollo en ambos caracteres, el oral tiene más acceso a los sentimientos. Aún con el impulso agresivo, hay una mayor accesibilidad a éste en la persona oral a través de una amargura y un resentimiento consciente.

Habiendo evolucionado hacia un nivel más alto en el desarrollo del self antes de que ocurriera el trauma de la formación del carácter, el oral es más complejo en sus defensas: emplea más inversión, desplazamiento e identificación. Hay más intensidad y drama en su vida y, excepto en la depresión colapsada, menos falta de vitalidad. Junto con esto, el individuo oral es más proclive a cambios bruscos de humor afectivo que el esquizoide. En un nivel cognitivo, la diferencia está subrayada en la parte central de las decisiones de guión: En el esquizoide, "Existe algo malo en mí. No tengo derecho a existir". En el oral, "No debo necesitar demasiado. Debo hacerlo solo". Además, existen también las similitudes y diferencias en la expresión energética, las cuales van a ser tratadas en la siguiente sección.

Expresión energética

Aquí voy a presentar las observaciones de varios terapeutas orientados hacia el cuerpo y las consecuencias que éste tiene en la etiología oral. La propuesta es que en el proceso de negación del self, la persona va a contraer aquellos músculos que van a reprimir la autoexpresión natural, espontánea y original, al igual que la reacción emocional innata hacia la negatividad ambiental. Por lo general, las consecuencias corporales en el desarrollo del carácter son el resultado del proceso de autonegación. En menor grado, también pueden ser reflejo del proceso de ajuste, como es que el individuo cambia ese proceso -particularmente en las estructuras del carácter más desarrolladas- para presentarle al mundo su self ideal en la forma de una máscara correctiva.

Como se recordará, la persona oral debe inhibir su conciencia y su expresión de necesidad. Además, debe suprimir todas sus reacciones naturales y espontáneas con relación a que sus necesidades no queden satisfechas. Así, para continuar con su vida debe inhibir su rabia al ser abandonado o al estar frustrado, su eventual y profunda desesperanza con relación a esa realidad y su miedo a ser abandonado nuevamente, ya sea de manera literal o emocional. Uno de los modos más simples de lograr la supresión de todo sentimiento, como ha sido esbozado para el esquizoide, es simplemente restringir la respiración. Muchos terapeutas bioenergéticos han notado que aquellos pacientes con historias de oralidad tienden a hacer esto al echar los hombros hacia delante, de lo que resulta un pecho encogido y sumido, con una frecuente depresión real en la región del esternón. En consecuencia, el individuo oral parece tener el pecho colapsado y los hombros redondeados.

Más allá de esta inhibición generalizada en la respiración, el carácter oral demuestra su incapacidad para alcanzar un nivel corpóreo concreto. Existe una gran cantidad de tensión crónica en toda la región ósea de los hombros y en la parte superior de la espalda, entre los omóplatos. Si se asume esta postura, al colapsar el pecho y echando los hombros hacia delante, la cabeza se va en forma natural hacia el frente, por lo que se "guía con la cabeza".

Luego, para inhibir más aun el llanto y la desesperanza, la persona oral va a tensar los músculos abdominales bajos y a apretar los músculos en la base del cuello hasta la quijada. Estos cambios energéticos también sirven para suprimir los impulsos agresivos y el miedo. La tensión en los hombros, la espalda alta y los pectorales, inhibe los movimientos vigorosos, al igual que lo alarga, mientras que la contracción alrededor de la base del cuello y la quijada impide la expresión de agresión directa. Al inhibir la respiración, suprime la experiencia del miedo en sí, como lo hace cuando traba la quijada.

Si uno trata de adoptar la posición descrita, se dará cuenta que la persona de carácter oral está en una postura difícil e incómoda. La absorción de la energía ambiental básica ha sido limitada, y la expresión se restringe y se retiene. La tensión crónica y la restricción toman la energía, proporcionándole muy poca fuerza vital al sujeto. Al mismo tiempo, al negar la necesidad y la dependencia, el individuo debe pararse ahora en forma independiente sobre ambos pies y proseguir en la vida. Para hacer esto, el oral bien puede caminar en forma prematura y tensarse al andar por una rigidez crónica en las rodillas. Esta rigidez va a aumentar la tensión crónica en la espalda baja ya existente, causando que la pelvis rote hacia delante. Por lo tanto es típico que la persona oral tenga un desarrollo muscular general débil. Mientras que la estructura ósea puede ser normal o aun alargada, la muscular no se desarrolla normalmente. Sus piernas no son sólidas, sanas y con apariencia musculosa, sino más bien débiles y delgadas. Como el esquizoide, que no tiene un contacto sólido con el suelo, y esto se puede observar en la apariencia de sus piernas. Por todo esto, la persona oral literalmente es un "pelele" en el mundo.

Los ojos, como las ventanas del alma, traicionan la verdadera naturaleza del carácter oral. La expresión de los ojos ha sido descrita como necesitada, compasiva, espiritual o, más aún, suplicante. Así como los ojos del carácter esquizoide traicionan su insensibilidad y alejamiento del mundo, los del oral traicionan su verdadera necesidad. Sin importar qué tan dadivoso o verdaderamente independiente trate de ser, la postura dependiente, la falta de fuerza en el cuerpo y la expresión de anhelo en los ojos, lo delatan. El paciente oral es realmente un pelele, débil, necesitado y egocéntrico. Se odia por esto, pero sigue buscando a alguien que lo reafirme y lo ame por este self real.

Generalmente, es instructivo comparar la estructura corporal del esquizoide con la del oral. En tanto que existen similitudes y diferencias. En ambos casos estamos trabajando con individuos que son débiles y vulnerables debido a la aceptación insuficiente y a la nutrición temprana en su desarrollo. Ambos abrigan expectativas de temor del mundo y están tratando con sentimientos negativos muy fuertes acerca de lo que les hicieron. En ambos existe una inhibición de la fuerza vital y la respiración, que es lo que mantiene esa fuerza. Hay una falta de arraigo firme, concretamente representado dentro de la debilidad y la rigidez en las piernas y en los pies. Ambos tipos de carácter tienden a ser proclives a la enfermedad psicosomática o de otro tipo.

Sin embargo, la expresión energética clásica del oral difiere en varias formas respecto del esquizoide, quien puede parecer contraído, compacto, tieso, y hasta muerto. Mientras que los ojos del esquizoide traicionan la retirada y aun el impacto del niño odiado o el terror irreversible con el que tiene que tratar, los ojos del oral señalan que él puede tener más contacto, ser más apto para establecer y mantener el acercamiento. El oral está, en suma, más "ahí" que el esquizoide. La distorsión en la postura del oral, marcada más evidentemente por la extensión de la cabeza y la pelvis, es más obvia que la distorsión típica del esquizoide. Como se mencionó con anterioridad, a menudo estas distinciones son más académicas que reales. En éstas últimas, los problemas del oral y el esquizoide coexisten en la misma persona.

En la última sección se dijo que el carácter oral, como el esquizoide, es propenso a enfermedades. Por su debilidad generalizada, deficiencias en nutrimentos y la tendencia a la hipomanía, la cual transforma las defensas del cuerpo ya de por sí debilitado, la persona oral tiende a enfermarse mucho, es susceptible a infecciones y enfermedades. Más aún, hay áreas particularmente vulnerables. Por la tensión en la base del cuello y en la quijada existe una susceptibilidad al dolor de cabeza. La constricción en la respiración, al igual que la debilidad generalizada de la persona, hace al carácter oral susceptible a dificultades e infecciones en las vías respiratorias superiores. Porque existe una tensión crónica en la espalda baja, al igual que en la región abdominal baja, hay una propensión al dolor o lesión en esa área de la espalda y a enfermedades abdominales, como el síndrome de colon irritable, la colitis espástica, etc. La espasticidad crónica en la cintura escapular y la región superior de la espalda, causa dolor, lesión o luxación espinal. Finalmente, debido a la debilidad en las piernas y una tendencia a un bloqueo en las rodillas, hay un aumento en la susceptibilidad a lesiones en éstas. Por todo ello, y las peculiaridades benéficas secundarias adicionales de la enfermedad, el carácter oral se percibe a menudo como enfermizo, hipocondríaco y psicosomático.

Objetivos terapéuticos

Afecto y Sensación

En esta sección voy a tratar sobre los objetivos terapéuticos del carácter oral, involucrando las emociones y el cuerpo. En el caso del individuo oral, va a ser crítica la liberación para experimentar y expresar tanto las necesidades negadas como esas emociones suprimidas que resultan de una frustración crónica de tales necesidades. Para apoyar esto, será necesario cambiar también la experiencia de la persona de su cuerpo para que, por ejemplo, experimente sus pies y piernas como de apoyo sólido, y su cuerpo como capaz de respirar profundamente, relajarse y liberarse de la tensión crónica.

La persona oral va a ser amenazada por el surgimiento de su propia necesidad, y al experimentarla a menudo va a decir: "Dios, odio ese sentimiento, es degradante y humillante. Nadie quiere un bebé". La aparición de la necesidad real amenaza el ajuste total compensatorio con sus auto-conceptos asociados, filosofías y comportamientos. Una parte crucial de la terapia del carácter oral va a ser elaborar, a todos los niveles, la resistencia a la necesidad subyacente.

Aunque la liberación de la necesidad va a ser fundamental, a menudo no es el lugar para empezar por la comprensible resistencia masiva a su experiencia. Desde luego, es frecuente dentro del proceso de liberación de otros sentimientos por la experiencia y la expresión, que el tema subyacente de la necesidad penetrante pueda ser comprendido. Al niño abandonado se le puede alcanzar más fácilmente de forma afectiva, escuchando sus quejas y compadeciéndose de su dolor y sufrimiento, los cuales ocasionalmente van a crecer con la terapia hacia una profunda desesperanza por un desengaño crónico de necesidades desconocidas. Muchas veces va a suprimir sus quejas dentro de otros contextos, ya sea porque el infante se ha volteado en contra de esa manifestación abierta de debilidad o porque los demás están hartos de escuchar sus quejidos. Alguien que lo acepte y sea comprensivo va a ser ampliamente apreciado y va a comenzar el proceso de expresión afectiva, que va a guiarlo hacia la restitución del self.

Aunque hay una gran resistencia en el carácter oral para acceder a la rabia profunda, sus primos cercanos —el resentimiento y la irritabilidad— están siempre disponibles. Estas chispas pueden ser ventiladas sensatamente y las flamas de enojo resultantes pueden ser alimentadas hasta que se destape un fuego violento de hostilidad. A lo largo de este camino se va a sacar una mayor resistencia por la negación profunda de este afecto, y la gran inversión de la persona para verse a sí mismo como benévolo, amoroso y otorgando nutrimentos.

A través de la liberación de todos estos sentimientos, la persona con problemas orales se va a enfrentar al miedo. La experiencia y la liberación de las necesidades, rabia y desesperanza van a sacar el miedo al rechazo y al abandono. No sin una razón, la persona oral teme: "Nadie va a querer a una persona tan necesitada, hostil y desesperadamente infeliz".

La persona oral está en lo correcto al llegar a la conclusión de que tiene que "crecer". Pero para lograrlo completamente, no debe saltarse ningún paso de maduración, como lo hizo con anterioridad. No debe correr antes que caminar. Debe nutrirse, aprender a atraer la nutrición emocional de los demás y, por supuesto, a nutrirse a sí misma.

El oral, como el esquizoide, debe desarrollar la comprensión, tanto literal como figurativamente. En un nivel sensorial esto se traduce en reducir la retención crónica del cuerpo y establecer un arraigo y un fortalecimiento. El trabajo adicional para fortalecer la musculatura general y acompañar el sentido de solidez, fuerza y confianza en el funcionamiento del cuerpo, va a ayudar en este proceso de crecimiento. Este arraigo y fortalecimiento general va a servir para realizar la experiencia y la expresión de la hostilidad natural, así como va a fortalecer la asertividad y la agresividad sana de la persona. Al completarse este fortalecimiento, el terapeuta, trabajando en el nivel del cuerpo, va a tratar de liberar la espasticidad de la espalda baja y el abdomen, la banda del hombro, la base del cuello y la quijada. Más adelante va a haber un trabajo repetitivo para abrir el pecho, la respiración y el flujo de energía a través del cuello y la garganta.*

Cuando el cuerpo se nutre, se fortalece y se cimienta en la realidad, cuando la respiración y el paso natural de la energía se abren en el cuerpo, y cuando los afectos se liberan, el amor real del individuo oral empieza a emerger y toma forma adulta. La persona oral ha establecido un apego, y una vez que el abandono se ha abierto paso, de nuevo puede comenzar a confiar, crecer, individualizarse y dirigir su amor de un self diferenciado a otro diferenciado. Entonces, y sólo entonces, sus legítimas necesidades adultas pueden ser satisfechas. Lo pueden cuidar y él puede ser genuinamente cariñoso, dependiente y, sin embargo, auténticamente independiente, relajado y entusiasmado por la vida.

Cognitivo: actitudes y creencias

Posiblemente, más evidente que las actitudes y creencias conscientes en el carácter oral son opuestos polares de las actitudes y creencias inconscientes. A nivel cognitivo, el trabajo del terapeuta es asistir al paciente para identificar esta polaridad y desarrollar la comprensión mental, el discernimiento y el conocimiento acerca del self. De esta forma, en ocasiones el carácter oral puede darse cuenta que pactó prematuramente en contra de su propia naturaleza infantil y desarrolló un self falso compensatorio, ofreciéndoles a los demás lo que no recibió. Aunque su naturaleza afectiva sea muy desarrollada y a menudo efectiva exteriormente, es un intento para

---

* Estos cambios no necesariamente se efectúan por la terapia corporal directa, pero pueden resultar de cualquier intervención que libera al carácter oral para que experimente su self real.

obtener cuidados físicos ya sea de manera directa o indirecta. Su nutrimento en relaciones cercanas con frecuencia se toma como una exigencia.

A la persona oral se le puede ayudar a que aprecie cómo construye o crea su propia soledad y abandono dentro de las relaciones. Puede ser guiada para desarrollar una perspicacia dentro de sus propias decisiones de guión: "No necesito. Tengo que hacerlo solo. Si necesito, voy a ser menospreciado y abandonado". Después, puede ayudársele a ver cómo estas decisiones de guión incentivan los "juegos" que juega, los cuales justifican en forma repetida la reafirmación de estas decisiones básicas de vida. Aunque ofrece amor y nutrimentos y puede dar por un tiempo lo que no recibió, su naturaleza infantil descargada eventualmente se va a imponer y causar el fracaso de cualquier entrega adulta formal, sólidamente fundamentada. El colapso consecuente, la dependencia, el aferramiento y el comportamiento esencialmente egocéntrico, a la larga van a desgastar la paciencia y el afecto de amigos, colegas y seres queridos, al punto de que pueda ser rechazada, abandonada y nuevamente frustrada. Sus demandas, generalmente inconscientes de aceptación total y amor incondicional, son inapropiadas para el funcionamiento adulto. Tal como la persona teme, la necesidad y el colapso asociados a esto traen consigo abandono. Inevitablemente, estas demandas conllevan a la reafirmación en la decisión esencial de guión y en los movimientos compensatorios para crecer y ser aceptable. La huida hacia la compensación establece, entonces, la progresión hacia el colapso, y así sucesivamente. Este patrón es, desde luego, más destructivo, dramático y persuasivo, cuando uno desciende en la estructura total. Las fluctuaciones de una persona con estilo de carácter oral pueden ser invisibles, mientras en aquéllos con un trastorno de personalidad son profundas.

El *insight* del ciclo va a probar ser una herramienta muy útil para el adulto de carácter oral. Al lograr esto el terapeuta puede empezar a trabajar para desarmar aquellas defensas que incentivan la compensación: la negación, proyección, introyección, inversión, identificación, volverse contra el self y el desplazamiento. Siempre teniendo en mente la necesidad continua de aceptación y de apoyo, se puede explicar, desafiar, confrontar, interpretar o, por el contrario, debilitar los mecanismos de defensa, los cuales mantienen el patrón en marcha. Estas estrategias cognitivas, relacionadas a la visión interiorizada acerca del ciclo, son particularmente útiles durante la fase de exaltación o hipomaníaca del proceso del individuo oral, si se combinan con las estrategias de arraigo físico.

Cuando todo esto se completa, y como estas interiorizaciones se complementan por los cambios afectivos y de comportamiento, la persona oral va a comenzar a ser capaz de verse como es en realidad. Va a poder admitir su naturaleza infantil y necesitada, sabiendo que llegó a ella honestamente y reconociendo que en verdad tiene que crecer. Se va a identificar con su historia de abandono y sus necesidades crónicamente insatisfechas. Va a poder dedicarse en forma realista al proceso de crecimiento, sabiendo que tienen que sanar estas heridas. Es entonces cuando no intentará pasar por encima de su vulnerabilidad, sino trabajar realistamente dentro de sus limitaciones, construyendo su fuerza, su realidad afín y sus habilidades instrumentales.

A través de todo este proceso, va a ser importante afirmar repetidamente el derecho de la persona oral a necesitar y a fortalecer la identificación del self con esas necesidades. En términos simples, esperamos que la persona oral logre esto: "Tengo derecho a necesitar. Tengo derecho a pedir que mis necesidades se satisfagan. Tengo derecho a alcanzar y tomar lo que necesito, respetando el derecho de los demás. Puedo cuidarme sola. Tengo derecho a llorar las pérdidas que he sufrido. Puedo ser fuerte. Estoy completa dentro de mí. Tengo el derecho de querer amor y de amar a otra persona".

Cuando cualquiera de nosotros venimos de nuestro propio terreno, existe una solidez y una fuerza fundamentales en ello. Aún cuando ese fundamento es infantil y desesperanzado, como puede ser en el carácter oral, aflora cierta tranquilidad al saber a qué nos estamos enfrentando. No se necesita más pérdida de energía para mantener las ilusiones, la supresión del afecto, el sostenimiento de falsos ideales y esperanzas, y la continuidad de comportamientos pobremente integrados. Puede tomar muchos años y probablemente más de una vida reparar el daño y tener en cuenta el potencial que proporciona vivir, pero no existe ya la desesperanza de falsas expectativas no realizadas. Entonces puede haber un movimiento razonablemente estable, crecimiento y maduración. Con las decepciones tempranas elaboradas y aceptadas, éstas ya no son repetitivas y no disminuidas. Entonces uno puede alcanzar lo que esté disponible en esas circunstancias, por muy limitadas que puedan ser, y vivir la vida desde la propia realidad. Esto no constituye una renuncia a la vida, más bien representa la aceptación de un acuerdo con la realidad, una reconciliación. Desde esa posición, uno puede vivir realmente y apreciar las bendiciones tiernas de la vida.

Como el esquizoide, el oral también sufre de una separación bueno-malo en su representación del self y los otros. Esta separación es, desde luego, ejemplificada por las polaridades que exhibe en su representación y sentimientos hacia él y los demás. El self bueno es independiente, activo y compensatorio, mientras que el self malo es necesitado, anhelante, desesperanzado, sin energía, hostil y asustado. El otro bueno es aceptante, cuidador, otorgante de atención y hace elogios, mientras que el malo rechaza, es desamparador y está listo para perseguir las debilidades. Como en el carácter esquizoide, un objetivo cognitivo central va a afectar la experiencia ambivalente del self, de manera que el paciente se da cuenta de sus propiedades reales y es igualmente conocedor de las dificultades con las que tiene que lidiar. Un objetivo afín, desde luego, es una experiencia ambivalente del otro, el que potencialmente puede ser verdaderamente amado como una persona diferenciada, más que simplemente como una fuente de provisiones narcisistas.

Objetivos conductuales sociales

Los objetivos conductuales sociales para el carácter oral proceden directamente de los objetivos afectivos y cognitivos y, en cierta forma, son repetitivos de lo descrito antes. La diferencia, desde luego, es que al dirigirse hacia objetivos conductuales, se trabaja directamente para cambiar el comportamiento tanto dentro como fuera de la terapia. En la tradición conductual clásica esto puede tener efecto por la sugerencia o la receta directa, mientras que en la tradición hipnótica se hará efectivo a través de mayor sugestión indirecta.

Ciertos objetivos discretos pueden deducirse del conocimiento simple que la persona oral necesita hacer lo que pueda para enfrentar sus necesidades. Ya que no ha internalizado muy bien las funciones de auto-cuidado, es necesario sugerirle y, aún más, prescribirle el aprendizaje de comportamientos de auto-cuidado. Puede ser útil ayudarlo a experimentar el hecho de que su "parte adulta" puede encariñarse, complacer y nutrir a su "niño". Junto con esto, pueden visualizarse ciertas técnicas para fortalecer su habilidad para comunicarse y pedir ayuda o lo que necesite en todas las relaciones sociales relevantes. Probablemente, necesita ser animado para que desarrolle su naturaleza agresiva y asertiva para que pueda restaurar su vida, y le sirva.

Una parte de su crecimiento puede involucrar el aprendizaje directo de varios comportamientos instrumentales, los cuales le permitirán obtener más de lo que quiere. De este modo, no va a ser suficiente aceptar lo que necesita, exigir el derecho a tener necesidades y enfrentarse a ellas. Ya que su desarrollo se ha retardado, habrá muchas áreas en las cuales ha estado esperando y añorando para que le den lo que quiere. Una vez que su asertividad se ha movilizado para resolver sus propios problemas, necesitará aprender activamente las habilidades que requiere para lograr soluciones. Al tomar una responsabilidad real para sí mismo y su funcionamiento adulto en el trabajo, la familia y el control personal, simplemente necesitará aprender estrategias para lidiar con las demandas adultas realistas. Una de esas demandas va a ser enfrentarse verdaderamente a su propia soledad. Las estrategias conductuales pueden usarse para aumentar su tolerancia a estar solo, y ser suficiente para sí mismo.

Un ingrediente fundamental de todo esto va a ser una constancia de compromiso al trabajo, las relaciones, la crianza de niños, los proyectos personales, etc. Al ir creciendo, el sujeto oral va a necesitar el desarrollo de una simple habilidad para continuar haciendo cualquier cosa a pesar de las complicaciones. Con respecto a las relaciones de todo tipo, pero particularmente las relaciones amorosas cercanas, requerirá trabajar en el desarrollo recíproco y las formas adultas de relación, las cuales son individualizadas, al contrario de las dependientes y co-dependientes. Por esto, el individuo oral necesitará aprender muy discreta y conductualmente a dar y tomar, más que simplemente dar o tomar.

El carácter oral también va a necesitar alguna asistencia para suavizar el patrón cíclico hipomaniaco-depresivo. De este modo, cuando se siente bien, necesita que lo desanimen de la carga excesiva de trabajo de sobreexcitarse, el uso excesivo de drogas, la responsabilidad exagerada y el cuidado de los demás, y todos los otros comportamientos hipomaniacos que lo extenúan y lo empujan al colapso. Debe aprender a mantenerse en contacto consigo mismo y reconocer las señales reales de aumento en la fatiga o vulnerabilidad, y entonces descansar. La auto-administración del cuerpo o las técnicas de relajación pueden serle útiles para suavizar estos ciclos, que modere su actividad cuando se siente bien y disfrute una relajación tranquila cuando esté fatigado o descansando.

Enseñarle a usar técnicas directas para experimentar sus sentimientos reales, más que hundirse en enfermedades o depresión, también va a suavizar el ciclo y a reducir la severidad de sus temporadas malas. Aunque esto es una meta afectiva, puede darse cuenta al enseñarle las técnicas para el acceso emocional y la expresión. Así, el terapeuta puede darle algo que hacer para que se sienta mejor. Un programa de ejercicio físico puede ser importante para una persona oral y constituye una estrategia de auto-cuidado y fortalecimiento; aún más, el ejercicio va a disuadir los impulsos en periodos maniacos y regresarlo a la vida en los lapsos depresivos.

Como en cada estructura del carácter, la existencia del individuo oral está dedicada a prevenir lo que ya ha pasado: el abandono. Las maniobras participantes para prevenirlo muchas veces lo recrean, junto con el fortalecimiento de las defensas caracterológicas para lidiar con la pérdida. El oral debe aprender a dejar de abandonarse a sí mismo, negando sus necesidades y sus reacciones naturales, orientándose hacia necesidades insatisfechas. Cuando esto sucede, la persona empieza a crecer al reconocer lo que es infantil en ella y a cuidar de su propio niño abandonado. Al hacerse responsable así, deja de buscar a la madre perdida y es capaz de recibir amor adulto.

Capítulo 7

El niño poseido:
El carácter simbiótico

Como todos los otros problemas caracterológicos, el simbiótico es existencial y vitalicio. Existen oportunidades recurrentes para lograr la individuación y formar una nueva identidad: desde el destete y caminar hasta separarse para dejar el hogar y jubilarse. Hasta el punto de que cualquiera de nosotros sufre de psicopatología funcional, debemos separarnos del papel que adoptamos en nuestra familia de origen para convertirnos en nosotros mismos y conocer la libertad. Hay lecciones muy importantes que aprender de aquellos cuyos problemas existenciales son definidos claramente por sus dificultades en la separación y en la formación de su identidad. Las estrategias exitosas para liberar al "carácter simbiótico" pueden ser de significado casi universal. Llegar a estar integrado en forma óptima con otros y, sin embargo, permanecer autónomo, es un logro únicamente de los más juiciosos y afortunados.

Etiología

La esencia de la etiología simbiótica es la siguiente: Los intentos naturales en la separación están bloqueados, causan ansiedad en los padres o son castigados en forma activa. Al mismo tiempo, las habilidades naturales del niño para reflejarse empáticamente están sobrevaluadas y reforzadas por los padres, quienes necesitan fusionarse con el niño para sentirse seguros y valorados.

Toda investigación, ya sea naturalista o experimental, confirma la necesidad del niño de los padres durante los primeros meses de vida para el sustento, la relación y la regulación. La investigación del desarrollo revisada por Stern (1985) documenta el grado sobresaliente en la sintonía madre-hijo, típica en el primer año del niño normal. Mientras Stern cuestiona la noción psicoanalítica de la ilusión del niño de fusionarse con la madre, su trabajo documenta que la experiencia real del niño es, desde luego, una en la unión conductual única con la madre, y que la sensibilidad del infante hacia los demás en general, y la figura materna en particular, es verdaderamente notable desde la más tierna edad.

Al mismo tiempo que la necesidad de relacionarse y lo que esto conlleva, también existe la necesidad natural humana de individuación. ¿Cuándo es que emerge por primera vez la necesidad de autonomía en el infante humano? Me parece que esto depende de qué clase de autonomía se esté hablando. Aún en los primeros días de vida, un bebé inicia y se separa del protector a través de la interacción de la mirada con la cual muestra control. Los patrones de negligencia e intromisión de los padres pueden comenzar independientemente si se usa este canal como vehículo para comunicar una cercanía o una lejanía excesiva. A los diez meses de edad, aproximadamente, cuando empieza a caminar, el infante desarrolla una habilidad intensificada para salirse de la órbita de influencia de los padres. Mahler ha notado que en el "periodo de práctica", que se inicia con este cambio, el niño se torna más independiente, más absorto en sus propias actividades, más impermeable a las dificultades y, en general, más aventurado. Claramente, el niño va a desarrollarse de manera diferente si estas aventuras tempranas están apoyadas, se disfrutan y están permitidas libremente, en lugar de que estos ensayos iniciales en la independencia se enfrenten con temor, castigo o restricción excesiva. Las investigaciones del desarrollo documentan que un niño tan pequeño como el de diez meses va a mirar a la madre para ver señales en la seguridad de aventurarse más lejos (Emde y Sorce, 1983). Una madre ansiosa y sobreprotectora va a enviar señales consistentes en que tales inicios no son seguros, y el niño va a introyectar inevitablemente esa perspectiva demasiado temerosa. Como consecuencia, la orientación del niño a esta clase de autoexpresión no va a ser una resultante de la experiencia directa de ensayo y error, sino más bien un estándar adoptado, el cual es excesivamente conservador, restringido y ansioso.

Esta introyección incorporativa del estándar es prototipo de la identidad simbiótica total. Es una identidad tragada completamente como una función de la experiencia con los padres, más que una identidad desarrollada íntegramente en la interacción del self con el medio ambiente. Este hecho se encuentra detrás de un tema terapéutico que he hallado útil con cada carácter simbiótico. Dicho simplemente, el tema es el siguiente: "Ése no es quien tú eres", y "Ése no eres tú". Esta sencilla intromisión repetitiva le recuerda al individuo volver a examinar sus estándares, creencias, reacciones, etc., en base a su experiencia presente de sí mismo y del mundo, y al hacer esto fomenta la individualidad y el desarrollo de un self real.

Experimentos sobre el desarrollo (Stern, 1985) indican que los niños descubren que hay otras mentes en el mundo y que otros tienen estados subjetivos cambiantes a partir de los siete a nueve meses de edad. La observación más natural de niños que hace Mahler, muestra que a los 15 meses de edad estos evidencian un comportamiento más perceptible que indica que comprenden el concepto de que su experiencia es diferente a la de los demás y que se puede compartir. El periodo de reacercamiento -15 meses- se refiere al regreso del infante de la práctica a una relación más intensa con los padres. El acercamiento comenzó cuando el niño empieza trayendo objetos a los padres, presumiblemente para hacer que éste comparta la experiencia del niño hacia ese objeto. Mientras la investigación del desarrollo indica que el niño tiene conciencia de la subjetividad separada aún antes del tiempo presente, parecería que durante el acercamiento los niños comienzan a apreciar más las implicaciones de este conocimiento y empiezan a actuar sobre éste en formas más obvias.*

Al mismo tiempo, Spitz (1982) ha notado que los niños descubren la maravillosa palabra "no", como los adolescentes la música estridente y los cortes de pelo radicales. El acercamiento hace que el niño comience a afirmar su identidad autónoma a través de la oposición. Cómo el medio ambiente responde a estas afirmaciones de autonomía y peticiones para una nueva clase de intimidad, va a determinar el grado en el que el niño se siente confortable al acercarse a esta forma de autonomía y pidiendo esta clase de atención. Durante estos periodos iniciales cruciales de individuación, podemos preguntarnos: ¿se le permite al niño cierta negatividad con límites? ¿Es la negatividad complacientemente permitida o severamente castigada? ¿Esta experiencia es intersubjetiva disponible, y si es así, hay reciprocidad en quién la guía y quién la sigue? ¿Es la experiencia intersubjetiva contingente en la sumisión o restricción de parte del niño?

Estas experiencias se encuentran entre las primeras que afectan el sentido de acción independiente, un sentido que está debilitado en cada carácter simbiótico. Típicamente, el simbiótico ve hacia fuera de sí mismo para la agenda en su vida. Tiene un sentido pobre de sus propios gustos y de las cosas que no le gustan, ya que no se le ha permitido desarrollarse de manera espontánea ni se les ha dado un apoyo adecuado. Al reflejarse en otros, encuentra un sentido de seguridad; su "operación seguridad" es un

---

* Creo que este retardo en la conciencia y la apreciación completa de las implicaciones de ésta cuentan por el hecho de que la investigación experimental (Stern) muestra una adquisición más temprana de habilidades que la investigación naturalista (Mahler).

self falso acomodaticio. El niño experimenta la agresión, la aseveración y, particularmente, la oposición, como peligrosas.

Como Freud ha señalado, otro tipo de problema de autonomía se desarrolla en respuesta a la necesidad del ambiente para socializar al niño. A los 24 meses de edad, aproximadamente, el entrenamiento para ir al baño, al igual que otras demandas de socialización, se vuelven conspicuas. Obviamente, el sentido de autonomía del niño se afecta por cómo todo esto se maneja. ¿Es la oportunidad de estas formas de integración del infante en la vida social adaptadas a sus habilidades y su propensión emergente para ser socializado? ¿Hay rigidez o flexibilidad en la orientación de los padres hacia esos problemas? ¿Se corrige al niño en forma suave o castigándolo severamente, o humillándolo por los errores? ¿Se le permite al niño algún autocontrol o es invadido simbólica o literalmente, por ejemplo, con enemas u otras cosas? En otras palabras, ¿existe una interacción entre habilidades, inclinaciones y talentos del niño con las demandas del ambiente, o es que estas demandas oprimen y, por otra parte, hieren al niño? ¿La obstinación del niño es permitida en forma moderada, o es aplastada? Cuando la voluntad se aplasta, el problema de la vida es más de sobre-control, y pienso que la formulación caracterológica se diferencia adecuadamente del aspecto simbiótico y se etiqueta como masoquista. Puede parecer obvio que los problemas simbióticos y masoquistas comúnmente existen juntos porque reflejan diferentes formas de frustración de la autonomía. El self los separo, no como compromiso con algún modelo en particular, sino por razones de utilidad clínica. Existe una diferencia en la constelación de síntomas y temas terapéuticos en estos dos tipos, aunque tengan algunas similitudes y puedan coexistir en la misma persona.

Podemos caracterizar estas tres formas de autonomía como reflejo de la orientación del individuo hacia la acción, la aventura y el autocontrol. El resto de la vida del individuo va a contener experiencias que le dan oportunidad para el aprendizaje adicional o revisado dentro de esas áreas, y el cambio siempre es posible. Sin embargo, la experiencia del humano joven en los primeros momentos es de suma importancia, particularmente cuando es de naturaleza traumática, y las habilidades estratégicas y las defensas utilizadas para enfrentarse al trauma tienen más probabilidad de volverse estables. Esta "interrupción del desarrollo" tan real va a tender a permanecer a través de la vida en relación a la afectación de la autonomía. También es verdad que los padres que tienen cualquier dificultad real con la expresión de autonomía del niño a los diez meses van a tener dificultades similares con variedades posteriores de la expresión autónoma. Así que la primera vez que el conflicto se convierte en problema es, generalmente, prototipo de futuras confrontaciones de esa dificultad en particular.

La combinación de la interrupción del desarrollo con la respuesta frustrante del ambiente a la aventura, la acción o el autocontrol, a menudo logran combinarse para negar los efectos potenciales de nuevas experiencias de aprendizaje que pueden ser correctivas. Por estas razones, un adulto normal en otros sentidos puede estar operando con las defensas, las estrategias y los sistemas de creencias que proceden casi exclusivamente de las experiencias traumáticas de un niño muy joven. Este hecho, el cual nos es difícil de admitir, una y otra vez se hace más creíble para el terapeuta que ve este modelo de psicopatología es compatible con los hechos una y otra vez. También es admitido por pacientes torturados, quienes experimentan directamente su comportamiento sintomático, actitudes y sentimientos como si fueran infantiles, y ajeno a la influencia de su experiencia y sabiduría adulta directa. Dentro del análisis, los pacientes experimentan parte de su realidad -la cual es sintomática- como basada en un modelo del mundo y de ellos mismos, que discrepa de la realidad actual. Algunas veces, sin psicoterapia, y muy frecuentemente con tan sólo un poco de ella, pueden empezar a decir: "Éste no soy self. Esto no es como es en realidad".

Al considerar la esencial falta del self en el simbiótico, es importante comprender cómo se forma un "self". Esto involucra un entendimiento de cómo las funciones y las estructuras internas se construyen, así como las funciones externas se incorporan y modifican las estructuras existentes. He encontrado que la observación y la teoría del desarrollo psicoanalítico, al igual que los conceptos piagetanos, son útiles en esta comprensión. Básicamente, que lo que se origina desde el interior requiere una "complacencia óptima" de la persona que surge con un reflejo armónico de habilidades desarrolladas. El "brillo en el ojo de la madre" (Mahler) ante las inhabilidades que se están desarrollando en el niño, tales como caminar, hablar e individualizarse durante toda la niñez y hasta la adolescencia, ejemplifican esta demanda. Al mismo tiempo, el medio ambiente debe permitir al niño un nivel óptimo de frustración en la adquisición de habilidades, conceptos, etc. Así, el self se desarrolla a través del ejercicio de sí mismo. Esto ha sido llamado el reforzamiento de sí a través del "ejercicio de función".

La internalización es ese proceso por el cual lo que está por fuera del self se toma y se hace propio, entendiéndolo de manera jerárquica. En el nivel más bajo de desarrollo o de conciencia hay un proceso el cual llamaré "introyección incorporativa". Aquí, el individuo parece tragarse completo al otro, y no hay una asimilación del otro dentro del self. No existe un proceso digestivo por el cual lo que está afuera se transforma en lo que está adentro. La introyección incorporativa es en cierta forma similar al concepto de Kohut sobre una transferencia fusionada, en la que el individuo ve al otro literalmente como parte de sí mismo, fallando al diferenciar o percibir los límites realistas.

Al describir esto recuerdo a menudo la foto que alguna vez vi, donde una víbora acababa de tragarse un conejo. Previo a los procesos digestivos de la víbora efectuados con el conejo, ésta deja de verse como víbora y más bien parece una rara amalgama de víbora y conejo. La literatura psicoanalítica a menudo se refiere a esto como un introyecto no asimilado, o un ejemplo de incorporación. Se puede observar este fenómeno en adolescentes u otros individuos inmaduros, quienes adoptan completamente un culto religioso, filosófico o político sin desarrollar una comprensión completa de la estructura de creencia subrepticia. Tal acción sucede ante la ausencia de un self bien desarrollado, y la introyección incorporativa apoya a un self anormal.

Un nivel más alto de desarrollo en el proceso de identificación se halla donde el individuo copia, toma prestada o fusiona su identidad con la de alguien más. En la teoría psicoanalítica, la identificación primaria presumiblemente ocurre en ese periodo de la infancia, cuando el individuo tiene aún que distinguir entre él y el otro. La identificación secundaria es el mismo fenómeno, pero ocurre con el reconocimiento de la separación del otro. Mientras el trabajo de Stern y otros pone en tela de juicio esta diferenciación teórica, es aun útil reconocer que esa identificación puede llevarse a cabo con grados variables de conocimiento o conciencia del propio proceso. La identificación que es consciente y selectiva es más cognitiva y, por lo tanto, complicadamente desarrollada. Este proceso análogo al concepto de Kohut de la transferencia gemelar, en la cual el self y el otro son vistos como idénticos, al igual que en el concepto de una transferencia idealizada, donde el individuo trata de emular a una figura superior.

En un nivel más elevado de desarrollo se encuentra el fenómeno que voy a etiquetar como internalización, donde existe cierto proceso de asimilación o acomodamiento, en el que lo que se toma se convierte en propio. Existe entonces cierto trabajo en el cual se involucra la internalización. Hay un esfuerzo sobre un periodo para ajustar la idea, la creencia, la habilidad o la función derivadas del exterior dentro de la experiencia y expresión del self ya existente, para que sean congruentes e integradas con otras expresiones. Esto es asimilación. Cuando se requiere el proceso piagetano

(1936) de acomodamiento, es necesario un esfuerzo mayor. Aquí, el individuo debe cambiar alguna parte de la estructura del self para mantener de manera congruente el nuevo material traído del exterior. En todas estas "internalizaciones transmutables" (Kohut, 1984) debe haber algo de tensión o de frustración que elaborar. En este hecho, creo, se sustenta el dicho de que "la pena forja el carácter".

Así que, ¿cómo funcionan estos procesos en la formación del self para el carácter simbiótico? De una forma u otra, las demandas internas para la individualidad no se reflejan, se repiten y premian de manera apropiada. En particular, las ideas, las habilidades, las ambiciones o los comportamientos que van a hacer diferente a la persona de sus cuidadores o que van a resultar en cualquier forma de separación, no son reforzadas, pero sí ignoradas activamente. Más aún, en la etiología del simbiótico, los cuidadores a menudo ayudan al individuo para que evite experimentar la clase de frustración que lo guiará hacia el desarrollo de la iniciativa para enfrentarse a la vida. Así, existe una combinación de ser demasiado indulgente con la dependencia y devaluar la iniciativa. Esto, en su momento, lo lleva de manera natural a confiar en los aspectos más inmaduros de formación e identidad, especialmente la introspección incorporativa y la identificación. Esto resulta en "un self que no puedo llamar mío", con un sentido disminuido de libre albedrío, intencionalidad, iniciativa e identidad.

Por consiguiente, una buena parte del trabajo de la vida del simbiótico involucra el redescubrimiento y el desarrollo del self. También el redescubrimiento de habilidades, capacidades y aptitudes innatas que eventualmente pueden desarrollarse dentro de intereses, gustos, preferencias, etc. Esto puede conllevar el descubrimiento de preferencias atléticas, intelectuales o artísticas, las cuales no han sido cultivadas y, por lo tanto, aun requieren reconocimiento, apoyo y reforzamiento. Junto con esto, desde luego, está el requerimiento por una clase de revaloración individualizada para desarrollar las propias identificaciones, idealizaciones e introyecciones. Para el simbiótico, es necesario afrontar su propia indulgencia cuando falla al internalizar adecuadamente funciones y estructuras que, hasta cierto punto, deben desarrollarse desde el exterior.

Creo que la dificultad real al tratar el carácter simbiótico radica en superar la parsimonia natural por la cual la persona va a permanecer pasivo con respecto a sus impulsos internos, mientras que, simultáneamente, toma prestada la identidad de otros. Estas estrategias están tan bien engranadas, son tan fáciles y tan insidiosamente capaces de proveer el cumplimiento temporal y escapar de la frustración incómoda, que a menudo son difíciles de vencer. Por esta razón, no es sorpresivo que el problema caracterológico simbiótico frecuentemente se encuentre en aquellos que son comedores compulsivos. Esta clase de incorporación lenta llena un vacío, y muchas veces sirve para borrar afectos incómodos, haciendo obvio la necesidad de cierta clase de disciplina en la vida social e intelectual; una disciplina que es muy dura debido a la historia de apoyo deficiente para la individuación, y una indulgencia exagerada de dependencia.

En suma, el mensaje esencial del padre hacia el simbiótico es: "Puedes tener el respaldo que necesitas de mí, sólo si niegas el desarrollo de tu yo. Tú puedes tenerme o tenerte, pero no ambos". La autonomía, en cualquier forma, se torna en una situación de peligro. En consecuencia, la necesidad de individuación está reprimida, y con esto se suprime la agresión necesaria para la separación. Las soluciones de compromiso en las formas neuróticas clásicas son desarrolladas y refinadas para adquirir alguna semblanza de autonomía, al tiempo que se previene del terrible abandono. Incluso, aquí reside el conflicto para el carácter simbiótico, el cual puede entenderse a través del modelo psicoanalítico clásico: el deseo de autonomía y el temor a tenerla. Para el carácter simbiótico, el déficit existe en el impedimento del desarrollo alrededor de este problema y los fracasos del nuevo aprendizaje que resultan de ello. Éstos incluyen la falla del simbiótico para formar buenos límites entre el self y los demás, desarrollar un sentido de seguridad en la aventura y un sentido de auto-acción; y, además de todas estas, un buen sentido del self. Más bien, existe el desarrollo de un self falso, como camaleón, en el cual el individuo busca su identidad, no en él mismo, sino en el otro.

Comportamiento, afecto, cognición

Comportamiento

La vida del simbiótico está excesivamente relacionada a sus objetos. No hay una esfera en su vida en la que no esté continuamente involucrado con otros y, desde luego, cualquier actividad que es independiente, autónoma o desconectada de los demás, se experimenta como peligrosa, egoísta, inmoral y que lastima a los otros. El simbiótico experimenta su experiencia sólo en relación hacia los otros, y puede tener gran dificultad en activarse a sí mismo si otra persona no está presente en esa actividad, en algún lugar. Las necesidades del otro son necesarias para iniciar la actividad, y las respuestas de ellos son necesarias para sostenerla.

Un paciente reportó que justo cuando comenzó a interesarse por leer un libro, empezó a pensar en otros amigos y familiares que estuvieran interesados o se vieran beneficiados con ese libro. Con estos pensamientos, su propio interés en el libro decaía, y fallaba en la atención de lo que estaba leyendo. Entonces dejaba el libro y nunca más lo volvía a retomar y se negaba a sí mismo lo que experimentaba como un gran placer.

Al ir ganando una introspección, el simbiótico va a confesar el hecho de que existe muy poco interés intrínseco para él; no sabe qué actividades, pasatiempos o campos de interés le atraen. No va a tener un sentido bien desarrollado del gusto por las cosas, porque sus preferencias y actividades han sido adoptadas más que adquiridas. Estos fenómenos son una reflexión de la ausencia de cualquier sentido del self desarrollado, con excepción de las relaciones con el otro. Se moldea a sí mismo bajo los intereses y gustos de los demás, pero en cierto sentido encuentra que su propia trayectoria real se pierde en el otro.

La falta de un límite entre el self y el otro hace a la persona simbiótica muy vulnerable a los estados afectivos de los demás. Puede absorber o ser invadido por los afectos de los otros, y su equilibrio se ve fácilmente afectado por ellos. En particular, es vulnerable al enojo de su pareja, y puede ser bien propenso a interpretar tal enojo como una amenaza de abandono o rechazo. Así, una fractura del tono afectivo en las relaciones importantes, lo perturba o aún más, lo puede desorganizar y una gran cantidad de la actividad en el simbiótico, tanto cognitiva como conductual se dirige a restaurar el equilibrio en la relación.

Aunque estas predisposiciones pueden ser altamente problemáticas, si la persona simbiótica funciona en un alto grado puede estar bien armonizada con las necesidades y los sentimientos de los otros, y sus habilidades empáticas pueden ser muy profundas. La habilidad para meterse dentro de la piel de otras personas puede servirle de muchas formas, mientras la relación esté relativamente libre de conflictos y amenazas.

Es probable que el aspecto más interesante del carácter simbiótico sea su tendencia a engancharse a través de patrones y comportamientos que sirvan al propósito de preservar la relación patógena original. En el comportamiento involucra —entre otras cosas— la selección de amistades, colegas y parejas que repitan en forma significativa las ataduras del objeto original, o a través de la identificación proyectiva, recreándola en los otros. La vida del simbiótico está a menudo llena de personas que requieren una gran cantidad de reflejo sensible, cuyos sentimientos pueden ser heridos fácilmente, que demandan en forma activa o pasiva una posesión armónica y son muy difíciles de satisfacer. En resumen, los simbióticos escogen a otros que justifiquen sus proyecciones dentro de las relaciones cercanas, o ellos las ayudan a obtener tal justificación. Al hacer esto, el carácter simbiótico tiene ahora un papel que ocupar y, por lo tanto, obtiene un self. La inmersión dentro del otro evita el vacío y la fragmentación del self real. Esto puede verse unas veces compulsivo en el ámbito del comportamiento y otras, obsesivo, en el aspecto cognitivo. De esta forma, la persona con un problema simbiótico esforzarse mucho para conciliar o acomodarse al otro, en particular donde esto pueda reducir su afecto negativo. El individuo simbiótico no sólo absorbe los estados negativos del otro, sino que también se responsabiliza de ellos.

En psicoterapia, *la interpretación de la preservación* de la relación patógena es usualmente un tema de la ubicuidad en el tratamiento del simbiótico. Sin embargo, lo importante es anticipar que aceptar esa interpretación –y no se diga actuar en consecuencia– va a producir ansiedad, culpa y, más aún, un vacío del self. No obstante, mientras el simbiótico puede mantenerse ocupado, ya sea acomodando o resistiendo las necesidades del otro, puede parecer literalmente imposible vivir sin esa clase de relación, sin mencionar que está moralmente equivocado. El trabajo de Fairbairn (1974) es en particular útil, ya que logra una comprensión del papel de esta profunda necesidad humana para preservar las ataduras del objeto manteniendo la psicopatología.

La persona que desarrolla un carácter simbiótico a menudo se convierte en el portador de la responsabilidad por el dolor de la familia. Es como si el dolor hubiera sido absorbido por el individuo no necesariamente por experiencia directa, sino por una clase de asimilación o herencia incondicional. La trampa, desde luego, está en la aceptación de la responsabilidad por algo tan penetrante que bien pueden transcurrir generaciones, y la fuerza del individuo para afectarla es nula. La adopción de la responsabilidad es efectuada por un niño inocentemente egocéntrico que no aprecia la magnitud de la carga que asumió. A menudo, la psicopatología del simbiótico se doblega ante la comprensión cuando es vista como la expresión de la patología transmitida por la familia, más que como el resultado directo del trauma experimentado directamente por el paciente. Esto cuenta por el hecho de que la sintomatología del simbiótico es experimentada por él como extraña al extremo, y es difícil aún para el analista profesional comprender que esto no se deriva de la propia historia del paciente, sino que se deriva de la historia familiar.

Donde no hay un conflicto en el acomodamiento, enredo o absorción del carácter simbiótico, habrá menos problema. Pero la agresión y el deseo natural de autoexpresión del individuo no pueden ser borrados fácilmente. Como en todas las otras adaptaciones caracterológicas, esta es una solución de compromiso para un problema imposible. Siempre hay una reserva profunda de resentimiento hacia el otro por causar los estados disfóricos de ansiedad, culpa, depresión y carga de responsabilidad, al igual que la supresión de la agresión natural y la autoexpresión.

Así que, ¿adónde van la agresión y la autoexpresión? Se orientan hacia la resistencia de las demandas de acomodamiento, pero, de modo conflictivo, o vueltas en contra de la propia persona. La resistencia puede adoptar muchas formas. La más común es la resistencia pasiva, en la cual la persona se retira del campo, olvida o niega, y frustra al otro de manera inconsciente. En estas formas, la resistencia es negable, aunque todavía pueda estimular suficiente culpa. Una vez que la resistencia se torna más consciente o activa, a menudo adquiere una clase de rigidez en la cual la persona es extraordinariamente sensible a cualquier posibilidad de invasión por parte de otra persona. Este fenómeno no es raro en la psicoterapia de estos individuos, porque son esencialmente los límites entre la propia persona y el otro que no pueden ser bien modulados. El simbiótico, en medio de tal cambio, puede ser similar al adolescente que insiste en defender "sus derechos", y el paciente puede atorarse en esa posición si el terapeuta no puede ayudarlo para lograr una modulación más suave. Para resistir al otro es necesario acomodarlo en el lado opuesto. En ambos casos, el self se encuentra en la relación con el otro, ya sea acomodándolo o resistiéndolo, pero no en la auto-activación.

Aun cuando literalmente el otro no esté en el cuadro, el comportamiento del simbiótico puede entenderse mejor en el acomodamiento o resistencia del "acompañante evocado" (Stern, 1985) que está demandando y a menudo es imposible de satisfacer. En esta actividad, el individuo también preserva la clase de rol en la relación a la cual se ha acostumbrado y, por consiguiente, protege un falso sentido del self. De esta manera, ya sea que la relación original esté protegida al encontrar o crear a otros que justifiquen la proyección y vivir en el acomodamiento o resistencia, o se vive sólo de manera intra- psíquica -por ejemplo, en la preocupación rumiante-, la preservación del rol original en la relación está en el espíritu de la propia vida. Donde esa relación no se puede mantener, el carácter simbiótico experimenta lo que Masterson ha llamado la depresión por abandono, en la cual el individuo experimenta una dificultad extrema para la auto-activación, pánico, una soledad terrible y fragmentación del self. Es en este estado que la persona vuelve a experimentar la crisis de reconciliación; nuevamente sin la conexión necesaria y el apoyo, ésta se encuentra sola con un self debilitado donde al individualizarse, separarse y tener una actividad autónoma, va a servir sólo para mantener la desolación.

La experiencia emocional correctiva de la psicoterapia con esta estructura involucra el descubrimiento de que la autoexpresión puede recibir apoyo. Tal autoexpresión constituye una "situación de peligro" y, tanto en la terapia como fuera de ella, el paciente necesita experimentar una forma de desensibilización a esa autoexpresión. Más aún, la persona necesita estar mantenida a través de la separación de las relaciones enredadas que sostienen una falsa identidad, ya sean intra-psíquicas, transferenciales o actuales.

Afecto

Afectivamente, el carácter simbiótico se distingue por su relación perturbada con la agresión. El impulso agresivo que separa ha sido en el mejor de los casos, disuadido y, en la peor, castigado severamente, por lo que no se ha desarrollado dentro de una agresividad sana y bien modulada. En su lugar, la agresión simbiótica es negada o, en estados limítrofes, se desahoga o se dirige violentamente en contra de sí mismo. En el final inferior del desarrollo continuo del self puede aparecer la hostilidad como rabia expresada libremente ante el rechazo percibido o el distanciamiento de los otros, o viceversa, en la percepción de que los otros lo están absorbiendo o entrometiéndose. En niveles más altos de desarrollo del self dentro de este carácter hay más defensas alrededor de la hostilidad y su expresión se vuelve más pasiva o enredada.

La hostilidad existe en respuesta ante el vínculo imposible al cual la persona se tuvo que ajustar: la amenaza de abandono por la individuación. De esta forma, aflora ante cualquier amenaza de abandono o cualquier experiencia de sumisión. El problema es que los sentimientos acerca de tal hostilidad son de manera significativa detenidos en la experiencia y en la estructura de creencias del niño pequeño. Éste cree que su expresión de hostilidad va a ser en extremo destructiva y despojante hacia el otro, o va a ser completamente inefectiva. La persona simbiótica limítrofe y con un bajo control va a experimentar más seguido su hostilidad como inútil, mientras que el simbiótico sobre controlado va a tender a experimentar su hostilidad como destructiva. Pero esta tendencia puede ser revertida radicalmente, y el paciente limítrofe puede ser indulgente en el pensamiento mágico cada vez más consciente de que su hostilidad es destructiva, y la persona altamente funcional puede experimentar que sus respuestas sobre-controladas son en verdad inútiles. En ambos extremos del desarrollo continuo del self existe esta polaridad alrededor de la experiencia y de la expresión de hostilidad, y desde el trastorno de carácter simbiótico hasta el estilo de carácter hay una falta consistente de agresión bien modulada, sostenida y dirigida a metas.

Winnicott (1971) ha sido particularmente ilustrativo al enfatizar el rol de agresión en el proceso de individuación. Winnicott pareció literalmente creer que el niño descubre lo que él *no* es al tratar de destruirlo y darse cuenta que no puede.

Investigaciones más recientes sobre el desarrollo van a descifrar esta posición más radical de las relaciones objetales. Todavía más, la agresión es una fuerza separadora. Establece la existencia de la diferencia. Además, es razonable conjeturar que un niño puede fácilmente temer al daño a sí mismo o al otro como una función de su propia agresión; por ejemplo, represalias o destrucción del objeto. En la medida en que el niño opera con la ilusión de la "responsabilidad omnipotente", puede creer que esta agresión literalmente tiene la fuerza para lastimar o destruir. Así, lo que es necesario separar puede fácilmente crear una situación de peligro en el sentido analítico clásico, con lo cual proporciona un conflicto. El impulso o deseo de agredir estimula un conjunto de miedos, al grado que las figuras parentales pueden resistir y soportarse a través de esta agresión, ellos literalmente desensibilizan los miedos del niño y acentúan la percepción de la realidad exacta de que su agresión no necesariamente lesiona, destruye o lleva a una represalia traumática. Esto es lo que Winnicott quiere decir cuando escribe: "En la fantasía inconsciente, crecer es intrínsecamente un acto agresivo… Si el niño va a ser adulto, entonces este movimiento se logra sobre el cuerpo muerto de un adulto (inconscientemente)" (1971, pp. 144-145).

El problema para el carácter simbiótico es que la agresión necesaria es rechazada, y la fantasía, en la que la agresión es inherentemente dañina y peligrosa, se crea o se refuerza. La creación del adulto a través de la agresión es, por consiguiente, prohibida, y hay una interrupción resultante del desarrollo.

Para efectos de clarificación, probablemente es necesario subrayar el significado de simbiosis como es usado aquí: este término no se refiere a la ilusión de que "Mami y yo somos uno" (Silverman y Weinberger, 1985).

Más bien, se refiere a la experiencia de esta estructura de carácter que el self es esencialmente vacío sin enredarse en otro.

En el desarrollo sano, las respuestas agresivas del niño son tanto óptimamente toleradas como óptimamente frustradas. Él tiene permitido descubrir que la agresión es permisible y aún alentada, pero dentro de ciertos límites. Como resultado de este proceso continuo, aprende a modular la agresión apropiadamente y es, por consiguiente, capaz de expresarla dentro de un rango medio y evaluar sus respuestas agresivas en forma adecuada. Cuando este no es el caso, va a tener como resultado una respuesta de polaridad alrededor de la expresión y la evaluación de la agresión. En el carácter simbiótico de rango medio a alto del desarrollo estructural, la agresión estará sobrecontrolada, con el temor excesivo al daño y a las represalias como resultado de las más mínimas expresiones agresivas, junto con el surgimiento de fantasías, sueños o comportamientos exageradamente agresivos, los cuales son alarmantes y ego-distónicos. En el extremo inferior del continuum en el desarrollo estructural, donde se exhibe una patología limítrofe, se va a encontrar una falta de control episódico de impulsos agresivos, que en realidad pueden ser destructivos y provocar represalias. Consecuentemente, la personalidad limítrofe puede a menudo ver la agresión como justificada.

Cuando la agresión natural de la persona es reprimida habitualmente y crece el resentimiento, el impulso agresivo se ve acompañado cada vez más por una creciente hostilidad salvaje, la cual es destructiva y si se pudiera expresar estimularía represalias. Cuando esto ocurre, y la persona pierde la distinción entre agresión y hostilidad, desaparece la ilusión del peligro. Las ilusiones del niño acerca de la agresión apoyada por el progenitor que refuerza esas ilusiones, junto con el cambio progresivo en la constelación de la agresión/hostilidad, hace de esa ilusión una realidad. Y, así continúa esta bola de nieve. Finalmente, hasta el punto de que hay una interrupción del desarrollo en la estructura, el individuo debe lidiar con impulsos agresivos y hostiles extremos, teniendo recursos limitados. Esto resulta ya sea en un comportamiento hostil y fuera de control del limítrofe, o la negación más adaptable y la agresión pasiva en la neurosis o estilo del carácter simbiótico. Al tratar el carácter simbiótico se puede obtener una gran cantidad de orientación terapéutica a través de una atención continua hacia la relación del paciente con su agresión y hostilidad.

Cuando la agresión natural no es aceptada, la individuación no ocurre y, como resultado de esto, no se puede establecer una identidad separada o un sentido del self. Una identidad verdadera se construye a partir de una combinación del descubrimiento del self a través de su expresión y la internalización gradual de las figuras externas por medio de una óptima indulgencia y óptima frustración. Cuando la agresión normal no está permitida, ningún proceso se desenvuelve como debería y, como consecuencia, no se puede establecer una auto-identidad real en forma adecuada.

La formación de la identidad, tal como es, ocurre a través de una introyección incorporativa primitiva del self regulador del otro. Una identidad formada así no se asimila verdaderamente ni se posee y, en el caso del carácter simbiótico, siempre existirá la necesidad de una pareja para la experiencia de la auto-cohesión. Como Meissner (1986) ha señalado tan atinadamente, es esta identidad no asimilada, desincorporada, extraña y arraigada, la que puede proyectarse fácilmente sobre otros, porque, en primer lugar, no le pertenece totalmente. Esto es verdad cuando se habla de los aspectos incómodos o indeseables de esa identidad. En el caso específico del carácter simbiótico, esta proyección a menudo implica los aspectos controladores, inductores de culpa e inhibidores de la agresión de la identidad introyectada.

Junto con los procesos señalados, el carácter simbiótico no ha internalizado gradualmente las habilidades para preocuparse por sí mismo y ser autocomplaciente. Estas funciones permanecen con el objeto externo, para que el otro se requiera como vehículo para proyectar los aspectos negativos del self introyectado, al igual que como instrumento para realizar las funciones de subsistencia y regulación. Así que, en el nivel inferior del carácter simbiótico, el otro es absolutamente necesario para cualquier semblanza de la experiencia de cohesión, estabilidad o una firme relación hacia la realidad. Pero si el otro se acerca demasiado, la persona simbiótica experimenta la absorción de una fuerza controladora y hostil; si el otro está muy distante, el simbiótico experimenta el pánico de la soledad y el abandono con una carencia de recursos internos. Con esta polarización extrema, es casi imposible encontrar –y mucho menos mantener- una distancia óptima entre uno y otro. Particularmente, donde la fuerza del self también está limitada, como es el caso del limítrofe, uno atestigua el patrón característico de dependencia extrema alternando con un distanciamiento encolerizado (Masterson, 1976). Este patrón existe en forma ubicua aún en niveles altos de desarrollo estructural en el simbiótico, aunque su expresión es más leve y defendida en forma apropiada de sentimientos subyacentes.

Etiológicamente, la dificultad del simbiótico para modular la agresión se relaciona con su inhabilidad para modular la distancia. La agresión separa; el simbiótico no puede agredir y, por lo tanto, no se puede separar. El impulso natural para agredir y separar constituye una situación de peligro. Así que el individuo debe crear cierta solución de compromiso para manejar el impulso agresivo y separatista, la necesidad constante de contacto, el miedo real creciente de su propia destrucción y las represalias del medio ambiente. Este compromiso es el carácter simbiótico expresado a lo largo del desarrollo del self, más severo desde el trastorno de personalidad limítrofe o dependiente, hasta una neurosis y estilo del carácter simbiótico. En cualquier expresión, esta estructura del carácter va a contener el fracaso de reconciliar dos polaridades importantes y mantener una tendencia de disociar estas dimensiones. Ellas son agresiva contra pasiva y el acercamiento contra la distancia. Estas polaridades se ven casi en cualquier expresión del carácter simbiótico, ya sea en el lado afectivo, conductual o cognitivo.

El impulso hacia la individuación, el cual se puede manifestar en forma variada con el deseo de explorar, en la expresión de exuberancia, en el deseo de triunfar o en la expresión de diferencia, va a sacar a flote las consecuencias negativas internalizadas. Entonces, el individuo va a sentir ansiedad o culpa, o cualquier otra forma de prohibición auto-impuesta, que interfiere con la autoexpresión natural, y tiende a que aflore la agresión y la hostilidad. Pero, de nuevo, es una expresión del impulso para diferenciar la agresión y la hostilidad que ellos mismos sacan la prohibición, la ansiedad, la culpa, etc. Hay entonces todo un grupo de impulsos y afectos que están en conflicto, cada uno de los cuales va a tratar de evitar el individuo con estos problemas. La sintomatología parecida a la neurosis es la consecuencia típica al tratar de encontrar alguna solución de compromiso para todos estos impulsos dominados por conflictos. Cuando estas soluciones de compromiso funcionan razonablemente bien y son ego-sintónicas, observamos adaptaciones caracterológicas que no se experimentan como problemáticas, pero son típicas del funcionamiento total del individuo y pueden verse como ejemplos del estilo del carácter.

A medida que el individuo atraviesa por un proceso psicoterapéutico enfocado a sus problemas simbióticos, comienza a experimentar más formas variadas del impulso de individuación; las prohibiciones de tal diferenciación y sus consecuencias, tales como la ansiedad, la culpa, el auto-sabotaje, etc. Entonces ahí ocurre un conflicto típico de cómo identificarse con o hacer ego-sintónicas las ideas y los afectos originalmente prohibidos. En esta etapa del juego, el individuo puede volverse aún más neurótico, en eso representa una casa dividida más conscientemente; por ejemplo, una parte más interesada en la aventura o el éxito, y la otra, más temerosa o culpable acerca de tales impulsos y ambiciones. Al continuar el proceso de individuación, la persona se vuelve más consciente de su enojo y su hostilidad hacia las órdenes y los afectos prohibitivos y, al mismo tiempo, se vuelve consciente de la ansiedad que engendra este enojo y hostilidad. En los individuos altamente desarrollados, en el cual este patrón es típico, el trabajo analítico y reconstructivo puede ser de gran ayuda.

El continuum de desarrollo estructural es útil para ayudarnos a entender otros sentimientos problemáticos del carácter simbiótico y qué hacer con ellos. En el extremo inferior del continuum hay un acceso más abierto a los miedos primitivos que hacen al simbiótico tan emocionalmente vulnerable. Ya que la estructura defensiva no funciona muy bien, el individuo puede hablarte de su rabia hacia el abandono anticipado o su terror al rechazo y la soledad. El problema radica en el *acting-out* de la transferencia, tanto en su vida como en la relación terapéutica y el grado en el que estos sentimientos poderosos lo abruman y desorganizan.

La persona que funciona en el nivel estructural bajo necesita la seguridad de una relación interpersonal en la cual los límites estén firmes y fijados con cariño ante una confrontación de la destructividad del *acting-out*. En el extremo superior del continuum, donde las cosas son más neuróticas y la persona no tiene acceso total a lo que se supone son sus síntomas misteriosos, se siente obligada a ser siempre cariñosa y atenta con los demás; sin embargo, paradójicamente muestra una ausencia de previsión y de sentimientos generosos espontáneos, o evidencia de sueños o fantasías claramente hostiles. Ya que los impulsos que son inaceptables distancian, separan o agraden, se vuelven inconscientes y tienen como resultado comportamientos que son experimentados como misteriosos o distónicos. En forma similar, la preservación de relaciones, actitudes e incluso comportamientos disfuncionales pueden ayudar a la función de mitigar los temores de la separación, pero esto también es un secreto. En estos últimos casos, la interpretación de este patrón emocional implícito puede ser terapéutica porque trae estos sentimientos "irracionales" hacia la esfera consciente donde pueden ser comprendidos, evaluados o reordenados. La persona que sufre de carácter simbiótico necesita conocer lo que el simbiótico limítrofe sabe demasiado bien: los sentimientos caóticos del niño inmaduro atrapado en el conflicto del temor al abandono o el miedo a la sumisión.

La disforia de la persona simbiótica a menudo se refiere de un modo u otro al vacío fundamental en la experiencia del self. En los individuos más limítrofes, esto se expresa a menudo culpando a los demás por fallar al proporcionar la dirección necesaria o intención, o por hacerse cargo del self debilitado. Cuando uno se mueve hacia arriba en el continuum, encuentra una expresión de tristeza más responsable por el vacío y los sinsabores de la vida, tanto crónica como periódicamente. En el proceso de psicoterapia, la persona con carácter simbiótico se va a topar con este duelo por el vacío de su propia vida, de la misma forma que lo hace el narcisista. Este darse cuenta y el duelo que esto conlleva son importantes para experimentar una sensación verdadera del self real.

Cognición

La parte central para comprender los aspectos cognitivos del carácter simbiótico es su confusión acerca de los límites entre sí mismo y el otro. La experiencia del self y el otro como fusionados, puede ser conservada conscientemente o puede ser negada o reprimida. Pero ya sea consciente, parcialmente consciente o inconsciente, las suposiciones subrepticias de los errores cognitivos tienen que ver con la fusión del self y del otro. No hay una percepción realista de quién es responsable por algo en el funcionamiento bajo de las estructuras "limítrofes", así que existe una tendencia mayor del individuo para hacer ver a los otros como responsables por sus acciones o estados de ánimo. El limítrofe tiende más tanto en la terapia como en la vida, al *acting-out* de la transferencia y de "volverse de pasivo a activo" (Weiss y Sampson, 1986). El *acting-out* de la transferencia se refiere a la reacción patológica donde el individuo ve al otro como figura frustrante, pero sin reconocimiento del proceso de transferencia para que, sin tener conocimiento de la naturaleza proyectiva del estímulo, actúe como si el otro fuera tan verdaderamente frustrante como es experimentado. Volverse de pasivo a activo se refiere al proceso en el cual el individuo frustra al otro de la misma forma en que éste fue antes frustrado. Para la estructura del carácter presente, esto se puede manifestar por el individuo que expresa una decepción extrema y una rabia hacia el otro por fallar al entender adecuadamente, anticipar y remediar sus necesidades.

En niveles superiores de funcionamiento, la tendencia hacia la incorporación se expresa frecuentemente en la responsabilidad excesiva adoptada para el bienestar de los demás. Para los caracteres simbióticos en la escala neurótica, los conceptos de culpa de separación y culpa del sobreviviente (Modell, 1965 p. 197) son particularmente útiles. En estos casos, las tendencias naturales del niño hacia la "responsabilidad omnipotente" han sido reforzadas más que desengañadas poco a poco, así que el individuo cree que su individuación va literalmente a herir al que ama y de quien depende. La creencia es que la separación en verdad hiere al otro y que uno es responsable de esa herida. No muy apartado de esto se encuentra la creencia mágica de la culpa del sobreviviente: la creencia de que la experiencia positiva de la propia vida va a ser obtenida a expensas del otro. Tener cualquier cosa buena, en este modelo inadecuado de la realidad, es el resultado de quitárselo a alguien más. Weiss (en Weiss y Sampson, 1986 p. 43), escribe: "el niño puede desarrollar culpa... no sólo acerca de motivos tales como el incesto y el asesinato, los cuales son generalmente considerados como reprobables, sino también acerca de metas razonables y generalmente aceptadas, tales como volverse más fuerte o inferir un mayor goce de la vida. Desde luego, una persona puede sufrir de culpa o de ansiedad por la relajación o por sentirse sano y feliz".

A muchos individuos con este problema caracterológico les reiteraron en secreto que eran responsables del bienestar de sus padres, y que cualquier tipo de separación –desde la aventura hasta las diferencias de opinión, pasando por la autoexpresión en la cual los padres pudieran no comprometerse– era perjudicial para ellos. Esto de "¡Cómo pudiste hacerme esto, a mí, tu padre!", el mensaje refuerza lo que parece ser la tendencia natural del niño a errar en la dirección de la "responsabilidad omnipotente". Además, esta clase de condicionamiento ocurre durante los periodos de desarrollo, donde es de vital importancia para el niño mantener lazos sólidos con los padres, y durante los cuales va a sacrificar casi todo para lograrlo. Así que no es sorpresa que el niño vaya a aceptar e identificarse con la construcción de la realidad de los padres, para luego verse tan malo hasta el grado de no poder cumplir.

Si el individuo simbiótico pudiera haberse separado en forma gradual y con apoyo, el otro se hubiera tornado poco a poco menos vital y medular para su sentido de identidad. Sin embargo, como esto no ocurrió, el otro permanece vital en un nivel emocional para el carácter simbiótico, como es normal en niños entre uno y dos años de edad. Esto es un escenario muy debilitante para pasar a la vida adulta, particularmente en las culturas occidentales. La solución construida mantiene un contacto simbiótico con el otro mientras, al mismo tiempo, vive una vida adulta con todas sus demandas autónomas.

Debajo de la complejidad de soluciones altamente neuróticas, a menudo uno va a encontrar las decisiones de guión o "creencias patógenas" de la siguiente índole: "No soy nada sin ti. Te debo mi ser. No merezco lo que no puedes compartir. Merezco castigo por mi éxito. No puedo ser feliz si tú no lo eres. Soy responsable por tu desdicha", etc. A menudo, estas creencias son inconscientes por un sinnúmero de razones: pudieron haber sido desaprobadas verbalmente por el mismo padre que las estableció en forma no verbal; pudieron haber sido desaprobadas por el individuo para poder sobrevivir en el mundo; pudieron ser vistas como inapropiadas por su mente consciente racional, etc. Sopesando todo esto, uno encuentra la creencia, basada en amenazas o en la experiencia actual, que esta afirmación de la propia autonomía va a resultar en abandono. En la medida que esto es verdad, y al grado de que uno enfrenta la vida adulta con la organización emocional de un niño, esto es muy efectivo para mantener al individuo sin emerger realmente. Al descubrirse esta clase de creencias en la psicoterapia, puede ser en verdad notable el enredo de lo que Modell ha llamado "contabilidad mental". Por ejemplo, un individuo podría pagar por su éxito el no disfrutarlo o de alguna manera sabotearse a sí mismo. Debido a la internalización, es muy frecuente que la persona repita los patrones autodestructivos de sus padres en esta producción de contabilidad mental.

Como con las otras estructuras donde el trauma psíquico primario ocurre en el proceso de individuación –por ejemplo, narcisistas y masoquistas– el objetivo central de la psicoterapia es la resurrección y el desarrollo del self verdadero. Este proceso primario involucra el descubrimiento y luego quita o modifica selectivamente aquellos aspectos del self que son únicamente producto de la introyección incorporativa, el adoctrinamiento inapropiado, la identificación autodestructiva y las decisiones inapropiadas. Mientras este "self falso" no es tan obvio como en la personalidad narcisista, es, sin embargo, artificial, adaptado e impuesto. La erosión de este self maligno va a dejar un hueco y una necesidad de emerger para descubrir y desarrollar un sentido verdadero del self, un concepto realista propio, y un conjunto de comportamientos que define al self. En individuos que funcionan en niveles altos, el vacío puede ser llenado cuando la persona se apropia de esa parte de su vida con la que se puede identificar, y usa sus posibilidades para desarrollar áreas adicionales del funcionamiento del self. En individuos que funcionan en niveles inferiores, el proceso completo va a tomar más tiempo porque hay un requerimiento mayor para remediar el déficit y algún relleno sustancial de un vacío real. En cualquier caso, va a haber periodos de la experiencia del vacío y una necesidad para que el terapeuta trabaje con esta fenomenología en el paciente.

La psicoterapia del problema simbiótico involucra apropiarse del self y reconstruirlo donde está debilitado. Afortunadamente, sin embargo, los sentimientos de debilitamiento son más regresivos que el desarrollo actual del self. Desde luego, una solución popular del compromiso del carácter simbiótico involucra al desarrollo de las capacidades del self, mientras las niega. Una vez que la propiedad del self es reclamada, es posible que exista una recuperación relativamente rápida para estos individuos.

Objetivos terapéuticos

Objetivos afectivos

El objetivo afectivo terapéutico central con el carácter simbiótico es ayudar al individuo para que se exprese más libremente, en particular al manifestar aquellos afectos que han sido inhibidos y negados. Muy a menudo, esto involucra la expresión de asertividad, de agresión y de hostilidad, aunque también se incluyen otros afectos más benignos. Para que tenga efecto la terapia para todos aquellos que no sean limítrofes propensos a actuar impulsivamente, se debe reducir el sentido de obligación del individuo hacia los otros, su culpa generalizada en la autoexpresión y, en especial, su miedo a herir a los otros a través de ésta o tener éxito a costa de los demás. En algún lugar a lo largo del camino, la terapia va a tener que ver con el acceso a la hostilidad real del paciente hacia los demás, usualmente en la represión imaginada o real o en la intromisión que ellos imponen.

La psicoterapia del carácter simbiótico va a tener que tratar con estados afectivos que surgen de la identificación con los demás, generalmente los padres. Por ejemplo, no es raro ver a individuos en esta categoría que experimentan la vida como abrumadora, muy injusta, desposeída, abusiva, etc., no porque haya sido su experiencia directa, sino porque era la experiencia de su familia cercana y aún la lejana. Estos "afectos adoptados" necesitan ser entendidos por lo que son y devueltos a sus dueños originales. A menudo, la familia del paciente ha animado esta clase de identificación mal adaptada y adoctrina al paciente con la idea de que ser bueno es sentir por otros, en especial la familia. De esta manera, cuando todos estos afectos negativos y discriminaciones afloran, la persona va a necesitar que lo guíen a través de los miedos de su propia destructividad y en los miedos del abandono y la venganza que pueden salir. El paciente puede ser ayudado para ver que tales miedos son el resultado de un condicionamiento anterior, las clases de errores cognitivos que son comunes en los niños pequeños, al igual que la acumulación de su propia agresión y hostilidad.

Un segundo tema conflictivo tiene que ver con la cercanía contra la distancia. Muy frecuentemente, el terapeuta va a necesitar normalizar y dar permiso a los impulsos naturales del paciente, particularmente aquellos que involucran la necesidad de la distancia. El terapeuta también puede ayudar al individuo simbiótico a que entienda los impulsos similares en otros, por consiguiente afecta el miedo del paciente al abandono. Un tema general de terapia del carácter simbiótico va a ser la regulación del límite entre sí mismo y el otro. Al desarrollar las capacidades para aumentar la cercanía, la persona va a experimentar miedos de ser absorbido o de "perderse a sí mismo" dentro de las necesidades y la personalidad de otro.

El crecimiento de la persona simbiótica va a estar rodeado de pérdidas de características compensatorias del self, realización de la pérdida histórica del self real, y la pérdida de la pareja que ha sido, como los padres, opresiva para el paciente. Más aún, al grado que la persona no ha completado el duelo por las pérdidas de seres queridos, este duelo empático debe ser elaborado.

Finalmente, la persona simbiótica necesita permiso para tener placer en la vida. En particular, necesita desarrollar la habilidad de disfrutar y estar orgullosa con su autoexpresión y sus resultados. Puede que necesite saber que no sólo está bien ser poderosa, sino también disfrutarlo. La aventura, la indulgencia y el logro, son parte de sus derechos de nacimiento, y tiene la autorización para su disfrute. En resumen, el carácter simbiótico necesita aprender que está bien ser él mismo, ser diferente, poder disfrutar, estar orgulloso de sí mismo, de sentirse satisfecho aún si los demás nunca lo puedan lograr, y que la satisfacción de los demás no es su responsabilidad.

Objetivos cognitivos

El tema central en la psicoterapia del carácter simbiótico tal vez es el reiterado descubrimiento y corrección de las creencias patógenas, las decisiones de guión, las introyecciones y las identificaciones inapropiadas. . Esto va a involucrar casi siempre la revelación de la creencia de que la autoexpresión va a lesionar a otros, particularmente a los padres o sus equivalentes psíquicos en su vida actual, y la creencia de que las cosas buenas o los sentimientos de la vida son adquiridos a expensas de los demás. La fusión del self simbiótico con una pareja se mantiene de muchas formas, frecuentemente complicadas. La terapia analítica del carácter simbiótico, hasta cierto punto va a involucrar interpretaciones que resaltan la preservación de esta clase de relación interna estable. Esto puede incluir la incorporación de afectos, estructura de creencias y comportamientos que son auténticos atributos de alguien más. El discernimiento repetido dentro de esta identidad adoptada en todas las áreas de experiencia va a ser necesaria para renunciar al self simbiótico compensatorio. Será necesaria una comprensión bien desarrollada acerca de la historia del simbiótico y el desarrollo cognitivo interrumpido para liberarlo de la familia de origen y su papel patógeno dentro de ella. Se va a necesitar ayuda de manera reiterativa en las relaciones con la realidad, en particular dentro del área de obligación social y responsabilidad, para corregir la tendencia del simbiótico hacia la creación de una situación social complicada, y esperando el apoyo de los demás.

Se va a requerir de *insight* en la naturaleza particular en las soluciones de compromiso de los conflictos simbióticos esenciales. En otras palabras, como el individuo ha sido capaz de solucionar los problemas de ser agresivo mientras lo niega, tener éxito mientras falla al reconocerlo o disfrutarlo, o ser aventurero, mientras se deja llevar por la ansiedad en la aventura, etc. Puede ser productivo descubrir los "juegos que el simbiótico juega" con particular énfasis en las maniobras pasivo-agresivas que emplea.

El desarrollo interrumpido del simbiótico en los problemas de acercamiento lo lleva a menudo a mantener la separación en la vida adulta. Los otros son vistos como buenos cuando son complacientes y malos cuando no lo son, mientras el self es visto como bueno cuando complace a los otros como se le demanda y malo o culpable cuando no lo hace. Darse cuenta de esta tendencia en dos direcciones y madurar en dirección a la ambivalencia en torno al self y los otros es a menudo un aspecto necesario del tratamiento, en particular en los rangos inferiores del desarrollo estructural. Finalmente, quizá el tema más básico en la psicoterapia exitosa del simbiótico va a incluir la identificación, el desarrollo y una clasificación adecuada del concepto del self. Esto involucra responder finalmente a la pregunta "¿Quién soy?" en términos de las propias ambiciones, habilidades, aptitudes, preferencias, gustos, etc. Algunas veces, la realización de lo que le gusta o le disgusta al paciente, son señales de idiosincrasia o simboliza el logro de la identificación de sí mismo.

Objetivos conductuales-sociales

Dentro del contexto del ambiente social actual del paciente es donde realmente debe de liberarse de la identidad basada en la fusión y establecer una identidad que sea más suya. Es muy común el caso de que las relaciones presentes se repitan y, de este modo, conserve las patologías anteriores. Éstas deben cambiarse o bien hacerlas a un lado. Donde el peso de una historia patológica es compensado con el peso de una historia interpersonal actual, los cambios se obtienen con mucho esfuerzo. Sin embargo, estos son estos problemas de relaciones contemporáneas los que a menudo resaltan la reconstrucción de los problemas originales. Los beneficios pueden ser logrados más fácil y rápidamente donde las reacciones del paciente son meramente transferenciales y el ambiente no está cooperando en la actual reclusión del paciente y, en particular, donde los cambios positivos van a ser bienvenidos por el ambiente social, y el beneficio terapéutico se puede lograr más fácil y rápidamente.

A diferencia de los afectos y los pensamientos, es importante que el terapeuta apoye, anime, identifique y, aún más, instruya directamente al paciente en esos comportamientos sociales que expresen su individualidad, y regule de manera efectiva la cercanía y la distancia. Aunque los terapeutas psicodinámicos tradicionales pueden tener problemas con tales intervenciones directas en la esfera social, creo que es apropiado atender al paciente para que comprenda y maneje su ambiente social. Esto es particularmente verdad con el paciente simbiótico, que tiene que lidiar con su pareja, la cual es entrometida y lo tiene atado en su comunicación. No es raro que estos pacientes necesiten una atención más práctica y concreta para liberarse de tales aspectos de sus relaciones, si no es que de las relaciones mismas. Esto significa una atención práctica en los comportamientos requeridos para movilizarse, expresarse y regular la agresión y la hostilidad.

Finalmente, nos definimos a nosotros mismos -sabemos quiénes somos- por nuestro comportamiento, nuestras relaciones sociales, por aquellos con quienes escogemos para identificarnos y por esas cualidades que escogemos para internalizar y hacerlas nuestras. El carácter simbiótico es ayudado inmensamente a comprender todo lo anterior y a orientarse hacia aquellos comportamientos, tanto propios como de los demás, que van a ayudarlo a definirse a sí mismo. La creación de la identidad es un proceso activo, y algunas veces se necesita una terapia también muy activa para atenderlo y lograr el éxito.

Capítulo 8

El niño utilizado:
la experiencia narcisista

Etiología

Las claves para comprender el narcisismo son la herida narcisista y la crisis del acercamiento. Apreciar la lesión del narcisista produce una comprensión de su experiencia emocional subyacente. Mucha de su presentación superficial, si no es toda, tanto para sí como para otros, está en la compensación de esa herida. La crisis del acercamiento hace comprender las propiedades del desarrollo, los recursos y el déficit del self y, por lo tanto, la naturaleza de sus relaciones con el objeto, la estructura defensiva y la experiencia del self.

La herida es una lesión profunda en la experiencia del self real. En los casos más severos del trastorno narcisista, el daño es tan profundo y las compensaciones están tan ajustadas que la persona no tiene una experiencia o comprensión residual de su self real. En las variaciones menos extremas de este trastorno, las cuales son endémicas a la cultura, a menudo hay una conciencia velada del self real, pero también tiene un rechazo concomitante de éste. Aunque el narcisismo viene del mito griego entendido superficialmente para representar el amor a sí mismo, en el trastorno de la personalidad narcisista, neurosis de carácter, o estilo, sucede exactamente lo opuesto. El narcisista ha enterrado su verdadera autoexpresión en respuesta a las heridas tempranas y la ha reemplazado con un self falso compensatorio altamente desarrollado.

La herida narcisista puede adoptar un número infinito de formas específicas, pero básicamente ocurre cuando el ambiente requiere que el individuo sea algo sustancialmente diferente de lo que es en realidad. El mensaje para la persona que va surgiendo es: "No seas quien eres, sé quien yo necesito que seas. Quien eres me decepciona, me amenaza, me enoja, me sobreestimula. Sé lo que yo quiero y te querré".

Como se resaltó antes, cada problema caracterológico puede ser visto de esta forma general. Esencialmente, al esquizoide se le dice que no exista; al oral, que no necesite; al simbiótico, que no se individualice, etc. Como resultado, existe el narcisismo en cada ajuste caracterológico, y se van a encontrar características narcisistas en mayor o menor grado en cada estructura del carácter desarrollada antes o durante el acercamiento.

Esto es verdad por varias razones. Primero, cada adaptación caracterológica involucra el desarrollo de un self falso compensatorio, en el cual hay una investidura del self y del que hay una considerable defensa. Segundo, las tareas del acercamiento en la subfase de la individuación son en verdad difíciles, demandan una estructura intacta del self y un ambiente comprensivo, respetuoso, que se refleje y encuentre eco. Por definición, los ambientes que crean las estructuras orales y esquizoides que están lejos de ser adecuadas, y cualquier herida preexistente en el self puede ser sustancial. Así, un número de dificultades en la representación del self, en las relaciones objetales, las relaciones con la realidad y las funciones defensivas características de la personalidad narcisista más obvia se van a encontrar en estas otras adaptaciones caracterológicas.

Al mismo tiempo, aquellos que muestran serias adaptaciones narcisistas han tenido claras deficiencias parentales en periodos anteriores, cuando se necesitaba cariño y nutrimento. Los padres que producen narcisismo no se relacionan con sus hijos como organismos vivientes reales y humanos. Esto lleva a una clase de irrealidad esquizoide en las relaciones objetales y con la realidad: un campo de cultivo ideal para una adaptación altamente narcisista cuando se confrontan los problemas de formación del self. De manera particular, si hay una idealización de los padres, o una humillación del niño cuando intenta formar un self, se vuelve abrumador el ímpetu para una resolución narcisista.

Esta visión más generalizada del narcisismo no es novedosa, pero se refleja en los trabajos de Adler (1985), Blank y Blank (1974, 1979), Millar (1981, 1984) y Lowen (1983). Se me han aclarado muchas cosas acerca de mi concepción del narcisismo, reconociéndolo como una dificultad generalizada que corta a través de todas las estructuras del carácter formadas antes o durante la subfase de reconciliación de la individuación. De esta manera, estoy alerta a los rasgos narcisistas en otras estructuras del carácter, aunque los problemas más importantes que presenta la vida puedan no ser claramente narcisistas. Al mismo tiempo, he llegado a ver el narcisismo expresado en una etiología más específica, resultando en un patrón caracterológico específico. Este "narcisismo estrecho" constituye una categoría de diagnóstico de gran valor. En resumen, los individuos pueden ser vistos como narcisistas, en el sentido estrecho, cuando han tenido pocos traumas antes de su herida narcisista sufrida en el periodo de acercamiento. Como resultado muestran un patrón de adaptación en el que la integridad y la autoestima están muy en entredicho, pero en el cual la seguridad básica no es un problema fundamental. Me refiero a este patrón como narcisismo "puro" o "estrecho", para distinguirlo de las adaptaciones narcisistas traslapándose con otras estructuras.

En lo que sigue voy a analizar el narcisismo en este sentido estrecho por su valor heurístico, al mismo tiempo doy cuenta de que los daños y las fallas narcisistas en la auto-representación y en las relaciones objetales se cruzan con otras categorías. Esto es consistente con el enfoque de estos textos, en los cuales las estructuras del carácter son vistas como expresiones de problemas vitales centrales. Dentro de este marco de ideas, cualquier individuo puede manifestar dificultad con cualquiera de estos problemas centrales. Esto es aún más cierto en las heridas y las adaptaciones narcisistas por su posición en la secuencia del desarrollo, y el hecho de que todos los traumas en esa secuencia son finalmente para el self real.

En el sentido estrecho, entonces, la patología narcisista representa aquellas dificultades en la auto-representación y las relaciones objetales que emergen de las complicaciones en la subfase de la reconciliación en la separación-individuación. Es en esta difícil coyuntura cuando por primera vez el individuo aprecia totalmente su separación, lucha emocionalmente con el impacto de esa realidad y le corresponde integrar su magnificencia con su vulnerabilidad. El acercamiento con la realidad representa el primer intento del individuo para conciliar un sueño idealizado, que incluye las experiencias de *simbiosis* y *grandiosidad*, con las realidades de la existencia, las cuales, a su vez, incluyen la *separación* y la *limitación*. Si el ambiente puede aceptar y nutrir ambos lados de esta polaridad, ama el milagro de una persona que surge y la belleza de un bebé abierto y dependiente, la realidad del individuo es apoyada, reforzada y realizada. Entonces, el individuo puede ser tan magnífico o tan débil y vulnerable como nació para serlo. Cuando el ambiente le permite ser, es, y no hay ningún trastorno del self. Pero, cuando lo que eres es demasiado o muy poco, demasiado energético o no lo suficiente, demasiado sexual o no lo suficiente, demasiado estimulante o no lo suficiente, demasiado precoz o demasiado lento, demasiado independiente o no lo suficiente… no puedes realizarte libremente. *Esa* es la herida narcisista.

Tu intento de ser el que self necesito que seas es el self falso. Y las patologías etiquetadas como "narcisistas" son simplemente el resultado de: *1)* tu ser que necesitabas ser, más que quien realmente eras, y *2)* la interrupción de tu desarrollo hasta el punto en que necesitabas un apoyo para crecer y ser tú mismo. Una porción muy significativa de la patología resultante vendrá de tu rechazo a ti mismo. Vas a reflejar tu ambiente al rechazar en ti lo que fue rechazado por otros. Vas a tratar de ocultar eso que ha sido rechazado y vas a trabajar arduamente para compensarlo. Vas a rehuir o a enojarte con aquellos quienes muestran lo que tú has rechazado en ti.

Las relaciones objetales del narcisista van a reflejar de forma consistente su intención de negar la realidad rechazada y suprimida, y lograr la falsa compensación. El patrón es lo más obvio en aquellas personalidades narcisistas en las cuales existe un compromiso casi compulsivo de *tener* la ropa, la casa, el automóvil y la pareja apropiados, para mostrar al mundo la compensación del self falso. Empero, es importante recordar que las formas compulsivas de autonegación y autodestrucción también pueden ser narcisistas en la forma en que las estamos discutiendo aquí. Cuando la vulnerabilidad o la bondad eran amenazantes, se negaban; de la misma forma, cuando la grandiosidad de alguien es demasiada, también va a ser negada. El narcisismo es simplemente la promulgación del self falso sobre la expresión del self real. La terapia exitosa incluye una resurrección y la expresión del self real.

Encuentro útil pensar en la subfase de reconciliación o acercamiento de Mahler como aquella en que las dos polaridades humanas básicas se presentan por primera vez ante el niño pequeño para su eventual integración. Estas polaridades son: *1)* Individuación unitaria, y *2)* Grandiosidad-vulnerabilidad. Aun bajo las mejores circunstancias, esta integración no es simple. La psicopatología humana significativa comienza en aquellas situaciones familiares en las cuales cualquier parte de la polaridad no puede experimentarse libremente y después integrarse. Obviamente, el carácter simbiótico surge más al bloquear la integración de la primera polaridad, mientras que el carácter narcisista lo hace con la segunda. Esta dicotomía es, sin embargo, quizá más heurística que real, ya que el carácter narcisista en realidad nunca se individúa, porque nunca llega a ser realmente él mismo. Por el contrario, trata de convertirse en lo que el ambiente quiere y, como resultado, su individuación es falsa. Aún así, parece estar individualizado y es capaz de un comportamiento activo y aparentemente individualista en el mundo real.

Es de gran ayuda comprender a las personas con problemas narcisistas, y recordar la gran vulnerabilidad que el niño experimenta durante la subfase de reconciliación. El niño es amenazado por su conciencia en el surgimiento de su propia vulnerabilidad e impotencia, al igual que por la conciencia de que está separado de la figura materna y no posee sus poderes mágicos. Al salir de esta subfase más bien maniaca, requiere de una comprensión armónica, compasión, imitación, reflejo y respeto. Esta es la subfase en la cual parece más difícil ser una madre "suficientemente buena". Esto significa permitir que el individuo emerja o catectice narcisistamente a los padres o los use para negociar estos difíciles conflictos internos.

Es necesario entender el término *catexia narcisista* para la verdadera apreciación del desarrollo narcisista y la expresión circunstancial en la vida adulta. Un objeto es catectizado narcisistamente cuando es blanco del bloqueo o del afecto, pero no es visto como teniendo su propio centro o actividad vital. Más bien, es visto como significativo sólo como una parte de la propia vida de uno. Es visto como valioso sólo en tanto que se relaciona con uno y en cierto sentido, se espera que satisfaga nuestras necesidades incondicionalmente. En otras palabras, es un *objeto del self* arcaico percibido sólo como uno necesita que sea, en lugar del objeto real, percibido como realmente es.[7]

Para el niño en la subfase de acercamiento, esta es una vicisitud legítima del desarrollo. Los progenitores maduros van a apoyar a su prole permitiéndole esta catexis narcisista y permitirse ser usados por el niño para definir su self emergente y separado. La comprensión, el respeto, el eco y el amor de los cuales hablan los psicólogos analíticos del desarrollo son parecidos a los conceptos de Carl Roger acerca de "premiar" y el respeto positivo incondicional en la psicoterapia. Mientras que los padres "suficientemente buenos" deben establecer límites para su hijo, en su enseñanza debe existir el mensaje subyacente de que el niño está bien, es aceptable y digno de ser amado tal y como es. El respeto incondicional positivo debe ser por su humanidad esencial, con toda su magnificencia y toda su vulnerabilidad. Es la misma clase de aceptación de que es capaz una pareja adulta que en verdad se ama cuando se apegan como un objeto real con otro objeto real y aprecian la magnificencia de cada uno, al tiempo que se apoyan mutuamente aceptando sus vulnerabilidades.

Alice Miller (1981) ha sido de gran ayuda para entender el narcisismo al subrayar cómo los padres narcisistas crían niños narcisistas. Cuando el padre ha sido lastimado en forma narcisista durante su infancia, se vuelca hacia su hijo para que lo provea de ese entendimiento y reflejo narcisista que él nunca recibió; como resultado, no puede ser utilizado por el niño

---

[7] Kohut no hace distinción entre el objeto del self/objeto real, el cual creo que es heurístico.

para negociar los poderosos problemas de la reconciliación; más bien, utiliza al niño como el reflejo que aún requiere. En un trabajo accesible, Golomb (1992) presenta historias profundas de padres narcisistas con sus hijos, y explica las consecuencias de la paternidad narcisista.

El arquetipo clásico de la figura materna quien catectiza de modo narcisista a su propio hijo, es la "madre de escenario". Este personaje patético vive a través de la expresión artística de su progenie y pierde sus límites en esa identificación. El hijo de la madre de escenario es utilizado en espera de remediar las desilusiones y las deficiencias de la vida de la madre. Como consecuencia, hay una cualidad desesperada en la sobre-vigilancia de la madre de escenario. En la película *Fame,* el personaje Doris Finsecker es acompañada por una clásica madre de escenario. Su madre interviene e interfiere periódicamente cuando Doris hace una audición en la escuela de artes de actuación de Nueva Selfrk (New Selfrk School of Performing Arts). Después, cuando la llaman con los resultados de la audición, la mamá pregunta de forma ansiosa: "¿Bueno, está dentro o fuera?" Al recibir la respuesta, se voltea hacia Doris y le dice apasionadamente: "Doris, lo logramos."

Cuando el niño falla al proveer el eco necesario o al no cumplir con las expectativas exageradas, la figura materna puede retirar su amor o exhibir la clase de arranques temperamentales que caracterizan la subfase de acercamiento del niño. El infante vulnerable y dependiente va a negar entonces su self real para aferrarse a su madre. El niño se niega y se pierde a sí mismo al vivir de acuerdo a sus expectativas idealizadas e intercediendo en sus necesidades narcisistas. El infante invierte en el idealizado self falso, tratando de recuperar a través de ello lo que perdió: el amor, el respeto, eco y el reflejo que se requirieron para que él descubriera, aceptara, desarrollara y amara a su verdadero self. En esta formulación etiológica, el daño narcisista existe por la falta de habilidad de los padres para aceptar, comprender y amar al niño con todos sus conflictos reales, sus vulnerabilidades y su magnificencia. Para sentir otra vez el rechazo del self real de alguien hay que volver a experimentar las emociones caóticas y abrumadoras del periodo de acercamiento, sin el apoyo parental necesario para negociar la crisis. Una confrontación de ese estado, etiquetado como "depresión por abandono" por Masterson (1976), aflora en cada tratamiento del problema narcisista.

Existe una ilustración etiológica relacionada que involucra a uno de los padres narcisista, quien se ve amenazado y envidia la grandeza del niño pequeño. Tal padre o madre –al que generalmente se le reprimió y humilló en su vida temprana– no quiere darle a su hijo lo que a él le fue negado. De manera particular, donde ve al otro progenitor idealizando al niño, va a actuar para humillar al individuo que emerge en su hijo.

He visto con frecuencia que la combinación de estos factores etiológicos usualmente ocurre a lo largo de líneas sexuales predecibles. A menudo he visto el caso, por ejemplo, en que la madre de un niño varón, decepcionada de su pareja, idealiza a su hijo y lo obliga a cuidarla y a vivir de acuerdo a su imagen idealizada. Muchas veces la madre había previamente idealizado al padre antes de desilusionarse de él. Catectizando a su hijo de modo narcisista, ella reinvierte su idealización en él y acondiciona el escenario para infringirle un daño doblemente penoso. El padre celoso responde humillando a su hijo, cuando el muchacho desarrolla un self falso narcisista en respuesta a la catexia de la madre. En este caso, el self real del niño es dañado dos veces; primero, por la incapacidad de la madre para aceptar sus vulnerabilidades e idealizarlo, y, segundo, por la necesidad del papá de vengarse y humillarlo.

La desesperación con la que el clásico narcisista se aferra a la promulgación del self falso puede ser entendida si uno aprecia el intenso dolor experimentado en su rechazo dual del self real. Cuando este lado de la polaridad es experimentado fuera o dentro de la terapia, la persona experimenta una intensa falta de apoyo y de comprensión, falta de valía y humillación profunda, y una necesidad desesperada de detener estos sentimientos abrumadores. Es en este punto que la persona narcisista puede intentar dirigir cada defensa posible para encerrar estos sentimientos. Tales maniobras defensivas incluyen una reinversión intensificada en el self falso, una grandiosidad no sustentada, actuación impulsiva de la violencia, el suicidio, o el abuso de drogas y una separación del ambiente social externo para que los demás sean vistos como enteramente sustentadores o completamente amenazantes. Es trabajando a través de la depresión del abandono y la integración eventual de los *selves* vulnerables y grandiosos que se va a allanar el camino a la transformación caracterológica del narcisista.

De esta manera, la compensación narcisista se forma como respuesta al daño e incluye una interrupción en la grandiosidad, la cual es vulnerable porque es completamente irreal. Para poder vivir con esta vulnerabilidad extrema, el narcisista emplea dos estrategias básicas: *1)* Trata de cumplir con su grandiosidad a través de lograr la perfección y, *2)* Desconoce, y debido a esto, convierte en inconsciente la naturaleza primitiva y absolutista de su naturaleza grandiosa. Mientras más exitoso sea su compromiso, más difícil será abandonarlo.

En el acercamiento, el niño utiliza al padre para encontrarse a sí mismo. Su identificación se forja por fuera de la órbita simbiótica, cuando la usa junto con la idealización de la figura parental para ayudarlo a definirse y descubrir su propia identidad en el reflejo que ese adulto provee. En contraste, el narcisista adulto utiliza a los demás para reforzar, fortalecer y engrandecer el self falso. Esto, desafortunadamente, continua la dependencia, porque el self falso nunca puede volverse autónomo y auto-gratificante. Un giro central necesario en la sanación llega cuando utiliza a los demás una vez más con el propósito de descubrir y fortalecer su self real. En un inicio, como sucede en el infante, esto se convierte en una obvia posición dependiente. Pero cuando la persona admite la insuficiencia de su self real y ve a otros para que lo ayuden a descubrirlo y nutrirlo, ahí surgen las semillas de una eventual independencia, porque al encontrar el self real la búsqueda termina y, con esto, la necesidad desesperada de recibir adoración perpetúa. Cuando el narcisista sustituye el uso de los demás para perpetuar su self falso, por utilizarlos para descubrir su self real, ha comenzado su travesía a casa.

Comportamiento, actitud y sentimiento

El narcisista puede ser comprendido a través de la polaridad que presenta alrededor del problema de grandiosidad-falta de valor. Mientras que la mayoría de las descripciones sobre la personalidad narcisista se enfocan en el lado compensatorio a su polaridad, su falta de humildad, la inhabilidad para aceptar el fracaso, el temor al desamparo, la manipulación, la lucha por el poder y un compromiso con la voluntad, más de un carácter narcisista va a exhibir, a menudo en la primera sesión de terapia, el opuesto polar. El paciente va a confesar su sensación profunda de inutilidad, su insistente sentido de nunca ser o tener lo suficiente, su constante necesidad de obtener un valor provisional y su profunda envidia hacia aquellos a los que percibe exitosos y sanos. En esta confesión va a admitir que sólo engaña a los demás, con su presentación de fuerza, competencia y felicidad. En este estado mental, el sujeto sabe que el self que le presenta al mundo es falso, que no le da placer o apoyo, y que no tiene una experiencia sólida de sí mismo como un ser humano real.

Aunque el self falso compensado es más típico en su funcionamiento social, bien puede comenzar la terapia cuando la compensación fracasa por alguna razón y los sentimientos opresivos de desintegración requieren que busque ayuda. Como el carácter oral en su fase colapsada, el narcisista en esta crisis de existencia quiere algo para que desaparezca el dolor. La persona llega a la terapia, no para una transformación caracterológica, sino como ayuda para mantener la viabilidad de la compensación. Puede ser necesario comprometerse en las maniobras terapéuticas que logren esa meta, por lo menos inicialmente, porque el narcisista de funcionamiento bajo puede ser muy peligroso para él mismo y para los demás en el pánico de la descompensación. Por ejemplo, el narcisista puede comenzar a culpar a esos "malos" a quienes percibe como causantes del dolor, y puede actuar de forma violenta en contra de ellos. De manera alternativa, en la profundidad de su inhabilidad, o en la realización de su falsedad, puede convertirse en un suicida potencial.

En estos momentos es, emocionalmente, un niño de quince a veinticuatro meses de edad, lidiando con problemas cruciales, la consecuente desesperación y los berrinches de ese periodo. Antes de establecer una relación terapéutica muy confiable y alguna construcción crítica del self, el paciente narcisista puede ser incapaz de elaborar su crisis de acercamiento. El respeto por la intensidad de su dolor y desesperación está garantizado, así como el respeto a qué tan peligroso puede ser un adulto al borde de la crisis de reconciliación. Una verdadera transformación terapéutica puede iniciarse cuando existe una relación suficiente y una fuerza del self para que el narcisista experimente la profundidad de su inhabilidad, su falsedad y su desesperación. Esa es la experiencia esencial que el narcisista debe liberar para una eventual transformación.

El carácter narcisista en su fase compensatoria es una persona que simplemente manifiesta esas conductas, actitudes y afectos, que lo defienden en contra de esa crisis de sentimientos desesperados. Típicamente, estas emociones incluyen: grandiosidad, orgullo, sentirse con derechos especiales, manipulación y objetivación de los demás, auto-involucramiento y gran confianza en los logros para sostener una autoestima frágil. Aunque inflada en su auto-presentación, esta persona es verdaderamente dependiente en la validación externa de sus cualidades y logros. Aquellos individuos que no comparten o no apoyan esas cualidades, están muy devaluados o sobrevaluados. Cualquier fuente de retroalimentación negativa puede herirle seriamente de nuevo y evocar la rabia o las defensas en contra de ella. Su polaridad alrededor de la falta de valor se refleja en su evaluación de otras personas. Algunas son vistas como extremadamente valiosas y son idealizadas al extremo, mientras otras son vistas sin valor y despreciables. Paradójicamente, otros que aprueban o compran el self falso que el narcisista está vendiendo, a menudo son devaluados, porque sabe con cierto nivel de conciencia que su auto-presentación es falsa, siente que engañó a aquellos que le dieron la aprobación que desea con desesperación. Así, pierde el respeto y la confianza por cualquiera que se trague el anzuelo del self falso que él presenta.

Como con cualquier sujeto que idealiza, el carácter narcisista es propenso a la desilusión cuando los individuos idealizados fallan al cumplir sus expectativas irreales. Desde luego, todas las relaciones interpersonales del narcisista están caracterizadas por la catexis de otros. En otras palabras, el narcisista ve a los otros no como son, sino como él necesita que sean. Así, son admiradores, modelos idealizados, ejemplos de lo que esta persona rechaza y considera malo, etc. Las personas están separadas por categorías, buena y mala, son utilizadas, pero no se les relaciona por cómo son. Otras son vistas no por los regalos que tienen que compartir, las limitaciones que enfrentan y el dolor que experimentan. Se relaciona con ellos sólo en relación a las necesidades del narcisista. Es con el narcisista que el término *relaciones objetales* tiene una intensidad particular. Para el narcisista somos objetos y, hasta el punto de que nosotros somos narcisistas, los otros son objetos para nosotros. El narcisista realmente no ve, no oye ni siente quiénes somos y, al grado que somos narcisistas, en realidad no vemos, ni oímos, ni sentimos la verdadera presencia de los demás. Ellos, nosotros, somos objetos.

Si logras saber cómo se siente esa objetivación por ambos lados, el objeto y el objetivado, habrás obtenido la esencia de la apariencia narcisista. No soy real. Tú no eres real. Tú eres un objeto para mí. Yo soy un objeto para ti. Nosotros nos utilizamos, nos manipulamos y jugamos el uno con el otro. No nos conectamos, no sentimos, no amamos. Somos máquinas que se utilizan el uno al otro en el proceso mecánico de pasar a través del día y la noche.

Es tan fácil ver las cualidades desagradables del narcisista, las cuales a menudo suprime en la depresión, para objetivarlas, para alejarse de su dolorosa experiencia interna y olvidar que muchas veces es de gran servicio a los demás en sus actividades compensatorias. En sentido real, se ha sacrificado por otros y, con frecuencia, se acerca a ser el héroe o el salvador que siente que tiene que ser, para ser merecedor. Particularmente, en los casos más usuales del estilo narcisista, los cuales son endémicos a nuestra cultura, estos aspectos grandiosos y manipuladores son repudiados y, por lo tanto, desconocidos para el sí mismo y los demás. Lo que permanece en la conciencia es sólo el requisito ego-sintónico para ganar valor por su logro.

Que ese valor es un sustituto del amor que en verdad es deseado, que se haya sacrificado por el premio de consolación y que está dejando de vivir en su lucha, son aspectos muy dolorosos de comprender.

Sin embargo, siente que hay un sentido insistente que presiona en la conciencia de que hay más en la vida que esto, lo cual se acrecienta con la edad. En esos momentos, cuando las defensas están bajas, el narcisista ve que otros se ven, se oyen y se sienten, uno al otro –que hay un júbilo real y amor en la experiencia de algunos otros–, que hay realidad en la experiencia humana. En esa realización, y en esa envidia, están las semillas de la transformación narcisista.

La salvación del narcisista no está en sus logros, en ser especial, en ser único. El "drama del niño dotado" (Miller, 1981) está en el descubrimiento de su aspecto humano ordinario. En este ser común y corriente reside la habilidad del carácter narcisista para percibir sentimientos humanos reales no afectados por la aceptación o el rechazo internalizados en sus sentimientos por sus padres. Una vez que se da cuenta de su ser ordinario, el individuo puede expresar su don justo como lo que es: un talento. Su don no es lo que él es, su humanidad es lo que es él.

El difícil trabajo de la psicoterapia para el narcisista es ayudarlo a renunciar al compromiso que a menudo lo hizo sentir mal, pero que le otorgó alguna gratificación y, con frecuencia, pareció estar muy bien. En cambio, la persona tiene que invertir en una reafirmación de sí mismo, lo cual lo pone en riesgo de una nueva herida y lo hace recordar viejos sentimientos de dolor, pero promete una realización circunstancial.

El narcisista puede ser claramente descrito por la patología de su autorrepresentación y las relaciones objetales. Además, para distinguirlo de las otras estructuras de carácter que contienen componentes narcisistas, es útil enfocarse en las diferencias en las formas de defensa psicológica. Por estas razones voy a comenzar la descripción del comportamiento, la actitud y los afectos característicos usando las categorías estructurales de funcionamiento: las representaciones y relaciones objetales, la formación de la identidad y las funciones defensivas.

Representaciones y relaciones objetales

Usando la teoría de relaciones del objeto de Mahler, el narcisista interrumpe su desarrollo en la subfase de acercamiento de la separación-individuación. Como consecuencia, a nivel psicológico existe una patología básica en poder distinguirse a sí mismo de los otros significativos. A diferencia del carácter simbiótico, el narcisista, como definido de modo estricto, se diferencia a sí mismo de una manera clara y no tiene la misma clase de límites difusos del cuerpo-self vistos en la estructura simbiótica. Sin embargo, en un nivel psicológico existe una confusión en cuanto a los límites. El grado de esta confusión y el nivel en que se percibe como ego distónico representa el rango de deterioro estructural. En el extremo inferior de este continuum, Kohut (1971) ha descrito las relaciones del objeto como *una fusión a través de la extensión del self grandioso*. En este caso extremo, el paciente se ve como fusionado psicológicamente, por lo menos con los otros significativos, y con "derecho" a utilizarla completa y exclusivamente.

Este es el tipo de persona que se indigna o se enfurece con el terapeuta o con su cónyuge, porque no está incondicionalmente disponible para su uso ilimitado. Va a estar celoso del trabajo, los pasatiempos u otras relaciones que de algún modo interfieren con la disponibilidad de los otros. En casos extremos, el paciente va a resentirse abiertamente con el terapeuta por tener otros pacientes. Más allá, el sujeto espera un acceso libre e ilimitado con su terapeuta o con su pareja, y se encoleriza por cualquier limitación impuesta por los otros para establecer sus propios límites. Donde la interrupción en el desarrollo es así de temprana, usualmente hubo severas deficiencias en las funciones de nutrición-contención de los padres y patologías asociadas de naturaleza esquizoide-oral.

Todos los caracteres narcisistas tienden a idealizar, pero en este polo extremo de fusión la persona se empapa en el "brillo narcisista" de cualquier atributo positivo de otro, en quien ha invertido energía libidinal. Una esposa hermosa lo hace sentir físicamente más atractivo, un terapeuta brillante le refleja su brillantez, un hijo talentoso lo hace igualmente talentoso. Recordemos el ejemplo de la madre de escenario fusionada con su hija talentosa, los objetos con los que emerge frecuentemente son aquellos que representan de manera más clara un aspecto de sí mismo del cual existe duda o recriminación. Si me siento feo, voy a buscar emerger con alguien hermoso. Si me siento estúpido, voy a buscar fusionarme con alguien que perciba como inteligente. Si me siento aburrido, voy a intentar emerger con alguien emocionante.

Aunque esta transferencia de fusión representa el punto inferior en el continuum del desarrollo en las relaciones objetales narcisistas, he experimentado diferencias en las habilidades de pacientes para emplear un más o menos "self-observante adulto", al estar consciente y sintónico o distónico con esta adaptación. En otras palabras, algunos pacientes son capaces de ver que se enganchan en unas relaciones de transferencia más o menos emergentes con cónyuges, hijos y terapeutas, y lo ven como desafortunado. Así que, en mi experiencia, puede haber una fijación en este nivel de desarrollo de procesos del pensamiento relacionado con la realidad que sirve para inhibir las manifestaciones extremas de la transferencia emergente mencionada arriba.

Kohut (1971) afirma que la transferencia gemelar es, de alguna forma, más evolucionada en el desarrollo que la transferencia de fusión ya resumida. Aquí, la separación es reconocida, pero el individuo asume que él y el objeto tienen más o menos psicologías idénticas, con gustos, aversiones, filosofías, etc., similares. El sostenimiento de esta ilusión es necesario para mantener las relaciones significativas. El descubrimiento que otra persona no es "como self", aún con un aspecto insignificante, es suficiente para amenazar la relación. La transferencia gemelar, junto con su fragilidad, es vista a menudo en los romances de los adolescentes, donde parte de la función del vínculo es el descubrimiento del self. Para los caracteres narcisistas que exhiben esta forma de relación de transferencia es común encontrar caracteres esencialmente orales o simbióticos, los que desde luego van a satisfacer esta expectativa gemelar. La actual literatura popular sobre las "almas gemelas" me parece, a veces, que perpetúa esta relación de transferencia basada en la búsqueda del alter ego perfecto.

La forma más desarrollada de transferencia narcisista de Kohut (1971) es la "transferencia espejo". En esta forma de relación, el otro es utilizado primordialmente con el propósito de reconocer o engrandecer al self falso. Aquí, el punto central de la relación es la necesidad de atención, el "premiar", el respeto y la resonancia. Esta forma de transferencia es más madura, en tanto que está más dirigida al desarrollo del self separado. En esta transferencia, el self falso ha sido de alguna forma más desarrollado y otros son catectizados narcisistamente para apoyarlo. La tragedia es que los demás son utilizados para engrandecer el self falso más que ayudar a descubrir y aceptar el self real. Ejemplos de esta transferencia de reflejo van a incluir el enojo del paciente ante cualquier olvido del terapeuta, por pequeño que sea, en la sesión anterior; el descuido de éste para elogiar un logro presente, o un error al hacer comentarios sobre el nuevo peinado u otro cambio significativo en la apariencia personal del sujeto narcisista. La experiencia interna de esta necesidad de ser reflejado se reduce a una necesidad más o menos constante hacia otros para notar, confirmar y apoyar al self inseguro presentado al mundo. Los narcisistas con este nivel de desarrollo a menudo tienen una visión interior de su carácter narcisista, aunque ellos no conozcan esta etiqueta peyorativa y desafortunada. Estas personas tam-

bién tienen que estar más conscientes acerca de la polaridad negativa e insegura de su auto-concepto. Como tales parecen más "neuróticos" en el
sentido clásico; sin embargo, es en su fracaso para negociar la tarea de acercamiento y su historia de ser utilizados, la que va a ser más útil en el manejo de su progreso terapéutico.

Encuentro la categorización de Kohut muy útil para describir varias formas de transferencia narcisista dentro y fuera de la terapia. Por otra parte,
he observado que todas las formas pueden estar representadas en el mismo
individuo. Particularmente, he visto reflejarse una regresión hacia formas
de desarrollo más bajas de transferencia –transferencia de fusión– bajo un
estrés extremo, y formas más tenues de la necesidad, cuando la relación terapéutica es sana y el estrés se encuentra en un nivel bajo.

Como es obvio, desde este perfil de las relaciones objetales del narcisista, él es el último individuo dirigido hacia otro. El self es definido casi por
completo por el otro, o en ausencia de una respuesta favorable, existe un
vacío, desesperanza, depresión o agitación, lo cual es su estado emocional
encubierto. En defensa de ese estado, la personalidad narcisista va a llegar
a excederse para encontrar modelos de objetos o para reprimir a aquellos
que tiene para obtener la respuesta deseada.

La idealización de los otros que exhibe el narcisista puede ser conceptualizada en forma útil de representación a lo largo del continuum de desarrollo, fusión, gemelar, reflejo. En la transferencia de fusión, el individuo
va a seleccionar –y luego a percibir– erróneamente al otro como el objeto
perfecto con el cual fundirse. En la vida ordinaria, esta perfección es bus-
cada más frecuentemente en la pareja potencial; potencial porque es casi
imposible sostener la idealización de cerca. Donde existe la idealización fusionada, siempre va a haber dificultades etiológicas con las funciones de
nutrir-sostener de los cuidadores originales. El individuo está todavía buscando la simbiosis, ya sea que fue insuficiente o perdida prematuramente.

La pareja perfecta[5] es la idealización de la transferencia del alter ego, como se ve en los romances de muchos adolescentes. El modelo del rol perfecto es la idealización de la transferencia de reflejo. En esta tardía interrupción del desarrollo, el individuo necesita a alguien a quien respetar,
alguien en quien creer e imitar.

En cada una de estas idealizaciones, el individuo está buscándose a sí
mismo en el otro. Hasta cierto punto, este es un lugar fructífero para bus-

---

5 Nota del revisor: en el original "perfect twinship" implica la pareja con otro significativo visto como un gemelo, idéntico psicológicamente.

car, ya que ahí estas clases de relaciones sí proporcionan el contexto social donde nos encontramos a nosotros mismos. Pero no habrá maduración a través de la internalización a menos que se neutralice el carácter infantil absoluto de la idealización. En cambio, la persona narcisista va a pasar continuamente de la idealización a la desilusión.

Formación de la identidad

La etiología narcisista conduce hacia una fractura en el *sentido* del self, el auto-*concepto*, y la auto-*imagen*. Uso cada uno de estos rótulos deliberadamente para destacar el hecho de que la representación del self narcisista en los tres sistemas sensoriales básicos (visual, auditivo y kinestésico) va a sufrir alguna patología. Las circunstancias etiológicas guían a la persona a decidir: "Hay algo malo en mí como soy. Debo ser especial." Esta "decisión de guión" es similar a la del esquizoide, aunque no involucra el aspecto del derecho a existir, y no es concurrente con el miedo extremo a los demás y el terror a la vida misma del esquizoide. Más bien, esta decisión tiene que ver más con el concepto del self en todos los canales de representación. En el punto de la formación del self, el narcisista es llevado a rechazar alguna parte de sí mismo, a suprimir los sentimientos de tristeza y de rabia que acompañan tal rechazo y a dedicar sus energías en la promulgación de ese self falso que va a obtener la aprobación del ambiente. Requiere de un esfuerzo considerable de voluntad para suprimir las demandas de placer real del organismo y abrazar el funcionamiento idealizado requerido. Sin embargo, el ejercicio de esta voluntad le da poder al niño en un ambiente que le es adverso en algunos aspectos importantes de su la expresión del self real. En la situación narcisista, la relación normal padre-hijo es contradictoria en algunos detalles importantes, en los cuales el niño es usado para gratificar las necesidades narcisistas del padre. En este trastorno, el niño obtiene una fuerza considerable para manipular y controlar, en un periodo de desarrollo cuando manipular y controlar al ambiente son de vital importancia. Así, el niño aprende a privarse de los placeres del self real cambiándolos por la fuerza y el control realizado por el ejercicio de voluntad que se necesita para actualizar al self falso requerido.

En el escenario anterior, el niño se desliga de una experiencia real del self basada en lo sensorial y se dedica exclusivamente al self como es percibido o conceptualizado (la auto-imagen o el auto-concepto). En otras palabras, el self empieza a ser experimentado no como el organismo completo que es, con las necesidades y los placeres que tiene, sino, más bien, el

self es un ideal, una imagen, un concepto, una abstracción. La interrupción del desarrollo en la grandiosidad es entonces reforzada por el poder
que el niño experimenta al enfrentarse con las necesidades de los padres a
través del desarrollo del self falso. En un sentido, el self falso representa la
mejor oportunidad para actualizar la grandiosidad en el mundo real. En esta situación, el niño hace la trágica decisión inevitable de escoger el poder
en lugar del placer. Así, la representación del self en el nivel kinestésico a
menudo se representa positivamente sólo por aquellos sentimientos de alegría y de euforia que resulta del éxito, el logro o el falso júbilo de controlar, manipular o impresionar a los demás. Como resultado, la integridad de
este "self" es extraordinariamente dependiente de esas fuerzas externas de
seguridad, por lo que el apoyo resultante es sólo temporal e insatisfactorio.
Uno está siempre ansiando más de lo que puede saber bien, pero nunca se
llena o es duradero.

Como se indicó anteriormente, la representación del self es por mucho
conscientemente visual y conceptual, más que kinestésico. Es más importante verse bien y pensar bien de uno mismo que sentirse bien. En otras
palabras, "soy el que vive de acuerdo con mi propia imagen y mi propio
auto-concepto". Self infiero buenos sentimientos sólo secundaria y artificialmente, mientras que el ambiente confirma la imagen o el concepto. A
menudo, el orgullo, la euforia y la alegría que se ven en el narcisista alrededor de su experiencia positiva del self son mentales y faltos de arraigo,
sin representar verdaderamente una experiencia kinestésica conectada con
el placer en el cuerpo o, incluso, un placer real en su logro. El problema de
la polaridad del narcisista alrededor de la representación del self en la naturaleza es mucho más kinestésica. Cuando el falso self falla de alguna forma o la fuerza de voluntad se agota, el narcisista va a derrumbarse o se va a
compensar hacia la sintomatología diatónica.

He encontrado útil usar el concepto de Kohut de la escisión vertical y
horizontal para describir los tres tipos de presentación del self característico del paciente narcisista. En el Cuadro 12 he presentado este resumen
usando los conceptos del self falso, el self sintomático y el self real. El self
falso incluye las conductas, las actitudes y los sentimientos de la compensación, así como la interrupción del desarrollo en la grandiosidad con toda la inmadurez asociada al funcionamiento del self. El conocimiento
consciente de los atributos del self falso es altamente variable en el individuo. De este modo, la persona puede estar consciente de que su autoestima es muy dependiente del logro o que es perfeccionista, pero no se va a
dar cuenta de qué tan extremas son estas tendencias. De forma similar, a

veces va a poder reconocer los atributos menos atractivos de sentirse con derechos especiales, orgullo y auto-implicación,[6] pero comprensiblemente va a ser aún más reacio a admitir la verdadera profundidad de estas cualidades. Kohut ha sido particularmente útil en etiquetar la inconsciencia del self falso como causada por el desconocimiento. Esto nos ayuda a diferenciar y conceptuar su conciencia parcial y variable. También nos ayuda a comprender cómo la auto-implicación puede ser tan obvia para nosotros y tan aparentemente invisible para él.

Esta compensación sumamente frágil es difícil de sustentar, y su colapso a va resultar en una sintomatología representada en el lado derecho de la división vertical. En este estado, la persona es extremadamente sensible al desprecio o a la crítica, propenso a la depresión y a la hipocondría, perturbado por pensamientos de inutilidad y de imperfecciones, etc. Estos síntomas son conscientes, pero se desconoce su relación con la grandiosidad.

Estas defensas sintomáticas son usualmente opuestas polares de esas cualidades que producen alegría, euforia y orgullo en el self falso. Si la compensación es reforzada por una auto-imagen hermosa, el narcisista se siente feo en extremo. Si la inteligencia es el baluarte del self falso, la persona se siente increíblemente estúpida. Si la fuerza energética es la cualidad compensatoria, el narcisista se vuelve débil. Si las posesiones materiales aportan la necesaria identificación positiva proyectiva, esas posesiones se vuelven huecas o inadecuadas.

El narcisista bien defendido va a pasar el tiempo primero en el lado izquierdo de esta división vertical, pero con una débil conciencia de su verdadera profundidad y falsedad, comprometido activamente con la vida en un intento frenético por mantener en su lugar activo esta estructura defensiva de rechazo. Mientras esta compensación ego-sintónica esté trabajando, no hay razón para buscar cualquier intervención terapéutica; en realidad, si alguna vez lo hace, va a estar interesado en la terapia sólo para restablecer ese estado compensatorio. El carácter narcisista menos bien defendido va a pasar más tiempo en el lado derecho de la división vertical, en un estado crónico de auto-absorción, que puede ser cognitiva o de naturaleza física, o en la crisis que ocurre cuando fallan todas las defensas. Esto, desde luego, es la condición en la cual la mayoría de los pacientes con un problema narcisista va a presentarse para el tratamiento. Casi todos buscan el ali-

---

[6] Nota del revisor. En el original *self-involvment* implica que la persona toma todo a nivel personal, que autoestima y auto-concepto se ven implicadas en todo, aunque no venga al caso.

vio para estos síntomas; sólo unos pocos tienen una visión poco clara de la realidad emocional oculta que existe en el inconsciente, por debajo de la línea horizontal. Esta realidad, que ciertamente cualquiera evitaría, incluye la crisis arcaica de la subfase de reconciliación y los afectos asociados con el fracaso de su resolución. Aquí se incluyen el daño y la ira de las inconvenientes exigencias narcisistas legítimas crónicas y, quizá es más alarmante la sensación de vacío en la experiencia de cualquier self real.

La escisión vertical se asocia, entonces, a la experiencia de la polaridad alrededor del valor del self. Las características esbozadas por arriba de la línea horizontal describen lo que se verá en el narcisista. Algunas de las características del self falso van a ser experimentadas consciente y ego-sintónicamente, pero la mayoría va a ser negada de manera parcial. La división horizontal cubre las exigencias y los sentimientos inconscientes y la ausencia esencial del self. Quizá el aspecto más difícil de la psicoterapia con todos los problemas del carácter tiene que ver con el hecho de que esto resulta por la experiencia tan incómoda de la realidad emocional subyacente en el camino hacia la transformación caracterológica. Es comprensible la resistencia en la experiencia de esa realidad, a menudo en un nivel corporal inconsciente, haciendo el proceso de descubrimiento largo y doloroso.

Ya que el narcisista puro generalmente está mejor defendido que las estructuras del carácter adquiridas con anterioridad dentro del proceso de desarrollo, muy a menudo se requieren fracasos masivos y acumulativos junto con una intervención terapéutica que lo empuja hacia la incómoda realidad emocional encubierta. La clave de cualquier tratamiento exitoso en esta personalidad trágica es acceder a cualquier self real y seguir con el desarrollo del self de la interrupción hacia la transformación. Cuando las compensaciones, tanto la sintónica como la distónica se disuelven, la persona va a empezar a experimentar ese self primitivo y vulnerable, sujeto a estados afectivos que lo sobrepasan. Como se indica en el Cuadro 12, la persona puede experimentar esos sentimientos extremadamente aversivos de pánico, de vacío y de carencias, asociados con el sentimiento de que no existe esencia en el self. Esta experiencia directa de inexistencia, debilidad y fragmentación es, probablemente, la experiencia afectiva más agobiante, y es la más peligrosa para aquellos narcisistas que tienen alguna propensión para el *acting-out*.

Particularmente, en el extremo inferior o limítrofe del continuum estos sentimientos van a estar acompañados por experiencias profundas de rabia y de prejuicio, exigiendo una perfección empática actual para gratificar de manera inmediata las demandas arcaicas de la subfase original acercamiento: la necesidad de fundirse con el otro perfecto idealizado, de estar apegado a una experiencia de vinculación simbiótica, y de un reflejo constante y perfecto.

Estos pacientes pueden, a veces, lanzar ataques vociferantes hacia el terapeuta y hacia sus propias parejas. Tanto para el self como para los demás existe un peligro de violencia muy real.

En el extremo superior del continuum –de la neurosis del carácter narcisista al estilo– puede muy bien haber algunas experiencias extremas de pánico, de vacío o irritabilidad, junto con una mayor apariencia controlada de esas demandas arcaicas asociadas a la rabia y haber sido lastimado. En otras palabras, el narcisista que funciona en alto grado puede demostrar extrañeza al grado de que parezca querer la idealización o el reflejo y, sin embargo, puede experimentar alarma por la profundidad de su herida y su rabia. Mientras es más fácil de manejar clínicamente por la fuerza de su self observador, se debe apreciar la profundidad de su experiencia afectiva.

El forro plateado en estas nubes oscuras es el principio de la experiencia de la realidad. En el narcisista que funciona en niveles altos, pudiera haber expresiones de alivio y gratitud en la profundidad de la realidad de esta experiencia. Aunque sea malo, es real, y esa realidad es alentadora y, en cierta forma, unificadora. Realmente se requiere de esta experiencia emocional profunda para actualizar el cambio crucial *del uso de* los *otros para engrandecer y apoyar al self falso hacia* el uso de los otros para encontrar y nutrir al self real. Cuando ese cambio se realiza, la persona puede entonces dedicar su energía a esa misión, la cual es humana y heroica, simple y magnífica.

Para mí, la polaridad alrededor de la auto-representación en la división vertical es clínicamente la que define mejor a la presentación narcisista. Pero el derrumbe particular del paciente dentro de la realidad emocional subyacente es el que revela la naturaleza de las heridas tempranas del desarrollo que resultan en los problemas caracterológicos. La compensación del self falso es la mejor adaptación del self en el tiempo de la herida original para sobrevivir, mantener contacto, retener el amor y formular al self. Cuando la compensación falla y las defensas sintomáticas se disuelven, va a resurgir la ansiedad primaria del periodo del desarrollo en el cual empezó el self falso.

Para el carácter esquizoide este va a ser el miedo literal de aniquilación. Para el esquizoide, si el self falso muere, el ser morirá o lo matarán. El individuo esquizoide, quien ha obtenido un nivel moderado para observar las habilidades del self observador, va a experimentar la irracionalidad de este miedo. Sin embargo, la persona aún va a experimentar la amenaza extrema a la supervivencia y con frecuencia tiene experiencias conceptuales e imaginables de aniquilación cuando el self falso está amenazado. En contraste, el carácter oral va a experimentarse a sí mismo como extremadamente necesitado, débil y desagradable, temeroso de la deserción de algunos objetos de apego que son significativos para él. El derrumbe de la compensación del self falso le llevará al miedo nuclear de la perdida del objeto.

El carácter simbiótico sabe quien es sólo en relación con el objeto de apego, así que la pérdida del objeto .va a disparar miedos similares por la pérdida del self emergente. En el carácter narcisista, donde la discriminación entre el self y el objeto va más lejos, la ansiedad primaria que se dispara es la pérdida del amor del objeto. Pero ya que el amor del objeto está íntimamente relacionado a la existencia del self, esa misma existencia está igualmente amenazada. Más aún, para el narcisista la pérdida del self falso se suma a la pérdida de la habilidad para manipular el ambiente y estar en control. Así, esta pérdida saca a colación el miedo de ser manipulado, humillado y utilizado de nuevo. Como consecuencia, el "narcisista puro" –alguien que sufre de una herida relativamente pequeña en fases anteriores– está más preocupado por la pérdida de la autoestima y el poder para controlar el ambiente, más que alguna de las otras estructuras del carácter.

La transformación caracterológica de cualquier estructura pre-edípica va a involucrar este colapso hacia sentimientos arcaicos y a menudo agobiantes. En el tratamiento de los limítrofes y los trastornos del carácter narcisista, Masterson (1976, 1981, 1985) se refiere a esto como la depresión del *abandono*. Adler (1985), por otra parte, ha enfatizado las supuestas amenazas de *aniquilación* que surgen en los pacientes limítrofes. En su estructura teórica, estos son los problemas fundamentales más esenciales que tienen que ver con el acercamiento ambiental en las fases de crecimiento de nutrimento-contención. Masterson ve la patología limítrofe y narcisista como primaria, surgiendo de la interrupción del desarrollo en las subfases de la individuación, debido al abandono de ésta, mientras que Adler y otros ven la patología limítrofe en particular, como saliendo más de fallas en las funciones nutrimentales y de contención en los periodos tempranos del desarrollo. Tiendo a estar de acuerdo con la conceptuación de Adler con respecto a las manifestaciones más serias de la patología limítrofe. Aunque concuerdo con él en que el abandono posterior para los problemas de individuación está a menudo presente en personas con una patología narcisista.

Yo pienso, sin embargo, que esta etiqueta de "depresión" es de alguna manera un nombre inadecuado cuando se aplica a estos sentimientos arcaicos y caóticos. Aunque a menudo hay características depresivas en esta reactivación de sentimientos infantiles, y las personas ciertamente no se sienten bien cuando las experimentan, en estos tiempos de crisis emocional hay una gran cantidad de expresión creativa. Esta expresión puede acallarse por la depresión, pero ésta no es la esencia de la experiencia, sino más bien una defensa en su contra. Por estas razones, de aquí en adelante voy a catalogar este paso terapéutico crítico para todas las transformaciones caracterológicas pre-edípicas como la *crisis* de aniquilación-abandono. Esta categoría reconoce el papel dual y a menudo mezclado de los temores activados de aniquilación, por una parte, y de abandono por la individuación, en la otra. Además, resalta la esencia de la experiencia –una crisis–; una crisis curativa, que puede ser resistida o elaborada.

El narcisista va a ser más fácilmente alcanzable y tratable, al punto de que posee un self observador adulto, además de que tiene cierta habilidad para identificarse con el self real, el cual existe en los sentimientos reales de la persona en la crisis, en cualquier vestigio del placer natural humano, y en los sentimientos positivos conectados que se originan en las relaciones constructivas pasadas.

Cuando el self real se desarrolla en el curso de la psicoterapia, se van a tocar ambos extremos del sentimiento. En muchas ocasiones, el placer es más difícil de alcanzar que el dolor, porque la experiencia del placer real del cuerpo produce culpa y temor, y la experiencia de la conexión provoca el miedo de la humillación y darse cuenta de contacto humano que ha perdido. El temor implica liberar la falsa seguridad proporcionada por el falso self y abrazar la vida en el cuerpo, la cual es relativamente desconocida y, por lo tanto, provoca ansiedad.

Acceder al self real a través del placer y la relación le permite a la persona penetrar el dolor de la crisis "aniquilación-abandono". Muchos narcisistas aún van a recordar o a apreciar buenos sentimientos simples que pueden venir de experiencias ordinarias de la vida. Estos son los vestigios del self real y representan las recompensas ocasionales al encontrar esa realidad. Afortunadamente, son raras las formas exageradas del carácter narcisista presentadas en libros de texto. La mayoría de las personas con problemas narcisistas pueden, al menos, recordar el placer real y las relaciones, ya sea espontáneamente o a través de la intervención terapéutica que lo guía a experimentar el dolor real. Ambos son necesarios para el descubrimiento y el desarrollo del self real.

La naturaleza y la formación del self real

Esta misión de búsqueda, descubrimiento y desarrollo no puede hacerse sola. Más bien, tiene que hacerse en un contexto social en el cual el *input* y el apoyo de otros, son usados para formar una mejor experiencia real del self. Aunque la transición de la simbiosis a la individuación tiene sus dificultades reales, en el ser humano existe un empuje innato hacia la diferenciación, la autonomía y la autoexpresión individual. En la condición intacta, la autoexpresión más natural existe en la realización de aquellas capacidades innatas que se desarrollan de manera espontánea. No sabemos qué tan específicas son esas capacidades innatas, pero, por la observación de los niños, podemos estar seguros de que al menos incluyen variables tales como: nivel de actividad, fuerza e inteligencia. Por lo menos una parte de lo que Kohut ha llamado el "self nuclear", o el cual nosotros podemos llamar el "self real", es la realización desencadenante de esas capacidades innatas.

Al mismo tiempo, esa expresión del self real necesita estar contextualizada dentro de la cultura que rodea y da forma al individuo. Por la observación de los niños, está claro que en esta identificación temprana los infantes buscan reconocerse, imitar a los otros significativos en su ambiente y comenzar la creación de un self único en esta identificación temprana. Más aún, Kohut ha hecho la interpretación de que el self es el último producto de la grandiosidad natural y sana del niño, el cual madura convirtiéndose en la ambición y la idealización natural y sana, la cual madura hacia la formación de los ideales que guían y la admiración de figuras idealizables. Aunque para mí, el self real, o verdadero o nuclear, es una amalgama de la expresión de la capacidad innata, la afinación y la maduración de la identificación, la neutralización de la grandiosidad o la expresión de la ambición, y la maduración de valores que duran toda la vida y que se llega a ellos por un self funcionando dentro de un contexto social.

El lector familiarizado con Kohut verá la profunda influencia de su pensamiento en esta conceptuación, aunque hay algunas ligeras diferencias de lenguaje y de modelo. En la conceptuación hay un tratamiento de los *selves* bajos y altos, aunque es difícil saber exactamente cuando termina uno y empieza el otro. El "self" es una construcción compleja, por un lado, y una experiencia simple, por el otro. La experiencia del self es al final lo más importante para el individuo, pero es la integración de elementos bajos y altos lo que hace de esa experiencia un todo. En el nivel "bajo", hay una experiencia de plenitud en el cuerpo, arraigo en la propia realidad, continuidad a través del tiempo y la cohesión. En el nivel "alto", es la experiencia de la integridad, del significado y de propósito en el contexto de una vida. Aunque, en un sentido, la experiencia de un self completo integra la dualidad cuerpo-mente, y aunque tengamos palabras para esa dualidad, la experiencia del self en su forma más completa no es dual, sino unitaria.

Como Kohut ha señalado tan acertadamente, vivimos en un tiempo en el cual esa unidad o totalidad es rara y difícil de lograr. La tragedia del "hombre trágico" de Kohut es la experiencia consciente de la falta de totalidad y unidad, verdaderamente la experiencia de fragmentación, la debilidad y el potencial desperdiciado. La depresión del hombre trágico es la conciencia de lo que pudo haber sido con el logro de la totalidad comparada con lo que es en la realidad de su experiencia de fragmentación y debilidad.

La compensación por esta tragedia, la cual es en sí trágica, es el narcisismo.

Funciones defensivas

Werner Erhard, en su entrenamiento *est* ofrece un paradigma útil para entender el carácter narcisista. Yo parafraseo esta presentación para ser más consistente con la metáfora de las relaciones objetales presentes. La propuesta esencial es que para el narcisista el self crea al self falso para satisfacer las necesidades del ser real tan bien como pueden ser satisfechas dadas las circunstancias. En esta creación, sin embargo, el self comienza a confundir el self falso con el self real. Así, cualquier amenaza hacia el self falso es respondido como si fuera una amenaza hacia el self real: hacia la integridad del ser. Una amenaza hacia el falso self amaga la aniquilación-abandono y las ansiedades asociadas a cualquier fase del desarrollo anterior en el que hubo un trauma. Este estado de alarma extrema evoca maniobras defensivas disponibles para la persona. En el caso del "narcisista puro" todas las defensas psicológicas están disponibles desde los primeros periodos del desarrollo (por ejemplo, negación, proyección, inversión) al igual que las defensas más desarrolladas en el periodo de acercamiento (escisión, coerción y otras formas de expresión). En sus intentos desesperados para salvar al self falso, el self va a disponer de todas las defensas, hasta el punto de destruir la *vida* del ser humano real. Así que, para el narcisista, si alguien amenaza su auto-imagen o el concepto de sí mismo, es como si amenazara a su propio ser. Esto explica, en parte, la intensidad de la crisis de aniquilación-abandono y las medidas extremas de las maniobras defensivas a las cuales el narcisista puede recurrir para su autodefensa.

Es muy fácil conceptuar el funcionamiento defensivo del self falso, porque su confianza en el logro, perfeccionismo, grandiosidad, orgullo y manipulación, obviamente sirven para proteger al individuo de la confrontación con la herida básica y la realidad continua de las demandas arcaicas y sus decepciones. Las funciones del self sintomático son menos obvias y, por lo tanto, merecen una elaboración más amplia. Yo veo las características del self sintomático tanto sintomáticas de las características subyacentes del self real como del derrumbe del compromiso del self falso. Los síntomas son, en realidad, el campo de batalla de la lucha entre las demandas del self real con su realidad emocional dolorosa, y los intentos valientes del self falso comprometido para evitar ese dolor y seguir funcionando.

La predisposición a la vergüenza y la humillación, por ejemplo, señala de inmediato la "presión desde abajo" de la herida narcisista básica, el debilitamiento del self real y la demanda arcaica de verse reflejado. Simultáneamente, señala las demandas irreales y grandiosas impuestas por el self falso infantil, detenido en la grandiosidad. El punto extremo de los sentimientos de inutilidad, humillación y vergüenza asociados a cualquier fracaso o confusión es sintomático del rechazo a renunciar al grandioso concepto del self, el cual no permite la falibilidad humana.

En la medida en que los golpes del fracaso o desilusión pueden ser amortiguados, la frustración puede hacerse "óptima" y tener como resultado una adaptación gradual de la falsa grandiosidad. De no ser así, la propensión a la vergüenza o la humillación persiste como una víctima de la batalla entre las demandas del self real y las igualmente arcaicas y detenidas demandas del self falso. La misma dinámica explica los sentimientos de inhabilidad y la predisposición a la auto-depreciación cuando exista un fracaso o una turbación.

La enfermedad psicosomática y la preocupación hipocondríaca son víctimas similares en el campo de batalla. La enfermedad psicosomática puede ser a menudo un síntoma de la tensión creada por este conflicto épico. Además, la enfermedad puede mantenerse por la función que sirve para liberar al paciente de las demandas irreales y grandiosas del self falso. La excesiva inclusión hipocondríaca con el cuerpo puede ser conceptualizada como un ejemplo de aislamiento de la preocupación con el self. Ya que el cuerpo es la manifestación concreta del self, una preocupación por su debilidad puede aislarse en una parte del cuerpo o en una enfermedad específica de manera defensiva (Kohut, 1971). Esta maniobra protege contra la experiencia afectiva real de esa debilidad en un nivel más psicológico.

La depresión puede representar pérdida de vitalidad real del organismo para evitar los sentimientos ocultos de vacío, pánico y fragmentación, cuando el compromiso del self falso ha fallado y la realidad emocional subyacente del self real amenaza con volverse abrumador. Yo veo la verdadera depresión como pérdida de vitalidad, más que experimentar afecto y, como tal, una maniobra defensiva. Como la enfermedad, la depresión también sirve para proteger las expectativas de grandeza omnipotente del self falso ("Yo lo podría hacer si no estuviera tan deprimido/enfermo".) La inercia y la inhibición del trabajo que se ve con frecuencia en individuos narcisistas se relaciona con esta postura defensiva. En la plenitud de su grandiosidad, el narcisista se cree capaz de lograr grandes cosas con muy poco o nada de esfuerzo. De esta manera, aún el logro más sobresaliente puede no ser muy gratificante si tiene que lograrse a base de trabajo duro.

Finalmente, el aislamiento al cual el narcisista se somete es, en parte, el resultado de su grandiosidad y perfeccionismo, asociado a los demás. En realidad, nadie es suficientemente bueno cuando es conocido; la distancia social del narcisista lo defiende del fracaso de la idealización. En suma, el aislamiento realmente protege al individuo de la intimidad que dispararía las demandas arcaicas amenazantes del self real, así como el desafío del perfeccionismo que el narcisista guarda en sus relaciones interpersonales potenciales. La soledad que puede resultar de este aislamiento es, en primer lugar, sintomático del impulso desde abajo: las necesidades del self real. Tales demandas son muy amenazantes para el self falso; esto, en parte, explica porqué muchos narcisistas sufren de soledad, en lugar de usarla como una señal para buscar fuera de sí mismos.

De esta forma, las cualidades del self sintomático son el resultado de la intensa pasión y del conflicto consecuente entre el self falso y el self real. Los síntomas son, en parte, compromisos en esta lucha, la cual protege de la conciencia de los elementos grandiosos del self falso, así como de las demandas afectivas del self real. Los síntomas son, en principio, señales de las demandas ocultas y los compromisos defensivos, los cuales protegen de la conciencia lo que están señalando. La tarea terapéutica crucial es ayudar al individuo a descubrir e identificarse con lo que los síntomas están mostrando, mientras, simultáneamente, desactivar el uso defensivo de esos síntomas. La psicoterapia es un negocio engañoso.

Expresión energética

Para entender y utilizar la presente tipología es importante recordar que el carácter narcisista va a demostrar una mayor diversidad en todas las formas de expresión, más que en aquellas estructuras antes mencionadas en la secuencia del desarrollo. En sentido restringido, este hecho sigue al modelo teórico del desarrollo en la etiología del narcisismo, y se encuentra después en dicha secuencia. En este lapso, el niño posee un número relativamente más grande de recursos y capacidades defensivas. Además, existe una variabilidad respecto a qué partes del self real no son bienvenidas en el ambiente. Por las variaciones en el tipo de frustración experimentada, en todos los niveles habrá una mayor variedad en la expresión caracterológica. Para complicar aún más las cosas en la situación clínica actual, el narcisismo estrecho *per se* probablemente nunca ocurra de manera singular, sin otras formas de patología del carácter temprano. En otras palabras, cada narcisista que he visto ha demostrado aspectos de características esquizoides, orales o simbióticas. A pesar de toda esta complejidad, todavía encuentro utilidad en las pautas arquetípicas.

Con objeto de orientar la comprensión de la expresión energética del carácter narcisista es útil recordar que las distorsiones energéticas son, primeramente, el resultado del proceso de autonegación en la formación del carácter. En otras palabras, desarrollamos bloqueos energéticos en el cuerpo para reprimir o someter de manera inconsciente aquellos impulsos y las reacciones que son inaceptables o castigados. En menor grado, las expresiones corporales del carácter pueden reflejar el self ideal o el self falso presentado ante el mundo, en compensación por la herida original. En el carácter narcisista, los factores etiológicos son operativos a nivel corporal.

En su discusión acerca del carácter "psicopático" –el cual creo que es mejor llamarlo narcisista–, los analistas bioenergéticos han distinguido dos tipos de expresión corporal, enfatizando uno u otro de estos procesos básicos. El "psicópata desplazado hacia arriba", está caracterizado por un desarrollo insuficiente o una debilidad en la mitad inferior del cuerpo, acompañado de un crecimiento excesivo –una clase de apariencia inflada– en la parte superior del cuerpo. Este tipo de cuerpo refleja ese desarrollo narcisista en el cual hay una base desconectada y débil apoyando una fuerza exagerada, voluntarismo y el logro. El "psicópata camaleón", por otra parte, muestra distorsiones no obvias en el cuerpo; más bien presenta una máscara falsa del self ante el mundo.

En cualquiera de los dos casos, sin embargo, hay bloqueos en el cuerpo que prohíben una conciencia de una sensación completa en todo o en una parte del self real. Porque el cuerpo es el self real y las sensaciones que éste señala, ambos tipos pueden compartir la rigidez y la constricción en aquellas áreas que bloquean el flujo natural. A partir de la utilización parental o la restricción del paciente narcisista que a menudo involucra el ámbito sexual, el paciente narcisista muchas veces muestra una pelvis que está rígidamente sostenida, la tensión bloquea la conciencia y descarga del impulso sexual. Junto con esto, con frecuencia hay un bloqueo o constricción en la cintura, que posiblemente inhibe la conciencia del impulso sexual. En el "narcisista desplazado hacia arriba", esta ruptura también inhibe la conciencia del ocultamiento o la debilidad en la parte baja del cuerpo.

Al mover el cuerpo, el carácter narcisista a menudo muestra una tensión y una constricción en el diafragma, inhibiendo la respiración en todo el organismo y, con frecuencia, produce una inspiración poco profunda en el pecho, que reprime la conciencia total del cuerpo y su sensibilidad. Es simbólico del narcisista "ponerse a la altura de las circunstancias", mostrando los hombros levantados con una gran tensión ante la manipulación y la expectativa parental. También existe tensión en la región del cuello, lo que inhibe el paso de las sensaciones entre el cuerpo y la cabeza, una constricción que también se observa en las estructuras esquizoides y orales.

De forma similar, y en común con la estructura esquizoide, el narcisista a menudo tiene un bloqueo severo en los músculos de la base del cráneo o el "segmento ocular". Este bloqueo es, entre otras cosas, "la línea estrecha" a través de la cual las sensaciones del cuerpo pueden penetrar a la conciencia. Además, ese bloqueo está asociado por los terapeutas bioenergéticos con la renuencia del narcisista para ver la realidad de su situación familiar. En un sentido contemporáneo, el bloqueo ocular también previene de ver a los demás como seres humanos reales y le permite disociarse, viendo a otros como objetos para su gratificación y manipulación.

De modo no sorprendente, muchos analistas bioenergéticos han reportado que notan que los ojos del carácter narcisista muestran desconfianza o atractivo y cualidades engañosas. Ambos son consistentes con la preocupación del narcisista por sentirse usado y su adaptación de utilizar a otros para prevenir este terrible resultado.

Aunque el carácter narcisista desplazado hacia arriba con todos estos bloqueos de energía es el más fácil de reconocer en la práctica clínica, muchos caracteres narcisistas verdaderos van a compartir un bloqueo energético en por lo menos algunas de estas áreas. El carácter camaleón es más difícil de descubrir desde el punto de vista energético. En este caso, puede haber algunas veces un verdadero trastorno del carácter psicopático que representa una herida con una base etiológica mucho más temprana. Lo escurridizo y la continua manipulación de esta persona puede alertar acerca de una patología del carácter verdaderamente peligrosa.

Objetivos terapéuticos

En todos los niveles, la terapia para la persona narcisista debe llevarla al descubrimiento y el realce de la autoexpresión natural. El narcisista, por alguna razón, se ha atormentado y ha reinvertido y agotado su energía en propósitos egocéntricos. Para recuperar su vida, el sujeto debe estar consciente de este martirio, sentir cómo se ha sacrificado y aún lo sigue haciendo, y lamentar las pérdidas irreparables en esa muerte histórica y continua. Circunstancialmente, debe redescubrir sus propias necesidades profundamente enterradas y, aunque al principio sea de manera torpe, tentativamente tiene que enfrentarlas. Esta persona sin importar que tan glamorosa y exitosa pueda parecer, *está desolada dentro de su experiencia interna.* Obsesionada con el éxito, es un fracaso por el criterio de la propia experiencia de la vida en sí. La experiencia efectiva y cognitiva de este hecho es necesaria para iniciar cualquier cambio.

Objetivos cognitivos

Un objetivo terapéutico organizador con el narcisista es acrecentar la autoconciencia, al igual que la grandiosidad del self falso, el self sintomático distónico, y el self real encubierto, aunque esté debilitado. Empezaré este estudio con los objetivos cognitivos, porque para una persona es más fácil descubrir quién trata de ser, quién odia ser y, finalmente, quién es realmente, en un nivel más cognitivo. Desde luego, es totalmente insuficiente sólo una comprensión cognitiva de esto, pero es un comienzo que dispara los sentimientos ocultos más dominantes. En un sentido real, el narcisista puede necesitar llenar sus "tres caras del narcisismo" en listadas en el Cuadro 12, para comprenderse a sí mismo totalmente.

Los objetivos terapéuticos con el paciente narcisista son: *1)* Desgastar las compensaciones en la experiencia de la realidad, ya sean ego-sintónicas o distónicas; *2)* Atender y medir el ritmo del paciente cuando experimenta las realidades dolorosas, pero verdaderamente subyacentes del self, y *3)* Apoyar y alimentar el descubrimiento y el desarrollo del self real. La terapia exitosa con el narcisista debe comenzar con lo que Kohut ha llamado la "transformación del narcisismo", la cual involucra una profunda maduración del ser humano, y resulta en el desarrollo de la creatividad, la aceptación de la transitoriedad, la capacidad de empatía, el sentido del humor y la sabiduría. Para curar al narcisista es propiciar por lo menos el comienzo de un "crecimiento" real del individuo, a menudo de un niño pequeño bastante inmaduro hasta convertirlo en una persona sabia, capaz de vivir simultáneamente en el cuerpo y en la expresión de los ideales. Desde luego, esto es un ideal, aunque no es malo, por el cual puede ser impulsado.

Ya que la mayoría de los narcisistas van a empezar la psicoterapia con la expresión sintomática, a menudo es posible comenzar el movimiento en el tratamiento con la experiencia empática del terapeuta por el dolor del paciente. Esto le da a la persona una experiencia de relación empática, le otorga un modelo apropiado aprovechable en esta capacidad humana natural y empieza la creación de un lugar seguro en el cual va a confrontarse con muchas experiencias dolorosas.

Una interpretación o un replanteamiento terapéutico del self sintomático es este: El dolor de los síntomas es una señal del self real negado, y cuyas necesidades no han sido satisfechas. La sensación de que no vale nada y la auto-depreciación del narcisista son signos del daño oculto; la depresión o inercia, una señal de renuencia para atormentar a la persona real por el nutrimento no sustentable que otorga la compensación falsa; la soledad, una señal de la privación ocurrida con anterioridad y que persiste ahora como resultado de la objetivación, la manipulación y el rechazo de los demás.

El dolor físico es una señal directa del dolor psíquico, es el resultado de retener los impulsos en las preocupaciones defensivas, las cuales obstaculizan la experiencia de ese self y el vacío real subyacente, el daño y la ira. El dolor del self sintomático es tanto real como falso. El paciente se lastima, pero la herida es sólo una aproximación, una señal, una defensa en contra de un nivel más profundo de dolor y una ineptitud adquirida para enfrentarlo.

Un análisis detallado de cómo cada síntoma puede ser defensivo en la patología subyacente, va a ser, especialmente al principio, experimentado como otra herida narcisista. Tales análisis prematuros pueden experimentarse sólo cognitivamente, y aún así tener el resultado afectivo indeseado de hacer a las personas sentirse culpables y agobiadas. Ellos alientan una migración de de la conciencia hacia la cabeza, resultando en una obsesión estéril. El replanteamiento general, *el dolor es una señal*, puede ser, sin embargo, enviado de manera enfática, facilitando el llevar la atención donde pertenece. El replanteamiento también proporciona el motivo principal para las técnicas que le abren a la persona a una mayor conciencia de la realidad psíquica del self real. Puede haber, entonces, una autoexploración del significado psíquico e histórico de esas vulnerabilidades peculiares a la crítica y a la vergüenza, y a esos sentimientos persistentes de inutilidad. De manera parecida, el replanteamiento puede preparar el camino para una búsqueda interior, usando numerosos métodos terapéuticos, para los significados de la función de señalización de la depresión, la inercia, la soledad y los síntomas físicos. En ese proceso va a ser útil entrar en detalles en la auto-manifestación que acompaña la disforia.

Para el paciente narcisista, va a ser muy terapéutico tener acceso completo para expandir y encontrar el lenguaje exacto para los estados incómodos que experimenta. Tal vez va a ser más importante que todo esto sea comprendido y retroalimentado de manera empática y cuidadosa. Un individuo narcisista va a expresar sorpresa de que otra persona esté genuinamente interesada y sea afectuosa, y después de esa sorpresa, va a comenzar a experimentar el extraordinario anhelo que siempre tuvo de ese cuidado. En ese proceso, el objetivo del contenido cognitivo le va a guiar de manera natural hacia las experiencias afectivas importantes que rodean estos problemas y, finalmente, llegará a las experiencias afectivas más profundas del self real.

Una vez que todas estas experiencias afectivas han sido realizadas y la confianza se ha establecido, va a ser más fácil moverse por lo menos a una comprensión cognitiva de la grandeza compensatoria del self falso. Aquí es importante para la persona darse cuenta del grado real o infantil de su grandiosidad, su confianza en el logro, su orgullo y sus actitudes autoritarias, la manipulación y la objetivación. En el extremo bajo o limítrofe del continuum, el individuo va a ser capaz de experimentar, por lo menos al principio, estas tendencias como ego-sintónicas. Puede, por ejemplo, estar enojado con los otros por no reconocer su estatus especial, el cual le da derecho a ser el centro del universo de otras personas. Aún aquí, el verbalismo repetido de estas actitudes en un terapeuta que es empático, pero no indulgente por completo con relación a estas creencias, dará inicio al crecimiento y el proceso de curación. Afortunadamente, este nivel bajo extremo de funcionamiento es relativamente raro, y la mayoría de los pacientes que se presentan a sí mismos como pacientes externos van a tener menor acceso consciente a estas actitudes más infantiles y van a experimentar algo de sorpresa, vergüenza y aún incredulidad, al descubrirlos dentro de un contexto terapéutico seguro. En estos casos más comunes, su acceso y verbalismo repetidos van a establecer un control mayor del self sobre estas tendencias y, por consiguiente, van a preparar el camino para la conciencia emergente del self real oculto, con sus experiencias emocionales dolorosas, pero reales.

Cuando alguien llega hasta este punto en el proceso terapéutico, usualmente es posible una exploración cognitiva de las funciones defensivas del self falso compensatorio, sin volver a infringir una herida narcisista seria. Cuando tales explicaciones o interpretaciones se dan, o cuando son evocadas del paciente mismo, otorgan una esperanza real para un cambio significativo. *Aunque existe una gran cantidad de negatividad cuando estas cualidades desagradables son traídas hacia la conciencia, los *insights* acerca de éstas tienen el mismo resultado que otros *insights*: proporcionan una clase de cohesión al self en tanto que ofrecen auto-conocimiento y le otorgan una comprensión histórica. Además, esta clase de comprensión del self lo apoya al self debido al uso tan significativo de las funciones intelectuales y racionales del self al lograrlo.

Cuando las cualidades compensatorias son reveladas, comprendidas y disueltas más y más de la realidad emocional subyacente, el self real es traído para examinarlo. Aunque mucho de este trabajo inicial a ese nivel va a ser de naturaleza afectiva, la organización que he implantado en esta presentación está hecha para aclarar el trabajo a nivel cognitivo. Aquí, el trabajo que inicia es el de la explicación, la reconstrucción y la interpretación, el cual narra las desilusiones, las heridas y la rabia actuales en los primeros fracasos del ambiente para enfrentarse a las demandas legítimas del niño. Finalmente, el vacío resultante, el pánico y la fragmentación, son resultado de un self que ha sido descuidado, sin apoyo, y subdesarrollado en ciertas áreas cruciales del funcionamiento.

Aunque aquí es importante señalar que no todo el trabajo en este nivel va a ser de naturaleza cognitiva, la labor cognitiva tiene mucho que ver con la comprensión de la persona de quién es actualmente, y alcanzar una historia cognitiva del self para que ella comprenda cómo llegó hasta aquí. Más aún, este trabajo cognitivo va a dirigirse entonces a la presentación de un mapa de ruta para el paciente en su labor de auto-descubrimiento y desarrollo de su self. El trabajo terapéutico va a incluir una gran cantidad de apoyo para sus capacidades innatas, su derecho a vivir sus ambiciones maduras, y su necesidad de identificar sus valores y vivir consistentemente con ellos.

A través de todo esto, el terapeuta va a animar repetidamente y a apoyar una evaluación realista de las habilidades recursos y logros del paciente, mientras, al mismo tiempo, anima una evaluación realista de sus limitaciones, debilidades y vulnerabilidades. Este trabajo es, realmente, un acercamiento entre los tres *selves* hasta ahora aislados. La cura es un acercamiento y la aceptación de las propias habilidades, los logros y las ambiciones, sus vulnerabilidades y sus debilidades en el contexto de lograr una expresión del verdadero self innato dentro de un contexto mayor en un mundo imperfecto.

Objetivos afectivos

Los objetivos afectivos esenciales con la persona narcisista son: lamentar la herida y la pérdida del self, para después construir un sentido verdadero del self. Además, durante el proceso terapéutico, la persona va a necesitar mostrar las partes repudiadas de su self falso grandioso, incluyendo los sentimientos de superioridad, sentirse con derechos especiales, orgullo, aversión hacia los demás, etc. Después, cuando los elementos grandiosos del self falso son expuestos, el paciente va a necesitar que lo asistan para enfrentarse con el terror que aflora cuando los compromisos del self falso son vistos como las fallas que son y son abandonados. ¿Si yo no soy mis logros, mi belleza, o los otros símbolos falsos grandiosos que hasta ahora me han definido, entonces quién soy? Al formular esta pregunta surge el terror del vacío. Para poder afrontar esto, se requiere de valor y de una relación terapéutica de considerable confianza.

La construcción de tal confianza va a ser necesaria para aplicar todos los objetivos, en particular los afectivos. El narcisista necesita, sobre todo, ser comprendido. Hay una gran propensión a la vergüenza de revelar las pretensiones exageradas del self falso grandioso, los fracasos humanos del self sintomático, y las demandas arcaicas intensas y los sentimientos del self real.

Resulta muy terapéutico para el paciente narcisista simplemente mostrar su vulnerabilidad y confesar su grandiosidad en un escenario donde pueda ser enfáticamente comprendido. En cualquiera de los lados de la polaridad con los que empiece (el self falso o sintomático), va a oscilar entre uno y el otro a través de muchas de estas fases iniciales del trabajo terapéutico. La comprensión profunda del terapeuta de la "fase apropiada" de su grandiosidad, por una parte, y su vulnerabilidad, por la otra, van a ayudar al terapeuta para dar la respuesta empática que se requiera. A menudo no se necesita más que esto.

He encontrado que entre más se trate de un narcisista puro, menos tengo que apoyarme en alguna "técnica" para hacer mención de las realidades afectivas. Si se proporciona una comprensión empática, y a menudo sin ninguna otra exploración, se va a ir más profundo en los niveles del self falso y, ocasionalmente, hacia las demandas arcaicas y los afectos del self real. A través de mi experiencia, las técnicas son más útiles a medida que el paciente sea menos obvio en su narcisismo, se defienda mejor y, por consiguiente, sea más funcional la neurosis o estilo del carácter narcisista. Ya sea que se usen o no técnicas más obvias, va a ser la vida del paciente y el nivel actual de conciencia las que van a dictar el orden en la cual sus realidades afectivas –ya sea en el self falso grandioso o en el self real reprimido– van a traerse a la conciencia. En muchos casos, tan sólo con reconocer como propios los aspectos grandiosos repudiados del self falso basta para comenzar su frustración y maduración.

Al trabajar con los afectos del self real a menudo es el sentimiento de herida ante las fallas empáticas el que más se necesita acceder.

Este acceder a la herida va también va a llevar a los temores de una nueva herida que subyacen la sospecha, la desconfianza y, aún, la paranoia de la persona narcisista. Más aún, esta desconfianza es un primo cercano de la decepción experimentada alrededor de los fracasos de los otros idealizados en el pasado. En todo esto, por debajo del sentimiento de haber sido lastimado, se encuentran las necesidades reprimidas para fusionarse, encontrar un gemelo o reflejarse. Y, debajo de los sentimientos de decepción, se encuentran las necesidades reprimidas para la idealización.

Mezclado con todo esto, se encuentra la bien conocida rabia narcisista, que puede ser de proporciones abrumadoras. Particularmente, en el narcisista limítrofe, es prudente ser cuidadoso al penetrar en esta rabia y manejar su resurgimiento a niveles tolerables a través del curso del tratamiento. Cuando estos afectos más negativos son manejados, comienza a ser más posible transformarlos en sus contrapartes y nutrir las habilidades del narcisista hacia la empatía y el amor. Al formarse la estructura y hacerse más sólida, la persona narcisista se encuentra en la mejor posición de abrirse hacia estos sentimientos más tranquilos con el conocimiento que puede protegerse él mismo y sobrevivir a cualquier decepción futura.

Objetivos de conductuales-sociales

De manera general, los objetivos de comportamiento social para el paciente narcisista son los mismos que para los demás caracteres pre-edípicos. Es importante apoyar esas estrategias de comportamiento y recursos de apoyo social que van a sustentar al paciente a través del arduo trabajo de un cambio básico, y por lo tanto muy amenazante, en su forma de ser. Cualquier cosa que apoye la viabilidad de recursos existentes va a ser importante. Un número de técnicas pueden emplearse para acrecentar el valor de los recursos ya existentes. Donde haya estrategias para combatir inhibiciones del trabajo, por ejemplo, pueden ser aceptadas y apoyadas. Donde tales estrategias no existen, pueden enseñárseles y luego apoyarlas. De manera significativa, la psicoterapia para el narcisista es desorganizadora. Empero, las estrategias compensatorias conscientemente aplicadas para su organización pueden ser muy terapéuticas para prevenir desintegraciones estructurales muy reales, que pueden alcanzar proporciones peligrosas cuando los afectos ocultos del self real se tornan agobiantes.

De alguna manera, la mayoría de los sujetos narcisistas está significativamente aislada. No importa qué tan activa sea su vida social, hay un aislamiento en el contacto real con algún grupo humano. Una gran parte del tratamiento del narcisista va a involucrar el acceso a su necesidad real hacia los demás y atenderlo para que enfrente sus necesidades. Tanto directa como indirectamente esto va a abarcar un entrenamiento para convertirse en un ser más social, alguien capaz de iniciar y mantener una empatía, consideración y comprensión con los demás. Este trabajo conductual-social está tan entrelazado con el trabajo afectivo y cognitivo que es muy difícil separarlos. Aún así, es posible, en algunas formas significativas, volver a entrenar directamente al narcisista en comunicación abierta a través del uso del modelo, práctica y reforzamiento. Puede enseñársele habilidades para escuchar activamente o responder empáticamente y pedirle que participe en ejercicios que le enseñen directamente cómo recibir las respuestas de cariño de otros.

Es posible que el trabajo más importante con el narcisista a nivel del comportamiento social sea ayudarlo a encontrar, y después a mantener, un sistema de apoyo que en verdad lo ayude a encontrarse a sí mismo, más que uno que solamente refleje su self falso grandioso, con sus logros y símbolos asociados. Si puede encontrar y mantener un sistema social que le dé el apoyo y la comprensión que necesita para encontrarse y desarrollarse a sí mismo, está en el camino correcto. Si puede encontrar personas que realmente lo quieran, que puedan ver y aceptar sus virtudes y vulnerabilidades, que le puedan prestar el apoyo que necesita, y proveerle los modelos y las figuras realistas utilizables que necesita, va a mejorar. Para hacer esto, tendrá que aceptar su necesidad de otros, y aceptar un nivel de humanidad y falibilidad en los otros, a los que probablemente rechazó en el pasado. En gran parte, lo que lo va a motivar en esta dirección va a ser su confrontación con el vacío y su pánico asociado.

Una gran cantidad de fallas y frustración parece ser necesaria para que el narcisista tome el camino correcto en términos de su propia maduración y sanación. Sin embargo, una vez hecho esto, el sistema puede proporcionar los crecientes niveles maduros de aceptación y frustración que requiere para realizar la internalización de recursos, resultando en una autonomía real en el contexto de un mayor apoyo real. Mientras que una gran canti-dad de comprensión, descarga, perdón y crecimiento puede ocurrir en psicoterapia, el narcisista realmente requiere de un sistema social que funcione, en el cual pueda madurar y transformar su narcisismo. Sin éste, los logros terapéuticos se van a ver seriamente limitados.

Cuadro 12
Tres expresiones del narcisismo

Self falso	Self sintomático
Confianza en el logro por perfeccionismo	Vulnerable a la vergüenza, humillación
Grandiosidad-omnipotencia	Hipocondríaco, psicosomático.
Orgullo	Inutilidad, depreciación de sí mismo
Sentirse con derechos	Aislamiento-Soledad
especiales	Depresión, inercia, inhibición del trabajo
Auto-involucrarse	
Manipulación y objetivación de los demás	

Self real

a. Sentimientos de vacío, carencia, pánico con debilitamiento y fragmentación del self.
b. Demandas arcaicas de acercamiento: Transferencia de fusión, reflejo, gemelar y de idealización.
c. Sentimientos de rabia y dolor ante los fracasos empáticos de las demandas arcaicas.
d. Búsqueda de descubrimiento y desarrollo del self real; capacidades innatas, identificación, ambiciones e ideales.

La sanación del narcisismo, como todas las sanaciones caracterológicas, incluye, en esencia, la *decisión de crecer*, una decisión de madurar con respecto a aquellos problemas infantiles en los cuales literalmente uno se encuentra capturado. La decisión de crecer es una decisión de soltar, finalmente, las esperanzas infantiles de la realización mágica, sin esfuerzo, sin compromiso, sin limitaciones, sin un acercamiento con la realidad. Mi camino, correcto o equivocado, es la demanda infantil. Es difícil ceder, y las maniobras inconscientes elaboradas que reflejan esta negativa son en verdad impresionantes. El objetivo de la terapia es vencer esas maniobras, pero particularmente en el caso narcisista, esto debe ser suave, no debe ser humillante ni destructivo del espíritu humano. La persona narcisista, no importa qué tan desagradable pueda ser en un principio o de vez en cuando, merece amor como cualquier otro ser humano. La tarea de crecer a la que se enfrenta es formidable, y otros seres humanos que pueden amar van a estar dispuestos a ayudar. Al aceptar esta ayuda, el narcisista acepta su humanismo esencial, empieza su acercamiento y, finalmente, deja entrar lo que siempre ha deseado: el amor y la aceptación que sólo otras personas le pueden proporcionar.

Capítulo 9

El niño derrotado: masoquismo social y los patrones de la autoderrota

Si sacas lo que está dentro de ti, lo que saques te salvará.
Si no sacas lo que está dentro de ti, lo que no saques te destruirá.

JESÚS

Uno no se vuelve iluminado por imaginar figuras de luz,
sino por hacer consciente la oscuridad.

C.G.JUNG

La gran batalla de nuestras vidas está
en el punto donde encontramos el coraje para
rebautizar nuestra maldad como lo mejor de nosotros.

FRIEDRICH NIETZSCHE

Históricamente, el masoquismo se ha referido a dos condiciones. Primero, el masoquismo sexual es una perversión aparente de la sexualidad, tal como el dolor, la humillación y la degradación son buscados dentro del contexto sexual, ya sea porque en sí mismos son placenteros, o porque hacen posible o exaltan la liberación sexual. Segundo, el masoquismo se puede referir a una tendencia más penetrante enlazada a un amplio rango de conducta contraproducente en la vida social, emocional y de trabajo de cada uno.

Freud (1924) llamó a este masoquismo "moral", y Reik (1941) lo llamó "masoquismo social". Este capítulo está dedicado a éste último, "el estilo de vida", que es visto como reflexivo de un aspecto existencial básico de la vida, que tiene que ver con la autodeterminación y el autocontrol. El masoquismo sexual puede o no coexistir con el masoquismo social general.

Etiología

La esencia de la teoría del desarrollo del carácter aquí expuesta involucra la interacción de tres variables. La primera, es la aparición dentro del desarrollo de los seres humanos de necesidades innatas específicas. La segunda, es la capacidad ambiental para armonizar y responder a estas necesidades. La tercera, involucra la evolución natural de las habilidades afectivas, conductuales y cognitivas para manejarlas y procesar los errores ambientales en armonía con estas necesidades innatas.

Empleando este modelo, el problema del masoquismo procede de la operación de estas tres variables a medida que afectan el aspecto de la autodeterminación independiente, o, en una palabra, *la voluntad*. Mientras que algunos ejemplos de la obstinación del niño se pueden ver en el primer año de vida, no es sino hasta que la locomoción es segura y las habilidades simples del lenguaje simple afloran cuando se puede ver una expresión declarada de la necesidad del niño para determinar su propia autoexpresión y resistir los deseos de los demás. Antes de este período, aún cuando se muestra la obstinación de los bebés, éstos pueden ser distraídos fácilmente hacia otra actividad y puede evitarse extensas competencias de voluntades. Cuando hay un mayor desarrollo de la locomoción, la manipulación, la memoria y el lenguaje, el niño tiene más oportunidades para llevar a cabo acciones independientes y mayor habilidad para sustentarlas, con lo cual aumenta el potencial de conflicto entre sus deseos y los de sus cuidadores. Cuando esto avanza, también lo hace la necesidad de socialización en cosas tales como la alimentación, la interacción social y el control de eliminación. Todo esto aumenta las posibilidades de un conflicto de intereses. Donde el comportamiento masoquista social y la autoderrota son más obvios y disfuncionales ha habido, en mi opinión, una historia de derrotas aplastantes en batallas, como aquellas en las que la voluntad del niño ha sido golpeado en forma persistente, entrometida y a veces sádica, hasta su sumisión. De igual manera, es en estos casos que el patrón de la autoderrota se ha vuelto persistentemente frustrante y abusivo hacia los demás y muy resistente a los intentos de cambiarlo.

Para mí, lo más fascinante acerca de cada expresión caracterológica es la particular colección de mecanismos de defensa que definen el tipo de carácter y el sello particular de desarrollo que dichos mecanismos llevan, lo cual define el probable rango de edad cuanto tales mecanismos pudieron entrar en juego por primera vez. Esta información proporciona el período probable de suspensión del desarrollo para cualquier expresión caracterológica. Esta investigación es clínicamente útil porque, entre otras cosas, nos comunica la clase de desarrollo que se refleja en la adaptación del problema particular del carácter en cuestión, y nos informa acerca de la naturaleza de la consiguiente herida y dolor, así como la calidad de las defensas que se usaron para manejar ese dolor.

Cuando los niños crecen, los mecanismos psicológicos y las defensas se vuelven sofisticados, complejos e intrincados para siempre. En el caso del masoquismo, algunos de estos mecanismos más avanzados son operativos, y su aparición en un momento cuando el niño tenía conciencia, así sea parcialmente, de una voluntad que expresar y proteger explica, en parte la razón de que permanezcan estos patrones. Existe un recuerdo, aunque a menudo inconsciente, de una voluntad que se ha truncado pero aún sobrevive, y un compromiso perpetuo para resistir la derrota y preservar la voluntad, aunque esto se hace en secreto, con rencor y con mucho sufrimiento.

Para identificarse con la persona masoquista es útil recordar cualquier ocasión en la que usted fue golpeado injustificadamente, y no tenía manera de desquitarse. La rabia persistente e impotente que haya experimentado en ese momento corresponde a la rabia inconsciente, a veces semiconsciente, que guarda el individuo masoquista. Una frase que capta su fenomenología oculta es: "No me enojo, busco desquitarme". Sin embargo, el problema para esta persona es que el poder diferencial era tan grande que no había forma de desquitarse, salvo una: la auto-derrota, la cual al exhibirse de manera perversa conserva el orgullo. La única forma de vencer al otro era aprendiendo a disfrutar de la propia derrota, mostrándosela al mundo y desafiando cualquier intento de alterarla. Los patrones del sujeto masoquista pueden ser comparados, a manera de ilustración, con la clase de resistencia pasiva que existe en respuesta a los regímenes políticos más sádicos y totalitarios. Durante la dominación nazi en Europa, por ejemplo, cualquier acto obvio de resistencia era castigado de manera punitiva en contra de la población civil, incluyendo ejecuciones masivas. Por lo tanto, cualquier acto de sabotaje tenía que parecer absolutamente accidental y pudiera negarse con facilidad. De igual forma, el sabotaje en contra de sí mismo, el cual es manejado inconscientemente, se convierte en el acto de agresión más negado. El placer en tal degradación del self se esconde firmemente.

La investigación en el desarrollo del niño confirma que a los dos años de edad los pequeños ya han desarrollado habilidades cognitivas bastante complejas. Al mismo tiempo, los niños enfrentan conflictos entre ser sumisos ante las peticiones de los demás y el impulso para actuar con más independencia. Para armar el escenario, los pequeños de entre uno y dos años de edad muestran que pueden recordar una experiencia pasada (Ashmead y Perlmutter, 1980; Daehler y Greco, 1985), y que ellos pueden repetir y evocar secuencias de eventos comunes (Mandler, 1983; O'Connell y Gerard, 1985). Estos hallazgos son importantes porque indican que a los dos años el infante ha desarrollado claramente la habilidad de anticipar las consecuencias de su comportamiento. Gopnik y Meltzoff han investigado el inicio del uso del discernimiento y la solución de problemas en el niño de 18 meses de edad, aproximadamente. Varios investigadores han encontrado que a los dos años de edad, los pequeños empiezan a exhibir una tendencia a satisfacer las peticiones de sumisión a los demás (Golden, Montare y Bridger, 1977; COP, 1982; Vaughan, Kopp y Krakow, 1984). Exactamente al mismo tiempo Wenar (1982) encuentra que a esa edad los niños comienzan a exhibir una notable resistencia a la sumisión. Geppert y Küster (1983) también afirman que es alrededor de los dos años cuando los infantes empiezan a hacer demandas perceptibles para realizar actividades de forma independiente. Más aún, es exactamente a los dos años –desde luego variando en las diferencias individuales en el desarrollo– cuando un conjunto de habilidades cognitivas empiezan a aparecer, lo que permite una serie de maniobras sociales y procesos internos más sofisticados, intrincados o complejos, los cuales no estaban disponibles hasta esta etapa. Stern (1985), por ejemplo, sitúa la marca de los dos años como la fase en la que los niños desarrollan la habilidad de pensar y jugar de forma simbólica, y comienzan verdaderamente el desarrollo del lenguaje opuesto al uso de unas cuantas palabras. Bretherton y Beeghly (1982) y Fischer (1980) encuentran que los niños, a la altura del segundo cumpleaños, comienzan a dar sus primeras representaciones del self, y dan evidencia de que pueden pensar en ellos como entidades objetivas. Junto con esto, están los hallazgos de Berthal y Fischer (1978) y Brooks-Gunn y Lewis (1984) de que infantes de esa edad demuestran el auto-reconocimiento. Hetzer (1931) observó que a los dos años, más o menos, el juego de los pequeños se dirige mucho más por el placer que ellos obtienen produciendo resultados, que por la simple atracción y manipulación de los objetos.

Mientras que es posible que el masoquismo se produzca por el predominio y la intromisión inapropiada en cualquier aspecto en la vida, self pienso que uno debe tener una identidad propia suficientemente bien desarrollada, y el orgullo que la acompaña para producir la respuesta masoquista. Es decir, necesita haber un sentido consciente de identidad propia para defenderse de la forma masoquista. Así, mientras entre el año y los dos años de edad puede haber conflictos crecientes entre el niño y el cuidador, probablemente el ajuste masoquista total no puede afianzarse sino hasta después de los dos años. También parece haber la necesidad de un conflicto mayor de intenciones antes de que el niño se conforme con el arreglo doloroso del patrón de la autoderrota que implica el masoquismo.

En este contexto, consideremos el problema del entrenamiento para usar el inodoro, no como el aspecto masoquista *sine qua non,* sino más bien como un aspecto universal de socialización, el cual se presenta en esta edad. Este es un ejemplo en el cual las necesidades, las ambiciones y las proclividades del niño pueden estar entrelazadas con las necesidades de los padres y de la sociedad, o puede provocar choques desagradables de la voluntad, la ansiedad, la vergüenza y la opresión. El momento para el entrenamiento en el uso del inodoro no sólo depende del control de esfínteres e intestinos. El momento óptimo para el entrenamiento del uso del inodoro también depende de la disposición obvia del niño para aprender una sensibilidad para sus propias señales internas, su habilidad evolutiva al usar el lenguaje para señalar una aptitud para proseguir, su deseo creciente de imitar a los padres, hermanos y compañeros, y su placer evolutivo natural para complacer a otros y apreciar sus propios logros. Cuando a un niño se le refleja sensiblemente respecto a todas estas tendencias, el entrenamiento del inodoro y otras tareas de socialización pueden realizarse con relativa tranquilidad y sin trauma. Tal reflejo efectivo también debe incluir tolerancia para los momentos en que la tendencia a resistir las demandas o a actuar de manera independiente es más fuerte que la inclinación a obedecer y complacer. La adquisición de habilidades en el hogar, reflejada de manera óptima, no es rápida y libre de errores, pero sí está libre de ansiedad, competencia de voluntades y vergüenza.

Como es obvio, es grande el número de habilidades y propensiones que deben ser seguidas de forma sensible; sin embargo, son numerosas las posibilidades de errores por parte de los cuidadores. Adicionalmente, los resultados de tales errores pueden ser difíciles de detectar, porque pueden no aparecer en el entrenamiento del inodoro *per se,* sino en otras áreas de comportamiento o afecto, tales como dificultades para ir a la cama o dormir, limpieza y orden excesivos, o en otros temores o ansiedades. Además, el entrenamiento para ir al inodoro es un ejemplo interesante para esta discusión, porque involucra el establecimiento del control voluntario sobre lo involuntario. Este delicado proceso puede ser fácilmente interferido con sentimientos de ansiedad y rabia, lo cual puede ser la circunstancia natural de un proceso de entrenamiento que está a destiempo, forzado o que involucra vergüenza o ansiedad de parte del cuidador. Además, las luchas de control en estas áreas pueden ser más difíciles, porque el entrenamiento del niño puede estar fuera de su control o el infante puede rehusarse consciente o inconscientemente.

Ahora, en el caso de que alguien pueda haberse perdido, no estoy diciendo que el masoquismo es el resultado de la mala capacitación para usar el inodoro; sólo digo que este problema universal es un prototipo originalmente ilustrativo para el desarrollo de su aptitud de socialización, el cual puede sacar el tipo de trato parental y la consecuente interacción padre-hijo que puede producir un ajuste masoquista.

La capacitación en el uso del inodoro es particularmente propensa para todo esto, debido al tiempo en el cual ocurre, la naturaleza del cambio del control involuntario al voluntario y las dificultades inherentes en el proceso, el cual produce buen material para la experiencia de ansiedad, vergüenza y competencia de voluntades.

Como se ha reseñado en este libro, todas las estructuras del carácter están formadas por fallas del ambiente (generalmente parental), las cuales son, en el mejor de los casos, armonizadas de forma imperfecta con las necesidades del desarrollo, las limitaciones y las habilidades emergentes del niño y, en el peor de los casos, representan los ejemplos infames y perturbadores de negligencia y el abuso del niño. Es en el área del control del niño donde se encuentra una historia documentada de apoyo permitido al maltrato a los infantes. Alice Miller (1983, pp. 8-91) ha aportado un servicio real al resumir laboriosos trabajos de historiadores, quienes han documentado ensayos y manuales sobre la crianza del niño. En su obra, la autora instruye a los padres en los métodos singularmente abusivos para establecer un control parental rígido, truncando el deseo del niño. Estos métodos incluyen una fuerza extrema e incesante, con tretas y engaños, manipulación, humillación y, obviamente, una degradación cruel. Desde luego, todo esto está racionalizado maravillosamente "por el bien del niño".

Estos métodos recomendados para establecer un control absoluto comienzan en los primeros meses de vida, y hay un desarrollo pretendidamente refinado en la elección de técnicas para subyugar a los niños. Por ejemplo, Jay Sulzer (1748, citado en Miller, 1983) escribió *An essay on education and instruction of children,* en el que señala:

> "Una de las ventajas de estos primeros años es que la fuerza y la compulsión pueden ser usadas. Al pasar los años, los niños olvidan todo lo que les sucedió en su tierna infancia. Si su voluntad puede quebrarse en este momento, nunca van a recordar después que alguna vez tuvieron algún deseo…"

Este mismo autor da excelentes ejemplos de la propia racionalización honrada para tales procedimientos:

> Yo aconsejo a todos los que se preocupan de la educación de niños que hagan su principal ocupación para hacerlos perder su obstinación y su maldad, y persistir hasta lograrlo. Como remarqué anteriormente, es imposible razonar con los niños pequeños; empero, la voluntad debe ser exterminada de forma metódica, y no existe otro recurso para tal propósito que mostrarles a los niños que uno está hablando en serio. Si cedemos ante sus deseos la primera vez, después va a ser más difícil exterminarlos... Si los padres son suficientemente afortunados y pueden acabar con el voluntarismo desde sus inicios por medio del regaño y el azote, ellos van a tener niños obedientes, dóciles y buenos a los que posteriormente les pueden dar una buena educación. Si se instituye una buena base para la educación, no se debe detener esta faena hasta ver que la voluntad se ha esfumado, porque no hay sitio para ella. No se debe cometer el error de pensar que se pueden obtener buenos resultados antes de haber eliminado estas dos grandes faltas... Estos son, entonces, los asuntos más importantes que uno debe atender en el primer año del niño.

El autor prosigue instruyendo a los padres en los dos aspectos más importantes de ser tomados en cuenta para el segundo año de edad: proceder con orden y la obediencia.

> Todo debe seguir las reglas del orden. La comida y la bebida, vestirse, dormir y, desde luego, todas las pequeñas tareas domésticas deben seguir un orden y nunca ser alteradas en lo más mínimo para complacer sus deseos o caprichos, para que así puedan aprender desde su más tierna edad a someterse estrictamente a las reglas del orden. Éste, en el que se debe insistir, tiene una influencia indiscutible sobre sus mentes, y si los niños se acostumbran al orden a temprana edad van a suponer después que esto es completamente natural, porque ya no se dan cuenta de que esto ha sido inculcado con astucia...
>
> El segundo aspecto más importante, al cual uno debe estar dedicado en el segundo y tercer años de edad, es una obediencia estricta a los padres y superiores y una aceptación confiable en todo lo que éstos hagan. Estas cualidades no sólo son absolutamente necesarias para el éxito de la educación del niño, sino además tienen una fuerte influencia sobre la educación en general. Son tan esenciales porque imparten orden per se a la mente y un espíritu de sumisión a las leyes. Un niño que está acostumbrado a obedecer a sus padres, una vez que se encuentre solo y sea su propio dueño también va a someterse gustosamente a las leyes y las reglas racionales, ya que está acostumbrado a no actuar de acuerdo con su deseo propio. La obediencia es tan importante que toda la educación es de hecho nada más que aprender a obedecer.

Desafortunadamente, la investigación histórica indica que ésta no es una excepción aislada, particularmente donde se acerca al problema de la competencia de deseos.

El único defecto que merece un puñetazo es la obstinación… si su hijo no quiere aprender porque esto es lo que usted desea, si llora con la intención de retarlo, si hace daño para ofenderlo, en suma, si insiste en salirse con la suya, entonces azótelo bien hasta que le ruegue: "¡Oh, no, papá, oh, no! Tal desobediencia es igual a una declaración de guerra en contra suya. Su hijo está tratando de usurpar su autoridad, y esto justifica responder fuerza con fuerza para asegurar su respeto, sin el cual usted será incapaz de entrenarlo. Los golpes que usted le administre no deben ser tan sólo un juego, sino deben convencerlo de que usted es su amo… Si se da cuenta de que ha sido subyugado la primera vez y de que ha sido obligado a mostrar humildad ante usted, esto lo va a despojar de su intrepidez para rebelarse de nuevo" (Kruger, J.C, 1752, citado en Miller, 1983).

O note el consejo de J.B. Basedow, en su *Handbook for Fathers and Mothers of Families and Nations* (1773, citado en Miller, 1983):

"Si después del castigo el dolor dura por un tiempo, es inhumano prohibir que solloce y gima inmediatamente. Pero si el castigado usa estos sonidos tan molestos como una forma de revancha, entonces el primer paso es distraerlos asignándoles pequeñas tareas o actividades. Si esto no ayuda, está permitido prohibir el sollozo y castigarlos hasta que finalmente cese después del nuevo castigo…"

Esta cita en particular me recordó a un paciente que tuve, cuyo padre amenazaba lo siguiente, y luego cumplía su amenaza: "Te voy a azotar hasta que llores, y después te voy a azotar si lloras".

Además de su defensa al orden, la obediencia y la supresión de la obstinación en los niños, estos manuales sobre la crianza de los niños también son dignos de mencionarse por defender la supresión de la viveza y la emoción. Por ejemplo, S. Landermann (1896, citado en Miller, 1983) escribió un fragmento titulado *On Character Fault of Exuberance in Children*.

"Como es el caso de todas las enfermedades que son difíciles de curar, así también en el caso de la falta física de la exhuberancia, el cuidado más grande debe estar dedicado a la profilaxis, a la prevención del trastorno. La mejor manera para que la educación llegue a esta meta es que se adhiera constantemente al principio de proteger al niño lo más posible de todas las influencias que puedan estimular los sentimientos, ya sean placenteros o dolorosos."

O, considere este punto de vista de la disciplina:

"La disciplina, como lo indica la palabra del Antiguo Testamento, es básicamente el castigo (Musar). La voluntad perversa, en perjuicio de sí y de los demás, que no está bajo el control de sí misma, debe abolirse… Una reflexión de la idea del castigo revela que, en la tarea de la educación, una disciplina sana siempre debe incluir el castigo corporal. Su aplicación pronta y firme, aunque limitada, es la base de toda disciplina genuina, porque el poder de la carne es lo que más necesita ser eliminado…" (Enzy Klopädic, citado en Miller, 1983).

De acuerdo; estos manuales de educación del niño son un poco obsoletos, pero como Miller señala de forma convincente, el control de los niños siempre ha sido un problema en todas las culturas y en todos los tiempos, y estas nociones culturalmente arraigadas no se han extinguido, sino que han ido cada vez más a la clandestinidad. Esto es verdad cuando los padres hacen la representación inconsciente del deseo de tener el poder sobre otros y repiten de manera compulsiva la opresión que ellos experimentaron. Esta forma de repetición es particularmente engañosa y en casi ningún lugar es posible usarla en el abuso opresivo que es tan difícil de detectar. Como Sultzer tan atinadamente señaló en 1748: los niños pequeños "olvidan todo lo que les ocurrió… ellos nunca van a recordar después que alguna vez tuvieron algún deseo".

Como con cada otro aspecto, yo creo que hay un continuum. En los casos más severos, escuchamos historias en las que los cuidadores son extremadamente sádicos, humillantes y opresivos. En estos casos, los objetos malos, a menudo son ellos mismos psicóticos, con daño cerebral, limítrofes, sociópatas o severamente perturbados, producen niños dañados en varias áreas esenciales y frecuentemente pueden ser diagnosticados como trastornos limítrofes de la personalidad. Estos niños son a menudo abusados física, sexual y psicológicamente con intromisiones tales como el abuso ritual, enemas frecuentes, alimentación forzada, ira de los padres y experiencias extraordinariamente humillantes y de menosprecio, que muestran de manera sádica sus debilidades y su vulnerabilidad. Estos individuos no pueden más que internalizar tales objetos malos y viven una vida caracterizada por relaciones intra-psíquicas con ellos. Los problemas son comunes al negociar todos o la mayoría de los aspectos existenciales esenciales. Con estos individuos, los hallazgos mostrados aquí acerca del masoquismo pueden ser de particular utilidad cuando somos testigos de ese aspecto de su ajuste del abuso que representa la autoderrota y de manera simultánea reproduce y preserva los vínculos con el objeto malo, al tiempo que expresa resistencias, rebelión y represalias en contra de ese objeto.

En el otro extremo del continuum están los individuos que vienen de ambientes parentales que, si bien pueden ser adecuados en otros compartimientos, tienen una visión poco clara de la resistencia del niño. Desde el primer "no" en el segundo año hasta la última violación leve de un adolescente, como no salir de casa a partir de cierta hora, el castigo por cualquier infracción es seguro, rápido e intransigente. Esta clase de control es ejercida con gran confianza en sí mismo y aún vanagloriándose de la propia rectitud, y visto como un beneficio por su receptor. En estas familias pueden existir el amor, un reflejo y apreciación adecuados, e indulgencia y aceptación de la autoexpresión, pero no hay tolerancia para la oposición o algún signo de desacato. Un niño que es particularmente obstinado o contrario a algo o a alguien puede crear más respuestas parentales de esta clase. Estos individuos también internalizan este objeto sensato pero asfixiante y controlador, y están más atormentados por una clase de bloqueo crónico y de energía disminuida mientras cumplen con una vida de roles y obligaciones aprobados socialmente. Mientras estos individuos con alto desempeño proporcionan la firmeza de cualquier cantidad de organizaciones sociales, incluyendo, desde luego, sus propias familias, muestran relativamente poca espontaneidad, creatividad, originalidad o chispa. Su self falso es sumiso, servil y controlado, con la habilidad para soportar una gran cantidad de frustración y auto-sacrificio. Estas son las personas que aceptan los empleos tediosos y sucios, porque "alguien tiene que hacerlos". Y en verdad son mejores que el resto de nosotros. Exhibiendo el estilo masoquista, aquéllos son relativamente sirvientes perfectos para la burocracia jerárquica, en donde se encuentre.

Síntomas modelados como relaciones objetales internas

En un libro anterior (Johnson, 1991) esbocé un modelo para comprender el comportamiento sintomático como una expresión de las relaciones objetales internalizadas. Usando el modelo de Fairbairn (1974) de la estructura intra-psíquica, proporcioné cuatro prototipos de relaciones externas del objeto, los cuales pueden explicar todos los comportamientos sintomáticos. Aquí ofrezco nuevamente ese modelo, como una forma de trazar las dinámicas internas de la persona masoquista a través del continuum desde el estilo de carácter hasta el trastorno de la personalidad. Primero, va a ser necesario resumir brevemente el modelo de Fairbairn, que procede de su actividad clínica. En su experiencia con niños maltratados, Fairbairn observó lo que muchos habían notado: los niños maltratados quieren regresar con sus padres abusivos; más aún, muchas veces olvidan el abuso y con frecuencia se necesita una habilidad clínica considerable para liberar estos recuerdos de la represión. Finalmente, los niños van a hacer esfuerzos extraordinarios para sostener la bondad percibida de sus padres cuando recuerdan el abuso, a través de disculpar, justificar o alterar la motivación del padre; por ejemplo: "No quería hacerlo, fue un accidente", etc. Fairbairn trabajó posteriormente con individuos esquizoides y luego con personas que experimentaron "neurosis de guerra". En estos últimos grupos, este autor se impresionó por el grado en que estas personas estaban atrapadas por fuerzas internas autodestructivas. Fairbairn afirmó que esto resulta de una internalización de las fuerzas del objeto malo a las que han estado expuestas. Su teoría concerniente a la internalización de objetos malos se volvió el aspecto esencial de su explicación acerca de la psicopatología, y se apoya en los conceptos de *represión* y *escisión*. En su último trabajo, Fairbairn creía que esta internalización era simplemente un proceso natural humano que no necesita explicación. Antes, había establecido la hipótesis que nosotros internalizamos objetos malos para adquirir control sobre éstos y para remover la maldad del objeto externo del cual somos dependientes.

El concepto clave de la represión se hace evidente en los niños maltratados que olvidan su agravio, y por el esquizoide y pacientes con neurosis de guerra que se apropian de las fuerzas autodestructivas misteriosas de las que han sido objeto. La escisión, el segundo concepto clave, es un mecanismo de defensa primitivo que se usa para apartar las cualidades malas de las buenas en un objeto. La escisión se usa cuando el individuo es incapaz de integrar las cualidades buenas y malas del objeto en una conceptuación total.

Fairbairn afirma que el objeto malo es internalizado y reprimido, y esto se evidencia cuando un individuo se agrede a sí mismo de la misma forma en que él fue agredido. De este modo, por ejemplo, una persona esquizoide que no fue deseada puede tener una fuerza destructiva misteriosa que literal o metafóricamente busca su propia destrucción. Hasta aquí, esta teoría es relativamente directa, pero se torna más complicada e interesante. Fairbairn sugiere que separamos el objeto malo en partes buenas y malas. ¿Cómo puede ser esto? ¿Dónde está lo bueno? Lo bueno en el objeto malo existe en esas esperanzas a las que tiene derecho y las expectativas innatas para la gratificación que le son inculcadas al ser humano cuando nace. Un nuevo bebé merece ser bienvenido al mundo y apreciado; un niño pequeño merece verse en sus maravillosos logros de locomoción, lenguaje y su emergente independencia; un niño en edad escolar merece que lo instruyan con métodos que estén de acuerdo con sus habilidades que están aflorando y que se le estimule por sus logros. Lo que está reprimido y separado son, entonces, estas expectativas a las que tiene derecho que se interrumpen evolutivamente. De una manera real, el esquizoide todavía está buscando la aceptación en el mundo; el oral, una necesidad de gratificación completa y no recíproca; el simbiótico, una mezcla armónica de conexión y libertad; el narcisista busca un reflejo perfecto e idealiza completamente. En el modelo de Fairbairn, este es el objeto bueno escindido, el cual ha sido internalizado y reprimido. Otra manera de decirlo es que este no es el objeto bueno tal como se experimenta, sino tal como se espera innatamente. Ya que esta esperanza es decepcionante, permanece en su forma infantil porque está interrumpida en su desarrollo, es inconsciente y, por lo tanto, inaccesible para una óptima complacencia y frustración que la haga madura. Así, lo que ahora es deseado inconscientemente, es imposible en la realidad. Cada desilusión inevitable es acompañada por maniobras que la defienden contra el dolor resultante.

Podemos utilizar el modelo de Fairbairn para describir cualquier comportamiento como una representación de estas relaciones objetales internalizadas. La figura 1 muestra esencialmente las cuatro reproducciones separadas de esa parte del modelo de Fairbairn, necesarias para esta discusión del comportamiento sintomático modelado como internalizadas entre el self y el objeto. En estos cuatro prototipos, el self interno y las percepciones del objeto están representadas como escindidas en las partes libidinal y antilibinidal. Los círculos representan estas estructuras del self y del objeto.

Figura 1
Síntomas Modelados como Relaciones del Self-Objeto Internos

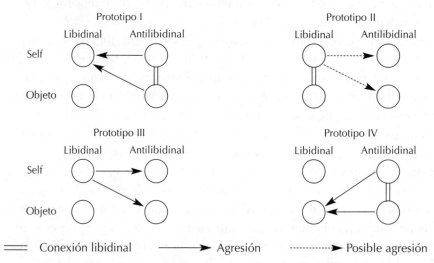

I. El self antilibidinal se une con el objeto antilibidinal en donde la agresión está dirigida hacia el self libidinal. Los síntomas resultantes se mantienen por el lazo de las estructuras antilibidinales.

II. El self libidinal al objeto libidinal con la posibilidad concomitante de agresión dirigida hacia las estructuras antilibidinales.

III. La agresión del self libidinal al self y al objeto antilibidinal. El patrón es mantenido por la naturaleza incontrolable de los impulsos libidinales, así como por el lazo de las estructuras libidinales (no ilustradas aquí para distinguir este análisis del Prototipo II)

IV. El self y el objeto antilibidinal al objeto libidinal donde la agresión es dirigida hacia el objeto libidinal. El patrón se mantiene por el lazo de las estructuras antilibidinales.

El modelo de Fairbairn utiliza dos fuerzas elementales. La primera es la agresión, simbolizada por flechas, y la segunda es la conexión libidinal entre el self y el objeto, simbolizada por dos líneas verticales paralelas. Creo que la contribución más esencial de Fairbairn es la comprensión crítica de que es el deseo de mantener este contacto "libidinal", aún con el objeto malo, el que conserva los patrones disfuncionales en marcha y los hace tan extraordinariamente resistentes al cambio.

En el contexto actual del masoquismo, mucho de lo que el individuo masoquista hace es la autoderrota, la auto-restricción o la auto-tortura, que pueden entenderse de manera útil como que lo que el individuo se hace a sí mismo ahora, es lo que le hicieron anteriormente. Cuando hace esto puede conceptuarse como su propio "saboteador interno" (Fairbairn, 1974) reaccionando en contra de su self natural, real o "libidinal". Esto representa el síntoma del Prototipo I, explicado en la figura 1, en donde el self antilibidinal y el objeto atacan al self libidinal y con lo cual preserva su conexión libidinal.

En el carácter masoquista, cuando la autoderrota, la humillación, la intromisión, la restricción y el abuso son percibidos como que vienen del objeto, éstas pueden conceptuarse como una agresión por parte del objeto ante el final de la relación interna, como se describe en el Prototipo I (figura 1). Esto puede ocurrir en por lo menos tres formas. Primero, hay una proyección del objeto internalizado en el ambiente. Segundo, hay un comportamiento de "identificación proyectiva", el cual produce estas clases de negatividad del objeto. Tercero, los individuos masoquistas tenderán a seleccionar a individuos y ambientes que son restrictivos y abusivos en estos aspectos. Existe, desde luego, un abuso real en el mundo, pero el masoquista puede tener un compromiso continuo con estas clases de relaciones y una gran dificultad para liberarse de ellas.

Detener el comportamiento asociado con la dinámica del Prototipo I involucra la pérdida del objeto internalizado y esos aspectos de la auto-identificación que se han desarrollado de esa relación. En un sentido real, cambiar estos patrones disfuncionales requiere abandonar las ataduras de la familia y de la identidad que aflora de su relación original. En particular, cuando otras ataduras importantes no están disponibles, como ocurre con frecuencia en las infancias disfuncionales y, después, en los ajustes adultos, la renuncia al objeto malo deja al individuo sin identidad y eternamente solo en el mundo. Un objeto malo es mejor que nada.

El modelo presentado aquí es motivacional, poniendo el acento en el porqué las personas hacen lo que hacen. Esto produce interpretaciones e intervenciones basadas en la comprensión de estas motivaciones, por ejemplo, las que intentan facilitar la separación ecológicamente viable de las ataduras del objeto malo y el abastecimiento de ataduras externas "suficientemente buenas del objeto". Para el comportamiento del Prototipo I, por ejemplo, un grupo de terapeutas recomiendan ponerle nombre y confrontar "la culpa de la separación y la culpa del sobreviviente" y abastecer de "experiencias emocionales correctivas" en el contexto terapéutico en el que el paciente aprende que su manifestación de diferencias, oposición o éxito no amenaza, destruye o provoca represalias en el terapeuta (Friedman, 1985; Horowitz, 1986; Modell, 1965, 1971; Weiss y Sampson, 1986).

He titulado la sintomatología del Prototipo I como "Temor, Culpa y Vergüenza". Si bien es cierto que el título no es completo, empieza a enlistar las clases de comportamiento que a menudo son la expresión de esta clase de agresión antilibidinal hacia el self libidinal.

El Prototipo II está etiquetado como "Autorización /Adicción". Los comportamientos explicados aquí son aquellos que expresan el derecho del individuo al objeto bueno original e inmediatamente esperado. Es muy difícil abandonar aquello a lo que tenemos derecho de forma innata. Porque no podemos vivir con el dolor extremo de esa desilusión, lo reprimimos de otras maneras, nos defendemos en su contra. Pero hasta que esta desilusión grave es reconocida, elaborada y, por último, aceptada, inevitablemente chocamos con la fuerza de este dolor y nuestra reacción hacia él.

Aunque no todas las adicciones pueden ser modeladas de manera útil de esta manera, sin embargo, es verdad que muchas se explican por lo menos parcialmente a través de esta dinámica. La comida, el alcohol, los tranquilizantes, los analgésicos y los narcóticos pueden proporcionar la clase de consuelos inmediatos no recíprocos y confiables que muchos de los adictos no han encontrado en las fuentes interpersonales, más naturales. Las anfetaminas, la cocaína, el trabajo, el sexo y las adicciones del amor, todas pueden apoyar al grandioso self falso, que ha sido movilizado para luchar con el daño y la pérdida del self real desnutrido. El juego, gastar, la comida y las adicciones del amor pueden llenar el vacío del limítrofe y otras patologías de los trastornos del self. Lo que hace que estos patrones continúen y sean tan resistentes al cambio es la esperanza libidinal interrumpida para el contacto con ese "otro libidinal" que era de necesidad vital para el desarrollo humano óptimo. Para avanzar en ausencia de ese contacto se requiere un duelo por esta pérdida crítica y, de una vez por todas, resignarse a que ésta pérdida jamás se revertirá jamás será destruida. Para cambiar en verdad los comportamientos asociados con la dinámica del Prototipo II se debe aceptar la vida de uno bajo sus propios términos y renunciar a que los derechos especiales que uno esperaba, y que se perdieron, se puedan recuperar.

El masoquista es único en que su comportamiento de autoderrota es una expresión de su determinación para mantener su integridad. Al encontrar un paciente masoquista verdadero, uno se impresiona en la medida en que parece ser "adicto" a la humillación, la degradación, la derrota y al dolor. Este hecho se vuelve menos misterioso cuando encontramos una historia de abuso y una historia fenomenológica en la que la única forma de mantener el orgullo en el self era obteniendo satisfacción al ser capaz de "tomarlo". La única manera de mostrar que uno poseía un self independiente era no ceder, negarse a llorar y soportar el dolor. Aunque, en muchos casos de autoderrota masoquista, lo que aparece como sintomático es en realidad la estrategia arreglada del individuo para enfrentarse con el objeto abusivo internalizado y mantener el derecho a una voluntad propia. Al ceder a tal derrota y el dolor bien sobrellevados, entonces puede representar la rendición final de esta integridad del self ganada a pulso. En algunos de estos casos, desde luego, el objeto entrometido y abusivo ha aceptado esa habilidad para "tomarla", y esto es lo más cerca que la víctima pudo tener a que su self independiente e íntegro sea reconocido. El derecho representado aquí es el de reconocimiento, la aceptación y el estímulo de su derecho innato a la autonomía y la integridad. En el caso masoquista, la autoderrota paradójicamente mantiene viva este derecho.

El Prototipo II es etiquetado "Resistencia/Rebelión", y se refiere al comportamiento que puede explicarse más adecuadamente por la agresión del self y objeto libidinal en contra del objeto antilibidinal. Aquí el niño se defiende de la restricción, la intromisión, la degradación y el abuso. La resistencia y la rebelión pueden, desde luego, ser activas y obvias, o pasivas e intrincadamente ocultas. En el carácter masoquista, la auto-tortura, la derrota y el abuso están en contacto con el objeto original (Prototipo I), representan la integridad del self que ha sido derrotado (Prototipo II) y, al mismo tiempo, expresan la resistencia y la rebelión contra las fuerzas que producen esta tortura (Prototipo III).

Una vez más, en el caso del masoquista han sido denegadas todas las vías de resistencia y rebelión. Es sólo a través de la exageración y la exposición de la autoderrota que hubo alguna posibilidad para la autoexpresión libidinal. Self creo que esta triste condición de acontecimientos es la que a menudo cuenta en la resistencia extrema al cambio del carácter masoquista.

Si deja la autoderrota no existe otro medio de autoexpresión libidinal. El rencor insidioso subyacente del masoquista, el cual es bien conocido, es todo lo que a menudo queda de la fuerza vital suprimida. Paradójicamente, dejar la autoderrota significa una rendición total a la derrota. De nuevo, lo que mantiene la resistencia y la rebelión del Prototipo III es el compromiso del organismo a su propia autoexpresión libidinal en relación con un objeto –un objeto que puede recibir, apreciar, reflejar y deleitarse en él. Cuando se pierde toda esperanza, el organismo se va a conformar al tener un impacto en la única manera que le queda: a través de la autoderrota, la cual es derrotar al objeto. Esta es una trampa engañosa y, que se auto-perpetúa pero la alternativa subjetiva, y ahora inconsciente, se experimenta como la muerte.

El Prototipo IV es etiquetado como "abuso". En este paradigma, el comportamiento descrito y aplicado de manera más exacta es el del individuo abusando de otras personas en la misma forma en la que abusaron de él. El self y el objeto antilibidinal atacan al objeto libidinal. Los ejemplos más claros de esto son los que abusan de los niños y que, a su vez, fueron abusados en su niñez. El "modelo de la relación del rol" es el de abusador y abusado y, particularmente, en situaciones de poca seguridad o amenaza, el individuo es proclive a representar el papel del abusador. Weiss y Sampson (1986) llaman a esto "Cambiar lo pasivo en activo". El servilismo masoquista, la pasividad y la indisciplina, a menudo tienen una cualidad de mártir y de inducir la culpa, lo que lleva a otros a sentirse responsables, incompetentes, inútiles y vencidos. La tortuosidad maligna de la hostilidad masoquista es palpable, pero muy difícil de identificar y más difícil aun de dirigir su rechazo eminente.

La dinámica masoquista es particularmente única en estos comportamientos de la autoderrota, los cuales pueden representar los cuatro prototipos simultáneamente. Primero, ellos agotan al individuo, de la misma manera en que el masoquista se agotó al tratar de producir alguna ayuda, compasión y apoyo que requirió en un principio. La autoderrota mantiene conexión con el objeto malo original y con los aspectos relacionados con la propia identidad. Segundo, soportar el dolor y la derrota expresa la integridad del self y la autoposesión de la voluntad que es un derecho humano. Tercero, la derrota y la tolerancia al dolor demostradas son la única forma de resistencia, rebelión y expresión lo libidinal que no ha sido oprimida. Y, cuarto, el dolor bien orquestado infringido a sí mismo puede revertir el abuso experimentado al causante. Tal solución, aunque dolorosa, es muy difícil de soltar.

Afecto, comportamiento, cognición

Afecto

La esencia de la subjetividad del masoquista es la sensación desesperada de estar atrapado en un círculo interminable de máximo esfuerzo que lleva a la derrota. Este estancamiento crónico y esforzado de la vida engendra desesperación, pesimismo, profunda desconfianza y desesperanza por el futuro. Este monótono sufrimiento crónico generalmente es abordado con el fin de tolerarlo y compartirlo con quien quiera escuchar. Amigos, familia, socios y terapeutas mantienen la esperanza en estos individuos agobiados, sólo para ser ellos mismos vencidos a la larga. Aquellos que han trabajado con pacientes masoquistas reportan de forma consistente de sentir esta derrota y desánimo, reflejando lo que le pasa al masoquista.

El problema masoquista ha sido, y aún es, uno de los problemas terapéuticos más difíciles a los que se enfrenta el siquiatra analítico. Después de una mejoría superficial, con frecuencia hay una recaída de los viejos síntomas y quejas, y este patrón tiende a repetirse a través del curso del análisis. El fracaso de Freud para vencer esta "reacción terapéutica negativa" en el caso de masoquismo, lo llevó a formular el concepto del "instinto de muerte" (Lowen, 1958, p. 194).

En suma, algo muy activo en el paciente intenta destruir el tiempo, el amor y la preocupación, y la comprensión cognitiva. Self creo que aquí el terapeuta está enfrentando la activación de los niveles más profundos de agresión. Algunas veces ya no hay esperanza para resolver estos severos tratamientos monótonos; sin embargo, a veces es posible hacer esto con un enfoque esencialmente analítico (Kernberg, 1984, p. 244).

Si el terapeuta se sitúa con el paciente en el mundo actual que le falla, éste solamente le contará problemas y la moral de ambos se hundirá en un marasmo. La única fuerza lo suficientemente poderosa para sacar al paciente de esa confusión es el deseo. El deber es muy débil. Pero el deseo que le satisface a esa persona en particular puede ser difícil de encontrar (Gustafson, 1992).

Lo concienzudo de este desánimo puede ser entendido fácilmente a través de la etiología y el modelo de las relaciones objetales ya presentadas. Cuando cada expresión del self libidinal ha sido bloqueada hasta el punto de vencer el deseo de uno, tenía sentido resignarse a perder completamente la esperanza a un nivel muy profundo para no ser golpeado, humillado o engañado otra vez. De igual manera, la agresión de uno, la resistencia y la rebelión, solamente se pueden expresar en el sistema subterráneo cerrado, en el cual el objeto malo internalizado es el objetivo de esa rebelión y agresión. Así, cuando existe una rebelión, hay una autoderrota. La única agresión externa existe en la autoderrota, la cual simultáneamente derrota al otro.

Para revisar nuevamente la comprensión más esencial del masoquismo, el peculiar encanto del carácter masoquista gira alrededor del hecho de que el comportamiento de autoderrota es todo lo que hay disponible.

La autoderrota mantiene el contacto con el objeto controlador o sádico original (Prototipo I). Expresa rebelión de la única manera disponible (Prototipo III). Controla y abusa sádicamente sin aceptar la responsabilidad por hacerlo (Prototipo IV) y adquiere el estatus de una adicción, la cual mantiene viva secretamente la esperanza y el orgullo al demostrar de manera perversa la habilidad del individuo para obtener castigo (Prototipo II). Para esta estructura del carácter, todos los caminos llegan al mismo final: la autoderrota. El masoquista es un "pony de una maña", pero con una diversidad increíble dentro de esta maña, y con variaciones de los factores motivacionales para cualquier supuesto truco dentro de esta única categoría. En otras palabras, algunas veces la maña representa un intento de reconectarse con el objeto malo, en otras ocasiones sirve para rebelarse en contra de ese objeto, y aún en otros momentos parece vencer a los demás o mantener la integridad a través de demostrar la habilidad de uno al alargar el sufrimiento. Muchas veces, las mismas acciones sirven a más de uno de estos motivos.

El paciente masoquista también está marcado por una carencia de experiencias placenteras. El carácter masoquista existe en un continuum desde un control demasiado socializado hasta estar controlado sádicamente. Mucha de esta socialización tiene que ver con la inhibición de esas respuestas humanas naturales que causan placer. El placer es una amenaza y su experiencia lo va a llevar hacia la ansiedad y la culpa. Así que es automáticamente evitado, y aún cuando trata, el individuo masoquista encuentra extremadamente difícil experimentar cualquier placer real o profundo. El placer provoca el control o el castigo del objeto malo internalizado, y brinda la esperanza del amor otorgado libremente, al cual el individuo masoquista ha renunciado hace mucho tiempo. De manera no sorpresiva, es el odio y el resentimiento de este carácter el que ha sido a menudo percibido como la característica primaria que lo identifica. La conciencia de esta negatividad profunda varía entre los individuos de este tipo de carácter, con más conciencia en los niveles bajos del funcionamiento estructural. Al movernos hacia el extremo del continuum del estilo del carácter, los individuos masoquistas tienden a ser más sumisos, ansiosos, agobiados por la culpa, con poca conciencia de la manera en la que su autoderrota se esta destruyendo. Para ellos, su odio profundo y los intentos por rebelarse son típicamente inconscientes. Otros, sin embargo, a menudo ven y sienten las consecuencias detestables de su agresión subyacente.

El carácter masoquista, aunque frecuentemente se caracteriza por su desesperación, el masoquista conserva secretamente la esperanza. El tratado de Theodore Reik (1941) sobre el masoquista está entre los mejores, ya que refleja esta característica. Reik afirma que el logro de la liberación del placer de cualquier clase implica ansiedad por el castigo que presagia. Para controlar esta ansiedad, la persona masoquista muestra una "huída adelantada" del castigo para que éste se experimente primero (Prototipo I), con lo cual se reduce la ansiedad y se justifica o permite el placer o la liberación. En opinión de Reik, el masoquismo sexual tiene que ver con este proceso en la esfera sexual, mientras que el masoquismo social se relaciona con el proceso respecto a la agresión y la autoexpresión en la esfera social. La diferencia, de acuerdo con Reik, es que el placer sexual primario y el placer del sufrimiento a menudo son conscientes en el masoquismo sexual, pero rara vez en el masoquismo social.

El masoquismo en su forma social depende de la esperanza de la reivindicación o la satisfacción que están muy ocultas y, con frecuencia, inconscientes, para un futuro muy distante (modelado aquí como Prototipo II). Cosechar las recompensas de uno en el cielo o en el futuro, ejemplifica esta forma de esperanza profundamente apoyada, a menudo secreta o inconsciente. Aquí también reside el egoísmo, la superioridad y la reivindicación eventual. Como Gustafson escribe (1992, p. 34): "Nosotros vivimos encantados, todos nosotros, sin embargo degradados en algún lugar secreto".

La tragedia continúa para el masoquista. Es que aún cuando la liberación se adquiere por medio del sufrimiento, esto puede llevarlo a la culpa. En la esfera social, un individuo masoquista algunas veces va a aprovecharse de un arranque agresivo de ira bien ganado, u otra autoexpresión dogmática. Esto va a activar el objeto malo internalizado o antilibidinal, el cual va a activar la culpa y la ansiedad, sin importar qué tan justificada sea la explosión. Frecuentemente, el ambiente también reacciona de manera punitiva, regresando al individuo a su lugar masoquista. Este es, desde luego, el lugar familiar en el cual se destruyó la agresión y, particularmente, la resistencia a la voluntad de los demás. De este modo, la esperanza y la confianza conscientes de una especie positiva o inmediata es impulsada más hacia lo secreto o la inconsciencia. Alguien que es derrotado tan consistentemente se atrinchera en la desconfianza del mundo y particularmente de cualquiera que sea tan inocente y tonto como para ofrecerle alguna esperanza. El deseo rencoroso de arrastrar a cualquiera que intente esto se vuelve endémico.

Comportamiento

Antes de describir el comportamiento que es característico del masoquismo, quisiera enfatizar nuevamente que en este libro estoy presentando un modelo teórico, no un modelo actuarial. En otras palabras, prácticamente cualquier comportamiento se puede encontrar en cualquier estructura de carácter, y esto es en realidad la estructura motivacional dinámica que subyace al comportamiento lo que determina los problemas caracterológicos representados por su expresión. Sin embargo, una colección o patrón de comportamientos expresados en una actitud característica, ciertamente no señala la alta probabilidad de un problema caracterológico establecido. En el caso del masoquismo, la demostración persistente de toda una abundancia de comportamientos que podrían ser ampliamente llamados autoderrotados es definitoria. Esto es particularmente verdadero cuando el comportamiento que origina la autoderrota es permeado con una buena cantidad de negatividad no sólo hacia el self, sino también hacia los demás. Aun los comportamientos en cuestión son bastante tendientes a borrar a la propia persona y aparentemente pasivos, tienden a producir enojo, irritación y, aún abuso por parte de otras personas, por lo cual provocan, de nuevo, una autoderrota.

Todo comportamiento que puede ser caracterizado –de una u otra forma– como psicopatológico o disfuncional en cualquiera de nosotros es autoderrota. Lo que distingue al masoquista de los demás es que existe en algún nivel de conciencia un placer perverso o satisfacción en el castigo auto-impuesto. Este placer viene del hecho de que el placer libidinal sólo puede venir de la autoderrota o de la resistencia. Lo que distingue a los pacientes masoquistas de los demás es que esa autoderrota es la única forma de auto-integridad, resistencia y rebelión grabada en el repertorio.

Este placer perverso del dolor que se inflinge a sí mismo o de otra manera se auto-inicia es la característica que distingue al masoquismo, y esta característica es la que hace la autoderrota masoquista aún más resistente al cambio que cualquier otra estructura del carácter.

El conocimiento de estas dinámicas proporciona la dirección más importante para aquellos que desean cambiar este ajuste. Aquí recordemos la declaración convincente de Gustafson (1986, p. 201) de un elemento del trabajo de Bateson: "Todos los movimientos *vistos* son solamente integrantes de una clase, la cual es invisible". Con esta estructura del carácter, los movimientos que son vistos son todas las formas de la autoderrota, pero las clases que son invisibles son la lealtad, la resistencia, la rebelión y las expresiones íntegras y autónomas de la voluntad. Las otras formas de la autoexpresión libidinal pueden liberarse de tal manera que la voluntad de la persona no se vuelve a aplastar. El masoquista puede entonces renunciar a "cortarse la nariz para mostrar resentimiento a su cara".

Algunas veces, el masoquista va a liberar su rencor de una manera tan violenta que va a provocar alguna clase de represalia que sólo aumenta el proceso masoquista y refuerza las decisiones de guión o las creencias patogénicas de su estructura. Esto puede, incluso, ser parte de algún procedimiento operativo masoquista estándar al mostrar la provocación que ocurre en su personalidad. Un deseo efectivo en la psicoterapia tiene que liberar el rencor del inconsciente, estimular su expresión y ayudar al paciente a dirigir y modular esa expresión.

Habiendo dicho todo esto, regresemos a clasificar a los integrantes vistos de estas clases invisibles, siempre recordando que estos comportamientos no son masoquistas para nuestro propósito, a menos que sean integrantes de estas clases invisibles de la expresión libidinal y, por consiguiente, placenteros.

Subordinación. Jesús dijo: "Los mansos heredarán la tierra". La literatura novelesca sobre el masoquismo sexual es quizá el mejor lugar para adquirir una comprensión de la posibilidad de aprender las satisfacciones de la esclavitud dolorosa, degradante e inflexible (Rice, 1985). Tanto, Reik como Reich, enfatizaron en sus tratamientos del masoquismo que el dolor no se toleraba por sí mismo, sino por la liberación y el placer de la sexualidad, que de otra forma estaría prohibida. Con el masoquismo social, la conciencia del placer o la satisfacción es más rara y menos obvia. En general, empero, la satisfacción secreta del servilismo es moralmente superior. Las personas masoquistas a menudo son por lo menos débilmente conscientes de la redención de la culpa asociada con los buenos actos. Por la clase de padres que el carácter masoquista ha tenido y las relaciones naturales hacia ellos, este individuo tiene una gran cantidad de culpa de la que se tiene que deshacer. El desarrollo del narcisismo saludable y normal no se permitirá en estas familias, así que es repudiado conscientemente, pero mantenido de manera inconsciente en una especie de martirio para las recompensas que vendrán después. Reik (1941) es especialmente prolífico en sus reportes sobre las fantasías de los pacientes masoquistas, los cuales finalmente prueban su superioridad, incluyendo la aflicción de aquellos que los atormentaron. Estas fantasías ilustran de manera peculiar la retribución de ganar la superioridad narcisista y la expresión agresiva, tal como el masoquista sexual gana la gratificación sexual.

Retraso. Aquí se encuentra una estrategia excelente para ser un desdichado crónico y exasperante para los demás: Está siempre insatisfecho con todo en tu vida, quéjate constantemente sin hacer algo efectivo para cambiar la situación. Si atraviesas por una serie de problemas en el matrimonio o en el trabajo, no dejes de quedarte ahí, eso te proporciona un abastecimiento eterno de material para lamentarte de esos problemas y una justificación del porqué te sientes tan mal.

Si alguien te sugiere una alternativa, recházala como algo que no va a funcionar o algo que ya intentaste. O prueba hacerlo, pero asegúrate de que no funcione. Si alguien alguna vez te critica por ello, concuerda profusamente con su crítica y amplíala aún más, o si sientes que tienes suficientes motivos, saca tu frustración y tu rencor hacia quien te lo sugirió por su falta de sensibilidad, ineptitud en tratar de ayudarte o por su estupidez al no ver lo desesperado de tu situación. Ya sea que prosigas con tu habitual comportamiento pasivo-agresivo o muestres una rara complacencia de agresión, recuerda siempre aferrarte a la propuesta moralmente superior. Al adoptar esta estrategia vas a continuar derrotado, pero ya no estarás solo. Al arrastrar a otros contigo puedes, además, justificar tu punto de vista y disfrutar de cierto triunfo. Después de todo, estás acostumbrado a esto y no esperarías algo diferente. En particular, esta va a ser una estrategia efectiva con tus hijos, ya que usualmente van a encontrar muy difícil rechazarte por ella. Con algo de suerte, ellos nunca van a abandonarte y tú puedes mantener perpetuamente esta solución a los problemas de la vida.

La victimización del self. Los individuos masoquistas tienen una gran propensión a meterse en problemas y una gran dificultad para salirse de ellos. Es común contraer matrimonio con un alcohólico o con alguna persona seriamente adicta o con una que abuse física o verbalmente. En forma alternativa, es igualmente común no tener un empleo inadecuado o no tener oportunidad de progresar, trabajar para un jefe o una compañía abusiva y explotadora o proseguir con una carrera para la que se tiene poco talento. Estas elecciones tienen la ventaja psicológica tanto interna como externamente de parecer no habérselas causado a sí mismo. Así, la persona masoquista puede evitar adquirir responsabilidad por algo que es un patrón de autoderrota. En esta relación es interesante notar que la decisión de la Asociación Psiquiátrica Americana de no incluir el trastorno de la personalidad de la autoderrota en su *Diagnostic and Statistical Manual,* ha sido más política que objetiva. La razón comprensible, pero mal dirigida, para esto es evitar "culpar a la víctima". Es desafortunado si esta decisión caritativa opera para empañar nuestro entendimiento de conducir la responsabilidad hacia la conciencia, lo cual es un paso necesario para alterar estos inútiles patrones dolorosos. Para una discusión en la base de datos sobre el trastorno de la personalidad de la autoderrota, ver Fiester (1991), quien concluyó que: "datos de estudios existentes muestran una ocurrencia relativamente alta, ligeramente más alta en las mujeres que en los hombres, buena consistencia interna, una superposición significativa con algunos otros trastornos de la personalidad…" y otros hallazgos menos críticos concernientes a este diagnóstico.

Reacciones negativas al éxito. En los comienzos de 1923, Sigmund Freud notó un fenómeno que llamó reacción terapéutica negativa. Las intervenciones terapéuticas que debían ser benéficas o que en un principio fueron efectivas, tuvieron un resultado opuesto: los pacientes empeoraron. Freud asoció este fenómeno con el masoquismo y, eventualmente, con su instinto de muerte. Tales reacciones son comunes en la psicoterapia de personas con este problema, pero reacciones similares se extienden a otras experiencias en la vida que deberían ser positivas, alentadoras o que sean causa de una celebración. Estas reacciones, ciertamente, le sugieren a cualquiera que las atestigüe, que aquí debe haber un individuo que en realidad disfrute el sufrimiento y ni muerto lo pueden sorprender experimentando algún placer. Es casi como si ellos no se dieran la satisfacción a sí mismos o a alguien más de tener alguna satisfacción. Estas reacciones son particularmente fascinantes y diabólicas cuando involucran una aparente provocación inconsciente de los demás, para que ellos, y no el self, sean los responsables de la negatividad resultante.

Cualquiera de las siguientes categorías del comportamiento de la autoderrota pueden ajustarse dentro de una o más de las cuatro primeras categorías: subordinación, retraso, auto-victimarse y reacción negativa al éxito. Enlisto lo siguiente tan sólo por su valor heurístico, como ayuda para identificar esta clase de tendencias masoquistas.

Abrumarse por problemas.* Un medio excelente para permanecer igual y retardar cualquier solución efectiva del problema, es abrumarse con el análisis más negativo de todos los problemas a los que uno se enfrenta de manera simultánea. Cuando nunca se permanece dentro de un problema el tiempo suficiente para formular y ejercitar una acción, uno puede mantener un flujo de tales quejas que transcurra indefinidamente. Con experiencia, uno puede fácilmente involucrar en este proceso a otras personas e inducir el mismo trance de impotencia y confusión experimentado originalmente. Al ir mejorando al hacerlo y tolerarlo, se puede inducir una impotencia y una confusión más incómoda en los demás que la que experimentó usted mismo. Berne (1964) fue particularmente astuto al catalogar los logros psicológicos internos y externos de estas maniobras en tales juegos como "porque no lo haces, sí pero por qué no tú"

Provocación. Como Reik (1941) ha notado, la provocación del castigo es más eficaz en el masoquismo social que en el masoquismo sexual. Self creo que es obvio, por los ejemplos anteriores, cómo el carácter masoquista puede ser provocativamente exasperante. La incitación es acentuada posteriormente por la negación de ésta. Después de todo, la persona oprimida sólo nos está diciendo qué tan mal se siente, qué tan irresolubles son sus problemas y cómo nadie le puede ayudar.

Además de las clases de provocaciones enlistadas, los individuos masoquistas son célebres por su inocente "¿Quién, self?" La agresión pasiva en formas tales como el olvido, los descuidos en detalles críticos en medio del trabajo excesivamente meticuloso y sacrificado, o "accidentes" que lesionan a los demás, pero que son negables y convenientemente humillantes para el causante. Tales "accidentes" son un buen ejemplo de comportamiento masoquista, los cuales son a la vez un castigo, pero inocentemente gratifican el rencor y la hostilidad del masoquista.

El masoquista es muchas veces particularmente bueno en lo que puede llamarse "provocación de la tortura de agua". Así, cada acto puede ser relativamente inconsecuente, así que cuando el último acto tiene éxito y provoca una respuesta de rabia que no se justifica por lo que acaba de suceder. Esto permite al masoquista que lo golpeen, al mismo tiempo que conserva una posición de autoridad moral. De nuevo, cuando esto se pone en práctica en nuestros hijos, esta estrategia masoquista puede ser bastante efectiva.

---

* Quisiera reconocer a Gustafson (1986) por describir esta característica, la cual llamó "saturación de problemas".

Anhedonia generalizada (**). A veces, el masoquista social es más reconocido por su singular ausencia de cualquier placer en la vida. A menudo, los individuos masoquistas se presentan como retraídos, crónicamente agobiados, que hacen su máximo esfuerzo, que luchan continuamente, pero no llegan a ningún lado. Al observarlos y escucharlos, nos viene a la mente el mito de Sísifo: el resultado siempre es el mismo, la salvación permanece fuera del alcance. Lo suyo es una depresión crónica. Como en todas las depresiones, existe cierta fluctuación, pero en el carácter masoquista hay menor variación y existe el sentimiento que Reik etiquetó como "marasmo o pantano masoquista". No hay una salida. Y aún así, las personas masoquistas son notables por su habilidad para continuar a pesar de su carga masiva y su desesperanza. Están crónicamente desalentados, pero siguen adelante. Y eso, creo, es la clave para el ajuste masoquista. Ellos han encontrado una forma perversa de ganar a través de la pérdida.

El comportamiento masoquista en la terapia. En psicoterapia, el masoquista es condescendiente con todas las reglas y normas de procedimiento. Estos pacientes están crónicamente insatisfechos o se describen a sí mismos como "atorados" en una o más áreas de su vida. Pueden haber tenido una historia de una psicoterapia previa, la cual, aunque haya continuado por años, fue esencialmente ineficaz. Estos pacientes rara vez muestran algún resentimiento o una agresión directa en su vida diaria o en el mismo proceso de terapia. Su terapeuta o terapeutas anteriores pueden proveer la única excepción en la que sus pacientes pudieran ser muy despectivos o despreciativos hacia ellos. Si usted es un terapeuta, usted será el próximo. Estos pacientes, en un principio son agradecidos y sensibles ante cualquier mediación escogida, pero nada cambia en su vida exterior. Su trabajo insatisfactorio, el matrimonio o las dificultades personales, tales como la depresión persistente, la dilación u otros comportamientos de autoderrota, se caracterizan por el estancamiento. Se pueden sentir descorazonados con esto, auto-recriminativos, o alejarse de alguna forma del proceso, pero casi nunca se enojan activamente con el terapeuta. Aunque se denota la responsabilidad de éste por el fracaso, es raro que el terapeuta que no se sienta de alguna manera responsable y no lo suficientemente capaz. La reacción natural del terapeuta a esta clase de derrota pasiva-agresiva es, desde luego, de enojo y frustración. Los dos errores de contra-transferencia más comunes

---

[(**) El autor posiblemente elaboró este término como antónimo de hedonismo, es decir, para señalar *ausencia total de cualquier placer en la vida*. Sin embargo, como tal, con esa grafía, no existe en inglés ni en español. N. de la T]

con esta clase de paciente son: *1)* actuar esta frustración y enojo para que el paciente se vuelva avergonzado, o *2)* negación de la frustración y enojo, llevándolo a una terapia más prolongada caracterizada por la falta de un cambio significativo o relación. Muy a menudo, va a escoger el segundo camino, hasta que ya no aguante más, y entonces recurrirá al primero.

El tratamiento de elección —es más fácil decirlo que hacerlo— es utilizar estas reacciones naturales humanas para comenzar la liberación del lado oscuro, agresivo y rencoroso del paciente, que puede ser lo único que está potencialmente disponible de la fuerza vital suprimida de esta persona, de su exuberancia, de su voluntad y otros sentimientos auténticos. Tal paciente tiene una larga historia de derrota pasiva-agresiva de los demás, y algunas veces es posible atrapar la derrota actual de sí mismo y el otro en progreso y usarla para guiar al paciente de regreso a través de esta historia. Particularmente, cuando el deleite del paciente en su frustración logra unirse a la derrota de los otros, pueden reiniciarse las brasas de su self verdadero suprimido. Desde luego, en este carácter, la resistencia es todo lo que queda del self real. Así, que ésta necesita ser bienvenida y reconocida por su valor de sobrevivencia y sus intentos subyacentes. El peor error que un terapeuta puede hacer es intentar la supresión de tal resistencia. La persona masoquista está mucho mejor manteniendo su propia resistencia que lo que cualquier terapeuta puede hacer al no ceder en contra de ella. Esta fue la única revancha que pudo exigir por ser suprimido y ha pasado casi toda su vida perfeccionándola. En una pelea, el terapeuta no tiene ninguna oportunidad.

Cognición

Antes de comenzar el resumen de las características cognitivas del masoquista, es útil recordar una vez más que éste, como todos los demás problemas caracterológicos, existen en un continuum desde lo más severo hasta lo menos severo, desde el trastorno de la personalidad hasta el estilo del carácter; en el extremo bajo del continuum, la fuerza que se aplica para la socialización o cualquier otro dominio es verdaderamente abusiva y sale de la propia patología de los padres, que es extrema. Aquí, los abusos van a ser siempre más generalizados y no dirigidos directamente al control estricto de la socialización del niño. En estos casos, otros aspectos caracterológicos van a estar presentes y, en ocasiones, más dominantes que el masoquista. En el otro extremo del continuum, se va encontrar a padres más amorosos, compasivos y sanos, que se han adoctrinado para aceptar un enfoque demasiado rígido y dominante hacia la socialización. En esto, ellos mismos tienen una predisposición masoquista definida. La disciplina que ellos reparten y la extinción de la exuberancia que ellos efectúan pueden, desde luego, herirlos como ellos hieren a sus hijos. Sin embargo, acatan esto y provocan una sumisión en los hijos. Estos niños bien pueden sentir que sus padres los aman, pero como sus padres, ellos creen que existen fuerzas negativas dentro de ellos que deben ser domadas. En el tema más común, la psicopatología parental es menos severa que aquella que produce trastorno de la personalidad y se unen a sanciones sociales para entrenar, controlar y disciplinar a los niños. Donde la psicopatología parental y las sanciones sociales se combinan para enfatizar el problema del control, se observa una personalidad masoquista muy singular.

Cuando se conoce a una persona masoquista, se impresiona uno por su actitud de agobio. La vida es difícil, las cosas a veces no funcionan, es importante tener cuidado con lo que haces, dices o sientes. Si estas personas no siempre son desdichadas, tampoco son verdaderamente felices. Y si expresan sentimientos o actitudes positivas, no lo hacen con entusiasmo u optimismo real. Estas personas están agobiadas, inhibidas y siempre un poco cautelosas ante el mundo. No sienten profundamente, ni se enamoran apasionadamente, no se enojan perdiendo el control o se emocionan en grado máximo. Aún su depresión, que puede ser bastante profunda, no la sienten con verdadera desesperación, como dicen que puede ser las del carácter oral o el narcisista. A medida que el tiempo pasa, uno se pregunta cómo es que pueden soportar tanto dolor crónico sin estar más devastados por ello. Más que cualquier otra estructura del carácter, los demás pueden en verdad disminuir su autoestima, pero ellos no ceden y persisten notablemente bien, y por largos períodos, sin derrumbarse o quebrantar su espíritu. No les agrada, pero lo han aceptado desde hace mucho, así es la vida. Cualquier esperanza real de que las cosas sean sustancialmente diferentes, se extinguió, y cualquier revivificación de esa esperanza es profundamente perturbadora para su equilibrio psicológico. Esta es una persona conservadora, la cual es bastante desconfiada ante cualquier cambio o esperanza. Las cosas están mal, pero podrían empeorar. La respuesta casi reflexiva ante cualquier sugerencia para un cambio es: no va a funcionar, hay algo que está mal, ya lo intenté o es peligroso.

Una segunda actitud característica del carácter masoquista a través del continuum es que trata de ser bueno. Esa fue su decisión de guión esencial, cuando se rindió en la lucha por su independencia. Existe, desde luego, el temor de hacer algo mal y ser castigado como antes. Estas actitudes fundamentan las tendencias frecuentemente hacia la sumisión, la autodestrucción, el servilismo y el apaciguamiento. Conscientemente, esta persona se ve a sí misma como inocente, bien intencionada, pero maltratada, despreciada, desafortunada, victimizada o falta de suerte. La inocencia de "¿Quién, self?" y la victimización de "¿Porqué self?" invade la conciencia y la propia presentación consciente del sujeto masoquista. Este individuo va a venir a terapia o a pedir ayuda, pero no cree que esa ayuda vaya a aparecer o que algo vaya realmente a funcionar alguna vez. Pero, ¿qué más puede hacer?

En el carácter masoquista también existe la actitud -no siempre consciente, ni siempre inconsciente- de que el placer es malo, pecaminoso y debe desconfiarse de él. Esto puede ser expresado en la moral o en la religiosidad consciente, o puede estar simplemente representada en el cuerpo por una restricción o una inhibición "muy afianzada" de cualquier experiencia placentera.

La cognición esencial reprimida del paciente masoquista con el afecto apropiadamente asociado, puede ser resumido en dos palabras: "te jodes". Más explícito: "tú nunca me vas a conquistar. Soy indomable. Te he engañado. Tú crees que me has dominado, sólo espérate. Tú crees que me has vencido, sólo espérate, voy a desquitarme, y ni siquiera te vas a enterar. La venganza va a ser mía, aunque me tarde toda la vida. Vas a pagar por esto. Mi espíritu va a ser vengado. Puedo esperar el tiempo que sea. Tú me enseñaste a dominarme, algún día te arrepentirás. Nunca voy a rendirme, nunca voy a confiar en ti ni a quererte nuevamente. Voy a derrotarte, aunque en esto se me vaya la vida."

El espíritu humano es indomable. Los intentos para extinguirlo por completo sólo van a conducirlo al subterráneo profundo hacia el refugio psíquico donde puede esperar indefinidamente y desde donde puede golpear vengativa e inesperadamente. Los regímenes totalitarios han sido finalmente derrocados y la rabia se ha desatado en esas rebeliones que usualmente son violentas, repentinas y satisfactorias (*Cf.* La revolución francesa, la rusa y la rumana).

La labor del terapeuta en esta situación es ayudar a la persona a ver que externamente la guerra terminó, el peligro ha pasado. La persona puede salir del refugio subterráneo. Pero para hacer eso, debe desistir de la revancha y eso es muy difícil de llevar a cabo. Cuando has sido tan lastimado, es muy difícil perdonar y seguir adelante. El trabajo del terapeuta es ayudar de alguna forma a este niño derrotado a desistir de la revancha, excepto en cuanto a "vivir bien es la mejor venganza".

El objeto malo internalizado también tiene que liberarse del inconsciente y, circunstancialmente, erradicarse. Siempre y cuando el self antilibidinal y el objeto resultante del proceso de internalización estén presentes en el self, la guerra continúa y finalmente se transmite a los niños, quienes realmente se convierten en los objetos inocentes del espíritu vengativo. Los niños son los únicos desamparados con los que se desquitan, y esto, desde luego, es la derrota total para cualquier padre.

Previo al exorcismo del objeto malo, el contenido de la cognición del masoquista incluye los deberías, las prohibiciones, las creencias y las restricciones de los padres entrometido y controlador. El exorcismo también va a descubrir las actitudes interrumpidas en el desarrollo del libidinal, y estas actitudes a veces van a ser egocéntricas, absolutas y con necesidad de maduración. A medida que la terapia progresa, ésta puede, en su inicio, aterrorizar y apenar al paciente, y llevarlo a estas actitudes que lo impulsan nuevamente a mantenerse en secreto. Aquí hay una situación donde la terapia realmente necesita una "experiencia emocional correctiva". El paciente no puede proveerse a sí mismo lo que nunca le proporcionaron. Afirmar lo contrario es donde los psicoanalistas tradicionales se han equivocado y han fallado a sus pacientes al esperar que éstos hagan las cosas por sí mismos. El terapeuta puede proporcionar, a través del tiempo, tanto en su propio autocontrol como en el ejercicio de autoridad con el paciente, un objeto y un modelo suficientemente buenos para la reinternalización de ambos estándares apropiados y un auto-tratamiento en el área de las reglas sociales, la disciplina, la responsabilidad y el comportamiento ético-moral. El masoquista ha internalizado verdaderamente a alguien no del todo diferente a los señores Sultzer y Basedow, citados anteriormente, de los siglos XVIII y XIX. El paciente puede actuar mejor y la mayoría de los terapeutas pueden proporcionar una ayuda mayúscula como objeto para la internalización "suficientemente buena".

Este no es entonces el lugar para la abstinencia y la neutralidad del terapeuta. Mientras la postura terapéutica puede ser útil en el inicio para fomentar la transferencia negativa necesaria para una reconstrucción y un análisis, no ayuda para nada en el proceso de la maduración eventual del self libidinal. Metafóricamente, deja al niño pequeño solo cuando de verdad necesita un modelo y un mediador bueno para negociar la libertad y la responsabilidad social óptimas. Mientras que el terapeuta no es, ciertamente, la única persona que puede ser utilizada constructivamente de esta manera, es casi siempre una figura muy crítica para este proceso. Dejar al paciente solo en este momento justifica la desesperación y la desconfianza con que la persona comenzó el proceso terapéutico.

Objetivos terapéuticos

> *El terapeuta con una necesidad de curar*
> *y el paciente con una necesidad de fracasar*
> *establecen una de las parejas más estables,*
> *duraderas e inalterables en el mundo civilizado.*
>
> HUBERT GROSS, 1981.

El objetivo primario de la psicoterapia es ayudar al paciente a dejar un estilo de vida caracterizado por un efecto depresivo, un comportamiento de autoderrota y la cognición caracterizada por el pesimismo y la desconfianza. Sin embargo, como espero que esto haya quedado claro, la constelación entera sirve al propósito dual de definir y mantener el self mientras lo defiende de la aparición de efectos amenazadores. Al ir descendiendo en el continuum del funcionamiento estructural, el papel protector y de autodefinirse del comportamiento masoquista va a aumentar en importancia, y las dificultades con las que se tropieza al darse por vencido van a ser igualmente mayores. Para el masoquista no será posible resignarse a perder esta forma de vida, hasta que comienza a desarrollar otras vías para definir y sustentar al self. De igual manera, las soluciones de compromiso del masoquismo no van a abandonarse hasta que se trabaje a través de los sentimientos que van a ir emergiendo, y hasta que experimente la fuerza del self que se requiere para tolerarlas. Así, el tratamiento de éste y de todos los demás problemas de la personalidad resumidos en este volumen, necesita un acercamiento con la comprensión tanto del modelo del conflicto como del modelo del déficit de los problemas humanos.

Cuando el individuo abandona este estilo de vida, va a empezar a revivir la esperanza y la confianza. Va a cambiar sus expectativas por los resultados de sus propias acciones, sus relaciones y la calidad de su experiencia interna. Va a ver las cosas con interés, va a tener fe en los demás, va a arriesgarse a soñar y a expresar ambición, a experimentar placer en sus sentidos, ideas y logros. Finalmente, va a ser capaz de hacer cosas que llenen sus necesidades y, después, sus sueños.

Si usted conoce a alguien que sea profundamente masoquista, la descripción anterior le parecerá casi imposible. Y, quizá lo sea, porque cualquier cambio verdadero en una personalidad masoquista es verdaderamente cambiante en la naturaleza. Esto significa un abandono casi completo de identidad, estilo de vida y de orientación básica a sí mismo, a otros y al mundo. Aunque el proceso terapéutico con esta personalidad va a caracterizarse a tontas y a locas, finalmente no puede ser útil si está a medias. Para poder ayudar, el carácter masoquista debe en verdad experimentar un gran giro en su identidad y su orientación. Aún así, va a ser muy difícil hacer algo por él. Cualquier intento va a ser frustrado de una u otra forma. Es este patrón de derrota, con sus afectos concomitantes, comportamientos y cogniciones, las que van a aportar algunos de los contenidos más útiles para la psicoterapia. No importa lo que usted haga o donde comience, aquí es donde va a concluir.

El carácter masoquista es particularmente hábil en hacer que los demás colaboren con su estilo de vida en una o dos formas: Primero, si las personas responden con compasión y similitud en el estilo afectivo, ha creado un espejo y una confirmación de sí mismo, particularmente si la persona compasiva trata de ayudar. El que ayuda puede, entonces, ser derrotado y, por consiguiente, experimenta aún más la realidad interna del sujeto masoquista y se confabula con él. Segundo, los individuos van a responder en un estilo complementario al rechazarlo al inicio o al final. Algunos van a rechazarlo al inicio por sus quejidos y su inhabilidad para solucionar sus propios problemas. Otros, después de haber tratado y fallado repetidamente, van a rechazarlo por la frustración de ser inducidos a sentir exactamente como se siente el carácter masoquista: desesperado, incompetente, pesimista y enojado. Desafortunadamente, los terapeutas pueden caer en cualquiera de estos dos grupos. Así que, ¿qué puede hacerse? Self creo que la esencia de la respuesta está en un diagnóstico acertado, lo más pronto posible. Con frecuencia, este diagnóstico va a ser obtenido de manera difícil, sufriendo el efecto depresivo y el pesimismo en el cual la persona masoquista es experta al producirlo en los demás, y al sufrir las derrotas inevitables de cualquier régimen terapéutico probado. Una vez hecho el diagnóstico, el terapeuta puede, a partir de ahora, dar el beneplácito, lo que de otra forma pudo haber sido inoportuno. Para lograr esto, se necesita un grado considerable de claridad. Las respuestas de un humano al individuo masoquista son, generalmente, necesarias para experimentar en realidad cómo se siente, para comprender el efecto que causa en los demás y captar la naturaleza cíclica e imborrable de su problema. Sin embargo, es necesario tan pronto como sea posible, no responder o actuar en esta forma convencional, porque puede hacer alguna posibilidad de aminorar el patrón, más que reforzarlo. Al abordar este mismo punto, Herbert Gross

(1981) escribe: "El dilema será responderle al paciente infeliz más que a la infelicidad del paciente". Con esto, creo que Gross está sugiriendo lo mismo que self: darse cuenta, pero no engancharse, en la infelicidad que se puede adquirir fácilmente del paciente. Captar esto es útil para el diagnóstico, pero no para responder desde ese lugar. La infelicidad es problema del paciente. Cómo el paciente llega a ser infeliz es algo que el doctor puede remediar: al proporcionar un *insight* del cómo y el porqué ha llegado a sentirse tan miserable. El terapeuta también puede enseñarle estrategias alternativas para tratar con los conflictos y el déficit que el paciente experimenta. Pero la elección de utilizar o no estas opciones permanecen en el paciente. Cuando el terapeuta parte de la posición de neutralidad, curiosidad, separación y una actitud analítica, le permite al paciente percibir esta elección y aceptar la responsabilidad de llevarla a cabo. El terapeuta lleva las de perder cuando acepta la responsabilidad ante la infelicidad del paciente, porque éste no cambia al transmitir esta responsabilidad a los demás, para luego defraudarlos.

Los terapeutas estratégicos (Watzlawick, Weakland y Fish, 1974) tienen una estrategia que viene a la memoria para los pacientes que son incapaces o reacios al cambio. Se llama "la paradoja de porqué cambiar". Esencialmente se trata de mostrar al paciente los beneficios y las ventajas de su forma de vida. Es entonces cuando se le sugiere seriamente al individuo no cambiar, ya que el costo sería muy alto. La persona está en mejores condiciones de opinar con la forma de ajuste que ha establecido. Creo que algo así sólo funcionaría con el masoquista si el terapeuta viniera de una posición clara respecto a que esta intervención podría otorgarse sin ninguna intención de manipular o tomar revancha con hostilidad hacia un paciente derrotado. La presentación de esta idea obviamente tendrá que alterarse para enfatizar verdaderamente la opción de vida requerida para renunciar a una adaptación que proporciona una identidad, familia, rebelión, agresión y el escape del vacío, angustia, riesgos, rabia y muchas cosas más. En lo personal, esta es la única forma en que usaría tal intervención, como veo la presentación clásica de "paradoja", como una manipulación con una agenda escondida. Pero hasta el punto en que la verdadera postura terapéutica subyacente no es ni manipuladora ni hostil, representa una respuesta al paciente desdichado como en oposición de una respuesta a la desdicha del paciente. Señala en forma clara y elimina la participación del terapeuta en las interacciones sociales familiares, las cuales sirven sólo para perpetuar el problema. En la manera clásica de comprensión, el paciente masoquista es el que más resiste, y estos son precisamente los pacientes para quienes tales estrategias aparentemente han probado se las más útiles.

Creo que los terapeutas de la escuela analítica (Gross, 1981) y la escuela de terapia estratégica sugieren lo mismo en respuesta a estos pacientes. Una vez más, esto es mucho más fácil decirlo que hacerlo, y uno tiene realmente que estar en la posición de permitir al paciente hacer su elección y vivir con las consecuencias, cualesquiera que éstas puedan ser. Habiendo aclarado esto, es posible ahora resumir, en lo que de otra forma hubieran parecido estilos muy ingenuos, los objetivos cognitivos, afectivos y de comportamiento para el carácter masoquista.

Objetivos cognitivos

Puede ser finalmente útil tanto para el terapeuta como para el paciente, para en verdad entender la configuración de experiencias anteriores que hizo a este paciente adoptar este particular estilo de vida, incluyendo las decisiones de guión o creencias patogénicas, identificaciones del self. En este proceso, sin embargo, puede no ser la misma clase de verdadera alianza de colaboración terapéutica que puede ocurrir en otras estructuras. Aun la sumisión, la cual es obvia aquí, puede sólo ser superficial y parte de una estrategia para anular al terapeuta. Por exacta que sea su explicación, reconstrucción o interpretación, eso no ayudará. Nada ayuda, hasta que el paciente escoja el cambio en la responsabilidad. Aún así, este conocimiento puede llevar a la claridad de que existe una elección y explicar exactamente cuál es. Más allá de la reconstrucción del pasado, el paciente también puede ser finalmente ayudado por medio de las interpretaciones de sus afectos, comportamientos y cogniciones, siguiendo los cuatro paradigmas de las relaciones del objeto interno subyacente. Para el carácter masoquista, inicialmente los paradigmas 1, 3 y 4 son más útiles que el 2, ya que el masoquista esencialmente se desiste de la esperanza consciente. El terapeuta puede darle al masoquista una oportunidad de aprender cómo ha sido programado para mantener este estilo depresivo de vida y de autoderrota. Puede darse una oportunidad para aprender el porqué trabaja para mantener un estado depresivo. Puede aprender cómo su comportamiento autoderrotado ayuda a mantener y justificar este estado. Puede empezar a apreciar cómo imbuir en otros esta condición, funciona para mantenerla ya sea a través del reflejo y la confabulación que logra, o por su provocación que resulta en su rechazo. Al paciente masoquista se le puede dar la oportunidad de cambiar su visión de esta experiencia central; de intrínseca y auto-esforzada a extraña, y el resultado de la programación circunstancial.

El proceso terapéutico va a proporcionar muchas oportunidades repetidas para explorar y comprender cómo los patrones masoquistas se conducen interpersonalmente. Esto puede llevar a comprensiones similares involucrando a las relaciones actuales del paciente. El análisis a este nivel va a incluir tales cosas como un mayor conocimiento de sí mismo con respecto a su subordinación y provocación de los demás para mantener su estancamiento depresivo, su rebelión oculta, su agresión y rencor, sus maniobras para escapar de su responsabilidad personal, etcétera.

Objetivos afectivos

El tratamiento exitoso del carácter masoquista va a involucrar esencialmente su experiencia y su responsabilidad para con la rabia consciente y el placer. Históricamente, la rabia con respecto al tratamiento abusivo, en particular el sobrecontrol, se ha suprimido y, algunas veces, reprimido. El placer amenaza la defensa depresiva y la autodefinición depresiva. Así, tanto la rabia como el placer crean ansiedad. Estos individuos necesitan aprender a acceder a estos sentimientos prohibidos, soportar la ansiedad que los acompaña en un inicio y, eventualmente, a desensibilizarse. El rencor, del cual la persona masoquista puede ser consciente de alguna manera, puede ser el comienzo de este proceso porque puede ser la única expresión residual del self real. En este rencor hay rabia y placer, aunque este último es más inconsciente que el primero.

El terapeuta sólo puede darle al paciente la oportunidad de encontrarse a sí mismo de esta manera. Aún cuando la resistencia es experimentada como enteramente automática, el paciente puede escoger si va a combatirla o no. Desde luego, el paciente consciente o inconscientemente puede debilitar la autenticidad de esta decisión. Pero esta debilidad proporciona un contenido posterior para la terapia. En este patrón representativo de resistencia y análisis no hace falta una lucha entre el paciente y el terapeuta, si éste no necesita ayudarlo demasiado. Las personas no renuncian a los patrones de supervivencia, que han funcionado, hasta que tienen mejores patrones de supervivencia que funcionan tan bien como aquellos. Cuando el paciente se sabotea a sí mismo, lo hace porque no cree que exista una alternativa viable.

Cualquier tratamiento de rabia y placer dentro del masoquista va, desde luego, a involucrar el aspecto de la culpa. Esta es un área en la cual self creo que el terapeuta puede ser productivamente un poco más activo con la persona masoquista. Puede permitirle al paciente que experimente estos afectos sin alguna culpa, aunque, una vez más, uno tiene que ser cuidadoso de no dar pie a una lucha. El permiso debe ser sólo eso, no una exigencia. Cuando el paciente cambia el permiso por exigencia y luego lo resiste, esto se vuelve más harina para el molino del tratamiento del masoquista.

En caso de que el paciente masoquista decida arriesgar el cambio, va a experimentar ansiedad y miedo. Esencialmente, es el temor de ser golpeado y estar acongojado nuevamente. Si nunca aceptamos nuestras esperanzas, jamás nos desilusionaremos; si nunca confiamos, no nos van a traicionar; si no nos arriesgamos, no vamos a perder lo que pudimos haber apostado. Cuando el masoquista anhela, confía o arriesga, la ansiedad es grande porque los costos anteriores han sido de mucho peso. Aquí, el terapeuta puede ayudar a modular la ansiedad tan sólo con estar presente, ayudando al paciente a evaluar el nivel de riesgo, siendo precavido para advertir los esquemas de autoderrota y ayudar siempre al paciente a aceptar la responsabilidad plena en los riesgos que tome. Otra vez, es particularmente importante con estos pacientes que el terapeuta no tenga la necesidad de triunfar, que se separe del paciente y que siempre sea claro en la cuestión de la responsabilidad.

Finalmente, al igual que en la terapia de todos los problemas caracterológicos, habrá duelo por las tragedias iniciales que crearon estas estrategias dolorosas al vivir, duelo por la pérdida de la identidad y de la familia que llega con cualquier cambio caracterológico verdadero, duelo por el tiempo y las oportunidades perdidas resultantes del estilo de vida autodestructivo. El papel principal del terapeuta en esto es simplemente estar ahí cuando el paciente está soportando el dolor. Si el paciente masoquista llega tan lejos, también hay algo por qué estar felices.

Objetivos conductuales y sociales

En esta categoría, los objetivos son, desde luego, ayudar a que el paciente masoquista desista de los comportamientos de autoderrota y aprenda nuevos comportamientos, que pueden cumplir con las funciones necesarias a las que sirven para la autoderrota. Esta es una tarea desafiante porque, en esta estructura del carácter, la autoderrota es defensiva, define a la propia persona, un mediador de contacto con los objetos internos y externos, rebelde y revanchista. Una orientación del comportamiento directa es, generalmente, imprudente, en particular al principio, porque estos pacientes son propensos a pedir y luego anular las sugerencias. Por esta razón, pienso que es aconsejable evitar el trabajo directo con el comportamiento hasta que uno esté seguro de que hay discernimiento acerca del proceso de autoderrota, y un compromiso de trabajar de principio a fin. Aún entonces, es útil sugerir cualquier cambio de comportamiento en una forma autoconsciente indirecta que lo que puede ser el caso ordinariamente. Por ejemplo, una vez logrado el discernimiento y el compromiso, puede ser útil preguntarse en voz alta: "¿Me pregunto qué pasaría si tan sólo dejaras de quejarte de ti mismo ante tus amigos?" Porque, aunque mucho del comportamiento de autoderrota puede ser completamente inconsciente y más allá del control consciente de la persona, existen ciertos patrones, tales como quejarse, que son más o menos voluntarios y, por consiguiente, bajo el control consciente. Cuando el paciente es capaz de detenerlos de manera voluntaria por un período puede volverse mucho más consciente de las funciones a las que sirven. Por ejemplo, la queja a menudo sirve para estructurar interacciones sociales, y siente que puede obtener intimidad que de ninguna otra manera pueda lograr realmente. Al experimentar las incomodidades involucradas cuando deja de quejarse, puede llevar a la perspicacia concerniente a las funciones a las que sirve y a la necesidad de establecer otros métodos para realizar estas funciones. Por ejemplo, quejarse pudo haber sido un conducto histórico para la cercanía, en particular cuando los padres son masoquistas. Tal conciencia puede llevar naturalmente hacia una discusión de otras formas para lograr y mantener la intimidad. Donde la función primaria del comportamiento de autoderrota está para expresar indirectamente la agresión, el objetivo es hacerla consciente y después permitir y animarla a expresarse directamente.

Como en cualquier otra estructura del carácter, quizá el objetivo básico del tratamiento es elaborar el abuso que el paciente experimentó en su infancia. En el caso del masoquista, el abuso fue una intromisión, una opresión y un quebranto de la voluntad. El enojo que esto engendra es profundo. Debe de ser reclamado o reconocido, para que se dirija hacia la fuente apropiada y entonces ser domado. Ya que estas respuestas naturales de enojo fueron negadas y reprimidas en los individuos masoquistas, éstos van a tener que introducirse lentamente dentro de su experiencia y aprender de nuevo su expresión. Los procesos de liberación directa, asociados con la Bioenergética, la Gestalt y otras terapias expresivas, pueden ser muy útiles una vez que haya *insight* y un compromiso. Una vez más, estas estrategias deben emprenderse de forma que minimicen la tendencia a las luchas de poder y las batallas por la autoridad.

Finalmente, para que el masoquismo sea transformado, debe existir el comportamiento que es la expresión de la esperanza que se ha perdido. Hasta cierto grado, esta esperanza se va a evidenciar a través de la mejor expresión de agresión en una relación cercana, o por cualquier comportamiento que intente establecer otras cercanías que no sea el comportamiento de autoderrota tan habitual. Además de esos comportamientos "confiables", están esos que traicionan hasta la confianza más ansiosa ante el derecho propio al logro o riesgo autónomos.

Para ser un buen terapeuta para una persona con estos problemas, se debe reconocer lo que se está pidiendo, ya sea de manera explícita o implícita, la confianza de la persona. Si la voluntad ha sido abatida, derrotada y oprimida repetidamente, al tratar de alcanzar directamente la intimidad, al expresar la agresión directa o al tener esperanzas en el resultado positivo de sus ambiciones, el paciente se va a volver muy ansioso. Esta ansiedad va a disparar automáticamente aquellas maniobras defensivas que lo harán escapar. Esto es lo esperado. Donde quiera que el terapeuta apoye tal actividad es casi imposible que lo sugiera directamente, se colocará automáticamente como blanco para estas maniobras defensivas. Esto también es de esperarse y para que el proceso terapéutico siga su curso es necesaria la credulidad lúcida del terapeuta.

Esencialmente, el paciente va a vencer al terapeuta, de la misma forma en que él fue derrotado. Esta es la prueba terapéutica (Weiss y Sampson, 1986). Para pasar la prueba, el terapeuta debe reaccionar de forma diferente a la que el paciente reaccionó antes, y de cómo otros reaccionan típicamente ahora. No debe de abandonar la esperanza y conformarse, ni debiera expresar su enojo comprensible y humano hacia el paciente y su comportamiento de derrotar al terapeuta derrotar al terapeuta y a sí mismo. La interpretación es la respuesta terapéutica más confiable en esta situación, pero no es la única. Esto incluye la interpretación "de prueba", la cual acabo de proporcionar. Esta respuesta persistentemente analítica no fue, desde luego, la que el paciente, cuando era niño, tenía a su disposición. Pero el terapeuta tiene esta respuesta disponible en el presente. Pasar repetidamente de este presente a la conexión pasada en todas sus manifestaciones va a ser un ingrediente esencial, si bien no suficiente del proceso terapéutico. Con este tipo de paciente, más que con otros, el compromiso del terapeuta hacia este proceso, emparejado con un relativo desapego del resultado, va a ser necesario para producir cualquier cambio.

Capítulo 10

El niño explotado:
defensas histéricas y la personalidad
histriónica

Etiología

Cuando exploramos lo que ha dado en llamarse el trastorno de la personalidad histriónica o estilo histérico, los temas que encontramos son: amor, sexo, rivalidad, traición e incesto. Estos son los mismos temas con los que Breuer y Freud se toparon hace cien años, aproximadamente, cuando examinaron el problema de histeria de conversión. En 1896, sólo un año antes de haber propuesto el complejo de Edipo, en repetidas ocasiones Freud notó las tendencias uniformes del abuso sexual infantil, y particularmente el incesto, en las historias de sus pacientes con histeria de conversión. Frecuentemente, Freud expresó que: "Casi todas mis pacientes mujeres me dicen que han sido seducidas por su padre" (citado en Rush, 1980, p.83). Antes había escrito: "Por lo tanto expongo la tesis de que en el fondo de cada caso de histeria existen una o más ocurrencias de experiencia sexual prematura, ocurrencias que corresponden a los primeros años de la niñez, pero que pueden reproducirse a través del trabajo del psicoanálisis a pesar de las décadas transcurridas..." (Freud, 1896, p.202). Más adelante, puntualizó: "En todos los dieciocho casos (de histeria pura, histeria combinada con obsesiones, incluidos seis hombres y doce mujeres) he llegado a saber de experiencias sexuales en esta clase de niñez, como ya lo expresé anteriormente." (*Ibid.*, p.207).

Freud continúa entonces señalando que estos casos de abuso sexual infantil estaban divididos en tres clases: La primera, era el abuso sexual de un extraño. El segundo grupo involucraba el contacto sexual con algún cuidador adulto, tal como una institutriz y "desafortunadamente, todas muy frecuentemente, con un pariente cercano". El tercer grupo incluía las relaciones sexuales entre niños de diferentes sexos, por lo general un hermano y una hermana. En la mayoría de los casos, este autor afirmó que los individuos habían sido abusados en dos o más de estas categorías. Sigmund Freud postuló más adelante que todos los casos de abuso sexual infantil comenzaron con un niño agresor quien a su vez también había sido abusado sexualmente. Como sabemos, después él repudió esta teoría del "trauma" o "seducción", atribuyéndola a la fantasía de ser seducido por el padre en la expresión típica del complejo de Edipo en las mujeres. Este repudio es aún más difícil de aceptar, una vez que se ha leído la defensa anterior que hizo Freud de los reportes de abuso sexual:

…la duda general acerca de la confiabilidad del método del psicoanálisis puede ser valorada y retirada sólo cuando se dispone de una presentación completa de su técnica y sus resultados. Las dudas acerca de la autenticidad de las escenas sexuales infantiles pueden, empero, ser privadas de su fuerza aquí y ahora por más de un razonamiento. En primer lugar, el comportamiento de los pacientes mientras están reproduciendo estas experiencias infantiles es, en cada aspecto, incompatible con la suposición de que las escenas son cualquier otra cosa que una realidad, la cual está siendo sentida con angustia y reproducida con la mayor renuencia. Antes de acudir para análisis, los pacientes no saben nada acerca de estas circunstancias. Se sienten indignados si les advertimos que pueden a surgir tales experiencias. Sólo la compulsión más fuerte del tratamiento puede inducirlos a aventurarse a reproducirlas. Mientras están trayendo a la conciencia estas experiencias infantiles, sufren con las sensaciones más violentas, con las cuales se sienten apenados y tratan de ocultar; y, aún después de haber pasado a través de ellas una vez más de una manera tan convincente, todavía intentan rehusarse a creerlas, enfatizando el hecho de que no tienen sentimientos al recordar estas escenas, a diferencia de lo que pasa en el caso de otro elemento olvidado.

La última muestra de comportamiento parece proporcionar la prueba concluyente. ¿Por qué los pacientes deben asegurarme tan enfáticamente su escepticismo, si lo que quieren es desacreditar algo que ellos mismos han inventado, sin importar el motivo?

Es menos fácil refutar la idea de que el doctor fuerza las reminiscencias de este tipo sobre el paciente, que el que ejerza una influencia en sí mismo por sugestión para imaginarlas y reproducirlas. Sin embargo, esto me parece igualmente insostenible. Nunca he tenido éxito todavía al forzar en el paciente una escena que yo esperaba encontrar, en tal forma que parecía estar viéndola con todos los sentimientos apropiados. Quizá otros puedan tener éxito en esto.

Existen, sin embargo, muchas otras cosas que garantizan la realidad de las escenas sexuales infantiles. En primer lugar, hay una uniformidad en la cual exhiben ciertos detalles, que es una consecuencia necesaria si los requisitos de estas experiencias son siempre de la misma clase, pero que de otro modo nos conducirán a creer que existían acuerdos secretos entre los diversos pacientes. En segundo lugar, algunas veces los pacientes describen como dañinos sucesos cuyo significado obviamente no entienden, ya que de lo contrario estarían destinados a horrorizarse por éstos. O de nueva cuenta, los pacientes mencionan detalles sin darles importancia, lo cual solamente alguien con experiencia en la vida puede entender y apreciar como características sutiles de la realidad (Freud, 1896, pp. 204-205).

Cualquier clínico que haya participado en el descubrimiento del abuso físico o sexual temprano, va a reconocer la verdad y la sabiduría de este informe y razonamiento. Sólo fue en las cartas a Wilheim Fliess que Freud ventiló sus razones por su cambio de parecer. Lo que le escribió a Fliess fue que simplemente no podía creer que el abuso sexual en general, y el incesto en particular, pudieran ser tan frecuentes. Aparentemente, con base en este escepticismo llegó a descartar estos reportes y los atribuyó a la fantasía. Este episodio, sin embargo, hace bastante plausible la hipótesis sugerida tanto por Masson (1984) como por Miller (1984) de que Freud no tuvo el valor de revelar estos descubrimientos. Cualesquiera que hayan sido sus motivos, hoy en día está claro que Freud estaba en un error. Los datos actuales, que van a ser revisados a continuación, indican que el abuso sexual es bastante frecuente, y que el incesto es suficientemente común como para tener profundas consecuencias en la salud pública. Más aún, el porcentaje es considerablemente mayor en la población clínica (tan alto como de 50 a 70 por ciento para el abuso sexual según Briere y Runtz, 1991) y, según sus reportes, el nivel de daño psíquico parece ser bastante considerable.

También es plausible que el abuso sexual infantil era aún más prominente en tiempos de Freud que en la actualidad. Esta credibilidad aparente se basa en dos consideraciones: Primero, como Miller (1983, 1984) ha documentado con tanto detalle, el trato abusivo y la utilización de niños era mucho más aceptada en el siglo XIX que en la actualidad. Segundo, la incidencia en el abuso sexual infantil ha aumentado en familias que son extremadamente patriarcales y caracterizadas por actitudes represivas y puritanas hacia el sexo (Thorman, 1983), condiciones que fueron predominantes en Europa durante la era victoriana. Así que, esencialmente, creo que Freud tenía razón la primera vez, cuando escribió con Breuer su formulación clásica: "Los histéricos padecen básicamente de remembranzas" (Breuer y Freud, 1893-1895, p.7). Estos recuerdos, de acuerdo con Breuer y Freud, eran "Traumas psíquicos" tan perturbadores que uno preferiría olvidarlos para mantener el equilibrio psíquico. En palabras de Freud:

> Estos pacientes, a los que he analizado, han disfrutado de buena salud mental... hasta que su yo se enfrentó a una experiencia, a una idea o a un sentimiento que despertó un efecto tan perturbador que el sujeto decidió olvidarlo, porque no tenía confianza en su poder de resolución de la contradicción entre la idea incompatible y su yo por medio de la actividad-pensamiento... En la histeria, la idea incompatible se vuelve inofensiva por su cantidad de excitación, siendo transformada en algo somático. Por esto, me gustaría proponer el nombre de conversión (Freud, 1896, pp. 47-49).

Freud llamó a este proceso una "escisión de la conciencia" (p. 46). Después llamó inconsciente a una parte de lo escindido, y a la otra, consciente. Posteriormente, la separación de la conciencia se convirtió en represión, la cual necesitó de energía psíquica para mantenerla. Más aún, esta energía psíquica podía manifestarse en una conversión somática, expresión afectiva, obsesión cognitiva o compulsiones observables del comportamiento. Esta escisión de la conciencia, con la consecuente pérdida de memoria, ha sido demostrada repetidamente en el área del abuso sexual infantil. La investigación estima que una proporción de 70 a 95 por ciento de los individuos con un trastorno de personalidad múltiple experimentaron un severo abuso sexual o físico cuando eran niños (Putnam, 1989, pp. 46-50). Otra investigación hecha por Briere (1992) indica que 60 por ciento de aquellos que recuerdan el abuso sexual en la niñez no lo tenían presente en un momento exacto de sus vidas.

Las descripciones tempranas del carácter histérico (Reich, 1961; Wittels, 1930)* no difieren demasiado de las descripciones más desarrolladas en la actualidad (Horowitz, 1991; Kernberg, 1988). Creo que el uso de la etiqueta de histeria fue apropiado para esta entidad caracterológica, por las similitudes en los problemas subyacentes y las semejanzas en las defensas cognitivas y los estilos afectivos (confianza en la represión y los afectos como defensa). Considere la presentación de Reich (1965), "el carácter histérico... representa la armadura más simple, el tipo de carácter más transparente... la característica más conspicua en los ejemplos de este tipo tanto en hombres como en mujeres es una actitud sexual inoportuna" (p. 226).

En 1959, Rangell elaboró un razonamiento para separar la histeria de la conversión. Rangell documentó minuciosamente su conclusión de que la conversión "se emplea para expresar deseos prohibidos a través de la gama completa de la sintomatología psicopatológica" (p. 636). Al hacer esto, Rangell ayudó a los diagnósticos de la "neurosis del carácter" histérico o al "trastorno de la personalidad", los cuales han involucrado siempre los complejos y los conflictos de naturaleza sexual junto con los estilos afectivos y cognitivos particulares, al tratar los temas sexuales y otros asuntos que son conflictivos. La reseña de la investigación empírica sobre la personalidad histérica de Pollack (1981) comprobó que la conversión y la personalidad histérica están separadas, aunque probablemente sean entidades relacionadas.

---

*El trabajo de Reich fue publicado por primera vez en alemán en 1933 y en inglés en 1945.

Al escribir dentro de un marco psicoanalítico, Marmor (1953) y después Sperling (1973) arguyeron que los problemas pre-edípicos jugaron un papel mucho mayor en la personalidad histérica de lo que había sido reconocido anteriormente. Marmor creía que la sexualidad histérica primero fue utilizada para obtener la posesión y la atención del padre del sexo opuesto, más que para lograr cualquier objetivo genital. Después, otros escritores incluyeron la revisión de la teoría clásica de Marmor, enfatizando las interrupciones pre-edípicas y particularmente orales de la personalidad histérica, proponiendo un espectro del funcionamiento histérico. En un extremo de este espectro están las personas en las que predominan los conflictos orales y cuyo funcionamiento estructural se encuentra en el rango del trastorno de la personalidad, como se ha definido en este libro. En el otro extremo del espectro, se encuentra el histérico edípico, de funcionamiento alto, o en el rango del carácter neurótico al estilo del carácter como se ha definido aquí. En estos individuos predominan los conflictos edípicos, los problemas sexuales son transparentes y es útil la psicoterapia interpretativa. Tupin (1981) proporciona un minucioso resumen de este continuum ilustrado por las dos posiciones polares extremas. Este acercamiento del espectro está respaldado por un número de expertos en el campo de la personalidad histérica o histriónica (Blacker y Tupin, 1991; Passer y Lesser, 1965; Horowitz, 1991; Kernberg, 1967; Lazare, 1971; Mueller y Aniskiewicz, 1986; Zetzel, 1968). Blacker y Tupin (1991) resumen lo que yo creo que es la posición psicoanalítica predominante en este acercamiento del espectro en la actualidad, que refleja casi exactamente la propuesta de este libro en éste y en cada problema básico de la personalidad.

La personalidad histérica está asociada con las características que surgen de los niveles psicosexuales pregenital y genital. La organización de la personalidad más infantil surge como resultado de un inadecuado cuidado materno, de abuso sexual y físico y privación durante la infancia, que tiene como resultado un comportamiento caótico extremo e inestable en el adulto, el cual es extremadamente resistente a la intervención psicoterapéutica y psicoanalítica. Esto contrasta con la organización de la personalidad histérica genital o madura, que ha experimentado un mayor éxito en las áreas vocacional, educativa y social, y tiene síntomas de aceptación ante la ofensiva bélica presente en la intervención psicoterapéutica.

Esta es la posición que respaldo y que elaboré aquí, pero en la mayoría de los aspectos no es tan diferente de mi posición en cualquier problema caracterológico.

Yo creo que lo que es característico en la adaptación histérica es lo que Reich identificó primero: la clara presencia de problemas sexuales, los cuales son ocasionados por alguna forma de abuso infantil. En el extremo superior del continuum estructural (por ejemplo, de la neurosis del carácter hasta el estilo del carácter) existe de manera común un patrón familiar que incluye a un padre seductor y la presencia de una rivalidad entre la madre y la hija por la atención del padre. Yo creo que este patrón familiar es mucho más común que el contacto incestuoso efectivo, y también es más frecuente que involucre a las niñas en oposición a los niños, como pasa en el abuso sexual con contacto. La personalidad histriónica es, simplemente, el síndrome más identificable asociado con estos problemas "edípicos" clásicos.

La única diferencia real, pero terriblemente crucial con Freud es la creencia de que estos aspectos se vuelven problemáticos no por los deseos y las fantasías de los niños, sino por el comportamiento y las actitudes de los adultos hacia los niños. En estos casos, los adultos se aprovechan de las necesidades y actitudes naturales y básicamente inocentes del niño, incluyendo la curiosidad y el despertar sexual prematuro, la necesidad de contacto físico y el placer por este contacto, las necesidades de crianza y atención, los celos de los aspectos únicos de la relación de los padres, etc. Por todo esto, las inclinaciones naturales humanas han sido explotadas –es decir, usadas al servicio de las necesidades de los adultos–, de tal forma que el niño experimenta lo que se han llamado conflictos "edípicos". Aún en los casos de abuso sexual con contacto claramente no deseado e intrusivo, las víctimas adultas van a recordar de manera típica valorar la posición especial que tenían con el padre ofensor, algún aspecto de atención o contacto físico, o alguna forma de ganarle al padre del mismo sexo. Estas son motivaciones humanas que pueden ser explotadas. Es indudable que los niños pasan a través de un periodo de mayor interés, fascinación y curiosidad acerca del sexo opuesto. Todo esto es eminentemente explotable también.

Tal explotación y los conflictos que genera son extremadamente sobre estimulantes para los niños y no pueden integrarlos de manera productiva. Como resultado, son separados de la conciencia ordinaria y son "reprimidos" por las razones que Breuer y Freud postularon inicialmente. Es por esto que el abuso sexual es a menudo olvidado, porque es tan común en las historias de trastornos de personalidad múltiple que son notables por su habilidad para disociar y porque los métodos tales como la libre asociación, la hipnosis, la interpretación de los sueños, etcétera, pueden revivir los recuerdos.

El estilo de personalidad histérica es parcialmente definido por una so-bre-emoción que tiene una cualidad "como si…" y un estilo cognitivo que es global y difuso. Tal estilo sirve a la represión, al prevenir la profundidad tanto de pensar como de sentir lo que se puede llevar a una resolución. Así, los recuerdos y los conflictos que engendra quizá no se experimenten o se resuelvan del todo. En las culturas occidentales, la "caricatura de la femi-nidad" histérica a menudo se convierte en un estilo defensivo viable para las mujeres que han experimentado esta etiología explotadora. Particular-mente, cuando estas mujeres han tenido padres seductores, el reclamo de seguir siendo "la nenita de papá" ha sido relativamente evidente y aceptado.

La estructura del carácter histérico ha sido a menudo identificada con las mujeres, porque las niñas pequeñas son los blancos primarios de cual-quier forma de abuso sexual y porque este estilo de mantener la represión es dictaminado por la familia y apoyado por la cultura. Más aún, de lo que estamos hablando aquí es en verdad de un síndrome: una confluencia co-mún de la etiología, los problemas resultantes y los estilos típicos para ma-nejar el afecto, el comportamiento y la cognición. Como pasa con todos los síndromes psicológicos, no todas las características comunes son vistas en cada caso. Yo he visto casos, por ejemplo, donde todos los problemas se-xuales de rivalidad y de conflicto están asociados con cada etiología que he descrito, pero donde existe muy poco comportamiento histriónico. Otras estrategias, tales como el uso de drogas, han sido utilizadas para mantener la represión. Por esta razón, es de alguna forma desafortunada que estas ca-racterísticas particulares histriónicas hayan sido usadas para nombrar la es-tructura del carácter. Para mí, no son estos comportamientos los que defi-nen este carácter. Más bien, es la presencia de alguna forma de abuso sexual y una historia de una familia disfuncional con los consiguientes conflictos que engendran amor, sexo y competencia. Por estas razones, de ahora en adelante para referirme a este síndrome voy a usar el término más antiguo: carácter o personalidad histérica, porque pone menos énfasis en una carac-terística del síndrome. Así como podemos separar la conversión de la his-teria, como lo hizo Rangell (1959), podemos separar el carácter histrióni-co del síndrome de personalidad histérica.

Cuando las necesidades normales de crianza y de afecto no se han en-frentado de manera adecuada, el niño entra en su etapa "edípica" con más daño y necesidad, por consiguiente, se vuelve más vulnerable a la explota-ción. Pero debe haber explotación sexual y los "conflictos edípicos" resul-tantes para que los problemas caracterológicos internos sean lo que hoy lla-mamos histéricos. En el marco de la estructura teórica mencionada, uno puede tener problemas orales o histéricos, o bien ambos. Los problemas orales dependen de la privación de crianza, mientras que los problemas histéricos representan la explotación de la necesidad humana, el interés sexual y la rivalidad normal. Ciertamente, existen diferencias culturales que tienen que ver con la aceptación y lo común del comportamiento histriónico. Es posible mostrar este comportamiento sin exhibir una personalidad histérica en el sentido definido aquí.

Es cierto también que existen hombres histriónicos, y es muy probable que éstos establezcan el mismo estilo histérico en defensa de los conflictos ocasionados por la explotación sexual, aunque dentro de mi experiencia, y al leer el trabajo de otros autores, esto no parece ser muy común. Es probable que en la cultura occidental el hombre responda de forma diferente ante la explotación que la mujer. A este respecto, resulta interesante notar que Freeman-Longo (1987) encontró que 40 por ciento de los violadores que había analizado habían experimentado abuso sexual infantil a manos de una mujer.

Lo que sigue en la dinámica y la descripción de la personalidad histérica tiene que ver con la expresión femenina, porque es aquí donde tengo experiencia y donde la literatura ofrece alguna ayuda al contextualizar esa experiencia. Sospecho que esto es únicamente una solución de la mujer occidental para un problema femenino primario. Algunos estudios análisis factorial de la personalidad apoyan esta visión en la que se ha aislado una personalidad histérica en las mujeres estudiadas, pero no en los hombres (Magaro y Smith, 1981; Torquesen, 1980).

Donde quiera que he visto problemas en la personalidad histérica claramente diferenciados de las tendencias orales, narcisistas, simbióticas y masoquistas, siempre ha estado involucrada una mujer que tiene una relación especial motivada sexualmente con la figura de un padre seductor. Hasta antes de escribir este capítulo, también ha sido mi impresión que mi experiencia se ha visto reflejada en la literatura sobre la personalidad histérica. Cuando escribí este capítulo, vi la oportunidad para hacer una investigación bastante obvia, decidí buscar la literatura de los últimos treinta años y determinar la proporción de los casos reportados sobre la personalidad histérica que incluyera una descripción de tal relación padre-hija o de incesto evidente. También decidí juntar la misma información proporcional en la descripción de una relación fría, negligente o de rivalidad con la madre. Herman (1981) comparó su ejemplo original de 40 casos de incesto padre-hija con 20 casos en los cuales el padre pudo haber sido descrito como "seductor". Adopté la siguiente definición de Herman de tal seducción:

Definimos seducción por parte de los padres como un comportamiento que fue motivado sexualmente, pero que no involucró algún contacto físico o una exigencia de silencio. Por ejemplo, algunos padres hablaban de sexo con sus hijas, haciéndoles confidencias acerca de sus aventuras amorosas, e interrogándolas incesantemente acerca de su propio comportamiento sexual. Otros padres dejaban habitualmente material pornográfico a la mano para que sus hijas lo encontraran; otros más, se exhibían ante sus hijas o las espiaban mientras éstas se desvestían; algunos cortejaban a sus hijas como amantes celosos, llevándoles regalos o flores, joyería cara o lencería sexy. Aunque todos estos comportamientos se detienen poco antes de un contacto genital, delatan el interés sexual intrusivo para con sus hijas, el cual era una forma de incesto encubierto. (Herman, 1981, p. 109)

Para mi investigación, los reportes publicados de los casos se obtuvieron a través de cuatro procedimientos de búsqueda separados: *Psychological Abstracts*, 1962-1991; dos artículos de revistas hallados con base en la computadora de la Universidad de California, y todos los libros relevantes en poder de la Universidad de California en San Francisco.*

En 34 casos donde las relaciones padre-hija fueron descritas adecuadamente, encontramos que 77 por ciento de ellos describieron una relación padre-hija que pudo caracterizarse como seductora. En varios casos en los que no se pudo demostrar esa conducta, había descripciones de relaciones inusualmente intensas entre el padre y la hija. En uno de estos casos, había fantasías sexuales en torno al padre y en otro, existía el clásico patrón de desavenencia padre-hija durante la pubertad, después de una relación positiva e intensa. De modo interesante, sólo en dos de los 34 casos clasificados como seductores había un reporte cierto de abuso sexual con contacto. En 61 por ciento de los mismos 28 casos clasificables, también se describió una relación madre-hija que podía caracterizarse como fría, negligente y con rivalidad.

Relacionado con este mismo tema, descubrimos un reporte de otros 21 casos de personalidad histérica vistos por el mismo terapeuta (Blinder, 1966). Al caracterizar sus casos, el terapeuta reportó que 17 de sus pacientes describieron a sus madres como frías, que no dan, pendencieras o alejadas. Estas pacientes tenían "opiniones variadas" acerca de sus padres, aunque éstas eran en general más favorables y los padres eran vistos como emocionalmente disponibles. Este reporte obviamente da apoyo a la hipótesis concerniente a la influencia materna, pero no da sustento a la hipóte-

---

* Quisiera agradecer al Doctor Richard Litwin por llevar a cabo esta búsqueda. Ambos somos responsables por las opiniones resultantes. Ver el Apéndice C para las referencias de los casos estudiados y los resultados de cada caso.

sis sobre el padre seductor. Ya que todos estos casos provienen de un mismo observador, decidimos separar este reporte de los demás.

Mientras no tengamos un grupo de control de los casos para nuestra encuesta, tengo confianza en que la proporción observada en las relaciones seductoras padre-hija supera por mucho lo que aparece en otros problemas de personalidad. Aunque siento que mis impresiones clínicas han sido confirmadas en esta investigación y que van a ser ilustrativas para explorar de manera más completa la dinámica de esta constelación etiológica familiar.

Patrones familiares asociados con la personalidad histérica y los niños sexualmente abusados

La revisión de la literatura sobre abuso infantil revela firmes patrones familiares asociados con su ocurrencia. Estos patrones son sorprendentemente similares a aquellos observados en familias que presentan mujeres con características de personalidad histérica. El siguiente resumen de Haugaard y Reppucci (1988), en *The sexual abuse of children*, es típico.

Una dinámica de la pareja incestuosa aparece en muchas descripciones clínicas: Una diferencia marcada en la autoridad de un padre sobre el otro y los límites indefinidos de la función, de manera que el padre débil, se une más a los niños que la del padre autoritario. Un modelo familiar ha sido descrito como representando una "exageración patológica de normas patriarcales generalmente aceptadas" (Herman, 1981, p. 83). Involucra a un padre dominante, a menudo abusivo físicamente, quien está al mando del hogar, y una madre sumisa, que con frecuencia se mantiene alejada ya sea por una inhabilidad física o emocional, y que actúa y es tratada como uno más de los hijos (Browing y Boatman, 1977; Finkelhor, 1979; Herman, 1981).

Otra es, por mucho, la imagen de espejo del modelo anterior. La madre es descrita como enojada, dominante y hostil, mientras que el padre es visto como pasivo y dependiente. La madre no sólo nutre a sus hijos, sino también al padre (Greene, 1977). Las familias con cualquiera de estas estructuras parecen estar en un mayor riesgo de incesto que aquellas con estructuras diferentes, porque el padre se involucra demasiado con el subsistema del hijo, lo que borra los límites entre los dos subsistemas y facilita la supresión del límite sexual. Además, uno de los padres se queda solo dentro del subsistema y esto aumenta la oportunidad para que el niño sea jalado hacia el subsistema parental para llenar el vacío (Haugaard y Reppucci, 1988, p. 124).

Compare esto con el resumen de la presentación de Mueller y Aniskiewitz (1986), en su libro *Psychotherapeutic intervention in hysterical disorders.*

> Dos patrones de relaciones familiares pueden usarse para ilustrar el potencial en la variación de los estilos histéricos. El primer tema representativo parental consiste en una figura en la que el padre es manifiestamente dominante, egocéntrico y autosuficiente. Se complementa con una madre débil, inútil e inadecuada. En el segundo tema, el padre aflora como manifiestamente pasivo en relación a la madre, y abiertamente sensible y coludido con la hija. La madre es percibida como competitiva, regañona y controladora... El tema subyacente común de los dos cuadros representativos es el de la insuficiencia en ambos padres para enfrentar sus respectivas funciones y relacionarlos con el individuo histérico... Ya sea que la madre se resigne a tener un papel débil e ineficaz, o es amenazada por el niño y reacciona en forma competitiva, el problema básico permanece al no haber sido a la vez madura como esposa y generativa como madre. De forma similar, ya sea que los conflictos de adecuación del padre sean expresados a través de un exterior inseguro, pseudomasculino o directamente de manera cálida, sexual o confabulada con la hija, él se encauza a sí mismo y revela su propia inmadurez (p. 15).

Al desarrollar nuestra comprensión de estas dinámicas de manera más completa, es útil revisar brevemente los datos de la incidencia del incesto y las circunstancias asociadas. Entonces, continuaremos revisando los resultados de Herman (1981), donde las familias en las que hubo incesto son comparadas con las familias caracterizadas por una relación seductora entre padre e hija.

Las estimaciones de incesto entre padre e hija, por ejemplo, han sido consistentemente reportadas en cerca de 2 por ciento (Rusell, 1986). Este investigador encontró que "una de cada 43 mujeres que tenían un padre biológico como figura principal en su niñez fueron abusadas por él" (p. 234) antes de los catorce años. Esto se traduce en 2.32 por ciento y a más de 2.9 millones de mujeres en Estados Unidos, con base en la población actual [1994, N. de la T]. Sin embargo, "Las mujeres que son criadas por un padrastro tienen siete veces más de probabilidad de ser abusadas sexualmente por éste que las mujeres que fueron criadas por un padre biológico", basados en el hecho de que "una de cada seis mujeres, aproximadamente, que tenían un padrastro como figura principal en su niñez fueron sexualmente abusadas antes de los 14 años" (p. 234). Podemos confiar totalmente que estas son estimaciones por debajo de lo real, porque en las víctimas de abuso sexual hay una tendencia, ya mencionada, a olvidar el atropello que sufrieron, y porque podemos asumir con seguridad que, cuando lo recuerdan, existe una renuencia a reportar estos casos. Para el abuso sexual más generalizado, Peters, Wyatt y Finkelhor (1986) revisaron 19 estudios de frecuencia con resultados de una tasa de 8 al 62 por ciento en abusos. La media de todos estos estudios fue de 23 por ciento, aproximadamente, y puede servir como un estimado conservador de su incidencia. Finkelhor y Baron (1986) citan una relación de 5 a 1 cuando se compara la incidencia de abuso sexual en las niñas comparado con los niños. Esto se convierte en una incidencia de 4.5 por ciento de abuso masculino. Los hombres adultos son, por mucho, los que más abusan sexualmente de los niños. Rusell y Finkelhor (1984) reportan que 95 por ciento de las niñas y 80 por ciento de los niños fueron abusados sexualmente por hombres adultos.

Además de las dinámicas familiares asociadas con el incesto padre-hija, anteriormente citadas, existen otras causas que están comúnmente asociadas con esto. Al considerarlas, lo mismo que las ya nombradas, es importante recordar que todas tienen una asociación extremadamente notable con la ocurrencia del incesto, pero no están presentes en todos los casos. Más bien, estos son sólo elementos que pueden ayudarnos a construir una teoría general relacionada con lo que puede estar ocurriendo en estas familias. Las causas son las siguientes:

Ausencia materna (física o psicológica). Maisch (1973, p. 136), por ejemplo, encontró que 33 por ciento de las madres en familias incestuosas ha sufrido enfermedades físicas serias. Herman (1981, p. 77) reportó que 50 por ciento de las mujeres que entrevistó habían experimentado un incesto con sus padres, y recordaron que sus madres tuvieron enfermedades incapacitantes que requirieron de frecuentes hospitalizaciones. Herman concluyó que "las familias donde las madres fueron sometidas a una impotencia inusual, ya sea a través de maltrato físico, discapacidad física, enfermedad mental o la carga que tuvo que soportar asiduamente de niña, parecen estar en riesgo para el desarrollo del incesto manifiesto" (p. 124).

Trastorno de la función. La mayoría de los estudios sobre las familias incestuosas reportan que es común el trastorno de la función madre-hija. La hija adopta muchos de los deberes de la madre, mientras que ésta se vuelve más dependiente y se involucra menos con la familia. Como se mencionó antes, a menudo este patrón se acompaña de enfermedades físicas o mentales en la madre. Justice y Justice (1979) citaron esto como una de las características más frecuentes de las familias incestuosas. "La madre quiere ser la niña, y la niña quiere volverse la madre. Esta cualidad simbiótica básica se refleja en casi todas las características de las madres cuyos esposos e hijas se unen en incesto" (p. 97). Estos mismos autores concluyeron que muchas madres en familias incestuosas son frígidas o no quieren tener relaciones sexuales con sus esposos. De acuerdo a estos autores, esto provoca una prolongación del trastorno hacia la esfera sexual.

Estrés elevado. Justice y Justice (1979) también valoraron el nivel de estrés que las familias habían experimentado, usando la escala de reajuste social en la muestra de 35 familias abusadoras y compararon los resultados con los puntajes de un número igual de familias no abusadoras. Las diferencias fueron profundas en cuanto a que las familias abusadoras tuvieron un puntaje promedio de 234 comparado con uno de 124 en el grupo no abusador. Los puntajes para las familias incestuosas (un subgrupo del abuso) promediaron 240, lo que indica que esas familias habían experimentado elevados niveles en cambios de vida importantes un año antes de la ocurrencia del incesto.

Ambiente sexual alterado. Estudios y reportes clínicos observan con frecuencia que el ambiente sexual en familias incestuosas está demasiado reprimido o es extraordinariamente alto en estimulación erótica. Weinberg (1976), por ejemplo, encontró que las familias incestuosas que había estudiado tenían niveles muy altos de estimulación sexual. A los hijos se les mostraba a menudo material pornográfico, estaban expuestos a un lenguaje obsceno y con frecuencia observaban a sus padres teniendo relaciones sexuales; y viceversa, otros investigadores han notado comportamientos parentales represivos y actitudes puritanas (Thorman, 1983).

Aislamiento social. Se ha visto que las familias donde ocurre el incesto están relativamente apartadas del mundo exterior, de manera que los miembros deben buscar entre ellos mismos la satisfacción de todas sus necesidades. Este aislamiento social se ha visto a menudo como el reforzamiento del control riguroso del padre. Alternativamente, esto ha sido usado para explicar el acercamiento del padre hacia la hija para obtener una satisfacción sexual, cuando su esposa no está disponible o no lo desea. Los investigadores han encontrado a menudo que asociado a este aislamiento social, muchos padres en familias incestuosas tienen aptitudes sociales bajas, por lo tanto restringen su habilidad para enfrentar sus necesidades fuera del núcleo familiar.

Ya que estoy convencido de que el histérico puro o "edípico", en particular, con frecuencia se vincula con los antecedentes de la familia, incluyendo un padre seductor y a una madre fría, ausente o competidora. Es muy ilustrativo explorar los hallazgos de Herman, el cual compara a familias incestuosas con familias caracterizadas por una relación aparentemente sexual entre padre e hija. Al hacer esto se debe recordar que Herman, en su ejemplo de familias incestuosas, solamente encontró el patrón familiar del padre dominante.

Las familias eran similares de muchas maneras. Ambos grupos se caracterizaron por actitudes sexuales más puritanas y negativas. Como en las familias incestuosas, las hijas de padres seductores percibían la relación parental tensa y fría; sin lugar a dudas, toda la familia se sentía como fría, desconfiada y falta de aspectos emocionales, donde la función primaria de la madre era como esposa y ama de casa, y el padre, claramente dominante. Estas hijas vieron a sus padres infelizmente casados y temían la deserción del padre, al igual que lo habían hecho las víctimas de incesto. Los padres, en ambos grupos, mostraron una proporción relativamente alta de beber en forma excesiva (35 por ciento en los dos grupos). Las madres en ambos grupos fueron descritas como dependientes de sus esposos y "determinadas a preservar sus matrimonios a toda costa" (Herman, 1981, p. 112), aunque estuvieron sujetas a un abuso verbal considerable. Como las víctimas de incesto, muchas de estas mujeres describieron a sus madres como frías y hostiles, y manifestaron que una competencia abierta caracterizaba la relación con sus madres. Las madres en las familias seductoras les transmitían a sus hijas la idea de que tener a un hombre y conservarlo era el principal objetivo de una mujer, y la rivalidad entre hija y madre era intensa por la atención del padre.

Herman escribe:

"Como las víctimas de incesto, muchas de estas mujeres sintieron que sus madres, de alguna forma, las ofrecieron en sacrificio a sus padres. Mientras que las madres resintieron demasiado la relación especial entre el padre y la hija, y las hijas sintieron que las madres promovieron o, por lo menos, consintieron disimuladamente estas relaciones" (Herman, 1981, p. 114).

Mientras las hijas disfrutaron de su relación especial con sus padres, muchas de ellas, al igual que en el grupo de incesto, añoraban una relación más cercana con sus madres. Las hijas fueron, a menudo, utilizadas por sus padres en las peleas maritales, con lo cual se vengaban de sus esposas. Herman escribe:

"Las hijas se sentían profundamente perturbadas, porque se vieron envueltas en los conflictos maritales en el papel de la rival de la madre. En efecto, sentían como si sólo podían complacer a sus padres a costa de robar el afecto de sus madres. Pagaban su estatus especial dentro de la familia sufriendo los celos y el resentimiento de sus madres y, con frecuencia, también el de sus hermanos" (p. 115).

Éste es exactamente el patrón que he visto en repetidas ocasiones en los casos de la personalidad histérica en mujeres. Éste es el "conflicto edípico", pero no es una fantasía, está impuesto por los padres. Los padres de las familias estudiadas por Herman reaccionaron a la sexualidad emergente de sus hijas, ya sea intentando controlar completamente su comportamiento social y sexual o con un rechazo total.

También son de interés las diferencias entre las familias caracterizadas por padres seductores y aquéllas en donde ocurrió el incesto. Mientras estos padres seductores eran dominantes, sólo 20 por ciento de las hijas caracterizaron a sus padres como habitualmente violentos, comparados con 50 por ciento de los padres que cometieron incesto (Herman, 1981, p.111). Se vio que estos padres controlaban más alejándose de las hijas que con intimidación. A diferencia de los padres incestuosos, ésos eran más a menudo unos donjuanes. Sin embargo, sus aventuras amorosas no eran secretas en la familia, o si lo eran, las hijas se enteraban de las infidelidades de sus padres y, por consiguiente, se involucraban en este tema.

En las familias no incestuosas, las madres se diferenciaban en que eran físicamente más sanas, más confiadas, competentes y socialmente involucradas. Sólo 15 por ciento de ellas se habían enfermado seriamente, al contrario de 55 por ciento en las familias incestuosas. Estas madres engendraban menos hijos y existía un trastorno de la relación menos funcional entre la madre y las hijas.

Mientras que en estas familias las hijas fueron perjudicadas significativamente por sus relaciones disfuncionales, el daño fue sustancialmente menor que en las víctimas de incesto; a diferencia de aquéllas, estas mujeres no llegaron al extremo de escaparse de sus hogares. Sólo una de las veinte (5 por ciento) intentó fugarse, comparado con 13 de las víctimas de incesto (32 por ciento). Ninguna huyó hacia un internado o a una adopción, sólo tres adolescentes resultaron embarazadas (15 por ciento, comparado con 45 por ciento de las víctimas de incesto), y muchas menos se escaparon para contraer matrimonio. Su rendimiento académico era considerablemente alto, con 30 por ciento de graduadas, comparado con sólo 18 por ciento de las víctimas de incesto. Aunque muchas sufrían de depresión, sus síntomas no eran tan severos, y sólo una de las 20 abusó de las drogas o del alcohol, opuesto a 35 por ciento de las víctimas de incesto. También, sólo una intentó el suicidio, opuesto a 38 por ciento de las víctimas de incesto. Ninguna de estas mujeres reportó haber sido golpeada por su esposo o amante, comparado con 28 por ciento de las víctimas de incesto.

Aunque no estaban severamente deprimidas en su totalidad, como las víctimas de incesto, la mayoría (55 por ciento) tuvieron graves síntomas de depresión. Y aunque sólo 10 por ciento tenía una auto-imagen predominantemente negativa comparada con 60 por ciento de las víctimas de incesto, una proporción igualmente baja se describió en términos positivos. La mayoría (80 por ciento) tuvo una auto-imagen dual o confusa; fluctuaban entre pensarse como "niñas buenas" y "niñas malas". Por una parte, se veían a sí mismas en el papel idealizado de "princesas de papi"; por otra parte, nunca pudieron suprimir por completo los elementos incestuosos secretos en las relaciones con sus padres, y se veían como mujeres seductoras que habían despertado el interés lascivo en sus padres y la hostilidad celosa en sus madres" (Herman, 1981, pp. 119-120). Herman señala que "muchas de estas mujeres se ven a sí mismas como llevando doble vida, y algunas desarrollan vidas sexuales secretas". Herman ofrece muchos ejemplos de formas en las cuales estas hijas parecen continuar la representación de los papeles "niña buena" y "niña mala" de alguna manera disociados o, por lo menos, desintegrados.

Muchas mujeres de familias seductoras tuvieron dificultad para relacionarse con hombres. Una barrera recurrente era "un patrón de un amor romántico obsesivo repetitivo seguido por una decepción y el enojo" (p. 122). Otro modelo involucrado en lo que parecería ser la repetición del comportamiento de sus madres, y en eso concentraron sus esfuerzos: en tratar de atraer y conservar a un hombre difícil. Otro patrón que lleva a buscar hombres inestables o no disponibles, con el objeto de mantener una relación con el padre seductor. Existe además otro prototipo involucrado en el que se une un triángulo con un hombre y una rival. Otro más es estar "atraída hacia hombres ya sea que estaban distantes y reservados, o controladores y dominantes" (p. 122). Muy pocas de estas mujeres "fueron capaces de establecer relaciones con hombres basadas en la convivencia mutua" (p. 122). Al igual que una mitad de las hijas de padres seductores se quejó de dificultades sexuales, como las mujeres incestuosas, estas otras tendieron a sobre valorar a los hombres y devaluar a las mujeres, y a veces sostuvieron relaciones con mujeres. Las hijas de padres seductores tenían una mayor dificultad para separase de las relaciones aparentemente sexuales con sus padres y algunas jamás lograron una separación satisfactoria.

En pocas palabras, las víctimas de incesto fueron completamente derrotadas y confirmaron su identidad negativa, describiéndose a sí mismas como "brujas, perras o prostitutas" (p. 119) o irremediablemente malévolas" (p. 124). Así como las histéricas típicas o "edípicas", las hijas de padres seductores la mayoría de las veces "trataron de vivir bajo la imagen de niña buena, imponiéndose estándares imposibles de lograr, todas estuvieron atrapadas por el temor que debajo de esta apariencia se escondiera una persona despreciable que ocasionalmente se expusiera o ganara la partida" (p. 120). Aunque estas mujeres, como las histéricas típicas descritas antes, parecen adoptar una posición de ganadoras, en particular cuando se comparan con las víctimas de inceso, cuya posición tiene más características masoquistas. Esta posición triunfalista es, sin embargo, muy tenue y debe apoyarse continuamente con maniobras que supriman o invaliden la identidad "mala".

Comparando los dos patrones familiares, Herman concluye que "ambos tipos de familias difieren no en la forma, sino en el grado: la familia excesivamente incestuosa que representa una dominación masculina en extremo patológica, la familia que oculta su incesto representa una variedad más común" (p. 124), también es probable que las familias con padres seductores pudieron revertirse al patrón incestuoso con ocurrencias de una madre ausente o de altos niveles de un cambio de vida estresante".

Dinámicas y relaciones objetales internalizadas

En el panorama actual, estos problemas "edípicos" pueden existir en un continuum desde lo profundo hasta lo leve, dependiendo del grado y la intromisión de la explotación en el ámbito sexual. Más aún, estos aspectos pueden -y a menudo lo hacen- coexistir con uno o más de los otros problemas existenciales básicos de la personalidad, resumidos en este volumen. Al examinar la explotación sexual en particular, las formas más severas e intrusivas del abuso sexual van a resultar, por lo general, en una estructura del carácter que está más autoderrotada o es masoquista. Sin embargo, al considerar la etiología relativamente leve descrita aquí, es más probable que refleje un patrón de personalidad asociado con la personalidad histérica "fuerte y madura".

Los signos y los síntomas histéricos son intentos para tratar con la corrupción familiar. Los sistemas corruptos siempre explotan las necesidades de sus miembros menos poderosos para involucrarlos en la corrupción. Entonces, una vez establecida la corrupción, es negada por todos aquellos que participan en ella, es racionalizada como de alguna manera justificada o necesaria y, ocasionalmente, encubierta. Quizá sea que participe en la corrupción y en sus en su ocultamiento, siempre va a estar comprometido. Y, cuando es posible, dentro del sistema, el más poderoso culpa al menos poderoso, cada vez que el encubrimiento falla y se tiene que incriminar a alguien.

Thorman (1983), en su discusión acerca de las familias incestuosas, pone de manifiesto cómo este sacrificio de la hija se constituye en la corrupción inicial:

"Se le dice que no hay nada anormal en el incesto, pero también se le dice que nunca revele la relación secreta… Se le hace sentir que se está comportando erróneamente, pero que su padre quiere que permanezca callada acerca de esta situación. Ella se encuentra atrapada en una doble atadura. Si revela el secreto habrá desobedecido las indicaciones del padre. Si no lo revela, debe continuar con el comportamiento equivocado. No importa cuál dirección escoja, siempre va a tener que pagar el precio." (p. 73)

Es importante añadir que si la hija revela el secreto, la mayoría de las veces no le creen; y si le creen, entonces la culpan a ella por la relación ilícita y por las consecuencias para el padre y el quebranto de la familia. Queda claro que esta misma dinámica general también opera en aquellas familias que hemos descrito, las cuales tienen padres seductores.

Una vez más, podemos usar el modelo universal de Fairbairn acerca de la respuesta del niño hacia los padres malos: la relación de la internalización del objeto del self malo con la separación (para un diagrama de esto, ver Fig. 1, p. 204). El modelo histérico se torna más complicado porque usualmente hay más de un objeto malo. Además de las figuras paterna y materna, existen también los hermanos y otros familiares.

Al discutir la histeria de conversión, Fairbairn resume la calidad distractiva universal de las defensas histéricas que quitan la atención de los problemas interpersonales reales. "Su rasgo esencial y distintivo es la sustitución de un estado material a un problema personal; y esta sustitución permite que el problema personal como tal sea ignorado. Todos estos problemas personales involucran relaciones personales con objetos significativos; y los objetos involucrados en los conflictos del histérico son esencialmente objetos internos, y más específicamente, los objetos emocionantes y frustrantes…" (Fairbairn, 1954, p. 117).* Al trabajar con este modelo lo he encontrado muy útil para pensar en el objeto libidinal o "emocionante" como el objeto que el niño necesita a la orden de un problema particular del desarrollo para madurar de manera óptima. En el caso de estos aspectos "edípicos", una niña necesita a un padre que pueda ser el objetivo seguro de su desarrollo de la conciencia de su excitación sexual, fascinación

---

* El lector puede querer saber que mi uso del modelo de Fairbairn es de alguna manera diferente de su propio uso en su análisis sobre la histeria de conversión, en particular con respecto a mi uso del objeto libidinal o "emocionante"

con el sexo opuesto y la atracción emergente de las maravillas de un mundo más ancho. En el caso de muchas mujeres con personalidad histérica, la niña también se acerca a su padre para la gratificación de necesidades anteriores no satisfechas en cuestión de nutrimentos, sostenimiento y apoyo. Esto constituye la oralidad a menudo notada en la personalidad histérica (Blacker y Tupin, 1991; Marmor 1953). Así, ellas se acercan a papá como una combinación del objeto sexual para una sexualidad inmadura, como salvador y guía en el mundo exterior.

En el caso del histérico emergente, sin embargo, lo que se encuentra no es la figura óptima, sino un padre que explota, se excita sexualmente y, por consiguiente, sobre excita a la hija y la corrompe. Para empeorar las cosas, explota a su hija para desquitarse de su esposa.

Este objeto masculino malo se internaliza como resultado de la frustración extrema y se escinde en sus partes emocionantes y rechazadoras. El lado "malo" de su objeto antilibidinal, el de seductor corrupto que utiliza la dependencia y las necesidades sexuales tempranas de su hija para corromperla. El self antilibidinal es el que ha sido corrompido, seducido y engañado. Como resultado de esta corrupción, ella a su vez es la seductora responsable por despertar en su padre los intereses lascivos, y por herir a su madre para robarle el afecto de su padre. La naturaleza secreta de esta relación especial refuerza esta conexión antilibidinal entre el self y el objeto malo.

La figura de la madre ideal en este drama es una cuya relación primaria y su sentido del self es seguro y maduro para permitirle y disfrutar de la emoción, la curiosidad y la inclusión libidinal total de la hija cuando se vuelca hacia el padre. En esta situación ideal, los lazos y las identificaciones con la madre son fuertes y seguros, para que las otras actividades autónomas y las otras relaciones y pasiones significativas puedan practicarse con libertad. Esta madre va a proteger a su hija de la sobre estimulación en tales prácticas y va a estar ahí cuando su hija la necesite, ya que habrá ocasiones de sobre estimulación o explotación. En el caso de la personalidad histérica, estas expectativas inherentes también se frustran en forma masiva, a menudo en las fases "pre-edípicas" previas y siempre en la fase edípica o en las etapas subsecuentes del desarrollo.

Este objeto malo es, entonces, internalizado. En el polo antilibidinal nos encontramos, a menudo, con una figura materna que se ha coludido con la corrupción, ha fallado en la protección por no estar cuando su hija la buscaba y a través de todo esto fue amenazante, vengativa y culpó a la hija. En esta relación inconsciente, el self antilibidinal es, entonces, malo, sexual y corrompe a otra mujer, la cual daña a la que ella ama con su sexualidad, competencia y corruptibilidad. Estos son algunos de los "problemas personales" de la personalidad histérica y sus características sintomáticas pueden ser productivamente vistas como formas para enfrentarse a ellas. Todas las demás características de la personalidad histérica tienen que ver con aquellas situaciones interpersonales en las cuales el individuo expresa sus problemas personales internalizados en el mundo exterior a través de la transferencia. En pocas palabras, las características de la personalidad histérica involucran la defensa en contra de los "problemas personales" cohibidos para que la represión se mantenga, o se manifiesten estos problemas en la vida de relaciones del individuo.

La personalidad histérica es notoria por actuar en papeles alternos o involucrarse en relaciones alternativas, las cuales expresan varios aspectos de estas auto-imágenes o modelos de relaciones del papel, inconscientes e internalizadas. La mujer puede, por ejemplo, ser la niña buena e ingenua en una escena o periodo, mientras que en otro puede ser sexualmente provocativa, una niña mala y explotadora. O puede mantener una relación amorosa con alguien, con frecuencia viejo, que la apoya y que es un hombre gentil, y en la que ella es relativamente asexual y frígida, y después alternar con un hombre que no es amable con ella, pero es sexualmente excitante, etc. Con mucha frecuencia, las maniobras defensivas histéricas sirven para bloquear la conciencia de las contingencias o los problemas de estas funciones y sus relaciones. Esto mantiene la habilidad de seguir circulando a través de estas relaciones alternativas sin la consumación, la resolución o la integración. Con estos "problemas personales" subyacentes en mente, pasemos revista a las características afectivas, conductuales y cognitivas de la típica personalidad histérica.

Afecto, cognición y comportamiento

Afecto

Al considerar los afectos característicos de la personalidad histérica, es conveniente recordar que la situación etiológica ya descrita es siempre de sobre-estimulación y confusa en su presentación de dobles lazos indisolubles con poderosas fuerzas primitivas. La situación, los afectos y los conflictos que provocan, son todos abrumadores. Por esto, una sobrecarga afectiva siempre es una realidad posible para esta persona y un escape no metabolizado de un poco de este afecto puede servir para reducir algo de tensión, así como para interferir o distraerse de cualquier conciencia más plena acerca de lo que este sentimiento significa.

Estas explosiones emocionales involucran a otras personas, a menudo en un melodrama actual que proporciona una distracción continua. Los elementos histriónicos del carácter histérico pueden ser comprendidos más simplemente como una exhibición de una defensa afectiva o, en palabras de Eric Berne, hacer ruido. Este griterío existe para tapar el sentimiento expuesto o lo defiende de otros sentimientos que, si se sintieran en su verdadera profundidad, serían abrumadores, revelando como en efecto lo harían, las relaciones entre del yo y los objetos antes descritas, con los sentimientos que sirven a estas funciones defensivas, los cuales con frecuencia son experimentados por los otros como falsos o teniendo una cualidad "como si". Su excesiva naturaleza dramática, su falta de propiedad tanto en el contexto como en la intensidad, y el hecho de que son tan característicos y no se resuelven nos llevan a verlos como no del todo verdaderos. Aun los afectos positivos pueden expresarse y experimentarse de esta misma forma, ya que este estilo ayuda a mantener la represión de lo que se encontraría si esta persona entrara en un estado más auténtico consigo misma y en una intimidad más verdadera con los demás.

Los afectos inconscientes del histérico son aquellos que mantienen unidas las relaciones reprimidas del self y el objeto. En relación con la figura materna, hay un deseo libidinal por la clase de cariño que no estuvo presente, por lo menos al confrontar la seducción del padre, y muy seguido en las etapas de dependencia anteriores. Mientras mayor sea esta privación maternal, menor será el nivel de funcionamiento del individuo y mayor la desorganización acompañante en respuesta a estos poderosos sentimientos.

Del otro lado de la escisión, el self se relaciona con la figura materna antilibidinal. Aquí hay una gran cantidad de rivalidad inconsciente, miedo de la venganza, culpa por herir a la figura materna, etc. Cuando estos conceptos antilibidinales acerca del self se abren paso, a menudo causan depresión. Pero también aquí la depresión es usada como una defensa afectiva. En su investigación, Slauney y McHugh (1974) encontraron que sus pacientes histriónicos internados en el hospital se diferenciaban claramente de otros pacientes psiquiátricos por la presencia de intentos de suicidio como la razón para su internamiento (p<.02). Esta diferencia se hizo más dramática cuando a la razón de la hospitalización se le agregó la depresión, pero sin intento de suicidio (p<.001). Más aún, estos autores notan que la mayor parte del comportamiento suicida de estos pacientes con diagnóstico de personalidad histriónica podía ser caracterizada como gestos suicidas, opuestos a los intentos suicidas en serio. Existían, entonces, en estos casos una activación dramática pero superficial que requería atención urgente y una participación de los demás.

Es muy interesante notar en este raro estudio objetivo acerca de la personalidad histriónica que, de una gran cantidad de variables estudiadas, las únicas variables causales potenciales que separaban estos grupos eran las dificultades en la familia de origen y en las relaciones amorosas adultas. De forma significativa, la mayoría de las personalidades histriónicas reportó una atmósfera pobre en el hogar (72 por ciento contra 37 por ciento, $p<.001$) y matrimonios desafortunados de entre los casados en la actualidad (75 por ciento contra 20 por ciento, $p<.05$). Aunque no sean estadísticamente significativos, los autores encontraron la frecuencia en el abuso de alcohol en los padres, que es digna de mencionarse: 44 por ciento en padres de personalidades histriónicas contra 19 por ciento en los casos de control.

Regresando a la relación reprimida con la figura paterna histérica, aún anhela libidinalmente la excitante pero segura figura masculina que la va a cuidar y a rescatarla. Este paradigma es representado con frecuencia en la conciencia, pero su sexualidad ha sido corrompida para ser expuesta en relaciones de intriga con una explotación concomitante. Así, este anhelo puede ser reprimido cuando son ejercidas estas estimulantes relaciones de intriga, al igual que la sexualidad maligna se reprime cuando se persigue el deseo del rescate.

En el lado antilibidinal de la escisión, el padre se experimenta como el macho corruptor y violador. Existe una tremenda hostilidad inconsciente hacia el hombre por esta explotación. Este odio es fundamentalmente sano y procede del self libidinal. Pero el self antilibidinal se experimenta como una confabulación con la relación secreta y corrupta. Como resultado, la persona histérica siente que ha hecho algo malo y que es ella quien es la seductora malévola. Esta visión del self la lleva a la depresión y el individuo va a utilizar los estados afectivos extremos y las maniobras conductuales para defenderse contra esta experiencia sentida más profundamente (ademanes suicidas, por ejemplo). Hay también una tremenda hostilidad de la persona histérica hacia los hombres, los cuales son vistos como débiles e incapaces de enfrentarse a las expectativas libidinales interrumpidas. Estructuralmente, yo veo esta hostilidad que viene del self y del objeto antilibidinal y se dirige hacia el objeto libidinal imperfecto. Estos sentimientos hostiles hacia los hombres bien pueden actuarse, en particular cuando para hacerlo existe una justificación externa significativa.

Cognición

"Ni siquiera lo pienses"
ANÓNIMO

Así como el histérico no puede sentir completa y profundamente a través de sus "problemas personales", tampoco puede pensar a través de ellos. Utiliza estrategias cognitivas que logran este objetivo al borrar información y bloquear o empañar el proceso del pensamiento. Shapiro (1965) ha sido de gran ayuda al enfatizar el estilo global e impresionista en la percepción, las limitaciones de los recuerdos disponibles y la simplicidad de las categorías cognitivas. Para determinar el significado de eventos o las acciones de los demás a través de la disociación, la personalidad histérica puede separar los pensamientos, los sentimientos y las acciones de manera bastante efectiva. Por ejemplo, la persona histérica puede actuar provocativamente en lo sexual, pero no estar consciente de algún pensamiento o sentimiento sexual.

La personalidad histérica es igualmente notoria por la sustitución de sentimientos o pensamientos del ambiente a los que pertenece, pero los cuales serían amenazantes en un ambiente alternativo donde son menos provocadores, pero donde en verdad no pertenecen. Esto es particularmente obvio en psicoterapia con este tipo de paciente, en que a menudo va a desplazar de manera transparente las ideas o los afectos, y que pertenecen, dentro de la terapia, a otras relaciones.

La tendencia de la personalidad histérica a actuar estos desplazamientos puede ser una parte tensa de su terapia, en especial cuando se trata de una transferencia positiva o negativa que pertenece de la relación terapéutica a otras relaciones en su vida. Especialmente, en niveles inferiores de funcionamiento, la personalidad histérica puede actuar esa transferencia negativa perpetuando los conflictos de sus relaciones amorosas o, de hecho, al dejarlas. Alternativamente, cuando se involucra la transferencia positiva se puede comprometer o casar con una pareja inapropiada. La personalidad histérica recuerda así la expresión "la mano derecha no sabe lo que está haciendo la izquierda". La personalidad histérica puede, a menudo, ver esto en ella y, por supuesto, también en los demás.

La naturaleza impresionista y global de los procesos de pensamiento histérico es obvia en su discurso. Ella habla de cosas en términos vagos y globales, y va a resistir una clasificación verbal. En este reporte de un caso prototipo, por ejemplo, Horowitz (1991) notó que su paciente ni siquiera tenía palabras para los temas sexuales conflictivos y, en consecuencia, era incapaz de discutir acerca de ellos con detalles específicos. La misma paciente no se veía a sí misma teniendo una vagina, de modo que hacía en el ámbito visual lo mismo que hacía de manera verbal. Esto es, no pensaba en temas amenazantes. En este caso, había también una disociación de un sistema cognitivo de los demás, por ejemplo, visual, afectivo o pensamiento verbalizado.

Otra estrategia que las personas histéricas usan a menudo, específicamente en el encuentro psicoterapéutico, es traer a colación un tema amenazador hacia una conclusión prematura. Esta estrategia viene acompañada por una expresión afectiva de desaliento o de desesperanza. Así, son insolubles los problemas que están amenazando, y esta falta de habilidad para solucionarlos contribuye a que la persona histérica se vea a sí misma como incompetente o insustancial. En individuos con un funcionamiento bajo, muchas de estas operaciones defensivas cognitivas son bastante inestables y poco confiables. Cuando esto es cierto, el individuo histérico es particularmente propenso a inducir estados alterados de conciencia a través del abuso de drogas o el alcohol, ya sea voluntaria o involuntariamente. Un síntoma de conversión o ataque de histeria puede, por supuesto, lograr ese resultado, como también lo puede la auto-mutilación, los episodios de excesos y purgas, los gestos suicidas y sus secuelas, etcétera.

La persona histérica también es notoria por su tendencia a verse como no responsable de lo que le ocurre y por sus intentos de producir compasión, apoyo y rescate. Esta visión pasiva de sí misma es una defensa de las malas auto-representaciones efectuadas por la internalización de una madre y un padre malos. Desafortunadamente, este estilo cognitivo defensivo puede producir considerables déficit en sus habilidades para planear y ejecutar su vida para conseguir lo que quiere. Más aún, inhibe el aprendizaje que podría lograrse como resultado de una recepción adecuada de retroalimentación respecto a su contribución en los resultados de su vida. Esto aumenta las tendencias propias y de los demás para verse insustancial e irresponsable.

La terapia apropiada con una personalidad histérica incluye darle ayuda para que finalmente sienta profundamente y piense de forma clara y total al aligerar de manera lenta todas las maniobras de defensa cognitivas y afectivas resumidas hasta ahora. Al hacerse esto, la represión pierde resistencia y los "problemas personales" ocultos se exhiben para siempre tanto en la transferencia terapéutica como en la vida del paciente. Estos problemas personales son, entonces, expresados en las relaciones donde pertenecen. Vamos ahora a ver el comportamiento del paciente en tales relaciones.

Comportamiento

Históricamente, han existido dos grandes orígenes de confusión al describir y comprender al carácter histérico. El fundamento más penetrante de esta confusión tiene que ver con igualar la personalidad histérica con las reacciones de conversión. Esto ha llevado a los teóricos a agrupar a pacientes que comparten un mecanismo de defensa particular, pero que no necesariamente comparten una constelación etiológica similar, un conjunto esencial de problemas o un estilo de personalidad total (Rangell, 1959). La segunda fuente de diagnóstico y de confusión teórica ha existido dadas las características orales de muchos que sufren de personalidad histérica. Al emplear la presente conceptuación, los niños que han sufrido una decepción en el nutrimento van a ser más susceptibles de explotación sexual en primer lugar, y de una auto-recriminación resultante, después. La carencia oral ayuda a establecer la explotación sexual que sustenta a estos problemas "edípicos". Me parece, sin embargo, que queda más claro de manera conceptual y práctica al separar estos dos fundamentos etiológicos de la psicopatología. Así, los problemas orales e histéricos pueden, con frecuencia, coexistir en la misma persona, pero conceptualmente son aspectos separados y así deben ser vistos.

Cuando estas dos fuentes de confusión son retiradas, uno llega a una definición más clara acerca de este trastorno de la personalidad, la neurosis o el estilo. Es un síndrome identificable asociado a los adultos quienes, como los niños, fueron explotados sexualmente o de alguna otra forma en un sistema familiar en el área de "problemas edípicos", como sexualidad, amor y competencia. Este trastorno no es la única adaptación en esta clase de etiología, pero hay una razón para creer que este síndrome en particular es más obvio que ocurra con mujeres explotadas sexualmente dentro de los contextos culturales europeos o estadounidenses. El comportamiento que es histriónico por naturaleza: demasiado dramático, emocional, y que busca obtener la atención, está fuertemente asociado a este síndrome. Esta clase de comportamiento es, sin embargo, sólo un elemento del trastorno y, como en cada enfermedad psiquiátrica, cualquier indicador es perdonado. Es por esto que evito en lo posible catalogarlo como "trastorno de personalidad histriónica". Los individuos con este trastorno de personalidad pueden no ser histriónicos, como tampoco muestran síntomas de conversión. Sin embargo, invariablemente muestran problemas de relación en particular donde la relación es tanto sexual como íntima. Al comprender las características de cualquier tipo particular de carácter, uno los puede conceptuar como: *1*) comportamientos de transferencia en el sentido más amplio, el cual refleja las relaciones ocultas e inconscientes entre en self y los objetos, o *2*) las defensas en contra de esas transferencias. Las defensas como tales no se experimentan por el individuo como sintomáticas, sino que generalmente son vistas para servir a un propósito constructivo. La medida en que sus defensas trabajan, como a menudo lo hacen, en individuos altamente funcionales los histéricos usualmente no van a psicoterapia.

Las defensas de la histeria se evidencian de manera clara en su afecto y cognición, donde, como hemos visto, se bloquea a sí misma de sentir y pensar totalmente a través de sus problemas personales. En el área del comportamiento, su histrionismo es igualmente defensivo, pero es en su comportamiento dentro de las relaciones donde empezamos a ver la transferencia de modelos en la relación de la función inconsciente en su vida diaria. Con algunos hombres, por ejemplo, se puede comportar de un modo muy coqueto recatado y dependiente, como para provocar la clase de gratificación de la dependencia que aún busca. De manera alternativa, o con otros, puede ser sexualmente seductora o verbalmente agresiva al principio, o después de que su seducción haya provocado una respuesta sexual. Se utiliza a sí misma como un objeto sexual tal como lo hizo su padre; también se puede relacionar con hombres como objetos sexuales, desechándolos después de completar su objetivo, tal como su padre debió haberlo hecho con ella. Esta actuación de las relaciones objetales del self interno es común, sucede en cada estructura del carácter. Pero es digno de mencionar en la personalidad histérica los cambios tan rápidos de una clase de relación hacia otra, ya sea con la misma persona o con personas diferentes. Por ejemplo, puede haber relaciones simultáneas, en las cuales cada uno de los modelos más bien simplistas de la relación del papel actúa con otros, cuya psicología les permite actuar la parte recíproca. Además, todas estas relaciones van a tener con frecuencia una calidad de telenovela más bien dramática, contraponiéndose a una naturaleza humana genuinamente sentida. Las relaciones, como los afectos, son "como si…"

Las relaciones con las mujeres pueden ser igualmente simples, polarizadas y fluctuantes. A menudo, estas mujeres no tienen relaciones estrechas con otras mujeres. "Prefieren la compañía de hombres" y con frecuencia ven a otras mujeres como aburridas, intelectualmente inferiores u hostiles y competitivas. Por otro lado, pueden tener relaciones con sus madres o "mejores amigas", las cuales parecen del todo retrógradas. Se comportan como niñitas con estas mujeres, mantienen secretos especialmente de los hombres, y se comportan como preadolescentes o adolescentes.

Con frecuencia, las mujeres histéricas se involucran en triángulos, como "la otra mujer", como sucedía en sus propias familias o como el centro del triángulo donde actúan un tipo de relación con un hombre y de forma alternativa con otro. La confusión creada por estas relaciones triangulares, al igual que en sus vidas, sirve también como una función defensiva. La activación se mantiene en un nivel tan elevado que los problemas personales reales no pueden sentirse, pensarse y trabajar en ellos. En el mismo sentido, los aspectos más aparentes: obstinación, exhibicionismo, vanidad, promiscuidad y celos en la histérica, son todos defensivos al apoderarse de la atención, mantener el interés enfocado externamente y fijando la atención de los demás en tales aspectos superficiales. Si uno hace las cosas lo suficientemente agitadas y dramáticas, la atención de uno se aparta de sentimientos y de pensamientos más profundos.

Los comportamientos interpersonales de la persona histérica se mantienen superficiales, a las órdenes de la represión y de la defensa. El contacto que está en la superficie, llamativo y "como si...", le permite al individuo rehuir la realidad de las representaciones malas tanto de sí misma como de los objetos, y vivir las fantasías del bueno. "Nada malo ha pasado. No he hecho nada malo. Algún día llegará mi príncipe".

Las relaciones amorosas de la histérica también se mantienen superficiales, a las órdenes de la represión y de la defensa. El contacto profundo no es seguro para ella. Por supuesto, obtener la atención del padre era algo que ella deseaba. Pero obtuvo mucho más y mucho menos de lo que realmente quería. La atención de su padre era sexual, y hasta cierto punto se sentía bien. Pero fue más allá de los buenos sentimientos, y no se reflejó adecuadamente porque estaba determinado más por el interés hacia su hija como persona. Además, esta relación de tipo sexual con el padre aparentemente dañó la relación con su madre. Como lo hacen los niños, ella se culpó a sí misma por todo esto. Como resultado, puede ser muy difícil para ella entregarse a una buena relación con un hombre, porque entonces ella va a tener lo que su madre no tuvo. Desde luego, ella tiene entonces lo que le despojó a su madre. Inconscientemente, esto lesiona a su madre de nuevo y evoca una culpa. La culpa viene oculta en muchas formas (Engel y Ferguson, 1990).

También las conductas sexuales son conflictivas de diversas maneras. Por ejemplo, a menudo existe una gran dependencia experimentada en relación al hombre en su vida, igual que la había con su padre. Tiende, desde esta posición, a ver al hombre y sus necesidades como mucho más importantes que las suyas, delegando éstas casi irreflexivamente y dándose permiso para ser utilizada sexualmente. Y, por supuesto, ella va a resentir todo esto y el hombre se va a convertir en el blanco de toda su hostilidad merecida o no.

En el aspecto sexual, al igual que en el social, la personalidad histérica a menudo se engancha en un comportamiento inauténtico, manipulador e "como de juego", que muestra un drama repetitivo, permitiéndole actuar cíclicamente en modelos de relaciones recíprocas de su papel y los afectos que están unidos a éstas. En lo sexual, por ejemplo, la seducción provocativa incita al comportamiento sexual agresivo, el cual es o puede parecer insensible, explotador o abusivo. Este comportamiento por parte del otro justifica, entonces, la hostilidad reprimida dirigida sólo a estas conductas. En el aspecto social, el comportamiento indefenso e irresponsable activa la protección y la conducta controladora en los demás. Pero la persona histérica se ofende cuando es tratada como irresponsable e indefensa, y no va a permitir el ser. Esto engendra frustración e impotencia en la otra persona. El conflicto y el enojo son ahora inminentes en ambos lados y, ocasionalmente, la mujer histérica tiene nuevamente la excusa externa legítima para ser complaciente con su rabia.

Al leer estas caracterizaciones del carácter, debemos recordar otra vez que lo que estamos tratando aquí es un arquetipo, un prototipo, un estereotipo. No existe un carácter histérico. Más bien, este es un argumento general que enfatiza los temas centrales y más comunes del dilema humano en particular. De hecho, cualquier situación humana conocida es más variable y complicada que la caracterización. Este es un mapa, una forma de orientarse al tener un punto de referencia cuando tratamos con un individuo específico que muestra algunas de estas características o temas.

Objetivos terapéuticos

Al usar el presente modelo teórico, la personalidad histérica difiere de todas las otras personalidades que hemos considerado hasta ahora en que si la psicopatología existe en la clasificación estructural inferior -por ejemplo, el trastorno de la personalidad- procede de aspectos del desarrollo temprano. Esta diferencia es más teórica que real; sin embargo, ya que casi todos los individuos en la clasificación del trastornos de la personalidad tienen serios factores etiológicos en dos o más de los problemas básicos existenciales de la vida ocultos en estos tipos de carácter. Para resumir los objetivos terapéuticos, sin embargo, esto conlleva implicaciones. Yo sólo me referiré a aquellas estrategias necesarias para los problemas "edípicos". Así, las notas que siguen no toman en cuenta las adaptaciones necesarias para aquellos que sufren el déficit estructural resumido en los capítulos anteriores basados en estos daños "pre-edípicos".

La psicoterapia para este carácter "edípico" hipotéticamente puro puede aproximarse más que el que está asociado con el pensamiento psicoanalítico tradicional. El trabajo inicial está dirigido hacia la construcción de una alianza terapéutica, seguida por intervenciones encauzadas principalmente hacia el desmantelamiento de las defensas de los pensamientos y sentimientos reprimidos o desviados. Sin embargo, entre estas defensas hay una escisión de los modelos de las relaciones, junto con sus afectos y conductas asociados, como se describió anteriormente. Cuando este análisis de las defensas se ha completado, los pensamientos y los sentimientos problemáticos empiezan a alcanzar la conciencia y encuentran la expresión. Desde luego, esto sólo puede ocurrir si se ha desarrollado una alianza terapéutica adecuada y el contexto del tratamiento se experimenta como fundamentalmente seguro. Estos sentimientos y pensamientos conflictivos se tratan en la relación terapéutica. Este avance gradual es eficaz cuando los pensamientos y los sentimientos son transferidos hacia la relación terapéutica y puede, en este sentido, ser tratado en el "tiempo real". Creo que este es un modelo adecuado para manejar la psicoterapia con problemas "edípicos", aunque tiene poco que decir acerca de la sustitución de nuevos y más sanos modelos de relación del self y el objeto.

Objetos cognitivos

Cognitivamente, el terapeuta necesita detener aquellas maniobras que previenen al individuo de acceder o desarrollar por completo pensamientos y sentimientos. La libre asociación es un buen ejemplo de un método que facilita esto. La instrucción básica demanda paso libre aunque centrado en aquellos temas en los que el paciente está más resistente. Por consecuencia, los bloqueos para liberarse son traídos a la atención. Los intentos de autodistracción, la conclusión prematura y el bloqueo cognitivo total se destacan a través de este método, a veces sin que el terapeuta haga algo. Agregar la interpretación resalta la naturaleza particular del bloqueo y señala la dinámica subyacente que presumiblemente lo creó. Tales interpretaciones requieren y modelan la introspección deseada. Cuando el pensamiento comienza a fluir con más libertad, generalmente emergen los recuerdos relevantes de los temas en cuestión. Éstos pueden ser nuevos o recuerdos que se han experimentado con gran claridad o con una gran conexión entre sentimientos, pensamientos y conductas. Cuando esto no ocurre, el terapeuta puede impulsar tales recuerdos o conexiones entre los sistemas de representación.

En la psicoterapia, la cual es un diálogo cara a cara, el terapeuta puede fomentar y moldear el pensamiento claro y completo, buscando un tema para una conclusión o una resolución apropiada. El terapeuta también puede estar particularmente alerta ante el comportamiento de los pacientes, los cuales se dirigen a él y que dan permiso para desinhibir tales comportamientos y actitudes conductuales. Como se mencionó anteriormente, la personalidad histérica se caracteriza particularmente por una tendencia más bien transparente para cambiar dentro y entre todas las relaciones en su vida. Como resultado, la personalidad histérica es el cliente apropiado para las habilidades observacionales bien desarrolladas e interpretativas de los terapeutas analíticamente orientados.

Es muy importante remarcar que toda esta transferencia no pasa necesariamente de las figuras parentales hacia el terapeuta. El paciente histérico es más proclive que la mayoría de las otras estructuras a transferir de la terapia aquellas reacciones que le pertenecen, y traer aquellas que pertenecen al medio social externo. Así, la orientación de la transferencia, como se define de manera amplia, puede ser muy útil para ayudar a esta clase de pacientes a descubrir lo que piensa y siente realmente. Existe aquí una disociación, pero no es tan global como en algunas otras estructuras, como la esquizoide. Más bien, la disociación está entre los sistemas representativos o entre los posibles blancos de sus reacciones.

La misma disociación ocurre cuando la personalidad histérica se ve a sí misma como pasiva y por lo tanto falla al tomar la responsabilidad de sus acciones o de sus resultados. El paciente de personalidad histérica prefiere atribuir el poder y la culpa en otra parte, pero niega su poder y su responsabilidad. De nuevo, la interpretación de este patrón, al igual que sus motivaciones internas, es útil para ayudar al paciente histérico a pensar claro.

El terapeuta es buscado también para ayudar a la personalidad histérica a aumentar su asociación, en oposición a la disociación entre pensamientos, sentimientos y comportamientos. De nuevo, se va a llamar al terapeuta para que interprete la conducta seductora, la cual está disociada de deseos o de sentimientos sexuales. De manera alternativa, el terapeuta puede atender al paciente encontrando las palabras que van con los sentimientos, particularmente aquellos que son abrumadores y están disociados de lo que los produce.

La exactitud de la auto-percepción de la personalidad histérica también necesita ser acrecentada. Ésta se inclina a verse en auto-representaciones polares, tales como una niña ingenua e irresponsable o como una seductora malvada que debe estar avergonzada. Además de modificar este auto-concepto polar, también necesita percibirse más adecuadamente en su desamparo, seducción, competitividad, histrionismo y agresión. También necesita percibir y comprender claramente las reacciones de los demás hacia sí misma.

Una reducción de la vergüenza en el polo negativo, usualmente ayuda mucho para lograr una mejor auto-percepción. La vergüenza es un área en el cual el modelo de las relaciones objetales nos ayuda a comprender y facilitar la adopción del paciente a la visión del self más madura y sana que tiene el terapeuta mediante la internalización de éste y sus actitudes hacia el paciente.

Asociado con estos auto-conceptos están los modelos de la relación de la función que tiende a polarizarse. Los hombres, por ejemplo, son vistos como rescatadores y corruptores, mientras que las mujeres son vistas como protectoras o persecutoras potenciales. Estos modelos bastante simples e inmaduros, y algunas veces románticos, de las relaciones interpersonales, necesitan ser remplazados por una visión más madura, realista y balanceada.

La terapia exitosa con la personalidad histérica también va a tener como resultado la disminución de lo que podemos llamar "estados histéricos". Éstos son estados anímicos en que la persona está tan abrumada por el afecto, ya sea real o defensivo, o por la disociación de temas amenazadores, que el paciente experimenta una pérdida muy real de autocontrol. Los métodos de control o de defensa pueden, entre otras cosas, enseñársele o fomentársele para que logre este resultado. Tales estrategias pueden ser particularmente útiles mientras la terapia progresa lentamente hacia la meta más evolucionada de la integración personal. El proceso terapéutico completo deberá tener como resultado no la disminución, sino la desaparición de tales estados histéricos.

Objetivos afectivos

Para cada expresión caracterológica es ilustrativo delinear esas características afectivas que acompañan a los "problemas personales" internos, o las relaciones objetales inconscientes. Tales sentimientos siempre pueden ser puestos en contraste con las expresiones de afecto más superficiales, que típicamente defienden a la estructura subyacente y la aparición de estos problemas personales y los sentimientos dolorosos que los acompañan. En el caso de la personalidad histérica, su inestable y dramática expresión teatral de sentimientos es defensiva. De una u otra forma, esa manera de usar los sentimientos debe ser abandonada antes de que esta personalidad pueda sentir su verdadera naturaleza.

La segunda característica afectiva más obvia de la personalidad histérica es su tendencia a la depresión, muchas veces de manera difusa. Si su depresión tiene algún contenido, va a involucrar una auto-recriminación repetitiva. Tales depresiones son, desde luego, sintomáticas y no son muy bien toleradas por la persona histérica, quien se inclina a buscar un escape rápido. Desagradables como son, las depresiones del paciente histérico también pueden ser defensivas, ya que disminuyen la experiencia de los sentimientos más profundamente perturbadores, pero rechazados. El afecto como defensa es probablemente más común y obvio en la personalidad histérica que en cualquier otra personalidad. Como resultado, el objetivo con esta personalidad debe ser la renuncia gradual de la defensa afectiva.

En parte, este objetivo terapéutico inicial se va a efectuar al aumentar la capacidad del individuo para tolerar la verdadera experiencia de todos estos sentimientos de miedo. El paciente histérico puede realmente ser insensibilizado a la experiencia de sentimientos reales, experimentándolos gradualmente cada vez más, en particular en el contexto de una relación terapéutica segura. Este proceso puede ser acrecentado al normalizar y comprender los sentimientos en cuestión y replantearse experimentarlos realmente como un efecto positivo y deseado. Porque la personalidad histérica se encuentra agobiada por el sentimiento –y aquellos individuos con una estructura baja literalmente se encuentran desorganizados por este sentimiento– es natural que se eviten estas experiencias. Revertir este patrón de anulación es una condición necesaria, si no es que suficiente para la transformación.

Por debajo de estos afectos más obvios y defensivos, hay todo un conjunto de sentimientos conflictivos que debe traerse a la conciencia para elaborarlos. Este conjunto incluye los sentimientos del complejo de "Edipo" o de "Electra". Quizá los sentimientos negativos acerca del self son los más accesibles para la conciencia, que por lo menos se encuentran vagamente presentes durante las depresiones histéricas. En el nivel más superficial, la personalidad histérica con frecuencia siente que no es suficientemente buena, y por debajo de esto siente que es perversa. En el nivel superficial, puede decir lo que los otros ven en ella: que es insustancial, indecisa, dependiente e insegura de quién es o de lo que desea en la vida. En el nivel más profundo, la personalidad histérica se culpa a sí misma por lo que le sucedió en su familia y lo que le sucedió a sí misma. Si hubiera sido mejor, su madre hubiera sido capaz de cuidarla, o hubiera estado más deseosa de hacerlo. Hubiera habido la relación madre-hija que anhela todavía. Puede llegar a discernir que ella es culpable por su competitividad natural con su madre y siente que esto, junto con su necesidad y su sexualidad, fue la causa de que cayera de la gracia que aún busca.

En conflicto con toda esta culpa y vergüenza, aunque al mismo tiempo contribuyendo a éstas, la personalidad histérica está enojada con su madre por no estar ahí cuando la necesitó, no la protegió y fue incapaz de satisfacer a su padre para que ella pudiera tener su propia vida libre de la corrupción resultante. En algunos casos, va a sentir que su madre la odiaba y por eso la personalidad histérica va a odiar a su madre. Generalmente se va a culpar por estos acontecimientos, sintiendo que el odio de su madre fue concebido por su propia maldad, y que su odio revertido solamente es la evidencia de qué tan mala es ella. También se va a sentir culpable en relación a su padre, creyendo de manera inconsciente que lo corrompió con su coquetería, su seducción y su necesidad infantil de atención. Todos estos sentimientos están exagerados hasta el grado en que la persona histérica se comprometió con el padre para mantener en secreto aspectos de su relación. Más aún, cualquier placer que ella infería de esta relación va a servir como una futura evidencia de su culpa y su naturaleza esencial de maldad.

Desde luego, la personalidad histérica también va a estar enojada con su padre por explotarla, encarcelándola en este complejo, el cual restringe su habilidad para estar en paz consigo misma y desarrollar una relación amorosa satisfactoria. La llamada "culpa edípica" hace difícil alcanzar una satisfactoria relación sexo-amor, adulto-adulto. La paciente con personalidad histérica es culpable de obtener el amor de su padre, el cual su madre no pudo hacer; también se sentirá inconscientemente culpable por abandonar a su padre para involucrarse con alguien más. Aún más: lograr una relación propia significaría vencer a sus padres al poseer algo que ellos no pudieron tener. En gran medida, la paciente cree que esto es debido a la maldad que ella misma llevó a su familia. Este es el conjunto de los problemas personales que la paciente histérica debe volver conscientes y percibirlos en la terapia.

Pero hay mucha resistencia. La personalidad histérica le teme a sus instintos sexuales, de carencia y competitivos. Tiene miedo a explotar o ser explotada, y también siente temor de que descubran su maldad y que la rechacen. Esencialmente tiene miedo de experimentar y de trabajar con lo que denominamos el complejo edípico de impulsos amenazadores, sentimientos conflictivos e ideas inconscientes que conforman su naturaleza malévola.

Desde luego, también existe la tristeza inevitable, la cual debe enfrentar, y que tiene que ver con la realidad de la situación de su familia y su lugar dentro de ella. Al darse cuenta de que fue sacrificada por las necesidades de los demás y que su propia necesidad natural, su sexualidad, su amor y su competitividad fueron explotados, va a aligerar su culpa. Pero debe llegar a un acuerdo o bien sentir la aflicción que descubre esta acción. También va a existir pesar por las pérdidas reales de la vida adulta, ocasionadas por la historia de corrupción. En particular, las relaciones amorosas han sido dañadas, al tiempo que ocasionaron daño. Las personas que más la amaron y aún sus propios hijos han sido dañados. La vida ha estado desperdiciada.

Objetivos conductuales sociales

Como ya se mencionó, las relaciones de la paciente histérica a veces parecen falsas, deshonestas o "como si". Si este estilo defensivo empieza a ceder, las relaciones se empiezan a llenar con la transferencia de relaciones inconscientes entre el self y el objeto, las cuales hemos estado considerando. Ambos patrones van a influir en la relación terapéutica, y el manejo de estas pautas por el psiquiatra va a determinar el éxito o el fracaso de cualquier esfuerzo en el tratamiento del paciente. Es crítico establecer al principio una relación adulto-adulto respetable, involucrando una alianza terapéutica con los límites apropiados. El paciente histérico va a inclinarse, por lo menos al principio, a continuar en una pseudorelación, la cual por una parte mantiene la distancia y, simultáneamente, pretende extender la relación más allá de los límites apropiados. Las confrontaciones tempranas o abruptas de estos patrones pueden tener como resultado la terminación del tratamiento o, ya que éstos señalan una falta de seguridad, después pueden perpetuar mayores defensas.

El paciente histérico es vulnerable narcisistamente por su pobre autoestima subyacente, por lo que el terapeuta va a tener mejores resultados simplemente modelando un estilo relacional sólido, respetable y cálido, pero poniendo límites. Al hacer esto, el terapeuta crea un ambiente seguro y delimitado, donde la transferencia de las dinámicas relacionales ocultas puede mostrarse y explorarse. En el tratamiento, los pacientes de personalidad histérica son notorios por usar el canal de transferencia. La alianza, las limitaciones apropiadas, al igual que la calidez y el respeto, van a permitir que esa transferencia se utilice productivamente, van a impulsarla, a desinhibir su participación y, por último, alentarán su análisis.

Las tres transferencias más comunes del paciente histérico son: la erótica, la dependiente y la hostil. Como con todas las transferencias en pacientes extremadamente funcionales, es positivo admitirlas, alentarlas y darles la bienvenida, limitar su *acting-out* respecto a ellas y comprenderlas en el contexto fortalecido de una alianza terapéutica adulto-adulto imbuida de respeto. El psicoanálisis, las relaciones amorosas y la vida familiar vuelven locas a las personas porque desencadenan dinámicas inconscientes no resueltas. Sin embargo, el análisis es único en proporcionar la mejor oportunidad para tanto para limitar el como para comprenderlas debido a la neutralidad y el entrenamiento del terapeuta. El análisis cura no tanto por la comprensión otorgada, sino por la liberación y la resolución de aquellas fuerzas poderosas dentro de la relación humana. Cuando estas transferencias son manejadas con éxito, las relaciones histéricas pueden ser más y más reales, ser amorosas cuando se ama, sexuales cuando hay sexo, competitivas cuando hay competencia, dependientes cuando hay dependencia, y así sucesivamente. Todas estas respuestas humanas esenciales pueden contaminarse por la culpa, la malevolencia y la auto-atribución o proyección de la hostilidad, la explotación y la corrupción de secretos y el engaño.

Conductualmente, se sabe cuándo el trabajo con una paciente histérica está llegando a su final, cuando esta persona es directa consigo misma y con cada uno en su vida. Ya no manipula, lisonjea o coquetea para conseguir su objetivo. Sabe lo que quiere, acepta la validez de sus necesidades y las enfrenta directamente. Actúa como una persona madura con los demás y espera lo mismo de ellos. Sus sentimientos y sus pensamientos acerca de las cosas no están caracterizados por una simpleza ingenua y una polaridad, sino por la ambivalencia y la complejidad. No escoge un amante viejo y rico como compañero, ni se esfuerza por la vulnerabilidad o la debilidad masculina.

Así, cualquier comportamiento adictivo que fue utilizado para evitar el dolor por sus problemas personales va a poder manejarse. Más comúnmente, sus adicciones pueden haber involucrado drogas y alcohol, gastar compulsivamente o padecer trastornos de la alimentación. Mientras una gran parte de tal cambio es una consecuencia de elaborarlas, también se pueden ver afectadas a través de modelarlas, de la enseñanza y alentarlas.

Los objetivos relacionales de la terapia pueden ser planteados brevemente. Tienen que ver con la creación de la autenticidad dentro de las relaciones, al acoger dentro de ellas a las preferencias humanas naturales que han estado corrompidas y revirtiéndolas a través de la comprensión, el respeto y la afirmación de su legitimidad esencial. Lo fundamental para el paciente de personalidad histérica en este proceso es legitimar su sexualidad, sus necesidades y luchar competitivamente junto con la rabia, la decepción y la auto-culpa que resultó de su explotación.

Capítulo 11

El niño disciplinado:
la personalidad obsesivo-compulsiva

Él sabe cuando tú estás dormido,
Él sabe cuando tú estás despierto,
Él sabe cuando has sido malo o bueno,
Así que sé bueno, por amor de Dios.
"SANTA CLAUS VIENE A LA CIUDAD"

El individuo obsesivo-compulsivo y el histérico comparten muchas cosas en común. Las habilidades requeridas para ambos ajustes se desarrollan más bien tarde y la mayoría de los teóricos han especulado que los dos tipos de personalidad se desarrollan como respuesta a los problemas más avanzados de la vida. Como el carácter histérico, el obsesivo-compulsivo representa un síndrome complejo. Empero, obtiene su nombre de esos elementos conductuales del síndrome que son más obvios, pero no más fundamentales.

Enfocarse en un pensamiento obsesivo y un comportamiento compulsivo como el meollo de este síndrome, nos puede llevar a la confusión debido a otras muchas condiciones psicológicas y médicas que nos conducen hacia tales expresiones. Probablemente, el síndrome de la personalidad obsesivo-compulsiva es el mejor delimitado, más investigado y más validado. Aún así, no es la condición asociada con los ejemplos más dramáticos del pensamiento obsesivo o el comportamiento compulsivo. Esta distinción, que parece ser una condición separada, va hacia el trastorno obsesivo-compulsivo (OCD, por sus siglas en inglés), el cual voy a documentar en breve. Las obsesiones y las compulsiones dramáticas también se observan en casos de la anorexia nerviosa, el síndrome cerebral orgánico, traumatismos en la cabeza, la epilepsia, el síndrome de Tourette y el síndrome de Lesch-Nyhaus (Turner, Beidel y Nathan, 1985).

Freud (1913) hizo una distinción entre el síndrome de personalidad el cual llamó "carácter anal" y lo que etiquetó como neurosis obsesivo-compulsiva. Esta diferenciación ha persistido hasta hoy en día, representada por la distinción actual en la *American Psychiatric Association's Diagnostic and Statistical Manual,* entre el trastorno obsesivo-compulsivo y el trastorno obsesivo-compulsivo de la personalidad. Pero mientras la distinción siempre se ha hecho y se justifica más que nunca antes por la investigación reciente, a menudo se ha perdido. Muchos de los trabajos mejor conocidos y más útiles sobre la personalidad obsesivo-compulsiva se han dejado de lado. En la práctica común, esta distinción está con seguridad aún más perdida, como lo están otras diferenciaciones entre el síndrome de personalidad y las otras condiciones asociadas con el pensamiento obsesivo y el comportamiento compulsivo. Antes de describir este síndrome de personalidad, creo que es necesario delinear algunas de estas otras etiologías obsesivas-compulsivas, en particular el trastorno obsesivo-compulsivo.

Trastorno obsesivo-compulsivo

Las personas diagnosticadas con el trastorno obsesivo-compulsivo muestran algunos de los ejemplos de ansiedad más extremos en la fenomenología, junto con actividades ritualistas y pensamientos o acciones repetitivas. Al intentar organizar la literatura sobre el trastorno obsesivo-compulsivo, Liebowitz y Hollander (1991) distinguieron tres tipos. El más común está caracterizado por "un miedo excesivo al daño físico o peligro para sí mismo o los demás, o a la propiedad" (p. 228). Estos individuos están continuamente preocupados por contraer el SIDA, por ejemplo, o llegan a estar muy obsesionados con el peligro de sus propios impulsos hostiles. Estas preocupaciones los pueden llevar hacia comportamientos compulsivos, tales como rituales, o lavar e inspeccionar todo lo que le rodea de manera excesiva. El segundo tipo tiene que ver con "un vago sentido de inquietud más que el peligro presente, en relación a exposiciones normales" (p. 228). Este nivel alto de activación psíquica, parecido a la ansiedad generalizada, de manera similar puede guiar hacia comportamientos impulsivos, tales como el acaparamiento, el orden excesivo y la catalogación. El tercero, se distingue por la continua lucha por la perfección y la simetría. Por ejemplo, algunos de estos pacientes necesitan tener las agujetas de cada zapato amarradas con el mismo grado de tensión, o caminar a través de una entrada exactamente por el centro. Algunos rituales, como el religioso, tienen que hacerse con una atención perfecta hacia cada detalle y secuencia, o su escritorio tiene que estar arreglado en completo orden y simetría, con cada objeto en un ángulo susceptible de ser percibido exactamente igual. En su mayoría, los individuos con este diagnóstico encuentran sus comportamientos compulsivos irracionales, ego-distónicos e intrusivos, pero aún así, se sienten forzados a llevarlos a cabo. Una excepción a esta generalización, empero, es que sus estándares de perfección son a menudo ego-sintónicos.

La ansiedad subyacente o el estado psíquico sobre-excitado es su característica más aparente y se expresa a menudo a través de una supervisión excesiva, la limpieza, la conducta ritualista y las obsesiones continuas, tales como aquéllas involucradas con la hipocondriasis, la continua preocupación por eventos amenazantes poco probables o pensamientos y fantasías agresivos. El curso del trastorno obsesivo- compulsivo se contempla como crónico con una periódica exacerbación y disminución de los síntomas.

Un número de investigaciones relacionadas con el OCD sugieren que hay un componente genético. Al revisar los estudios para establecer un eslabón genético en hijos gemelos en los cuales se comparan los monocigóticos y los dicigóticos, Turner, Beidel y Nathan (1985) concluyen que las tasas concordantes para los pares monocigóticos exceden a las de los dicigóticos. El mismo análisis también documenta la frecuente relación vista entre este trastorno y el síndrome de Tourette, en el que el primero ocurre entre 33 y 89 por ciento de los pacientes diagnosticados con este padecimiento. El trastorno obsesivo-compulsivo también aparece frecuentemente en los parientes en primer grado de los pacientes con el síndrome de Tourette (Montgomery, Clayton y Friedhoff, 1982). Más aún, los síntomas del trastorno obsesivo-compulsivo se han reducido por medio de la cirugía, la cual origina una extirpación de secciones del sistema linfático. Tales cirugías han sido llevadas a cabo sólo en los casos más severos, donde otros tratamientos han fracasado y en los que los síntomas de OCD eliminan cualquier posibilidad de sobrevivir con una calidad de vida razonable.

En años recientes, los medicamentos que inhiben la recaptura serotoninérgica (clomipramina y fluoxetina) han mostrado resultados impresionantes en el tratamiento de este trastorno. En promedio, 50 por ciento, aproximadamente, de los pacientes mejoraron de manera significativa con esa clase de medicamentos. Varios reportes también dan resultados positivos en los tratamientos conductuales con el OCD (Beech y Vaughan, 1978; Marks, 1981).

En contraste con estos resultados del tratamiento, la mayoría de los investigadores concuerdan en que la terapia psicoanalítica o del *insight* es, generalmente, ineficaz con el OCD. Sifrieos (1985) proporciona una excepción a esta generalización, pero sus casos representan versiones muy débiles, tanto que es cuestionable su estatus en el desorden obsesivo-compulsivo.

Un número importante de estudios se han realizado para investigar la sobreposición entre OCD y el trastorno obsesivo-compulsivo de la personalidad (OCPD, por sus siglas en inglés). Una teoría más claramente adoptada por Salzman y Thaler (1981) afirma que existe un continuum desde el comportamiento obsesivo y metódico hasta la personalidad obsesivo-compulsiva, y finalmente al trastorno obsesivo-compulsivo. De acuerdo con esta teoría, el OCD representa una descompensación de la leve condición pre-existente en la personalidad obsesivo-compulsiva. Los resultados de la investigación son de alguna forma inconsistentes al documentar la relación entre OCD y OCPD, pero no existe una demostración de alguna conexión lineal clara. Las reseñas de Pollack (1979, 1987) y Baer y Jenike (1990) parecen llegar a la siguiente conclusión: Mientras algunos estudios afirman ya sea con un diagnóstico premórbido o coincidente del trastorno de personalidad obsesivo-compulsiva en una proporción significativa de pacientes diagnosticados con OCD, muchas otras investigaciones no muestran tal relación. Estos análisis pueden indicar que una alta proporción de pacientes con OCD también califica para un diagnóstico de trastorno de la personalidad, pero el trastorno de la personalidad obsesivo-compulsiva no está entre los casos comúnmente asignados. La investigación tomada como un todo no argumenta de manera persuasiva un vínculo directo entre la personalidad obsesivo-compulsiva y el trastorno obsesivo-compulsivo. De acuerdo con los datos de toda esta investigación, parece ser que estas condiciones están esencialmente separadas.

El OCD es un problema fascinante, y el incremento durante los últimos diez años de la comprensión de este trastorno, muy bien puede ayudar a muchos cuya sintomatología severa no ha sido formalmente reconocida como emergente de una condición neurológica básica. Jenike (1990) hace un razonamiento muy persuasivo acerca de que muchas condiciones severas son verdaderas manifestaciones de OCD. Estas incluyen alguna proporción de anorexia nerviosa, automutilación compulsiva, juego patológico, hipocondriasis monosintomática, tricotilomanía (jalarse el pelo compulsivamente) y otras obsesiones que involucran al cuerpo o a la enfermedad.

Al revisar la investigación biológica sobre OCD, Turner, Beidel y Nathan (1985) concluyen que los datos disponibles apuntan hacia un "estado de sobreexcitación en el paciente obsesivo-compulsivo". El comportamiento obsesivo-compulsivo puede verse entonces como una consecuencia o una respuesta a ese estado, incluso como un intento para ganar el control sobre éste. Pareciera que todo el comportamiento obsesivo-compulsivo de cualquier origen tiene como base la intención de obtener el control de los estados afectivos ocultos. El ser humano, junto con otros animales, bien puede depender de tales habilidades para traer orden a la alteración afectiva subyacente. Pero por ahora, es importante distinguir simplemente entre el OCD y la personalidad obsesivo-compulsiva.

Otras causas del comportamiento obsesivo-compulsivo

En relación con la distinción del OCD, también quisiera discutir breve- mente aquellos casos en los que he visto un comportamiento obsesivo- compulsivo, el cual también es distinto de la personalidad obsesivo-com- pulsiva y del trastorno obsesivo-compulsivo. Las personas que se criaron dentro de situaciones familiares impredecibles y caóticas, pero que sobre- vivieron al identificarse con otros modelos de comportamiento o ideologí- as, pueden mostrar un compromiso obsesivo hacia ciertos valores o una ne- cesidad compulsiva por el orden. Por ejemplo, algunos hijos adultos de alcohólicos o la descendencia más funcional de familias dominadas por la adicción a las drogas, también pueden mostrar este patrón. La devoción hacia un sistema de valores o a un sistema del orden y autorregulación les ha ayudado a escapar del caos generado por sus padres o cuidadores y les ha permitido establecer una estructura que valoran. Estos individuos no exhiben la otra característica de la personalidad obsesivo-compulsiva, que va a ser descrita a continuación. En particular, estas personas usualmente no están tan alejadas de sus propios sentimientos y son afectivamente más variables que las de personalidad obsesivo-compulsiva. Están más en con- tacto consigo mismas, pero simplemente utilizan los valores y el orden pa- ra establecer una estabilidad.

Otro grupo de individuos que pueden parecer obsesivos o compulsivos son aquellos que se compensan por la falta interna de una estructura del self. Como se ha descrito a través de este libro, cualesquiera que sean los problemas caracterológicos con los que se estén enfrentando estos indivi- duos, su funcionamiento estructural o el rango de trastorno de la persona- lidad es bajo y requieren de un anclaje firme para sostener su frágil senti- do del self. Son parecidos al grupo del que se acaba de hablar en que necesitan compensarse por su experiencia personal que de otra forma sería caótica. Así, la rigidez de su estructura de creencias o rutinas crea un ma- yor sentido del self y una seguridad similar al grupo del que se discutió an- tes, por lo que estas personas no necesariamente muestran las otras características de la personalidad obsesivo-compulsiva. Si bien pueden manifestar alguna restricción en la autoexpresión, no tienen la misma habilidad para enfocar estrechamente su atención y lograr el mismo nivel de autocontrol penetrante asociado con la personalidad obsesivo-compulsiva. Ellas no son personalidades bien formadas y no pueden manejarse de manera exquisita o sobre-manejarse a sí mismas. En su lugar, están colgándose, para preservar su vida, de una estructura de valores u organizacional que les proporcione alguna apariencia de estructura propia.

Etiología

Existe gran cantidad de investigación empírica sobre la personalidad obsesivo-compulsiva y muchos acuerdos en esta investigación relacionados con la validez de los rasgos y los síntomas asociados con esto (Ver los resúmenes de Fisher y Greenberg, 1977; Kline, 1981, 1987; Slade, 1974). Estudios del factor analítico muestran un patrón consistente a través de grupos patológicos y normales, así como a través de las culturas. Más aún, la validez predictiva de esta construcción de la personalidad ha sido mostrada por numerosos estudios empleando criterios conductuales (Ver Fisher y Greenberg, 1977). Casi toda la investigación sobre la etiología de la personalidad obsesivo-compulsiva encuentra muy poco apoyo a la proposición freudiana de que estos rasgos del carácter proceden de la práctica particular del entrenamiento para el uso del inodoro (Ver O'Connor y Franks, 1960; Pollack, 1979, 1987). Sin embargo, diversos estudios convergen al encontrar similitudes en la orientación obsesivo-compulsiva o "anal" de los padres y sus hijos (Adams, 1973; Belfo, 1957, Finney, 1963; Hayes, 1972; Heatherington y Blackville, 1963). Más aún, existe un gran acuerdo, aún entre las escuelas teóricas que compiten entre sí, sobre la etiología de la personalidad obsesivo-compulsiva. Tanto la perspectiva de aprendizaje social, como la muestra Millon (1981), como la perspectiva psicodinámica como la ejemplifican Fisher y Greenberg (1977), enfatizan el papel del sobre-control rígido, atado a ciertas reglas y la paternidad exigente que quita espontaneidad y flexibilidad en la socialización y el desarrollo moral.

El hecho de que la personalidad obsesivo-compulsiva parece venir de las familias, hace, desde luego, que se plantee el problema de la crianza versus la herencia. En un estudio, en el que se comparan 419 pares de gemelos monocigóticos y dicigóticos normales, Clifford, Murria y Faulker (1984) encontraron que menos de la mitad de la variación (44 por ciento) del Inventario de Rasgos Latentes Obsesivos era atribuible a la herencia con las correlaciones del gemelo monocigótico y cerca del doble en las correlaciones del gemelo dicigótico. Este es uno de los múltiples estudios que apoyan lo que muchos habían sospechado: que un número de dimensiones clave de la personalidad está determinada por factores hereditarios e influyen en la expresión caracterológica de las esferas normal y patológica. Yo sospecho que, así como en la introversión-extroversión, la tendencia hacia el autocontrol y el control ambiental, tal como se muestra en este tipo de carácter, es una de esas dimensiones básicas de la personalidad que tiene un fuerte componente hereditario. Al mismo tiempo, sin embargo, creo que estos factores de la personalidad sólo causan problemas cuando están influenciados por un ambiente patogénico.

Una de las mejores maneras de apreciar la etiología genética de la personalidad obsesivo-compulsiva es imaginar cómo sería ser hijo de padres obsesivos-compulsivos. Al imaginar este escenario, es muy ilustrativo pensar en la familia obsesivo-compulsiva en su forma más pura. A menudo, la etiología obsesivo-compulsiva va a incluir alguna característica sádica de los padres que resulta en masoquismo o en la paternidad narcisista que lleva al narcisismo. Mientras que algunas heridas narcisistas nunca se van a reducir a cero, en la clase de escenario que estamos considerando ahora esto puede ser mínimo. El resultado "puro" de la paternidad obsesivo-compulsiva va a ser un ajuste neurótico que involucra un conflicto en aspectos tales como el amor, el sexo, la competencia y la agresión. En otras palabras, esta etiología obsesivo-compulsiva pura no va a ocasionar la clase de déficit estructural asociado a un trastorno básico del self o a una organización limítrofe de la personalidad. Ciertamente, hay personas obsesivo-compulsivas que podrían estar categorizadas de esa manera, pero en la visión teórica presentada aquí, estos individuos también tuvieron que haber sufrido ambientes más dañinos estructuralmente. Estas distinciones teóricas son necesarias para diferenciar la etiología y la personalidad obsesivo-compulsiva de otros caracteres, particularmente del narcisismo.

El escenario arquetípico que sigue es típico sólo para la mitad superior del funcionamiento estructural del continuum. Yo lo utilizo con propósitos ilustrativos, para evitar la contaminación de este problema con otros. Sin embargo, en la vida real, tal contaminación es más la regla, aunque esta forma más pura de factores etiológicos ocurren ciertamente.

Una pareja obsesivo-compulsiva de funcionamiento alto va a abordar la educación del hijo de la misma forma en que se acercan a todas las demás cosas. Lo va a tomar muy seriamente, con las mejores intenciones de hacerlo a la perfección. Aún más que la mayoría de los padres, ambos van a preocuparse si algo está mal hecho, no van a confiar mucho en su propia intuición o sentido común y se van a apoyar mucho en la autoridad, en la práctica común o en su propia niñez, para obtener recetas de cómo ser verdaderos padres. No van a armonizarse muy bien con las características peculiares de la idiosincrasia de su hijo. Esta clase de padres puede ser menos dañina narcisistamente de lo que podría esperarse, porque, con el tiempo, el niño va a sentir que sus padres en verdad lo quieren y que claramente están tratando de hacer lo que es mejor para él. Estos padres van a creerse esto y se lo van a mostrar al hijo.

Cualquier negatividad que exhiben va a aflorar en su obstinación, la cual va a considerarse necesaria y por el "propio bien del niño". La presentación que los padres hacen de esta postura, al igual que la verdad de esto, hace aún más difícil para el niño rebelarse ante la autoridad parental o expresar algún enojo real ante ésta. Como resultado, es propenso a asimilarla de forma sutil dentro de su propia estructura. Al igual que sus padres, la rebelión y la negatividad se van a mostrar sólo en su obstinación y su terquedad, las cuales van a ser más notorias y ego-sintónicas si aquéllas son justas.

Estos son padres conscientes que se preocupan por sus hijos y que les proporcionan lo que necesitan de forma concienzuda y bien intencionada. De los dieciocho meses a los dos años de edad, el niño puede ser bastante normal dentro de tal familia, y va a prosperar a menos que la cultura prescriba prácticas inapropiadas. Estos padres van a consentir a su hijo y no le van a imponer falsas expectativas. Los padres pueden ser un poco duros con ellos mismos para hacer las cosas correctamente, pero su estructura relativamente sólida les va a permitir manejar bien esta ansiedad y aislar al niño de ella. Como los estándares para una conducta correcta son más y más necesarios en la interacción de padres e hijos, estos adultos tan bien disciplinados van a ser conscientes al inculcar los códigos "correctos" de ética, las creencias y la conducta a su prole. Pueden muy bien no esperar más de lo que sus hijos pueden cumplir y por ello van a ser más efectivos en inculcarles disciplina y autocontrol.

Cuando esto se vuelve más y más factible debido al desarrollo del niño, estos padres van a comenzar a imponer el mismo estándar de actuación libre de error en sus hijos, como lo hacen para ellos mismos. Entonces evalúan la actuación del niño de forma precisa y van a recompensar o a castigar, según sea el caso. Por ejemplo, ellos pueden darle al niño un permiso, pero éste no va a ser muy amplio, no van a haber muchas gratificaciones o sorpresas adicionales. El permiso puede ser bastante condicional y esta posibilidad va a ser manejada con rigidez. Sin embargo, en todo esto el padre trata de ser justo y razonable todo el tiempo. Este padre estricto se guía esencialmente "bajo las reglas" y, por supuesto, los padres obsesivos-compulsivos no son divertidos. No son capaces de jugar, de valorar la emoción espontánea, de comprender, de participar o de aprender de la habilidad del niño para enfrascarse en algo para su beneficio, de comprometerse en alguna actividad por los sentimientos que ésta produce, alcanzar las alturas del éxtasis o la profundidad de la desesperanza o cometer tonterías.

El padre obsesivo-compulsivo también va a negar la hostilidad o cualquier forma de negatividad, enmascarándola con una necesidad justa. Por consiguiente, el niño es alentado una vez más a desconfiar de su propia percepción y de sus sentimientos, mientras acepta la "línea ideológica" de sus padres o el intento benéfico del tratamiento que no lo hace sentir muy bien.

Estos adultos son, en esencia, demasiado adultos y su paternidad efectiva causa que su hijo siga sus pasos muy rápida y totalmente. Todo lo que es infantil, que parezca animal, que sea apasionado, sensual o autocomplaciente es mantenido bajo un estricto control. Estas fuerzas son aprovechadas y al niño se le enseña que esta es la forma de ser. Particularmente, cuando esta clase de entrenamiento y tratamiento se encuentra en la fase apropiada, al grado de que se acompañan de actitudes y conductas que transmiten los cuidados para el niño, el resultado va a ser un niño bien disciplinado quien, como sus padres, trata siempre de hacer todo bien.

El tratamiento antes mencionado engendra la conocida rigidez del individuo obsesivo-compulsivo. Para mantener las cosas bajo un estricto control, el sujeto comienza a respirar con menos movilidad. De igual manera, las estructuras de valor y creencias de esa persona se hacen inflexibles en la búsqueda de la perfección y la evitación de cualquier error.

La patología resultante de la inducción arriba mencionada va a depender, hasta cierto grado, del temperamento. Una disposición muy activa y fuerte, una voluntad recia y apasionada en el niño va, desde luego, a crear mucho más conflicto de lo que haría una disposición más pasiva. Sin embargo, es muy difícil mantener una rebelión continua dentro de esa familia. En estos casos, uno esperaría un nivel mucho más elevado de hostilidad, resentimiento o rebelión no manifiestos, que se expresarían a través de la obstinación y del comportamiento pasivo-agresivo. Con más sentimientos subrepticios de esta clase, uno esperaría más síntomas tales como una preocupación obsesiva, síntomas psicosomáticos, pensamientos intrusivos de naturaleza prohibida, etcétera.

La otra fuente de dificultad es que esta clase de padres está fuera de la fase con relación al desarrollo de sus hijos. Estos padres son conocidos por no ser empáticos con su hijo y como consecuencia que a menudo no fijan el ritmo de su socialización tan suavemente como en el escenario anterior. Además, existe más hostilidad y control exhibidos por esos padres junto con las racionalizaciones por tal comportamiento y una amorosa presentación exterior. A medida que el control y la disciplina se imponen menos apropiadamente y con una mayor hostilidad enmascarada, crean heridas narcisistas más serias, aumentando el enojo en el niño, la rebelión y el conflicto sobre estas intensas emociones rechazadas. En otras palabras, mientras haya más pasión prohibida, el niño tiene que sujetarse a su deseo y va a ser más sintomático. El individuo obsesivo-compulsivo es una personalidad estrecha, controlada e inhibida. Pero mientras haya más que restringir, más difícil es funcionar como una máquina bien aceitada, que es lo ideal en esta estructura. Mientras más forzada sea, habrá más oportunidad de un derrame o una falla en el dique que está reteniendo todo.

Para comprender las estructuras de carácter presentadas en este libro, yo creo que es más útil entenderlas desde un punto de vista subjetivo interno, el cual enfatiza la experiencia y la motivación individual resultantes. En el presente caso, esta subjetividad esencial es la que el individuo está tratando de complacer a estas figuras parentales exigentes bajo altos estándares precisos, los cuales incluyen la autorregulación exquisita de toda expresión espontánea. En esencia, el sujeto obsesivo-compulsivo sólo está tratando de mantenerse alejado de problemas y temores, ya que si él estuviera descansando estaría en graves problemas. Todo lo que sigue proviene de esto.

Comportamiento, cognición y afecto

Comportamiento

Sigmund Freud identificó esta estructura del carácter en 1908, y su descripción inicial todavía se mantiene en pie a través de décadas de investigación y experiencia clínica. Freud enfatizó las características del proceder metódico, la parsimonia y la obstinación, al describir el carácter "anal retentivo" o "anal". Aunque la etiología específica implícita en esta clasificación no se ha mantenido ante la investigación, el nombre se ha mantenido y se usa en *vox populi* para describir el tipo de personalidad que estamos considerando. De alguna forma, es una clasificación mejor porque es ampliamente comprendida y atrae nuestra atención para definir otros comportamientos aparte del obsesivo y del compulsivo. Por ejemplo, la parsimonia se refiere a la característica bien conocida de sobriedad, avaricia y mezquindad. Poniéndolo de otra forma, estos individuos son herméticos, se mantienen firmes y se aferran a sus posesiones. Típicamente, son tan sobrios con ellos mismos que desperdiciar cualquier cosa lo ven como pecado. Se conducen tan firmemente a sí mismos que son severos aún en sus expresiones de aprecio y afecto. Tales personas son vistas como "nalgas apretadas", esto procede, creo yo, de la metáfora del esfínter anal apretado dentro del carácter restrictivo anal.

La obstinación a la que Freud hace referencia tiene que ver con la persistencia y la perseverancia, la conciencia y la determinación, la obstinación y la paciencia. Todas estas cualidades pueden ser bastante adaptables, particularmente en las sociedades burocráticas complejas. Esta caracterización también se refiere a rasgos menos atractivos, como la terquedad, la provocación, la inflexibilidad y otras expresiones similares de negatividad, que pueden caracterizarse como aferrarse a la posición, al enojo y al resentimiento de uno. A menudo parece como si esta fuera la única vía aceptable para que esta persona tenga o exprese sus sentimientos de enojo. Esto se vuelve más aparente cuando se muestra la obstinación a través de una actitud rígida y virtuosa, que puede tener que ver con los valores y los códigos de conducta. Desde esa posición de rectitud, la persona puede ser bastante controladora y crítica y en el extremo, ejerce un poder cruel sobre otros sujetos sin sentido de culpa.

Estas consideraciones nos llevan directamente hacia la relación del obsesivo-compulsivo con la autoridad. Casi todas las descripciones de este tipo de personalidad se refieren al hecho de que estas personas son a menudo bastante sumisas hacia la autoridad, por una parte, y en correspondencia son autoritarias con las personas que están bajo su control o aquellas que perciben como estando por debajo de su estatus. Su confiabilidad, conciencia y obediencia a las reglas, etc., pueden ser vistas como características de su subordinación a la autoridad. Su terquedad, obstinación y provocación se puede ver como una rebelión permisible en contra de ese poder, particularmente donde existe rigidez. Su ejercicio de autoridad dominante, estricto y aún sádico, puede tomarse como una identificación con ésta, la que le proporciona una forma de liberar la hostilidad que es consecuencia de estar dominado rígidamente por dicha autoridad. Estas son las mismas dinámicas asociadas con la personalidad autoritaria (Ador-no, Frankel-Brunswick y Stanford, 1950).

Relacionada con la obstinación, se encuentra la característica a menudo observada de la rigidez, la inflexibilidad o el rigor del cuerpo. Esas características son notadas aún por aquellos teóricos que comúnmente no prestan atención a las expresiones energéticas o corporales del carácter. Aquellos que son más específicos en este punto, se refieren a la rigidez y la tirantez en las articulaciones. De nuevo parecería que estas personas están sujetándose y absteniéndose en la expresión de sus sentimientos tanto positivos como negativos. De conformidad con esto, tales individuos son tomados socialmente como formales, fríos, indiferentes o distantes.

El factor metódico de Freud es lo que ahora describimos como compulsivo. En esta presentación clásica, las personas ansían el orden, la precisión, la organización, la limpieza y la rectificación de cada detalle. A menudo ellas no tienen un buen sentido de prioridad, todo es de igual y profunda importancia. Una coma mal colocada, una pequeña mancha, un minuto de retardo, pueden arruinar la búsqueda de la perfección. Desde luego, estas personas son conocidas por sus tendencias a perder lo más importante al concentrarse en los detalles menores. La compulsión está en donde la conducción de esta personalidad es más obvia. Esta es una clase de tensión siempre presente en esto, lo cual es típicamente experimentado como un poco incómodo y puede tener como resultado que la persona pida ayuda si esto se pone peor. Los individuos que se sienten incómodos, o los que son psicológicamente afectados pueden empezar a ver su necesidad por un orden, la perfección como un poco tonta y la tensión subyacente como indeseable.

Una cuarta característica que se nota muy seguido en estas personalidades, aunque no tan confiable dentro de los estudios de análisis factorial de la personalidad, es la indecisión, lo inacabado o la "duda obsesiva". Nuevamente estamos discutiendo un síndrome de la personalidad en la cual no todas las características se encuentran siempre presentes, desde luego, la duda obsesiva y el retardo que la acompaña puede ser una característica más notable o problemática en algunos casos, mientras que está ausente en otros. Puede haber una relación recíproca en que aquellos individuos que están absortos y aceptan su necesidad compulsiva por el orden y todas las actividades requeridas para mantenerlo no tienen realmente el tiempo o la energía psíquica para engancharse en un gran debate interno. La ansiedad, la inseguridad y la incertidumbre subyacentes pueden estar atadas por esta clase de actividad impulsada compulsivamente. De cualquier manera, los que sufren de estos síndromes más obsesivos vacilan o van de un lado a otro en su comportamiento y en sus actitudes. Tienen graves problemas para comprometerse en una dirección u otra. Como el paciente con OCD, pueden repetir o revisar frecuentemente. Les molesta la imperfección o no completar algo, y tienen dificultad "para dejar algo en paz", por lo que tienden a arruinar algún proyecto corrigiéndolo una y otra vez.

Cuando presento este factor, me recuerdo de dos individuos de los que me contaron. Uno era tan inseguro en su trabajo que corregía todas sus fotocopias. El otro acicalaba su barba constantemente, hasta que se la tenía que cortar por completo. Estos dos ejemplos tienen el absurdo y las cualidades extremas asociadas al OCD, y ya que no conozco a estas personas no sé a qué diagnóstico representan. Sin embargo, ejemplifican el polo extremo de este factor particular de la personalidad, en el cual se encuentran los grupos esenciales del miedo al error y la ansiedad ante la imperfección. Una vez más, creo que es útil ver estas características como esencialmente motivadas por el intento del individuo de alejarse de los problemas. Cuando esto se torna obviamente neurótico, podemos ver de manera clara que estas personas están creando problemas para sí mismos al intentar alejarse de las dificultades que sólo ellos crean. Aquí tenemos la esencia de la neurosis, donde el organismo se divide en contra de sí mismo, creando conflictos para ellos mismos, con las mismas maniobras con las que está intentando evitarlos.

Cognición

Antes de entrar de lleno a las características cognitivas de la personalidad obsesivo-compulsiva me gustaría revisar brevemente el modelo de conducta animal propuesto en el estudio del trastorno obsesivo-compulsivo. Este modelo proporciona una metáfora heurística útil tanto para describir como para comprender ciertos aspectos de la personalidad obsesivo-compulsiva.

Cierto número de estudiantes del comportamiento animal han observado "conductas de desplazamiento", tales como asear, picotear, cavar, voltear la cabeza o anidar, que ocurren en contextos inapropiados (Lorenz, 1966; Tinbergen, 1953). Estos comportamientos de desplazamiento son invariablemente disparados por un conflicto entre dos tendencias opuestas de respuesta o motivaciones. Particularmente, son comunes los conflictos entre la defensa del territorio y el peligro potencial al escaparse (Tinbergen, 1953). Tal comportamiento también se caracteriza por su "patrón de acción establecido", refiriéndose a su cualidad de "todo o nada" y su aparente funcionamiento autónomo. Una vez que ha empezado, parece que prosigue hasta que el conflicto entre las tendencias de respuesta o las motivaciones sea removido o bien remplazado por una necesidad más urgente. Holland (1974) propuso esto como un modelo etiológico de OCD. Lo presentó como una simple metáfora útil para comprender las defensas obsesivo-compulsivas. Si esta metáfora no es obvia ya, debería serlo en breve.

Horowitz (1986; Horowitz, *et al.*, 1984), Salzman (1980), Shapiro (1965) y Horner (1990) son muy útiles al describir y conceptuar el estilo cognitivo del individuo obsesivo-compulsivo. En esencia, todos sus modelos enfatizan la dirección de la atención de pensar y sentir a través de un problema para evitar esos pensamientos y sentimientos que son inaceptables. Uno de esos cambios es alejarse del centro del problema hacia su periferia donde la atención se enfoca de manera rigurosa hacia los detalles irrelevantes. Una actriz conocida mía maneja su ansiedad en torno a una futura actuación enfocándose hacia el cuidado meticuloso de sus cejas. Esta mujer brillante y talentosa se comporta de alguna forma que hace recordar a los animales observados por Tinbergen y Lorenz.

Otra forma de cambio es hacia la idea abstracta de buscar o profesar ciertos principios o reglas, las cuales proporcionan unas guías para tratar el problema en cuestión. Un paciente, por ejemplo, atribuyó su dificultad para comprometerse con su novia a su creencia de que debería unirse a alguien culturalmente diferente para contribuir al crisol de razas. En tal preocupación sobre-intelectualizada, el individuo puede evitar las emociones que lo están amenazando, como la ira, el miedo, la lujuria, la decepción amorosa, el duelo de una pérdida, etcétera.

Otro método de cambio tiene que ver con la vacilación de la "duda obsesiva". Horowitz escribe: "Muy a menudo, un tema dado tiene polos opuestos de conflicto y el paciente va de uno a otro y empieza otra vez… Por ejemplo, el sentido de culpa inminente por ser demasiado fuerte se deshace por un giro rápido hacia el sentido de culpa inminente por ser demasiado débil y vulnerable. Para la persona que efectúa tales cambios, una propensión emocional deshace otra. Ya que la oscilación ocurre rápidamente, no se experimenta ninguna emoción fuerte. El resultado puede ser una indecisión o una confusión prolongadas. Para evitar esta experiencia, algunos pacientes compulsivos hacen decisiones impulsivas. Sin embargo, estas elecciones no están basadas en el cumplimiento de una sucesión del pensamiento. Por consiguiente, la decisión por sí misma puede entonces convertirse en el foco de operaciones inconclusas posteriores" (Horowitz, *et al.*, 1984, pp. 160-161). Estos cambios hacia la periferia, hacia lo abstracto, y de la oscilación rápida definen las defensas cognitivas del obsesivo-compulsivo.

Cuando usted habla con una persona así, y experimenta cómo funciona su mente, usted se azora de cómo esta persona tiende a mantener su vida a una distancia prudente. Particularmente, aquellos fuertes elementos de vida que al menos de manera temporal se apoderan de nosotros y nos guían hacia una acción decisiva –cosas tales como amor, sexo, enojo, odio, necesidad, etc.- están ausentes o severamente acallados. Todo esto se mantiene alejado para aferrarse a la abstracción, las nimiedades y la vacilación. Como resultado, la vida se caracteriza por una aridez intelectual y falta de color. Es como si las personas estuvieran faltas de brillo, de los colores primarios de la vida, y experimentaran esto en varios tonos de gris. Cuando un color primario es amenazante, se apresta un cambio hacia la periferia, hacia lo abstracto o hacia el conflicto.

El paciente obsesivo-compulsivo tiene dificultad para tomar decisiones porque la mayoría de las decisiones en la vida, particularmente las importantes, requieren de un sólido sentido del movimiento. Sin esto, no está jugando con todas las cartas de la baraja. El sujeto obsesivo-compulsivo trata de prescindir de esto: vivir como debiera, casarse con quien debiera y trabajar donde debiera, etc. Entonces, él nunca va a estar en contacto y, por lo tanto, no va a estar seguro de que está haciendo lo correcto, se acerca demasiado hacia algún sentimiento prohibido y entonces se aleja rápidamente. Una toma de decisión óptima involucra añadir todos los pros y los contras e imaginar qué sucedería con cada alternativa. Lo que también es necesario, sin embargo, es corroborar con uno mismo lo que se siente bien o lo que uno realmente quiere. Es aquí donde falla el estilo del sujeto obsesivo en el proceso cognitivo. Al tratar desesperadamente de hacer lo correcto y no meterse en problemas, esta persona oscurece lo que está bien para sí misma y crea nuevos problemas.

Lo que se rechaza puede imponerse. Un síntoma común de la personalidad obsesivo-compulsiva es el pensamiento intrusivo. "Quizá debería yo atropellar a ese peatón, ahogar a mi hijo de dos años, violar a esa mujer". En cualquier ciudadano educado y bien disciplinado, que está luchando por sobre todas las cosas por ser correcto, tales ideas pueden ser bastante alarmantes. De modo interesante, estos pensamientos son sólo eso: pensamientos en oposición a los impulsos con un fuerte componente emocional. Estas representaciones de la mente tienen más de una cualidad de "qué tal si…" pero aun puede agitar profundamente a la persona obsesivo-compulsiva. De una forma muy general, estas personas señalan cuáles emociones y pensamientos inaceptables han sido rechazados y pueden ser vistos como ofertas del inconsciente, para prestar atención a esa parte de la baraja que no han jugado.

En la personalidad obsesivo-compulsiva pura, tales ideas no representan un peligro real para la comunidad. Cuando el sujeto obsesivo-compulsivo está en el proceso de liberarse de sus ataduras, puede "perderse" por sus estándares, tener un arranque de cólera o decir algo inapropiado. Pero estos son pequeños errores, y su temor a enloquecer y perder por completo el control de sí mismo es injustificado. En su forma más pura, la personalidad obsesivo-compulsiva posee una estructura subyacente relativamente fuerte, la cual no se descompensa.

En este contexto, sin embargo, está bien recordar de nuevo que los comportamientos y las actitudes obsesivo-compulsivas se pueden encontrar en otros caracteres menos estructurados. Una descomposición repentina de las estructuras sociales y de las creencias que mantienen a estas personas integradas, puede tener como resultado una desintegración que las puede llevar a serias amenazas para sí mismos y para los demás. La personalidad obsesivo-compulsiva discutida aquí es, sin embargo, su peor enemigo, y mientras esta persona nunca pueda vivir en realidad, no es un asesino o un violador, es un neurótico.

Para balancear esta discusión de la patología potencial del obsesivo-compulsivo también se van a resaltar sus fortalezas. Éstas pueden ser considerables, particularmente en el extremo del continuum del estilo del carácter y en las áreas libres de conflicto. Esta personalidad es particularmente buena en pensamientos y puede sobresalir en temas como contaduría, leyes, tecnología, investigación y ciertas áreas de medicina, en las cuales todas estas cualidades son necesarias para funcionar de forma óptima en estos complejos tiempos modernos. Pero aún en el individuo más o menos bien ajustado, hay un sacrificio de vida espontánea profundamente sentida, conectada a las demandas del orden, la eficiencia y la precisión. Todos estos son atributos de una máquina que funciona bien, pero no son suficientes para que un ser humano funcione bien.

Afecto

La característica más notoria del individuo obsesivo-compulsivo en el área de los sentimientos es la ausencia de emociones. Lo ideal para este tipo de carácter es la racionalidad, la sensatez y la exactitud. Como se resumió en la sección anterior, tales personas logran esto en parte al mantenerse en la periferia, en las abstracciones o en un conflicto continuo para que los sentimientos profundos y amenazadores no emerjan. Donde exista una predisposición temperamental para esta forma de funcionamiento, y donde la paternidad ha sido mínimamente frustrante, esta aparente falta de emoción puede no ser problemática. Sin embargo, en los casos donde el estilo de carácter se acompaña de cualquier disfuncionalidad, hay emociones ocultas predecibles, las cuales están más o menos bien cubiertas por estos mecanismos de defensa más sofisticados. Como en el carácter masoquista, usualmente, el enojo es la emoción más aparente para los que están cerca de él. La obstinación, la terquedad, la persistencia y la rigidez típicas en esta estructura de carácter, todas expresan enojo, aunque de forma indirecta.

Fischer y Juni (1982) completaron un estudio ilustrativo de estos fenómenos. Tomaron a 65 estudiantes de universidad y, mediante un cuestionario, los dividieron en "analidad" alta contra baja. En general, confirmaron sus predicciones acerca de que el grupo anal alto mostraría más resistencia para obedecer y divulgar información personal. Este grupo fue significativamente menos revelador de información personal (p <.0001), y respondieron menos bien a la condición experimental que requería revelar más de sí mismos (p. < .001). No fueron confirmadas las predicciones acerca de que estos sujetos anal-retentivos fallarían con más frecuencia para llegar a las citas y les tomaría más tiempo en estar de acuerdo en participar. Estos resultados y otros existentes en la literatura, están descubriendo que una muestra tan pequeña puede proporcionar resultados tan profundos usando sujetos normales no seleccionados, y prediciendo desde los cuestionarios hasta el comportamiento.

Lo que subyace a esta clase de comportamiento rígido, pasivo-agresivo y demasiado limitado es el profundo resentimiento hacia la supresión del self, al cual le fue requerido volverse razonable, racional y muy correcto. La clase de excesiva fuerza de voluntad mostrada por las personas de este tipo de carácter no es natural, pero sí lo es el resentimiento que engendra esto. Es en su "analidad" que el carácter obsesivo-compulsivo se asemeja al masoquista. Este conjunto de características pasivo-agresivas y de terquedad operan con mucha de la misma dinámica. La diferencia reside más en el grado de abuso o sadismo en la supresión que resulta en resentimiento. En el masoquista hay un abuso más intrusivo, que tiene como resultado la derrota y las represalias a través de la autoderrota. En el obsesivo-compulsivo, la autodisciplina se obtiene más gradual y suavemente con la creencia plausible y compartida entre el padre y el hijo de que tal entrenamiento es para el bien del crío. Por la misma razón, la ira, el resentimiento y la rebelión del sujeto obsesivo-compulsivo puede ser aún más difícil de evocar que con el masoquista. A menudo, el obsesivo-compulsivo que funciona bien no está tan derrotado como reprimido en su expresión personal o autoexpresión. Trabajar con una liberación más general y con frecuencia física puede llevar a una expresión directa del resentimiento subyacente.

Con frecuencia esta clase de persona puede ser liberada más fácilmente si se ve a él mismo y a su padre restrictivo "en el mismo barco". Cuando esto es cierto, el individuo puede romper las cadenas mientras retiene un apego compasivo con el objeto amado y puede ver la descarga como una liberación simbólica para los padres. Sin embargo, cuando esto se logra, debe haber más posesión personal de tendencias agresivas y una expresión directa mayor de ellas. La Gestalt activa o el trabajo corporal son a menudo muy útiles para estos propósitos. Para continuar manteniendo a la persona en este tema de enojo hacia el padre amado pero represivo, a pesar de sus intentos para evadirse de esto, es un ejemplo del trabajo necesario con esta estructura del carácter.

El otro lado de esta ira y resentimiento es el amor que también se retiene, se mantiene dentro o se congela. Particularmente en los casos de funcionamiento alto, fue el amor lo que hizo posible que el padre restringiera de manera tan efectiva al hijo. El amor mediatizó la interiorización de la restricción. A través del amor, se robó la autonomía. El obsesivo-compulsivo es a menudo renuente a amar profundamente debido a su temor inconsciente de que eso pase otra vez. Entonces, más de su self real autónomo se le robaría en interés de agradar a la persona amada. Esta es la típica obligación del obsesivo compulsivo.

Conductualmente, los padres obsesivo-compulsivos desalientan las expresiones efusivas de amor y se sienten más cómodos con acciones sublimadas, las cuales comunican un cariño a distancia. Tienden a sentirse apenados por demasiado afecto, ya sea verbal o físico. Así que existen razones para mantener una distancia bien fundada de los seres amados, así como normar y reforzar esa tendencia.

Cuando este tipo de carácter se suaviza en la terapia o en la vida a menudo se revela una reserva de sentimiento, el cual se percibe al instante como dulce y amenazador. De nueva cuenta, estas personas van a tender a reaccionar casi de forma refleja para evitar tales sentimientos o revelaciones. Muy frecuentemente, van a reportar el temor de la obligación, el cual se encuentra atado a su amor. Sienten que si aman a alguien tienen que casarse con esa persona, o mandarlos a la universidad o encontrarles un empleo, etcétera.

Los individuos obsesivo-compulsivos tienen que aprender a experimentar y expresar el amor libremente, sin la obligación que ellos sienten que debe ir unida a éste. En esencia, ellos han aprendido que si se ama a los padres se debe hacer lo que ellos digan. Esta decisión de guión incorrecta o la creencia patogénica deben ser cuestionadas repetidamente antes de que el individuo pueda sentir y expresarse libremente, sin sentirse forzado por las obligaciones correspondientes. Este individuo debe aprender que el amor es un regalo, ya sea que se da o que se recibe, y no implica nada más. Cuando el sujeto obsesivo-compulsivo comprende esto, ya no va a ser tan obstinado y a sentirse obligado. Se posee a sí mismo y a su amor, y ninguno le puede ser arrebatado.

La persona obsesivo-compulsiva vive bajo un estado de constante tensión. Como el sujeto narcisista, la perfección es un tema constante, pero cuando la persona narcisista exhibicionista dice: "soy perfecto", el sujeto obsesivo-compulsivo dice:"debo ser perfecto". Hay una ansiedad más aparente en el perfeccionismo del obsesivo-compulsivo. Tiene más miedo de meterse en problemas y está más consciente de la vergüenza a la que se arriesga por su auto-activación. El paciente obsesivo-compulsivo no está tan seguro de sí mismo, y como se notó anteriormente, es muy propenso a la vulnerabilidad de la indecisión. El sentimiento que acompaña a esta indecisión es una tensión incómoda. Fundamentalmente, se encuentra fuera de contacto con sus propios sentimientos, preferencias e intuición, mientras que al mismo tiempo está obligado a hacer precisamente lo correcto. Este estado lleno de tensión existe más o menos de forma continua y afecta a cada decisión, desde la mínima hasta la máxima. El afecto primario aquí oculto es el miedo, el miedo a hacer algo equivocado. Y, sin embargo, ¿Cómo puede hacer lo correcto cuando está tan fuera de contacto consigo mismo que nunca puede saber lo que está bien? Lo único que puede saber es lo que la iglesia o la ley o su familia dicen que está bien. Pero desde luego, ellos podrían estar equivocados…

Si el sujeto obsesivo-compulsivo alguna vez llega al punto donde pueda admitir la posibilidad antes dicha, va a estar mucho más ansioso. Porque es aquí donde se lanza precipitadamente al vacío de su condición insustancial. Pero si su estructura es lo suficientemente sólida, la persona obsesivo-compulsiva puede, con apoyo, tolerar esta ansiedad y comenzar a encontrar su sustancia. En este estado, la ansiedad es real y el vacío también lo es. Esta crisis es similar a la crisis religiosa en un verdadero creyente. Remueve hasta los propios cimientos. Sin embargo, esta duda y el sentimiento que la acompaña puede ser la primera experiencia sentida en mucho tiempo. Antes de llegar a tal crisis se va a plantear siempre la pregunta equivocada: "¿Qué debo hacer?". Esta pregunta está en la periferia de la pregunta esencial: "¿Quién soy?". Al ir y venir entre una y otra alternativa se mantiene distraído, como para no experimentar la pregunta más profunda y el pánico que esto puede engendrar. Cuando la persona obsesivo-compulsiva finalmente comienza a plantearse la pregunta correcta, a menudo temerá perder el control, volverse loco, ser violento o depravado. Como indiqué antes, este resultado es bastante improbable en cualquiera, al menos en las personas más dañadas que están luchando con muchos otros problemas. Sin embargo, este miedo a la pérdida de control es común en esta personalidad. La conciencia subliminal del individuo obsesivo-compulsivo se expresa en este temor de cuánto realmente ha estado manteniendo bajo control, y su desconocimiento esencial de lo que ha suprimido.

En estos individuos, las terapias expresivas o que descubren aspectos inconscientes son a menudo más aplicables desde la mitad hasta el extremo más alto del funcionamiento del continuum estructural. Tales terapias exponen a la persona a esta crisis rechazada pero necesaria, que va a llevarla de regreso hacia sí misma. Esta estructura del carácter, de la mitad hasta el extremo más alto, ciertamente va a amar, pero la persona está reacia a suavizarse para hacerlo. Esto lo pone en contacto con su verdadera naturaleza humana, donde los errores son inevitables. El odio está en los mismos personajes a quienes ama: aquellos que han frenado, reprimido y causado que la persona se aleje de su propia humanidad.

Mientras que el paciente obsesivo-compulsivo que funciona a nivel alto puede ser un gran compañero de trabajo, es muy malo como compañero de vacaciones, pareja sexual o amorosa. El interés y la alegría genuinos son necesarios para estas actividades, y en el sujeto obsesivo-compulsivo han estado suprimidos. Siendo parte de la naturaleza humana, sin embargo, aún están presentes en todos nosotros. Alcanzarlos y luego liberarlos va a ser la última recompensa del trabajo terapéutico con esta estructura de la personalidad.

Objetivos terapéuticos

El objetivo esencial de la terapia con los pacientes obsesivo-compulsivos es reconectarlos con su naturaleza humana básica. Las complejidades de esta estructura del carácter son las que más se ajustan a esas psicoterapias modernas que enfatizan la expresión y el descubrimiento y la descarga. El su-

jeto obsesivo-compulsivo es un ser humano aprisionado en su propia rigidez. Este rigor existe en la tensión de su musculatura, en la inflexibilidad
de sus sistemas de creencias y en el excesivo orden de su comportamiento.
Su inconsciente, su sombra, su guerrero, están todos encerrados en ésta, su
propia prisión que el mismo mantiene.

Objetivos cognitivos

Esta es una sobre-simplificación, pero muy útil para decir que el estilo cognitivo característico y los comportamientos del individuo obsesivo-compulsivo son defensivos, y el objetivo de la terapia es disipar estas defensas
para que puedan aparecer los sentimientos subyacentes. Particularmente,
en la personalidad obsesivo-compulsiva estrecha o pura, las premisas básicas de la terapia psicoanalítica clásica se aplican bastante bien. Esta es una
estructura intacta defendiéndose en contra de la ansiedad, mucha de la
cual proviene de los propios sentimientos de la persona. Tal individuo puede tolerar una aproximación desafiante, interpretativa y abstinente hacia la
terapia y beneficiarse de ella. El acercamiento de muchos terapeutas psicoanalíticos de corto plazo (Davaloo, 1980; Sifneos, 1979) puede ser exitoso
con los pacientes que se que funcionan en un nivel alto.

En el área cognitiva, este trabajo va a ser dirigido al describir e interpretar aquellas maniobras cognitivas que evitan los temas conflictivos. En tal
trabajo, el terapeuta literalmente va a sostener al sujeto en el tema conflictivo cuando describe las maniobras cognitivas del paciente e interpreta las
motivaciones subyacentes de éste. Para repasar, los cambios más comunes
van hacia la periferia del problema, a las abstracciones acerca del asunto o
de una rápida oscilación sobre el tema. Por ejemplo, el terapeuta puede decir: "Noto que cada vez que comenzamos a hablar acerca de sus sentimientos encontrados con su jefe, usted cambia el tema, como su preocupación
por la hora o de esa mancha en sus pantalones" (periferia). O "Cada vez
que empezamos a hablar acerca de sus sentimientos encontrados por su jefe, no se queda con su enojo, sino que rápidamente cambia hacia su admiración por él" (rápida oscilación). O "Cada vez que comenzamos a hablar
de sus sentimientos encontrados acerca de su jefe, usted empieza a discutir la necesidad de una jerarquía en las organizaciones o empieza a discutir
sobre los sistemas políticos alternativos" (cambio hacia lo abstracto). Cualquier interpretación puede ser seguida de una petición directa: "Ahora dí-
game más acerca de su enojo hacia su jefe".

Muy frecuentemente esta clase de ataque frontal sobre las defensas va a llevar a reacciones emocionales del aquí y ahora, las cuales involucran al terapeuta. Este es un excelente contenido para la terapia de la persona obsesivo-compulsiva, porque el proceso total de defensa y sobre-modulación del afecto puede ser observado y manejado con la mayor cercanía. Esto es cierto en la terapia de la mayoría de los individuos, pero es particularmente importante con el paciente obsesivo-compulsivo usar cada oportunidad para trabajar en la relación terapeuta-paciente. Él prefiere la "torre de marfil por su distancia, su limpieza prístina y su "amplia visión". Pero está en "afianzar" una interacción progresiva cargada de afecto, donde el obsesivo-compulsivo puede realmente aprender acerca de las relaciones, el sentimiento y lo aceptable del error.

El trabajo descrito arriba va desde luego a complementarse con la comprensión de la historia personal que hizo necesaria tal perfección y control. ¿Cómo llegó esta persona a ser tan renuente para admitir el odio o el resentimiento? ¿Cómo se hizo tan necesario tener un completo control interna y externamente? ¿De dónde sacó la idea, por ejemplo, de que es terrible cometer un error, tan intolerable estar ansioso o tan necesario protegerse en contra de una posible crítica? ¿Quiénes son los objetos malos internalizados? Y quizá lo más importante ¿Cuánto los ama? El riesgo de este relativamente cómodo trabajo intelectual es perderse en el ejercicio cognitivo y distraer la atención del trabajo emocional, el cual es bastante más amenazante y esencial. Por esta razón, es importante mantener vivo ese trabajo interpretativo con esta personalidad en cualquier ocasión, pero mantenerlo conciso. Generalmente, es un área demasiado cómoda y fértil para la duda, la ofuscación, la exploración de detalles irrelevantes, y el ejercicio de todas las otras defensas obsesivas.

La combinación de esta terapia del aquí y ahora, cargada de afecto, con la reconstrucción y la interpretación, va a llevar naturalmente a muchas oportunidades para cambiar las decisiones de guión obsesivo-compulsivas o las creencias patogénicas. Está bien repetirle una y otra vez que no es necesario tener tal perfección y tales garantías en contra de la crítica, el fracaso y, particularmente, la ansiedad. Todas estas experiencias son una parte necesaria de la vida. El aprendizaje completamente libre de errores, es bastante limitado. Las necesidades obsesivo-compulsivas para aprender que el precio para tratar de mantener tales garantías es muy alto y despojan a la vida de variedad, espontaneidad, creatividad, aventura y descubrimiento.

El paciente obsesivo-compulsivo necesita aprender que puede tolerar la ansiedad. Esto, desde luego, debe ser un aprendizaje experiencial; pero se debe estimular repetidamente este aprendizaje, en particular cuando la ansiedad está siendo tolerada, ese entendimiento no puede sino ayudar.

Objetivos sociales y conductuales

Los objetivos conductuales para esta personalidad son bastante obvios para expresarlos. Buscamos atenuar los aspectos compulsivos demasiado metódicos del comportamiento de la persona. Este comportamiento, el cual sirve a la función de atar la ansiedad, debe ser abandonado.

En la terapia con estos pacientes, las recetas para detener tal comportamiento se pueden probar como experimentos en la tolerancia de la ansiedad y la revelación de emociones ocultas. En particular, estas estrategias conductuales pueden ser más efectivas una vez que se establece una buena alianza terapéutica y un nivel significativo de introspección, al igual que de la experiencia de la ansiedad y la emoción directa en la hora terapéutica. El mismo paciente puede unirse con curiosidad para ver qué pasa si él no aspira a diario el tapete o no limpia su escritorio de forma tan regular.

Yo creo que tales recetas conductuales son mejores cuando se intentan bajo el espíritu de la experimentación, proporcionando un provecho posterior. Particularmente, en el caso del obsesivo compulsivo, la esencia de la investigación de tales tareas es crítica en tanto que permiten al individuo experimentar la ansiedad, descubrir de qué se trata y aprender que es tolerable. Para el sujeto obsesivo-compulsivo la ansiedad puede ser readaptada a su función original de señalar el peligro hacia una indicación que pueda decirle qué temas y sentimientos requieren de una elaboración y una investigación posterior. Hasta cierto punto, la fuerza automática opuesta de la ansiedad puede ser invertida por tal entendimiento intelectual, capitalizándola como lo hace sobre la voluntad férrea del individuo obsesivo-compulsivo.

Otro objetivo general del comportamiento es asistir al paciente para que sea capaz de comprometerse a la acción, en especial, con las relaciones. Esta es una meta de la difícil encomienda que debe surgir íntegramente del proceso terapéutico. Mucho de esto va a depender de la creciente habilidad del paciente para confiar en el terapeuta, formar una alianza con éste y comprometerse al tratamiento en sí. Algo de esta disposición para comprometerse va a venir de la comprensión de la historia personal, en la cual un error era pecado, y de la decisión de consentir la imperfección humana, incluyendo cometer errores y corregirlos. Al igual que una persona puede detener el comportamiento compulsivo de la experiencia, así también puede practicar pequeños compromisos, aprender a tolerar la ansiedad generada y asimilar las experiencias. Muchos individuos obsesivo-compulsivos necesitan no sólo relajar la rigidez de sus creencias y sus conductas compulsivas, sino también la rigidez de sus cuerpos. Necesitan relajarse, respirar, aflojar sus articulaciones y liberarse socialmente. El tratamiento exitoso va a tener como resultado que el paciente esté menos atado y sea más generoso consigo mismo y con los demás. Creo que este cambio se verá más afectado por una transformación en la esfera afectiva, específicamente en la habilidad para experimentar más directamente el enojo y la hostilidad. Pero la relajación puede ser enseñada para complementar este trabajo afectivo.

Objetivos afectivos

Esperamos que el paciente obsesivo-compulsivo finalmente llegue en verdad a escuchar y sentir la música de la vida, y que sea capaz de tocar todas sus notas desde lo más profundo. Esperamos ayudarlo a reconectarse con todos sus sentimientos, y sabemos que nuestra terapia debe involucrar aquellas emociones que son las más aterradoras o aborrecibles para él. Su rigidez realmente viene de negar estos sentimientos, y que en verdad no puede soltarse y recuperar la conexión consigo mismo hasta que estas emociones denegadas son reclamadas. Lo principal en todo esto es la experiencia de amor y odio sentida profundamente, en especial el amor y el odio por la misma persona. Como indiqué antes, particularmente con una persona funcionando en un nivel alto, esta es la realidad emocional esencial que debe ser sentida y aceptada como verdaderamente humana. Cuando se aprende esto, el individuo puede amar a los padres que lo aprisionaron, sin embargo, puede separarse de ellos. En la profunda experiencia de unirse a toda la música de la vida, el paciente puede vencerlos sin culpa. Entonces ya no hay ninguna necesidad de rebelarse con la avaricia o la obstinación. Ya no hay algún carcelero con el cual se identifique o al cual se resista. Uno simplemente vive libremente porque eso es lo que se tiene que hacer con la vida.

Para llegar a este punto de liberación, para que los sentimientos ocultos puedan aflorar, las defensas deben ser lo suficientemente desarticuladas. Debe existir un ambiente terapéutico seguro, donde puedan experimentarse y expresarse. Deben tomarse medidas para asegurar la generalización de este aprendizaje para la vida fuera del consultorio. Esto usualmente toma más tiempo de lo que parecería con alguien tan sano estructuralmente como el individuo obsesivo-compulsivo de alto funcionamiento. Pero como en cualquier otra estructura, esto toma el tiempo necesario y no importa cuánto se tarde siempre vale la pena. Como he dicho, las terapias corporales, las afectivas y de descubrimiento y descarga, todas tienen estrategias que son benéficas para este problema del carácter, una vez que las defensas hayan estado lo suficientemente relajadas.

Las otras experiencias afectivas prominentes que una persona debe tener de manera repetitiva incluyen una experiencia libre y autoindulgente de su sexualidad y una experiencia similar libre de culpa de su naturaleza competitiva. Es un derecho humano experimentar todos estos sentimientos de forma limpia y clara y sin culpas. Uno puede argumentar siempre acerca de la conveniencia de ciertas características humanas innatas. Aún así, una vida humana es la que se nos ha dado, y actuamos mejor si tenemos permiso de vivirla. Tratar de vivir algo diferente a una vida humana no funciona. Desde luego, esto nos lleva a una dificultad en un nivel tanto personal como social.

El objetivo de una buena psicoterapia es regresar a alguien a su vida humana, con todos sus dilemas, sus limitaciones y posibilidades particulares. Confío en que si somos capaces de hacer esto, entonces cualquier vida, o la vida humana en general, evolucionará óptimamente. El sujeto obsesivo-compulsivo ilustra de manera muy clara que forzar a la vida a vivir por sí sola en contra de su naturaleza conduce a hacia una muerte en vida.

Conceptos psicoanalíticos del desarrollo: un glosario selecto

Acción (Stern, 1985). El sentido del niño de que él es el autor de sus actos, lo cual alcanza gradualmente a través de los primeros meses de vida. De acuerdo con Stern, están comprendidos en tres partes: el sentido de voluntad, el cual, según él está presente en el segundo mes de vida; la retroalimentación propioceptiva, presente desde el nacimiento, y la predictibilidad de las consecuencias, que Stern siente que se desarrollan gradualmente en los primeros años del niño.

Acomodación (Piaget, 1936). Un proceso básico para el aprendizaje, el cual involucra los "cambios o ajustes de estructuras preexistentes (dentro de la persona) para acomodar la realidad". Horner (1979) siente que el proceso mediante el trabajo en la terapia es un ejemplo de adaptación.

Alter –ego o gemelar.[7] Kohut descr+ibe esto como el "área intermedia de talentos y habilidad dañada buscando un objeto del self que va a estar disponible para la experiencia tranquilizante de semejanza esencial"; el otro se experimenta no como fusionado con el self, sino como el yo en formas esenciales, siendo psicológicamente lo mismo.

Ambivalencia. La experiencia simultánea de sentimientos positivos y negativos dentro de uno mismo; la habilidad de ser consciente y tolerar esta experiencia, es el sello distintivo del desarrollo del niño que comenzó durante la fase de acercamiento.

Ansiedad a un desconocido. Una de las posibles respuestas del infante hacia un extraño. Comienza cerca de los ocho meses de edad. De acuerdo con Mahler, *et al.,* (1975), el niño en esta condición puede mostrar respuestas de miedo, evita o rehuye al extraño, y en casos severos puede llorar o mostrar una angustia significativa. Sin embargo, para Mahler esta reacción no es la norma; más bien, una más probable es donde "la confianza básica es menos que óptima".

Ansiedad de la separación. El temor del infante o del niño a ser separado, ya sea física o psíquicamente, o ambas, de un objeto importante para él. Para Fairbairn, esto es la primera ansiedad del infante.

El Apéndice A fue creado conjuntamente por Sue Hully y el autor

[7] En el original, twinship. Kohut utiliza el término en el contexto de una relación transferencial en la que la persona siente que el otro es muy similar o idéntico a ella en características psicológicas esenciales.

Asimilación (Piaget, 1936). El proceso básico para aprender, por medio del cual se incorporan nuevas experiencias y se modifican para adaptarse a la organización mental preexistente. Horner (1979) cita a la transferencia dentro de la terapia como un ejemplo de este proceso.

Autismo (Mahler, Pine y Bergman, 1975). La "fase autista normal ocurre en las primeras semanas de vida después del nacimiento, durante las cuales el pequeño ser aparece como organismo biológico casi puro, sus respuestas instintivas a los estímulos son acciones reflejas". Mahler ve al niño como intentando mantener un equilibrio homeostático al evitar una baja estimulación o una sobreestimulación por la inhabilidad para distinguir entre el interior y el exterior, y al encontrar satisfacción de las necesidades en "su propia órbita autística omnipotente".

Este concepto ha sido objetado por Stern (1985), quien cita numerosos estudios que muestran que el niño está consciente e interactúa con el mundo externo desde el nacimiento. Contrario a lo que Mahler dijo, Stern también siente que el mantenimiento del equilibrio homeostático está intrincadamente vinculado al cuidador primario, que funciona para ayudar al infante a llevar a cabo esto al regular la cantidad de estímulos que percibe en el niño.

Auto-consuelo. Las actividades reconfortantes del bebé, y posteriormente, del niño, que proceden parcialmente de la internalización del niño de la nutrición emocional de los demás.

Barrera del estímulo (Rycroft, 1973). Esa parte del aparato psíquico que protege a la persona de una estimulación excesiva; está dirigida en contra de los estímulos internos y externos. Stern (1985) argumentó que este término ya no es necesario, ya que el infante claramente comienza esta clase de regulación por sí mismo.

Catexis narcisista. Catexis (Freud) es la inversión de energía en un mecanismo mental o en un objeto. La catexis narcisista se refiere a la inversión en otra persona, sin una valoración del otro como la fuente de su propia iniciativa.

Constancia objetal (Brugner y Edgecumbe, 1972). "La capacidad de relaciones constantes, la capacidad para reconocer y tolerar sentimientos amorosos y hostiles hacia el mismo objeto, la capacidad de mantener los sentimientos centrados en un objeto específico y la capacidad de valorar un objeto por atributos diferentes a los de su función de satisfacer las necesidades", o como Anna Freud (1968, pp. 506-507) lo expresó: "la constancia objetal significa… retener un vínculo aun cuando la persona esté insatisfecha".

Crisis de acercamiento. Un periodo durante la subfase de acercamiento que ocurre en todos los niños, pero con mayor intensidad en algunos. Durante este lapso la realización de la separación es aguda y perturbadora. La creencia del niño en su omnipotencia es severamente amenazada y presiona a su ambiente en la medida en que trata de restablecer la unión con su madre y su sentimiento previo de omnipotencia. "La tendencia ambivalente, que se desarrolla a menudo es intensa; el niño quiere estar unido a su madre, pero, al mismo tiempo, separado de ella. Los berrinches, los quejidos, los estados de ánimo de tristeza y las reacciones intensas ante la separación están en su máxima expresión" (Mahler, Pine y Bergman, 1975, p. 202).

Culpa de separación (Weiss y Sampson, 1986). La culpa sentida por el niño debido a su creencia de que separarse de los padres (u otra figura importante) podría ser perjudicial para éstos y, por consiguiente, para la relación del niño con los padres.

Culpa del sobreviviente (Modell, 1965, 1971; Weiss y Sampson, 1986). La culpa experimentada por el individuo como resultado de la creencia de que para que él sobreviva (o prospere) tiene que despojar a otro con el que se ha identificado. La creencia irracional es que la supervivencia se obtiene a expensas de otro.

Diferenciación (Mahler, *et al.*, 1975). La primera subfase del proceso de separación-individuación que ocurre de los cinco a los nueve meses de edad. La total dependencia corporal del niño de la madre empieza a reducirse, y éste empieza una exploración visual y táctil del cuerpo y la cara de la madre. Confiado en el "ancla de seguridad" (Mahler, 1968) y ayudado por la locomoción y otros procesos de maduración, el infante comienza "la expansión más allá de la órbita simbiótica". Aunque el niño se mantiene cerca de su madre durante este periodo, también está desarrollando una imagen primitiva, pero distinta, de su propio cuerpo.

Distancia óptima (Mahler, *et al.*, 1975). El espacio físico y psicológico entre el niño y el cuidador que le permite al infante desarrollar aquellas facultades que necesita para crecer e individualizarse óptimamente. Durante la etapa simbiótica va a haber una distancia muy pequeña, ya que el niño se moldea en el cuerpo de la madre; durante la subfase de diferenciación, comienza a alejarse del pecho materno para explorarla mejor. El infante que practica comienza a aventurarse, alejándose de su madre para explorar. Durante el acercamiento, el niño comienza a caminar, necesita ser capaz de ir y venir aún más lejos y a su regreso encontrar a su madre disponible.

Enredamiento. Un proceso por medio del cual los límites entre las personas no son reconocidos o son violados. Esto implica que una persona se apodere de aspectos que normalmente serían ocupación de otra o que invada lo que se considera el espacio de alguien más.

Frustración óptima. Retos a la estructura cognitiva, del sistema de creencias y experiencia del self de los otros y del mundo de la persona, los cuales están en fase y armonizados apropiadamente con el nivel de desarrollo del individuo. El infante/ niño/ persona puede renunciar a nociones como la grandiosidad, la idealización, la fusión, etc., a través de tales confrontaciones.

Fusión (Kohut, 1984). Visto como la re-movilización de una necesidad a partir de una etapa temprana del desarrollo para fusionarse con "objetos del self arcaicos, idealizados y omnipotentes".

Idealización (Kohut, 1971). Un tipo de experiencia arcaica del otro por "el polo dañado de los ideales" de la persona, el cual busca un objeto del self que va a garantizar su idealización.

Identificación. Un proceso de internalización de aspectos de otra persona para crear una estructura psíquica. El niño comienza a identificarse con la madre en el primer año de vida, y las identificaciones resultantes contribuyen a la formación del yo y del súper yo. Estas van a combinarse después con la identificación con el padre para completar el desarrollo del yo y del súper yo. La identificación puede o no incluir procesos de asimilación y acomodamiento, que hace que lo que fue de otro, sea de uno mismo.

Internalización. Un proceso que abarca toda la vida, durante el cual la persona toma para sí aspectos de sus objetos significativos y los hace suyos, primero por imitación, luego, cuando madura, por introyección, y finalmente, a través de la identificación. Mediante este proceso, la regulación, que previamente ocurrió en las interacciones con el mundo externo, es sustituida por regulaciones internas. La internalización implica procesos activos de asimilación y acomodamiento, que tienen como resultado apropiarse de lo que alguna vez fue externo.

Internalización trasmutadora. Esta es vista por Kohut (1984) como una respuesta a la frustración óptima en la que la persona incorpora aspectos fusionados del "objeto del self virtual" dentro de su proto-self virtual, "por consiguiente transformando al self y resultando en una estructura psíquica agregada y una organización con límites y un sentido de identidad".

Introyección (Rycroft, 1973). El proceso por el cual el niño incorpora las actitudes de los padres en la forma de múltiples huellas de memoria. Las funciones de los padres son de este modo adoptadas por las representaciones mentales de los padres en el niño. En la literatura analítica, la introyección muchas veces se ve como una forma relativamente primitiva de internalización, en la cual los atributos de los demás son tragados de manera más o menos total y no se hacen propios. La "incorporación" también se usa para etiquetar este proceso tan primitivo. En este trabajo he utilizado "la introyección incorporativa" para comunicar esta idea

Límites. Demarcaciones psíquicas de divisiones entre las personas (u objetos). De acuerdo con Mahler, el infante aprende gradualmente acerca de estos límites a través del desarrollo.

Memoria evocativa. Esa forma de memoria hecha posible por la adquisición de la permanencia del objeto. El individuo puede evocar internamente la imagen visual o la memoria afectiva de un objeto o persona en su ausencia. Adler y Buie (1979) argumentan que la memoria evocativa es frágil en pacientes limítrofes y puede interrumpirse por intensos estados afectivos. Estos autores plantean la hipótesis de que "la permanencia de la persona" es particularmente susceptible, en especial dada la relativa inhabilidad del limítrofe para retener la memoria afectiva de la pareja cuando experimenta un estado que lo altera.

Memoria de reconocimiento. La habilidad del organismo humano para reconocer un estímulo evocando el recuerdo de haberlo experimentado antes. La reciente investigación del niño estima que esta habilidad existe desde el nacimiento o aún antes; como Stern (1985) lo expresa: "para ciertos eventos, la memoria de reconocimiento parece operar a través de la brecha de nacimiento"

Modelos de relaciones del rol (Horowitz, 1987). Las expectativas del self y de los demás del individuo, las cuales varían con los estados de ánimo de uno. Cuando se está deprimido, por ejemplo, se esperaría que uno mismo sea débil e inútil y que la otra persona sea crítica y poderosa. En estados de exaltación, uno se ve a sí mismo como brillante y ameno y a los demás cautivados. Estos modelos del self y de la otra persona pueden ser conscientes, parcialmente conscientes o inconscientes.

Objeto estimulante (Fairbairn, 1958). Esa parte del objeto original "malo" que es separado del "objeto rechazado". El yo libidinal alcanza este objeto idealizado para la gratificación total e incondicional apropiada del niño. Por lo tanto, el objeto estimulante siempre es decepcionante. En este libro, el objeto estimulante se ha etiquetado como el objeto libidinal.

Objeto rechazante (Fairbairn, 1958). La parte reprimida del objeto original "malo", el cual está separado del "objeto estimulante". El objeto de rechazo agrede al self libidinal y a sus auto-expresiones originales de la misma manera que lo hizo el objeto original malo. El objeto rechazante mantiene una conexión o lazos con el "saboteador interno" o el self antilibidinal a través de esta posición antilibidinal agresiva. En este libro, el objeto rechazante se ha llamado el objeto antilibidinal.

Objeto del yo (Kohut, 1984). Similar al concepto de Stern (1985) de otro autorregulador, pero definido por Kohut como una representación interna de ese otro usada por el individuo para mantener la auto-cohesión y la identidad. En la práctica, Kohut utiliza esta etiqueta para denotar los objetos reales externos, pero la clave para el concepto es su función para mantener y definir al self, en consecuencia al objeto del self.

Objeto libidinal. Ver Objeto estimulante

Objeto real. El otro, visto por el niño en desarrollo de manera similar a como lo ve un adulto, es decir, el niño ve el objeto (persona) como un todo y separado de sí mismo, un logro del desarrollo que sigue al ver al otro como un objeto del self, un objeto parcial, y la experiencia con objetos transicionales.

Objeto transicional (Winnicott, 1953). Una cobija u otro objeto suave o acariciante preferido por el infante de los seis meses al año de edad. Para Winnicott, este es el primer objeto que existe para el niño, pero no totalmente interna o externamente, aunque es, en parte, ambos. El infante también puede usarlo como un reemplazo de la madre. La transición es por lo tanto desde el narcisismo infantil al amor objetal y desde la dependencia a la confianza en sí mismo.

Omnipotencia/inutilidad. La polaridad interna experimentada por el narcisista que implica por un lado intensos sentimientos de poder y eficacia personal, y por el otro, sentimientos igualmente intensos de falta de valor. Se piensa que estos sentimientos persisten en el narcisista como resultado de una falta de resolución de la polaridad, comenzando en la fase de acercamiento.

Objeto parcial (Rycroft, 1973). Este autor ve esto como un objeto que es parte de una persona, usualmente un pene o un pecho. Cuando el pequeño infante va a la madre de esta manera, la madre no es reconocida como una persona completa y separada, sino como un objeto satisfactor de necesidades. Esta parte, entonces, es todo lo que se experimenta ya sea siempre o en un cierto estado, cuando, por ejemplo, sólo la madre "buena" o "mala" es reconocida o sólo una cierta función de la madre es reconocida. Estos aspectos están escindidos de otros aspectos, que pueden ser experimentados en otros estados.

Otro que regula al self (Stern, 1985). Stern ve este concepto parecido al objeto del yo de Kohut, refiriéndose a una "relación funcional progresiva con (otro) que es necesaria para proporcionar las estructuras que mantienen o realzan la auto-cohesión". Técnicamente, el objeto del yo de Kohut es una representación interna, pero su función es de auto-sostén y definición.

Pensamiento mágico. Una forma primitiva de pensamiento basada en el proceso primario; carece del conocimiento de la realidad y la verdadera causa y efecto. De acuerdo con Freud, los niños comienzan a pensar en esta modalidad y amplían cada vez su capacidad del proceso de pensamiento secundario, abandonando por fin el pensamiento mágico. Stern objeta esta teoría del desarrollo argumentando que las habilidades requeridas por el pensamiento mágico se desarrollan después.

Permanencia del objeto (Piaget, 1936). El logro de un niño de 18 a 20 meses de edad, por el cual puede creer en la continua existencia de objetos físicos inanimados, temporalmente observados.

Práctica. La segunda subfase de separación-individuación, que dura desde cerca de los nueve meses hasta los catorce meses de edad. Durante este periodo, el infante es capaz de alejarse activamente de su madre y regresar a ella, primero a gatas y después caminando. El infante explora el ambiente (animado e inanimado) y practica las habilidades locomotoras.

Reacciones a los extraños. (Mahler, *et al.*, 1975). "Una variedad de reacciones hacia personas distintas a su madre, particularmente expresadas durante la subfase de diferenciación, cuando se ha establecido una buena relación especial con la madre. Las reacciones a los extraños incluyen curiosidad e interés, además de cautela y una leve o incluso severa ansiedad. Estas se calman al comienzo del periodo de práctica, pero reaparecen varias veces durante el proceso de separación-individuación" (p. 293).

Re-acercamiento. La tercera subfase de separación-individualización, que dura desde cerca de los nueve meses hasta los catorce meses de edad. El infante redescubre a su madre y regresa a ella después de las incursiones de su periodo de práctica. Al niño que empieza a caminar le encanta compartir sus experiencias y posesiones con su madre, quien ahora se percibe de forma más clara como separada y afuera. En ajuste óptimo, la inflación narcisista de la subfase de práctica es remplazada lentamente por una realización creciente de separación y, con ella, la vulnerabilidad.

Responsabilidad omnipotente. El sentimiento por parte del niño de que tiene responsabilidad para con los demás y por la suerte de sí mismo y de los demás. Esta creencia surge de sus propias limitaciones cognitivas, su egocentrismo, su conocimiento incompleto de la verdadera causa y efecto y su necesidad de comprender y tener algún control sobre su ambiente.

Señal de ansiedad (Rycroft, 1973). Para Freud, la respuesta del yo al peligro interno. Una forma de aprensión que alerta sobre un trastorno potencial o un estímulo amenazador y señala la necesidad de una respuesta adaptativa

Separación-individuación (Mahler, *et al.*, 1975). Se refiere al proceso total del desarrollo, el cual incluye la diferenciación, la práctica, el acercamiento y la separación-individuación particular. Durante la propia separación-individuación el niño adquiere una identificación real propia, puede diferenciar entre el self y las representaciones objetales, y puede mantener sus lazos con objetos independientes de la naturaleza de sus necesidades (ver Constancia del objeto).

Simbiosis. La fase simbiótica, la cual ocurre en el infante desde el primer mes hasta los cinco meses de edad, cuando interactúa con su madre o un cuidador primario. Es una etapa de interdependencia sociobiológica entre los dos, ya que esto ocurre antes de que el infante haya desarrollado conceptos de los objetos. Mahler creía que el infante se comporta y funciona como si él y su madre fueran una unidad dual omnipotente dentro de un límite común.

Self libidibal. Ver yo libidinal.

Yo libidinal (Fairbairn, 1958). Esa parte del self reprimido e interrumpido en el desarrollo que conserva las auto-expresiones orgánicas originales. En este libro, el yo libidinal es llamado self libidinal.

Objetivos terapéuticos
para cada estructura del carácter

Carácter esquizoide

Objetivos afectivos

1. Aumentar el contacto sensorial con el ambiente –el sentido del tacto, el oído, el visual, el olfato y el gusto, en contacto con el mundo- y desarrolla una apreciación y conciencia del tacto humano de los otros.
2. Aumentar la sensación de estabilidad o arraigo –el sentido de que los pies están puestos firmemente sobre la tierra-, la impresión de que alguien puede defender su posición.
3. Aumentar la sensación del sentimiento dentro del cuerpo –el sentimiento de todo movimiento, la respiración, la sensación de tensión contra la relajación-, las sensaciones específicas del cuerpo asociadas con el hambre, el dolor, la alegría, la risa, etcétera.
4. Reducir la tensión crónica o espasticidad en todas las áreas afectadas del cuerpo y el dolor físico asociado.
5. Abrir el sentimiento de rabia y dirigirlo al blanco apropiado. Integrar la rabia dentro del self hasta convertirlo en una fuente de poder y agresividad; en la poesía simple de los terapeutas bioenergéticos, "Reclámalo, dirígelo y dómalo".
6. Abrir el acceso al terror en la persona y participa en la recuperación de sus causas iniciales. Integrar el terror dentro del self hasta que se convierta en fuente de la habilidad para sentir miedo, asombro y vulnerabilidad.
7. Acceder el duelo asociado con la pérdida del amor y la pérdida del self. Integrar ese duelo como una parte de la realidad de la persona, una realidad de tragedia e ironía. Eliminar la negación de lo que fue, para que uno pueda experimentar lo que es.
8. Desarrollar la relación física entre la persona y el mundo físico; por ejemplo, la comida, la naturaleza, el hogar, los objetos familiares, etcétera.
9. Abrir el sentimiento del amor y la experiencia de la alegría basada en la realidad.

Objetivos sociales y conductuales

1. Inicialmente establecer o reforzar el apego y ocasionalmente resolver la simbiosis.
2. Fortalecer el uso consciente y deliberado de las defensas, tales como el alejamiento social.
3. Aumentar el que la persona se involucre con grupos pequeños y con la comunidad.
4. Disminuir el perfeccionismo y la necesidad de sentirse especial al hacer las cosas y de esta manera afectar el retardo y la ansiedad al hacer las cosas.
5. Ayudar al paciente a descubrir las salidas actuales para los impulsos agresivos negados; por ejemplo, los patrones del "juego" en las relaciones sociales, patrones pasivo-agresivos o de retirada, fantasías agresivas y así sucesivamente.
6. Enseñar o toma medidas para la enseñanza de habilidades sociales; por ejemplo, efectividad personal, asertividad, contacto visual, muestra de afecto en situaciones sociales, etcétera.
7. Aumentar el comportamiento agresivo y asertivo apropiado en el mundo social de la persona.

Objetivos cognitivos

Actitudes y creencias

1. Identificar, interpretar y desarrollar la introspección, y cambia el ideal del yo o el self falso; por ejemplo, "soy todo aceptación, comprensión y especial. Yo soy mis ideas y logros".
2. Identificar, interpretar y desarrollar la introspección, y cambiar la decisión de guión; por ejemplo, "algo está mal en mí, yo no pertenezco. El mundo es aterrador. Los demás no son confiables".
3. Fortalecer la identificación del self con el cuerpo y los procesos de su vida natural.
4. Fortalecer la identificación del self con la historia de la persona y su vulnerabilidad resultante. Eliminar la negación de lo acontecido y sus efectos.
5. Fortalecer la identificación del self con la agresión, la asertividad y el poder natural.

Habilidades cognitivas

1. Identificar, fortalecer y traer bajo el control voluntario las defensas existentes del yo.
2. Enseñar defensas del yo no aprendidas aún.
3. Reforzar, reparar o enseñar estrategias para enfrentarse a ambientes ásperos o que provocan ansiedad.

4. Promover o enseñar la capacidad de confortarse y nutrirse a sí mismo.

5. Establece la experiencia ambivalente del yo, de los demás y del mundo, y aumenta la tolerancia para la ambivalencia. Discrimina e integra las representaciones del yo y del objeto, con particular atención a la introyección parental negativa.

6. Valora y repara donde es apropiado la asimilación, el acomodamiento, la discriminación, la integración y la generalización.

El carácter oral

Objetivos afectivos

1. Abrir los sentimientos de necesidad y anhelo, y ayudar al paciente a identificarse con estos sentimientos.

2. Elaborar la tristeza experimentada en el dolor y en la profunda desesperanza por el abandono y la frustración crónica.

3. Elaborar la rabia por el abandono.

4. Elaborar el miedo engendrado por la liberación de todos los otros sentimientos: el miedo al rechazo, al abandono y a la continua frustración.

5. Desarrollar un mayor sentido de arraigo y fuerza, y una clara energía que fluye en los pies, los tobillos, las rodillas y las piernas.

6. Fortalecer todo el cuerpo y su musculatura.

7. Fortalecer la expresión agresiva y asertiva.

8. Abrir el pecho, la respiración y el flujo de energía a través del cuello y la garganta.

9. Liberar la tensión crónica en la espalda baja y el abdomen, la cintura escapular, la base del cuello y la quijada.

10. Abrir los sentimientos reales del amor, particularmente para la figura central de apego, y desarrollar la expresión de este sentimiento amoroso.

Objetivos cognitivos

Actitudes y creencias

1. Identificar, interpretar y desarrollar el *insight* y cambiar el ideal del yo o el self falso; por ejemplo, "Soy dulce, suave y me entrego por completo, me necesitan".

2. Identificar, interpretar y desarrollar el *insight* y cambiar las decisiones de guión; por ejemplo, "Yo no necesito, tengo que hacerlo solo. Si yo necesito, me van a menospreciar y a abandonar".

3. Desafiar, interpretar o explicar las defensas (negación, proyección, introyección, inversión, identificación, ponerse en contra del yo y desplazamiento) para producir su flexibilidad.

4. Ayudar en el reconocimiento del patrón de compensación y colapso. Ayudar a la persona a identificar y parar ese patrón repetitivo a través de la aceptación de la responsabilidad para con ello.
5. Fortalece la identificación del self con las propias necesidades, afirmando el derecho a necesitar y hacer que esas necesidades se enfrenten.
6. Fortalece la identificación del self con la historia de abandono o de necesidad insatisfecha y la vulnerabilidad resultante. Afirmar el derecho del individuo a los sentimientos naturales producidos por el abandono, la rabia, la desesperación y el miedo.
7. Fortalecer la identificación del self con la agresión natural y la afirmación.

Habilidades cognitivas

1. Promover o enseñar la capacidad de calmarse y nutrirse a uno mismo.
2. Establecer una experiencia ambivalente de sí mismo y de los otros, y la discriminación entre el sí mismo y los demás.
3. Valorar y reparar la estructura construida: la asimilación, el acomodamiento, la discriminación, la integración y la generalización.
4. Fortalecer el uso voluntario de las defensas existentes al grado que éstas sean productivas y útiles.
5. Enseñar las defensas del yo no aprendidas aún.
6. Reforzar, reparar o enseñar estrategias para lidiar con ambientes ásperos o que provocan ansiedad.

Objetivos conductuales y sociales

1. Fortalecer o enseñar estrategias de auto-cuidado y auto-complacencia.
2. Fortalecer la capacidad de buscar a los otros y pedir ayuda directa en las relaciones sociales.
3. Fortalecer las conductas agresivas, asertivas e instrumentales.
4. Aumentar la relación con la realidad de las demandas del funcionamiento adulto; fortalecer la constancia del compromiso a trabajar con las relaciones, con los proyectos individuales, etc. Desarrollar la tenacidad.
5. Fortalecer la dependencia mutua, el contacto adulto-adulto y los arreglos individuales (opuestos a dependientes o codependientes) en las relaciones amorosas.
6. Aumentar la tolerancia por estar solo.
7. Disuadir el trabajo excesivo, el excesivo uso de drogas, la responsabilidad y el cuidado exagerado de los otros y otros comportamientos hipomaniacos auto-destructivos en la fase compensatoria del ciclo.

Carácter simbiótico

Objetivos afectivos

1. Aumentar la auto-expresión de los sentimientos.
2. Disminuir la culpa por toda la auto-expresión.
3. Disminuir el sentido de obligación hacia los demás.
4. Disminuir el miedo a herir a otros o triunfar a expensas de los demás.
5. Disminuir los afectos dañinos, que son el resultado de las identificaciones con la familia o con el papel familiar impuesto.
6. Acceder a la agresión y calmar la ansiedad que genera su expresión.
7. Acceder y dirigir la hostilidad de forma correcta, particularmente respecto a otros que lo restrinjan o sean entrometidos.
8. Estimular el orgullo y el gozo en la auto-expresión, el poder, la aventura, el logro, el éxito, la indulgencia, etcétera.
9. Ayudar en la modulación de la "distancia óptima" a través de la autorización y la aceptación de los impulsos para la proximidad y la distancia.
10. Reducir el temor al abandono.
11. Reducir el temor a ser absorbido.
12. Acceder y elaborar el duelo por la pérdida del self real, el self compensatorio relegado en la terapia, y las relaciones destructivas abandonadas durante la terapia.
13. Elaborar las penas por las pérdidas alentadas por los padres o la familia.
14. Intensificar el sentido del self.

Objetivos cognitivos

1. Acceder a las creencias patogénicas sustentando la separación y la culpa del sobreviviente.
2. Desarrollar el *insight* respecto a los patrones que sirven para preservar una relación fusionada con el o los padres.
3. Desarrollar el *insight* respecto a los patrones basados en una identificación excesiva o patogénica con el o los padres.
4. Desarrollar el *insight* respecto a la naturaleza del self real de uno; por ejemplo, gustos, habilidades, aptitudes, etcétera.
5. Desarrollar la memoria y el entendimiento de la familia y la historia que produjo el self simbiótico.
6. Ayudar con la percepción realista del ambiente social, como: esposa, padres, compañeros de trabajo, etcétera.
7. Ayudar con la valoración realista de la responsabilidad social y la obligación.
8. Disminuir la escisión y aumentar la ambivalencia en la percepción del self y los otros.

9. Incrementar la conciencia de los patrones del compromiso, tales como la agresión pasiva y las interacciones de "juego", las cuales expresan al tiempo que niegan la agresión, la hostilidad y el éxito, etcétera.
10. Confrontar al comportamiento manipulador, el cual aspira a mantener la fusión y externaliza la responsabilidad.

Objetivos sociales y conductuales

1. Apoyar el comportamiento que expresa la individualización de su pareja.
2. Identificar y apoyar el comportamiento que representa la verdadera expresión que defina a la propia persona y con lo cual favorece la experiencia del self real.
3. Instruir o apoyar directamente las conductas sociales que modulan suavemente la proximidad y la distancia.
4. Ayudar en las conductas para la movilización, la expresión y la modulación de la agresión y la hostilidad en el mundo "real" del paciente.
5. Ayudar al paciente utilizando el ambiente social pasado y presente para las identificaciones e internalizaciones útiles.

Carácter narcisista

Objetivos cognitivos

1. Acceder a las auto-afirmaciones de devaluación, desconfianza, autocrítica, inercia, depresión y soledad, etcétera.
2. Acceder a las auto-afirmaciones de confianza en los logros, grandiosidad, orgullo, sentirse con derechos especiales, manipulación, y la racionalización de esas cualidades.
3. Acceder a las funciones defensivas del self falso y el self sintomático.
4. Ayudar al paciente a desarrollar una comprensión dinámica e histórica de sí mismo con respecto a sus sentimientos de vacío, de carencias, de fragmentación del self, sus demandas arcaicas hacia los demás y hacia la vida, y de sus sentimientos de rabia y de sentirse profundamente lastimado.
5. Ayudar al paciente para establecer una comprensión del proceso de descubrimiento y desarrollo del self real a través de la expresión de sus capacidades, ambiciones e ideales natos.
6. Ayudar al paciente hacia una experiencia integrada y ambivalente del self y de los otros.
7. Apoyar una valoración realista de las habilidades, recursos y logros del paciente.
8. Apoyar una valoración realista de las limitaciones, flaquezas y vulnerabilidades del paciente.

9. Apoyar al paciente en una integración y aceptación de todas las cualidades del self antes mencionadas.

Objetivos afectivos

1. Acceder a las heridas acusadas por los fallos empáticos en respuesta a las necesidades de fusión, encontrar un gemelo de reflejo.
2. Acceder a las heridas de decepción por los fallos de los otros idealizados.
3. Acceder al miedo de volver a ser herido, a la sospecha, la desconfianza y la paranoia.
4. Acceder a la ira narcisista en respuesta a las heridas y a la decepción.
5. Acceder a la necesidad continua de fusión, idealización, encontrar un gemelo de reflejo, y ayudar en la diferenciación y maduración de estas necesidades.
6. Acceder a todos los elementos afectivos del self grandioso compensatorio: grandiosidad, autorización, orgullo, etcétera.
7. Acceder a los sentimientos de vacío, de carencias, fragmentación y discontinuidad del self real.
8. Nutrir, apoyar y efectuar la internalización de la empatía y el amor por los demás.
9. Establecer confianza en el self real y en los demás.
10. Transformar el grandioso self falso en el "narcisismo normal" del verdadero amor a sí mismo.
11. Transformar la herida en vulnerabilidad y las limitaciones aceptadas del self, de los demás y de la propia vida.

Objetivos sociales y conductuales

1. Apoyar o enseñar aquellas habilidades organizacionales del yo que van a contrarrestar la fragmentación del self en respuesta al proceso terapéutico.
2. Apoyar el logro realista y la agresividad en la vida del paciente.
3. Apoyar los recursos sociales del paciente y lo ayudarlo a usarlos tan completamente como sea posible.
4. Instruir directamente al paciente directamente en las conductas sociales que transmiten empatía, aprecio y comprensión de los demás. Enseñarle a "dejar entrar" el calor y el afecto humanos que otros pueden otorgar.
5. Ayudar al paciente en el desarrollo de un sistema que de sustento a su auto-descubrimiento y auto -apoyo, que incorpore a los otros para fusionarse, reflejarse, encontrar un gemelo e idealizarse. La meta de tal sistema es proporcionar la internalización de recursos que resultan en una mayor autonomía en el contexto de un apoyo más grande.

Carácter masoquista

Objetivos cognitivos

1. Reconstruir la historia personal conduciéndola hacia las decisiones masoquistas de guión y las creencias patogénicas.
2. Evocar las creencias patogénicas en relación a todas las áreas de funcionamiento e interpretarlas en relación con la historia y su función dinámica actual.
3. Interpretar el comportamiento que auto-derrota para mostrar sus funciones de *i)* preservación d las ataduras originales con el objeto; *ii)* paradójicamente preserva la integridad y el auto-respeto; *iii)* rebelión o resistencia, y *iv)* represalias y la expresión de hostilidad.
4. Establecer la responsabilidad por el self.
5. Etiquetar, interpretar y disminuir el inundarse de problemas y las reacciones negativas ante el éxito.
6. Intensificar la internalización de buenos modelos de objetos del self.

Objetivos afectivos

1. Evocar, desinhibir y alentar la experiencia directa del rencor, el resentimiento y la ira.
2. Evocar, desinhibir y alentar la experiencia directa del placer.
3. Reducir la culpa asociada con la ira y el placer.
4. Aumentar la confianza, la esperanza y la voluntad de riesgo.
5. Reducir y modular la ansiedad asociada con la experiencia de ira, placer, confianza, esperanza y riesgo.
6. Elaborar el duelo asociado a pérdidas anteriores, a la pérdida del self, y a la pérdida de tiempo, así como el duelo ante la pérdida de ataduras del objeto y la pérdida de la identidad personal asociada con el cambio.
7. Ayudar al paciente a renunciar a la venganza por heridas del pasado.

Objetivos de comportamiento social

1. Establecer nuevas conductas, las cuales pueden servir a muchas funciones que previamente sirvieron a la auto-destrucción; por ejemplo, mantener la intimidad, expresar resistencia u hostilidad, establecer el auto-respeto, etcétera.
2. Establecer comportamientos que expresan confianza y esperanza en los otros y en el self.
3. Instruir, si es necesario, en la expresión social bien modulada de afectos o estados que no son familiares: enojo, afirmación, placer, amor, etcétera.
4. Etiquetar, interpretar y disminuir la subordinación, el retardo, el auto-victimización, la provocación que lo auto-derrota, la queja, etcétera.

Carácter histérico

Objetivos cognitivos

1. Describir, confrontar e interpretar las defensas cognitivas de distracción, bloqueo y conclusión prematura, lo que previene pensar y sentir a través de problemas medulares.
2. Describir e interpretar la disociación entre pensamientos, sentimientos y comportamiento.
3. Modelar y apoyar la permanencia con un problema hasta su cumplimiento y resolución.
4. Animar, explorar e interpretar las reacciones de transferencia dentro y fuera del marco de la terapia.
5. Describir, confrontar e interpretar la negación de la responsabilidad personal y el poder, la pasividad y la insustancialidad, etcétera.
6. Describir e interpretar las polaridades en el auto-concepto, como una niña ingenua/seductora perversa, niña buena/mujer mala, irresponsable/culpable, deprimida/alegre y superficial, indefensa ante los hombres/castradora de hombres, etcétera.
7. Ayudar a desarrollar un concepto del self adecuado, ambivalente y libre de vergüenza.
8. Describir e interpretar conceptos simplistas y oscilantes de los hombres, las mujeres y las relaciones, y ayudar al desarrollo de modelos más maduros y realistas.
9. Describir e interpretar "defensas de afecto" o "estados histéricos" en los cuales estar abrumado por las emociones puede ser tanto una consecuencia natural de sentimientos conflictivos abrumadores, como una defensa en contra de elaborar tales conflictos y sus sentimientos asociados.
10. Interpretar la depresión como un movimiento esencialmente positivo alejado de las defensas histéricas usuales hacia el trabajo, el sentimiento y pensar en problemas medulares. Pero interpretar la depresión como defensa, cuando sirve para ocultar todos esos procesos.

Objetivos afectivos

1. Extinguir no respondiendo, describiendo, confrontando o interpretando el uso defensivo del afecto.
2. Acrecentar la habilidad del paciente para tolerar, explorar, expresar y contener sentimientos genuinos.
3. Elaborar, usando las habilidades referidas, los sentimientos asociados con los "problemas personales" del histérico, por ejemplo: los sentimientos sexuales competitivos, agresivos, de culpabilidad y vergonzosos.

4. Elaborar los sentimientos asociados con la experiencia de ser explotado, corrompido, traicionado, y dejarlo sin protección.
5. Elaborar los sentimientos polarizados dirigidos hacia otros y hacia el self, como: *i)* anhelar a y depender de los hombres *versus* odiar y envidiar a los hombres y el poder que les ha dado; *ii)* anhelar el amor de la madre *versus* la rabia hacia la madre por el abandono y la confabulación ante la explotación; *iii)* la gratificación *versus* la culpa al obtener la atención del padre, etcétera.
6. Ayudar a la persona a experimentar la tristeza y el pesar asociados con el drama de su familia y su historia personal de explotación y abandono.

Objetivos sociales y conductuales

1. Proporcionar un marco terapéutico en el cual la transferencia está segura y es bienvenida; por ejemplo, un estilo respetuoso de relación, cálido pero con límites, el cual permite una sólida alianza terapéutica.
2. Al "elaborar las transferencias" dentro y por fuera de la terapia, desarrollar la habilidad de relacionarse con otros de forma genuina.
3. Modelar y alentar la relación genuina, la experiencia ambivalente y la autoaceptación de los sentimientos humanos, especialmente sexuales, agresivos, competitivos y amorosos.
4. Modelar, alentar y enseñar directamente las conductas asertivas al tiempo que se extinguen las maniobras manipuladoras, coquetas o indirectas.
5. Atender directamente la conducta adictiva para proporcionar el apoyo requerido para detenerla.

Personalidad obsesivo-compulsiva

Objetivos cognitivos

1. Etiquetar, interpretar y disminuir las maniobras defensivas cognitivas, tales como el cambio de atención hacia la periferia, hacia lo abstracto, y a conflictos de oscilación rápida o la indecisión.
2. Reconstruir la historia personal que lleva a la ansiedad, la necesidad de control, la indecisión, el impulso, la rigidez, etcétera.
3. Evocar las decisiones personales de guión o las creencias patogénicas.
4. Desafiar las creencias que demandan la perfección, la liberación de la ansiedad, la necesidad de orden y el control, etcétera.
5. Educar acerca de las dificultades inherentes para controlar las respuestas humanas a través de la voluntad.
6. Reducir la orientación "autoritaria" en las relaciones sociales y las "reglas" para ser.

7. Etiquetar, interpretar y disminuir los proyectos de elevados estándares de desempeño en los demás.

Objetivos afectivos

1. Explorar, interpretar y reducir la ansiedad a través de la comprensión, el afrontamiento, la relajación y otros métodos.
2. Acrecentar la habilidad para tolerar la ansiedad.
3. Disminuir la vergüenza y la culpa y la excesiva obligación como los factores motivadores.
4. Desarrollar los sentimientos totales y ambivalentes hacia los padres y otras figuras de autoridad.
5. Aumentar la habilidad del paciente para experimentar placer, amor y odio.
6. Desarrollar la habilidad para acceder y defender las preferencias y predilecciones propias del paciente.

Objetivos sociales y conductuales

1. Atenuar el comportamiento excesivamente ordenado, rígido, controlador y frugal.
2. Acrecentar la habilidad para comprometerse y comportarse apropiadamente cuando está ansioso.
3. Reducir la tensión en el cuerpo.
4. Acrecentar las habilidades expresivas, particularmente las que involucran placer, expresión de calidez social, amor y enojo.

Investigación de contenido
sobre la personalidad histérica

Se condujo una búsqueda en la literatura para el periodo de treinta años, 1962-1991, sobre el tratamiento y reportes de estudio de casos acerca de la personalidad histérica. La indagación incluyó *Psychological Abstracts* de ese periodo, una pesquisa por computadora de las revistas especializadas en la Universidad de California, en Berkeley, y una búsqueda de libros por computadora en la Universidad de California, en San Francisco. La investigación también incluyó las secciones de referencias de los artículos y libros obtenidos.

Todos los reportes de los casos de tratamiento fueron examinados buscando la relación entre este diagnóstico en mujeres y la presencia del comportamiento por parte de sus padres que pudo caracterizarse como seductor, como fue definido por Herman (1981, ver p. 000). Los reportes de casos también fueron analizados para documentar comportamientos por parte de las madres o las figuras maternas que pudieron caracterizarse como frías-hostiles, ausentes-negligentes o competitivas-rivalidades. No fueron considerados los casos de personalidad histérica infantil y conversión histérica. Sólo tres reportes breves de casos de un libro fueron eliminados debido a la atención insuficiente hacia la relación padre-hijo.

Treinta y cinco reportes de casos fueron obtenidos de las referencias enlistadas al final de este Apéndice.

Después de cada referencia, se da un código para el número de casos (por ejemplo, C:2) y el número de aquellos casos que confirman la hipótesis del padre seductor y la de la madre fría, negligente o que rivaliza (por ejemplo: F:2, M:1, M:?)*. Los resultados muestran 26 de los 34 casos con la información suficiente del padre (76 por ciento) apoya la hipótesis para padres, mientras que 17 de los 28 casos con suficiente información de la madre (61 por ciento) apoya la hipótesis para las madres. Catorce de estos casos provienen de un libro sobre el tratamiento de la personalidad histérica por Mueller y Aniskiewitz, y es solamente en estos casos donde algunas veces no hubo suficiente información para establecer un juicio con respecto al padre (N:1) o a la madre (N:7). En estos casos, se da los números de las páginas para la conclusión de cada caso. Los análisis separados de

---

* Las letras corresponden a F por la palabra en inglés Father, M por Mother, C por Case, N por None. N. de la T.

estos casos indican que los porcentajes observados para la hipótesis del padre son virtualmente idénticos a otros casos de fuentes separadas, pero los porcentajes para la hipótesis de la madre son considerablemente mayores en el ejemplo de Mueller y Aniskiewitz (86 por ciento contra 52 por ciento para los veintiún casos).

Allen, D. (1991). Basic treatment issues. En M. Horowitz (Ed.), *Hysterical personality style and the histrionic personality disorder*. Aronson, Nueva York. C:1 F:1 M:0; C:1 F:0 M:1.

Chodoff, P. (1978). Psychotherapy of the hysterical personality. *Journal of American Academy of Psychoanalysis, 6* (4), 497-510. C:1 F:1 M:1.

Easser, B y Lesser, S. (1965). Hysterical personality: A re-evaluation. *Psychological Quarterly, 34*, 390-412. C:6 F:6 M:0.

Guioa, A. (1966). Daughter of a Don Juan. *The Psychiatric Quarterly, 40* (1), 71-79. C:3 F:3 M:3

Horowitz, M., Marmor, C., Krupnick, J., Wilner, N., Kaltreider, N. y Wallerstein, R. (1984). *Personality styles and brief psychotherapy* (pp. 68-109). Basic Books. C:2 F:1 M:0; F:0 M:1.

Jaffre, D.S. (1971). The role of ego modification and the task of structural change in the analysis of a case of hysteria. *International Journal of Psycho-Analysis, 52*, 375-393. C:1 F:1 M:1

Mueller, W., y Aniskiewitz, A. (1986). *Psychotherapeutic intervention in hysterical disorders.* Aronson, Nueva York. C:1 F:1 M:?, pp. 25-26; C:1 F:1 M:? p. 27; C:1 F:? M:1 p. 32; C:1 F:1 M:1 pp 32-33; C:1 F:0 M:? pp. 34-35; C:1 F:1 M:1 pp53-55; C:1 F:0 M:? pp. 109-110; C:1 F:1 M:0 pp. 123-124; C:1 F:0 M:? p.131; C:1 F:1 M:? pp. 147-148; C:1 F:1 M:1 p. 247; C:1 F:1 M:1 pp. 164-165; C.1 F:1 M:1 pp.168-169; C:1 F:1 M:1 pp.190-192.

Prosen, H. (1967). Sexuality in females with "hysteria". *American Journal of Psychiatry*, 124 (5), 687-692. C:1 F:1 M:0.

Reder, P. (1978). A case of brief psychotherapy. *British Journal of Medical Psychology, 51*, 147-154. C:1 F:1 M:0.

Schmidt, D. y Messner, E. (1977). The female hysterical personality disorder. *The Journal of Family Practice, 4* (3), 573-577. C:1 F:0 M:0.

Zetzel, E. (1970). The so-called good hysteric. *International Journal of Psychoanalysis, 49*, 256-260. C:1 F:1 M:1.

Bibliografía

Adams, P. (1973), *Obsessive children: A sociopsychiatric study*, Brunner/Mazel, Nueva York.

Adler, G. (1985), *Borderline psychopathology and its treatment*, Jason Aronson, Nueva York.

Adorno, T, Frankel-Brunswick, E y Sanford, R. (1950), *The authoritarian personality*, Harper & Row, Nueva York.

Ainsworth, M. D. (1979). "Attachment as related to mother-infant interaction". En J.B. Rosenblatt, R.A. Hinde, C. Beer, y M. Bushel (Eds.), *Advances in the study of behavior* (pp 1-51). Academic Press, Nueva York.

Allen, D. (1991). Basic treatment issues. En M. Horowitz (Ed.), *Hysterical personality style and the histrionic personality disorder*. Aronson, Nueva York.

American Psychiatric Association. (1994), *Diagnostic and statistical manual of mental disorders* (4th Ed.). Autor, Washington, DC.

Ashmead, D. y Perlmutter, M. (1980), "Infant memory in everyday life". En M. Perlmutter (Ed.), Children's memory: New directions for child development, Jossey Bass, San Francisco.

Baer, L. y Jenike, M. A. (1990). Personality disorders in obsessive-compulsive disorder. En M. A.Jenike, L. Baer, y W. E. Minichiello (Eds.), Obsessive-compulsive disorders: Theory and management. Libro Annual Medico, Chicago.

Beech, H. y Vaughan, M., (1978). *Behavioral treatment of obsessional states*. Wiley, Nueva York.

Beloff, H. (1957). "The structure and origin of an anal character". *Genetic psychology monographs*, 55, 141-172.

Bengtsson, H., y Johnson, L. (1987). "Cognitions related to empathy in 5- to 11-year old children". *Child development*, 58, 1001-1012.

Berne, E. (1964). *Games people play*, Grove Press, Nueva York.

Bertenthal, B. I. y Fischer, K. W. (1978). Development of self-recognition in the infant. *Developmental Psychology*, 14, 44-50.

Blacker, K. y Tupin, J. (1991). "Hysteria and hysterical structures: Developmental social theories". En M. J. Horowitz (Ed.), *Hysterical personality*, Aronson, Nueva York.

Blanck, G. y Blanck, R. (1979). *Ego psychology: Theory and practice*. Columbia University Press, Nueva York.

Blanck, G. y Blanck, R. (1979). Ego psychology II: Psychoanalytic developmental psychology, Columbia University Press, Nueva York

Blinder, M. (1966). "The hysterical personality". *Psychiatry* 29, 227-236.

Bowlby, J. (1960). "Grief and mourning in infancy and early childhood". *Psychoanalytic study of the child*, 15, 9-12.

Bowlby, J. (1969). *Attachment and loss*. Vol. I: *Attachment*. Basic Books. Nueva York.

Bowlby, J. (1973). *Attachment and loss*. Vol. II: *Separation: anxiety and anger*. Basic Books, Nueva York.

Bretherton, I. y Beeghly, M. (1982). Talking about internal states: The acquisition of an explicit theory of mind. *Developmental Psychology*, 18, 906-921.

Briere, J. (1992, Junio 6). theory and treatment of severe sexual abuse trauma. Workshop presentation, San Francisco, California.

Breuer, J. y Freud, S. (1893-1895). Studies in hysteria. In J. Strachey (Ed. y Trans.), *The standard edition of the complete psychological works of Sigmund Freud*, (vol. 2) W.W. Norton, Nueva York.

Briere, J. (1989). *Theory for adults molested as children: Beyond survival*, Springer, Nueva York.

Briere, J. y Runtz, M. (1991). The long-term effects of sexual abuse: A review and synthesis. En J. Briere (Ed.) *Treating victims of child sexual abuse*, Jossey Bass, San Francisco.

Brooks-Gunn, J. y Lewis, M. (1984). Early self-recognition. *Developmental Review*, 4, 215-239.

Browning, D. y Boatman, B. (1977). Incest: Children at risk. *American Journal of Psychiatry*, 134, 69-72.

Burgner, M. y Edgecumbe, R. (1972). Some problems in the conceptualization of early object relations. Part II: The concept of object constancy. *Psychoanalytic Study of Child*, 27, 315-333.

Chodoff, P. (1978, Junio 12). The hysterical personality. Ponencia presentada a la Joint Session of the American Psychiatric Association y la American Academy of Psychoanalysis, Atlanta. Grabado por Audio-Digest Foundation, 7, 11.

Chodoff, P. y Lyons, H. (1958). Hysteria, the hysterical personality and hysterical conversion. *American Journal of Psychiatry*, 114, 734-740.

Clifford, C., Murray, R. y Fulker, D. (1984). Genetic and environmental influences on obsessional traits and symptoms. *Psychological Medicine*, 14, 791-800.

Daehler, M. y Greco, C. (1985). Memory in very young children. En M. Pressley y C. Brainerd (Eds.), Cognitive learning and memory in children (pp. 49-79). Springer, Nueva York.

Davanloo, H. (Ed.). (1980). *Short-term dynamic psychotherapy*. Jason Aronson, Nueva York.

DeCasper, A., y Fifer, W. (1980). "Of human bonding: Newbworns prefer their mother's voices". *Science, 208*, 1174-1176.

Easer, B. y Lesser, S. (1965). Hysterical personality: A re-evaluation. *Psychoanaly-tic Quarterly, 34*, 390-405.

Easterbrook, M., y Lamb, M. (1979). The relationship between quality of infant-mother attachment and infant competence in initial encounters with peers. *Child Development, 50*, 380-387.

Emde, R. y Sorce, J. (1983). The rewards of infancy: Emocional avaiability and maternal referncing. En J, Call, E. Gallenson y R. Tyson (Eds.), Frontiers of infant psychiatry (vol. 2) Basic Books, Nueva York.

Engel, L. y Ferguson, T. (1990). *Hidden guilt: How to stop punishing yourself and enjoy the happiness you deserve.* Pocket Books, Nueva York.

Fairbairn, W. (1954). Observations on the nature of hysterical states. *British Journal of Medical Psychology, 27*, 105-125.

Fairbairn, W. (1958). On the nature and aims of psychoanalytical treatment. *International Journal of Psychoanalysis, 39*, 374-385.

Fairbairn, W. (1974). *Psychoanalytic studies of the personality*, Routledge, Chapman y Hall, (Trabajo original publicado en 1952), Nueva York.

Field, T., Woodson, R., Greenberg, R. y Cohen, C. (1982). Discrimination and imitation of facial expression by neonates. *Science, 218*, 179-181.

Fiester, F.J. (1991). Self-defeating personality disorder: A review of data and recommendations for DSM-IV. *Journal of Personality Disorders, 5*(2), 150-166.

Finkelhor, D. (1979). *Sexuality victimized children.* Free Press, Nueva York.

Finkelhor, D., y Baron, L. (1986). High risk children. En D. Finkelhor y asociados (Eds.), *A sourcebook of child sexual abuse* (pp. 60-88) Sage, Newbury Park, California.

Finney, J. (1963). Maternal influences on anal or compulsive character in children. *Journal of Genetic Psychology, 103*, 351-367.

Fischer, K. (1980). A theory of cognitive development: The control and construction of hierarchies of skills. *Psychological Review, 87*, 477-531.

Fischer, R. y Juni, S. (1982). The anal personality: self-disclosure, negativism, self-esteem, and superego security. *Journal of Personality Assessment, 46*, 50-58

Fischer, S. y Greenberg, R. (1977). The scientific credibility of Freud's theories and therapy. Basic Books, Nueva York.

Foa, E., Steketee, G. y Ozarow, B. (1985). Behavor therapy with obsessive-complusives: From theory to treatment. En M. Mavissakalian, S. Turner y L. Michelson (Eds.), *Obsessive-compulsive disorder: Psychological and pharmacological treatment.* Plenum, Nueva York.

Frances, A.J. (1986). Diagnosis and treatment of DMS-III personality disorders (4 audiotapes). B.M.A. Audio, division of Guilford Publications. Nueva York

Freeman-Longo, R.E. (1987). Child sexual abuse. Workshop presentation at Drake University, Des Moines, Iowa. Citado en Allen, C.M. (1990). Women as perpetrators of child sexual abuse: Recognition barriers. En A. Horton,

B.L.Johnson, L.M. Roundy y D. Williams (Eds.), *The incest perpetrator: A family member no one wants to treat*. Sage, Newbury Park, California.

Freud, A. (1968). [Remarks in] panel discussion. *International Journal of Psycho-Analysis, 49*, 506-507.

Freud, S. (1896). The aetiology of hysteria. En J. Strachey (Ed. y Trans.), *The standard edition of the complete works of Sigmund Freud* (vol. 3, pp. 189-221). W.W. Norton, Nueva York.

Freud, S. (1915). Instincts and their vicissitudes. En J. Strachey (Ed. y Trans.), The standard edition of the complete psychological Works of Sigmund Freud (vol.14), W.W. Norton, Nueva York.

Freud, S. (1923). The ego and the id. En J. Strachey (Ed. y Trans.), The standard edition of the complete psychological works of Sigmund Freud (vol. 19, pp. 1-66). W.W. Norton, Nueva York.

Freud, S. (1924). The economic problem of masochism. En J. Strachey (Ed. y Trans.), The standard edition of the complete psychological works of Sigmund Freud (vol. 14, pp. 157-170). W.W.Norton, Nueva York.

Friedman, M. (1985). Survivor guilt in the pathogenesis of anorexia nervosa. *Psychiatry, 48*, 715-720.

Gedo, J.E. y Goldberg, A. (1973). *Models of the mind: A psychoanalytic theory*. University of Chicago Press, Chicago, Il.

Geppert, U. y Kuster, U. (1983). The emergence of "wanting to do it oneself": A precursor of achievement motivation. *International Journal of Behavior Development, 6*, 355-369.

Golden, M. Montare, A. y Bridger, W. (1977). Verbal control of delay behavior in two-year-old boys as a function of social class. *Child Development, 48*, 1101-1111.

Golomb, E. (1992). *Trapped in the mirror: Adult children of narcissists in their struggle for self*. William Morrow Co. Nueva York.

Gopnik, A. y Meltzoff, A. (1984). Semantic and cognitive development in 5-to-21-month-old children. *Journal of Child Language, 2*, 495-513.

Gopnik, A. y Meltzoff, A. (1987). The development of categorization in the second year and its relationship to other cognitive and linguistic developments. *Child Development, 58*, 1523-1531.

Greenberg, J., y Mitchell, S. (1983). *Object relations in psychoanalytic theory*. Harvard University Press, Cambridge, MA.

Greene, N. (1977). A view of family pathology involving child molest-from a juvenile probation perspective. *Juvenile Justice, 13*, 29-34.

Gross, H. (1981). Depressive and sadomasochistic personalities. En J. Lion (Ed.), *Personality disorders: Diagnosis and management* (2nd ed), Williams & Wilkins, Baltimore, MD.

Guioa, A. (1966). Daughter of a Don Juan. *The Psychiatric Quarterly, 40*, 71-79.

Gunderson, J.G., Ronningstam, E. y Smith, L.E. (1991). Narcissistic personality disorder: A review of data on DSM-III-R, a description of same. *Journal of Personality Disorders, 5* (2), 166-177.

Gunther, M. (1961). Infant behavior al a breast. In B.M. Foss (Ed.), *Determinants of infant behavior* (vol. 2), Methuen, Londres.

Guntrip, H. (1968). *Schizoid phenomena, object relations and the self.* Hogarth Press, Londres.

Guntrip, H. (1971). *Psychoanalytic theory, therapy and the self.* Basic Books, Nueva York.

Gustafson, J. (1986). *The complex secret of brief psychotherapy.* W.W.Norton, Nueva York.

Gustafson, J. (1992). *Self-delight in a harsh world.* W.W.Norton, Nueva York.

Harlow, H. y Harlow, M. (1966). Learning to love. *American Scientist, 54,* 244-272.

Haugaard, J. y Reppucci, N. (1988). *The sexual abuse of children: A comprehensive guide to current knowledge and intervention strategies.* Jossey-Bass, San Francisco.

Haviland, J. y Lelwica, M. (1987). The induced affect response: 10-week-old infants' response to 3 emotional expressions. *Developmental Psychology, 23,* 97-104.

Hayes, P. (1972). Determination of the obsessional personality. *American Journal of Psychiatry, 129* (2), 217-219.

Heatherington, E. y Brackville, Y. (1963). Etiology and covariation of obstinacy, orderliness and parsimony in young children. *Child Development, 34,* 919-934.

Herman, J. (1981). *Father-daughter incest,* Harvard University Press, Cambridge, MA.

Hetzer, H. (1931). Kind und schaffen [Child and creation], Gustav Fischer, Jena, Alemania.

Holland, H. (1974). Displacement activity as a form of abnormal behavior in animals. In H.R.Beech (Ed.), *Obsessional hate,* Metheun, Londres.

Horner, A. (1979). *Object relations and the developing ego in therapy.* Jason Aronson, Nueva York.

Horner, A. (1990). The primacy of structure: Psychotherapy of underlying character pathology, Jason Aronson, Nueva York.

Horowitz, M. (1986). *Stress response syndromes* (2nd ed). Jason Aronson, Nueva Jersey.

Horowitz, M. (1987). States of mind: Configurational analysis of individual personality (2nd ed). Jason Aronson, Nueva Jersey.

Horowitz, M. (1989). *Introduction to psychodynamics: a new synthesis,* Basic Books, Nueva York.

Horowitz, M. (1991). Core characteristics of hysterical personality. En M. Horo-witz (Ed.), *Hysterical personality*, Jason Aronson, Nueva York.

Horowitz, M., Marmor, C., Krupnick, J., Wilner, N., Kaltreider, N. y Wallers-tein, R. (1984). *Personality styles and brief psychotherapy*. Basic Books, Nueva York.

Jaffe, D.S. (1971). The role of ego modification and the task of structural chan-ge in the analysis of a case of hysteria, *International Journal of Psycho-Analysis, 52*, 375-393.

Jehu, D. (1988). *Beyond sexual abuse: Therapy with children who were childhood victims*. Willey, Nueva York.

Jenike, M. (1990). Illness related to obsessive-compulsive disorder. In m: Jenike, L. Bau y W. Minichiello (Eds.), *Obsessive-compulsive disorder: Theory & mana-gement*. Yearbook Medical Publishers, San Louis, MO.

Jonhson, S. (1985). *Characterological transformation: The hard work miracle*. W.W. Norton, Nueva York.

Jonhson, S. (1987). *Humanizing the narcissistic style*. W.W. Norton, Nueva York.

Jonhson, S. 1991). *The symbiotic character*. W.W.Norton, Nueva York.

Judd, L. y Mandell, A. (1968). Chromosome studies in early infantile autism. *Ar-chives of General Psychiatric, 18*, 450-456.

Justice, B. y Justice, R. (1979). *The broken taboo*. Mormon Science Press, Nueva York.

Kagan, J. (1981). *The second year: The emergence of self-awareness*. Harvard Uni-versity Press, Cambridge, MA.

Kegan, R. (1982). *The evolving self: Problem and process in human development*. Harvard University Press, Cambridge, MA.

Kendrick, M. (1988). *Anatomy of a nightmare: The failure of society in dealing with child sexual abuse*. MacMillan, Toronto.

Kernberg, O. (1967). Borderline personality organization. *Journal of the Ameri-can Psychoanalytic Association, 15*, 641-685.

Kernberg, O. (1984). *Severe personality disorders*. Yale University Press, New Ha-ven, Connecticut.

Kernberg, O. (1988). Hysterical and histrionic personality disorders. In R. Mi-chels, *et al.* (Eds.) *Psychiatric*. Filadelfia.

Kline, P. (1981). *Fact and fantasy in Freudian theory* (2nd ed). Methuen, Londres.

Kohut, H. (1971). *The analysis of the self: A systematic approach to the psychoanaly-tic treatment of narcissistic personality disorders*. (The Psychoanalytic Study of the Child Monograph No. 4), International Universities Press, Nueva York.

Kohut, H. (1977). *The restoration of the self*. International Universities Press, Nueva York.

Kohut, H. (1984). *How does analysis cure?* University of Chicago Press, Chicago.

Kopp, C. (1982). Antecedents of self-regulation: A developmental perspective. *Developmental Psychology, 18*, 199-214.

Kuczynski, L., Zahn-Waxler, C. y Radke-Yarrow, M. (1987). Development and content of imitation in second and third years of life: A socialization perspective. *Developmental Psychology, 23*, 363-369.

Langs, R. (1973). *The techniques of psychoanalytic psychotherapy* (vol. I). Jason Aronson, Nueva York.

Lazare, A. (1971). The hysterical character in psychoanalytic theory-evolution and confusion. *Archives of General Psychiatry, 24*, 131-137.

Levy, A. y Bleecker, E. (1975). *Development of character structure.* Paper presented at the annual convention of the California State Psychological Association, Fresno, Calif.

Lewcowitz, D. y Turkewitz, G. (1980). Cross-modal equivalence in early infancy: Audio-visual intensity matching. *Developmental Psychology, 16*, 597-607.

Lichtenberg, J. (1983). *Psychoanalysis and infant research*, Analytic Press, Hillsdale, Nueva Jersey.

Lieberman, A. (1977). Preschoolers competence with a peer: Relations with attachment and peer experience. *Child Development, 48*, 1277-1287.

Liebowitz, M. y Hollander, E. (1991). Obsesive-compulsive disorder: Psychobiological integration. En J. Zohor, T.Insel y S. Rasmussen (Eds.), *The psychobiology of obsessive-compulsive disorder*, Springer, Nueva York.

Lorenz, C. (1966). On aggression, Bantham Books, Nueva York.

Lowen, A. (1958). The language of body, Collier, Nueva York.

Lowen, A. (1967). The betrayal of the body, Collier, Nueva York.

Lowen, A. (1971). The language of the body, Macmillan, Nueva York. (Originalmente publicado en 1958).

Lowen, A. (1983). *Narcissism: Denial of the true self*, Macmillan, Nueva York.

MacKain, K., Stern, D., Goldfield, A. y Mueller, B. (1985). *The identification of correspondence between an infant's internal affective state and the facial display of that affect by an other*, Manuscrito no publicado.

Magaro, P. y Smith, P. (1981). The personality of clinical types: An empirically derived taxonomy. *Journal of Clinical Psychology, 37*, 796-809.

Mahler, M. (1968). On human symbiosis and the vicissitudes of individuation, International University Press, Nueva York.

Mahler, M., Pine, R., y Bergman, A. (1975). The psychological birth of the human infant, Basic Books, Nueva York.

Main, M. y Weston, D. (1981). The quality of the toddler's relationships to mother and father: Related to conflict behavior and readiness to establish new relationships, *Child Development, 52*, 932-940.

Maisch, N. (1973). *Incest*, Andre Deutsch, Londres.

Mandler, J.M. (1983). Representation. En G. H. Flavell y E. M. Markman (Eds.), P. H. Mussen (Series Ed.), *Handbook of child psychology: Vol. 3. Cognitive development* (pp. 420-494), Wiley, Nueva York.

Manfield, P. (1992). Split self/split object: *Understanding and treating borderline narcissistic and schizoid disorders*. Jason Aronson, Northvale, Nueva Jersey.

Marks, I. (1981). Review of behavioral psychotherapy I: Obsessive-compulsive disorders. *American Journal of Psychiatry, 138*, 584-592.

Marmor, J. (1953). Orality in the hysterical personality. *Journal of the American Psychoanalytic Association, 1*, 656-675.

Masson, J. (1984). *The assault on truth: Freud's suppression of the seduction theory*. Farrar, Straus y Giroux, Nueva York.

Masterson, J. (1976). *Psychotherapy of the borderline adult*, Brunner/Mazel, Nueva York.

Masterson, J. (1981). *The narcissistic and the borderline disorders*. Brunner/Mazel, Nueva York.

Matas, L. Arend, R., y Sroufe, L. (1978). Continuity of adaptation in the second year: The relationship between quality of attachment and later competence. *Child Development, 49*, 547-556.

Meissner, W.W. (1986). *Psychotherapy and the paranoid process*, Jason Aronson, Northvale, Nueva Jersey.

Meissner, W. (1988). *Treatment of patients in the borderline spectrum*. Jason Aronson, Nueva York.

Miller, A. (1981). *The drama of the gifted child*. Basic Books, Nueva York.

Miller, A. (1983). *For your own good: Hidden cruelty in child-rearing and the roots of violence*. Farrar, Straus y Giroux, Nueva York.

Miller, A. (1984). *Thou shalt not be aware: Society's betrayal of the child*. Meridian, Nueva York.

Millon, T. (1965). *Disorders of personality: DSM-III: Axis II*, Wiley, Nueva York.

Mitchell, S. (1988). *Relational concepts in psychoanalysis*. Harvard University Press, Cambridge, MA.

Modell, A. (1965). On having the right to a life: An aspect of the superego's development. *International Journal of Psycho-Analysis, 46*, 323-331.

Modell, A. (1971). The origin of certain forms of pre-oedipal grief and the implications for a psychoanalytic theory of affect. *International Journal of Psycho-Analysis, 52*, 337-346.

Montgomery, M. Clayton, P. y Friedhoff, A. (1982). Psychiatric illness in Tourette syndrome patients and first degree relatives. In A. Friedhoff y R. Chase (Eds.), *Gilles de la Tourette Syndrome* (pp. 335-339). Rouen, Nueva York.

Mueller, W. y Aniskiewicz, A. (1976). *Vulnerability, coping and grouth*, Yale University Press, New Haven, CT.

Niederland, W. (1961). The problem of the survivor. *Journal of Hillside Hospital, 10*, 233-247.

O'Connell, B. y Gerard, A. (1985). Scripts and scraps: The development of sequential understanding. *Child Development, 56*, 671-681.

O'Connor, N. y Franks, C. (1960). Childhood upbringing and other environmental factors. En N.J. Eysenck (Ed.), *Handbook of abnormal psychology*. Pitman, Londres.

Peters, S. Wyatt, G. y Finkelhor, D. (1986). Prevalence. En D. Finkelhor y asociados (Eds.), *A sourcebook on child sexual abuse*. Sage, Newbury Park, California.

Pfohl, B. (1991). Histrionic personality disorder: A review of available data and recommendations for DSM IV. *Journal of Personality Disorders*, 5 (2), 150-166.

Piaget, J. (1936). *The origin of intelligence children*. International Universities Press, Nueva York.

Pollack, J. (1979). Obsessive-compulsive personality: A review. *Psychological Bulletin, 86*, 225-241.

Pollack, J. (1981). Hysterical personality: An appraisal in light of empirical research. *Genetic Psychology Monographs, 104*, 71-105.

Pollack, J. (1987). Obsessive-compulsive personality: Theoretical and clinical perspectives and recent findings. *Journal of Personality Disorders, 1*, 249-262.

Prosen, H. (1967). Sexuality in females with "hysteria." *American Journal of Psychiatry, 124* (5), 687-692.

Putnam, F.W. (1989). *Diagnosis and treatment of multiple personality disorder*. Guilford, Nueva York.

Rangell, L. (1959). The nature of conversion. *Journal of the American Psychoanalytic Association, 17*, 632-662.

Reder, P. (1978). A case of brief psychotherapy. *British Journal of Medical Psychology, 51*, 147-154.

Reich, W. (1961). *Character analysis* (3rd ed.-aumentada) Farrar, Straus y Giroux. (Primera edición en inglés publicada en 1945).

Reik, T. (1941). *Masochism in modern man*, Farrar, Straus. Nueva York.

Rice, A. (1985). *Beauty's release*, Penguin, Nueva York.

Rush, P. (1980). *The best kept secret: Sexual abuse of children*. Prentice Hall, Englewood Cliffs, Nueva Jersey.

Russell, D. (1986). *The secret trauma: Incest in the lives of girls and women*. Basic Books, Nueva York.

Russell, D. y Finkelhor, D. (1984). The gender gap among perpetrations of sexual child abuse. En D. Russell (Ed.), *Sexual exploitation: Rape, child sexual abuse and workplace harassment*. Sage, Beverly Hills, Ca.

Rycroft, C. (1973). *A critical dictionary of psychoanalysis*, Basic Books, Nueva York.

Sagi, A. y Hoffman, M. (1976). Empathic distress in newborns. *Developmental Psychology, 12*, 175-176.

Salzman, L. (1980). *Treatment of the obsessive personality*. Jason Aronson, Nueva York.

Salzman, L. (1985). Comments on the psychological treatment of obsessive-compulsive patients. En M. Mavissakalian, S. Turner y L. Michelson (Eds.), *Obsessive-compulsive disorder: Psychological and pharmacological treatment* (pp. 155-165). Plenum, Nueva York.

Salzman, L. y Thaler, F. (1981). Obsessive-compulsive disorder: A review of the literature. *American Journal of Psychiatry, 138,* 286-296.

Schmith, D. y Messner, E. (1977). The female hysterical personality disorder. *The Journal of Family Practice, 4 (3),* 573-577.

Shapiro, D. (1965). *Neurotic styles.* Basic Books, Nueva York.

Shapiro, D. (1989). *Psychotherapy of neurotic character.* Basic Books, Nueva York.

Sherrod, L. (1981). Issues in cognitive-preceptual development: The special case of social stimuli. En M. Lamb y L. Sherrod (Eds.), *Infant social cognition,* Erlbaum, Hillsdale, Nueva Jersey.

Sifneos, P. (1979). *Short term dynamic psychotherapy.* Plenum, Nueva York.

Sifneos, P. (1985). Short term dynamic psychotherapy for patients suffering from obsessive-compulsive disorder. En M. Mavissakalian, S. Turner y L. Michelson (Eds.), *Obsessive compulsive disorder: Psychological and pharmacological treatment* (pp. 131-154), Plenum, Nueva York.

Silverman, L. y Weinberger, J. (1985). Mommy and I are one: Implications for psychotherapy. *American Psychologist, 40,* 1296-1308.

Simmer, M. (1971). The newborn's response to cry of another infant. *Developmental Psychology, 5,* 136-150.

Slade, P. (1974). Psychometric studies of obsessional illness and obsessional personality. En H. Bush (Ed.), Obsessional states. Methuen, Londres.

Slavney, P. y McHugh, P. (1974). The hysterical personality: A controlled study. *Archives of General Psychiatry, 30,* 325-329.

Solomon, R. y Wynne, L. (1954). Traumatic avoidance learning: The principles of anxiety conservation and partial irreversibility. *Psychology Review, 61,* 353-385.

Sperling, M. (1973). Conversion hysteria and conversion symptoms: A revision of classification and concepts. *Journal of the American Psychoanalytic Association, 21,* 745-772.

Spitz, S. (1982). *Infant recognition of invariant categories of faces: Person identity and facial expression.* Disertación doctoral no publicada. Universidad de Cornell.

Stern, D. (1977). *The first relationship: Infant and mother.* Harvard University Press, Cambridge, MA.

Stern, D. (1985). *The interpersonal world of the infant: A view from psychoanalysis and developmental psychology* (pp. 118-119). Jossey Bass, Nueva York.

Thorman, G. (1983), *Incestuous families.* Charles Thomas, Springfield, IL.

Tinbergen, N. (1953). *Social behavior in animals.* Chapman & Hall, Londres.

Tisak, M., y Turiel, E. (1988). Variation in seriousness of transgressions and children's moral and conventional concepts. *Developmental Psychology,* 24 (3), 352-357.

Torgersen, S. (1980). *Babies as people,* Collier, Nueva York.

Tronick, E., Als, H., Adamson, L., Wise, S., y Brazelton, T. (1978). The infant's response to entrapment between contradictory messages in face-to-face interaction. *Journal of Child Psychiatry,* 17, 1-13.

Tronick, E., Ricks, M., y Conn, J. (1982). Maternal and infant affective exchange: Patterns of adaptation. En T. Field y A. Fogel (Eds.), *Emotions and early interactions,* Erlbaum, Hillsdale, NJ.

Tupin, J. (1981). Histrionic personality. En J. Liew (Ed.), *Personality disorders: Diagnosis and management.* (2nd ed.), Williams y Wilkins, Baltimore, MD.

Turner, J., Beidel, D. y Nathan, R. (1985). Biological factors in obsessive-compulsive disorder. *Psychological Bulletin,* 97, 430-450.

Vaughan, B., Kopp, C y Krakow, J. (1984). The emergence and consolidation of self-control from eighteen to thirty months of age: Normative trends and individual differences. *Child Development,* 55, 990-1004.

Waters, E., Wippman, J. y Sroufe, L. (1979). Attachment, positive affect and competence in the peer group: Two studies of construct validation. *Child Development,* 51, 208-216.

Watzlawick, P., Weakland, J. y Fisch, R. (1974). *Change: Principles of problem formation and problem resolution.* W.W. Norton, Nueva York.

Weinberg, S. (1976). *Incest behavior.* Citadel Press, Secaucus, NJ.

Weiss, J. y Sampson, H. (1986). *The psychoanalytic process: Theory, clinical observation, and empirical research.* Guilford, Nueva York.

Wellman, H. y Estes, D. (1986). Early understanding of mental entities: A reexamination of childhood realism. *Child Development,* 57, 910-923.

Wenar, C. (1982). On negativism. *Human Development,* 25, 1-23.

Winnicott, D.W. (1958). *Collected papers.* Tavistock, Londres.

Winnicott, D.W. (1965). Maturational processes and the facilitating environment. International Universities Press, Nueva York.

Winnicott, D. (1971). *Playing and reality* (pp. 144-145), Basic Books, Nueva York.

Wittels, F. (1930). The hysterical character. *Medical Review of Reviews,* 36, 186.

Yuill, N y Perner, J. (1988). Internationally and knowledge in children's judgments of actor's response and recipient's emotional reaction. *Developmental Psychology,* 24, 358-365.

Zetzel, E. (1968). The so-called good hysteric. *International Journal of Psychoanalysis,* 49, 256-260.

proyección, 14, 19, 23, 25, 29, 30, 39, 48, 59, 60, 84, 86, 101, 122, 131, 141, 173, 199, 259, 297
provocación, 207, 209, 210, 219, 220, 271, 302
psicoanálisis (teoría psicoanalítica): viii, 5, 68, 225, 226, 259
  carácter masoquista y,
  carácter oral en,
  conflicto edípico, (*ver también* carácter edípico), 53, 238
  psicología del desarrollo, vii, xiii, xvii, 3, 10, 13, 29, 163, 230
  relaciones del objeto y, v, 7, 161, 162, 219
psicología del yo, 10, 13
  psicopatología:
  ambiente y,
  interacción y,
  personalidad y,
  autonegación y,
Psychotherapeutic intervention in hysterical disorders, 235, 308
Putnam, F. W., 228, 317

R
Radke-Yarrow, M., 37, 315
Rangell, L., 28, 231, 249, 317
Reconciliación, re-acercamiento, (periodo/crisis), 36, 79, 123, 138, 152, 153, 154, 156, 159, 168
reacción organísmica, iv, 37, 104, 105
Reich, W., viii, 8, 13, 47, 49, 207, 228, 230, 317
Reik, T., 187, 205, 207, 208, 210, 211, 317
relaciones del objeto del self,
represión, 9, 15, 51, 59, 79, 147, 196, 197, 228, 231, 244, 245, 248, 251
respeto positivo incondicional, 155
retraso, 62, 66, 81, 93, 208, 209
Repucci, N.,

"responsabilidad omnipotente", 39, 139, 144, 145, 293
repudio, 41, 48, 59, 226
resistencia pasiva, 137, 189
Rice, A., 207, 317
Rogers, Carl,
Ronningstam, E., 20, 313
Runtz, M., 227, 310
Rush, P., 225, 317
Russell, D., 317

S
Sagi, A., 22, 29, 317
Salzman, L., 264, 274, 317, 318
Sampson, H., 24, 31, 38, 144, 145, 200, 202, 223, 289, 319
Sanford, R.,
Shapiro, D., 13, 15, 57, 60, 247, 274, 318
separación, 35, 36, 37, 38, 39, 40, 50, 58, 74, 85, 99, 100, 101, 102, 104, 105, 106, 108, 110, 112, 114, 115, 116, 118, 120, 122, 123, 124, 126, 127, 132, 133, 134, 138, 143, 144, 145, 149, 153, 157, 161, 163, 200, 218, 228, 240, 242, 287, 289, 292, 293, 299
Sherrod, L., 22, 318
Sifneos, P., 281, 318
Silverman, L., 139, 318
Simner, M.,
síndrome de Tourette, 261, 263
síntomas (masoquista),
síntomas psicosomáticos/enfermedad, 270
Slade, P., 266, 318
Slavney, P., 318
Smith, L. E., 20, 56, 315
Smith, P., 232, 313,
socialización, 66, 130, 188, 191, 192, 204, 212, 213, 266, 270
Solomon, R., 4, 318

206, 207, 212, 222, 223, 269, 277,
283, 287, 302, 304
volverse en contra del self, 4, 42, 101,
122, 130, 142, 144, 145, 158, 175,
222, 236, 277, 280

W
Waters, E., 76
Watzlawick, P., 218
Weakling, J.,
Weinberg, S., 139, 237
Weinberger, J.,
Weiss, J., 31, 38, 51, 144, 145, 200,
202, 223, 289
Wellman, H., 64
Weinar, C.,
Weston, D., 76
Winnicott, D., 9, 13, 24, 43, 72, 112,
139, 291
Wippman, J., 76, 319
Wittels, F., 228
Wyatt, G., 235
Wynne, L., 4

Y
"self falso", 41-46, 58, 61, 63, 94, 95,
114, 121, 130, 134, 146, 151-154,
156,
self grandioso, (*ver también* narcisismo)
self ideal,
"self nuclear",
self/otro diferenciado,
self real,
Yuill, N.,

Z
Zahn-Walker, C.,
Zetzel, E.,

Esta obra se terminó de imprimir
en octubre de 2015, en los Talleres de

IREMA, S.A. de C.V.
Oculistas No. 43, Col. Sifón
09400, Iztapalapa, D.F.